スピリチュアル・チャイナ

Spiritual China

現代華人社会の庶民宗教

佐々木宏幹［著］
Sasaki Kōkan

大蔵出版

はじめに

本書に収めた実地調査に基づく一連の研究の発端として、筆者がはじめてシンガポールを訪れたのは、一九七七年八月のことである。

それは、東京大学名誉教授窪徳忠氏を団長とする、文部省（現・文部科学省）科学研究費による「東南アジア華人社会における宗教文化の調査研究」の調査団の一員としてであった。

窪教授以外の団員は直江廣治（筑波大）、鎌田茂雄（東京大）、野口武徳（成城大）、可児宏明（慶応大）の諸氏であったが、これら団員のうち、現在存命しているのは可児氏と筆者だけである。

シンガポールは一九六五年にマレーシアから分離・独立した新興国であった。それ以前のシンガポールは英国の植民地、自治領を経て、一九六三年、マラヤおよびボルネオ（カリマンタン）と合併してマレーシアを建国したが、一九六五年にシンガポールだけが分離して独立国となったという経緯をもつ。

窪教授を団長とするわれわれの調査目的は、小さな島国で共存するマレー人、英国人、華人などがどのような相互関係をもっているかという問題にたいして、「宗教」を中心にアプローチすることであった。

「華人」という語については、中国人（漢民族）全体を意味する場合もあり、また中国以外の国・地域に移住した人々と子孫のうち、その地の国籍を取得した人々を「華人」、中国籍を保持したままの人々を「華僑」と呼んで区別する場合もあるようである。ただし本書では、「華人」の語を主に国外に移住した人々と子孫について用いてはいるが、そのような国籍による区別はしていない。移住地に何代も居続ける中国系の人々。シンガポールはこの意味における「華人」を主とする国家である。

本書で「華人社会」と記したのは、シンガポールには他に「マレー人社会」や「インド人社会」、そして「英米人社会」も現に存在するからである。本書で扱った他の国々の場合も、ほぼ同様であると筆者は見ている。

本書はシンガポールの他、マレーシア、フィリピン、タイ、さらに台湾、中国本土の、主に童乩《タンキー》信仰を扱っているが、筆者が最も足繁く通い、長逗留して調査を続けたのはシンガポールとマレーシアであった。

マレーシアはイスラム教を信奉する国家であるが、そこに居住する華人の宗教の現実は、シンガポールと同様に、儒教・仏教・道教・民俗宗教「混交（淆）」の信仰形態を保持している。

両国の文化交流は盛んであり、華人社会の人々の往還は激しい。マレーシアの黄老仙師慈教の廟内には、シンガポールの童乩たちの写真が飾られていた。

本書の副題に「現代華人社会」という語を用いたが、この「現代」は厳密には今現在を意味していない。本書に収録した一連の研究のために継続的に行なった実地調査の期間、すなわち一九七七年から一九九八年までの二十余年にわたる期間を指している。

この時期の調査対象地域は、高度経済成長の直前もしくは途上にあり、華人社会の伝統的な宗教形態が辛うじて保持されている状況であった。その後失われてしまった宗教儀礼や風俗などもあり、かえってこの時期に調査を行なったことが現在では貴重な記録と言えるだろう。

一書にまとめるにあたり、表記や体裁の統一、加筆などを施したが、各章のもととなった論文は、その折々に発表した研究成果の集積なので内容に重複があり、また二十余年という時間の経過とともに各論文の分析や考察の結果にも展開の跡や若干の変化があるが、調査対象地域が急激な発展を遂げていた時期と研究の期間が重なることから、その記録を残すという意味で、明らかな誤り以外は原則として論旨・内容は変えていない。さらにこれらの地域の人口や華人の比率などのデータも、論述の整合性を保つ必要上、同様に調査時・執筆時のものをそのまま残した。

中国の宗教と言えば、儒教・仏教・道教が有名である。そしてこの三教が一致するという思想が生まれたのは唐末とも南宋代とも言われ、その思想傾向は近現代の中国ではさらに強まっているようである。しかし本書で実際に取り上げた現代華人の宗教観はさらにその先を行っており、その実態は今まで外部にはほとんど知られていなかったのが実情である。

一九八八年にシンガポールの公営住宅に住む華人一〇二五人に対して行なわれた宗教的帰属に関するアンケートでは、中国の伝統的宗教を信奉する者七七・五％、無宗教または非中国的宗教（キリスト教その他）を崇拝する者二二・五％であり、伝統的宗教を信奉する人たちの内訳は、神教四六・三％、仏教三八・七％、祖先崇拝三七・一％、道教八・五％（複数回答）であった。ここで言う神教とは、儒・仏・道の区別にとらわれず、必要に応じてさまざまな神に関わろうとする、主に華人大衆に見られる宗教心・世界観・宗教行動の範疇を意味する。そしてこの神教の中核をなすのが、本書で主として取り上げる童乩信仰である。

童乩信仰とは筆者が命名した概念で、「神霊の憑依により儀礼中しばしば神霊自身と見なされる童乩と、依頼者・信者とのさまざまな関係よりなる一つの宗教形態」と定義したが、中国的シャーマニズムと言い換えることもできる。童乩は激しいトランスを経て神と一体化し、神として依頼者の悩みごとや質問などに託宣を下す。そしてこの憑依する神は童乩ごとに異なっているが、これが儒・仏・道のさまざまな神仏に及ぶのである。童乩の中には自らに憑依する神がどの宗教に由来するか知らない者も多い。依頼者もまた然りである。

童乩の儀礼は正式の仏教寺院や道観で行なわれている所もあるが、各童乩専用の廟で行なわれることが多い。これら童乩廟は廟とは言っても個人の家の一室や掘っ建て小屋なども多く、シンガポールだけで数百あると言われている。童乩は「神に選ばれた者」とも言われ、童乩化には一定のパターンがある。そして新しい童乩の誕生したことが知られると、その童乩が属する福建系、広東系、客家系などの出身地別の集団（民系）の人々がこぞって協力し、廟をはじめとして儀礼に必要なものを揃えるのである。

本書の第一部では、東南アジア各地の華人社会と中国本土・台湾において、筆者自らが実地調査した内容を紹介し、その分析・考察と併せて童乩信仰の実態を浮き彫りにしている。第二部では、第一部の成果を踏まえて、各地の調査結果の比較を行ない、童乩信仰が多様化した原因の解明とその全体像・本質の把握に努めた。

詳細は本論に譲るとして、筆者の見解を簡単にまとめれば以下のようになる。シンガポールや台湾では、共産党政府のもと宗教にさまざまな制約が課せられている中国本土以上に伝統的な形が保持されている。フィリピンでは、圧倒的多数を占めるカトリックを意識して、童乩廟の祭壇には儒・仏・道の神仏の他にサント・ニーニョ（幼子イエズス）や聖母マリアの像が祀られており、崇拝の対象となっている。逆にマレーシアでは、多数派であるイスラム教徒のマレー人に対抗して、崇拝・憑依する神を一もしくは三に絞り込んだ新興宗教教団が民系を超えた信者を集めている。このように他者を意識せざるをえないフィリピンやマレーシアでは、儀礼全体が洗練されていく傾向がある。以上のような多様性は、その華人社会が置かれた環境に順応しているものと考えられ、童乩信仰もしくは華人大衆の柔軟性を示していると見なすことができる。そしてこの柔軟性の根底にある童乩信仰の本質としては、「神という形に宿る〈力〉への信仰」が読み取れる。すなわち華人が最終的に重要視しているのは自らの悩みや願いを解決し叶えてくれる〈力〉であり、その〈力〉を与えてくれる当体の神の形や種類にはそれほどこだわっていない、と。

最後に本書を出版するにあたっては多くの方々のお世話になった。各地域の実地調査に際して仲介の労をとってくだsった方々や取材に応じてくださった方々。編集者としていくつかの拙著を世に送り出し、本書については筆者と大蔵出版との橋渡しをしてくださった鷲尾徹太氏。本書の出版を快く引き受けてくださった大蔵出版の石原大道社長。本書の目次・構成の提案から文章の点検・補筆・修正までしてくださった大蔵出版編集部の上田鉄也氏。上田氏から引き継いで原稿整理・校正から組版・作図までを手がけ、綺麗な本に仕上げてくださった同編集部の岡村成美氏。以上の方々に心より感謝申し上げます。

二〇一九年三月二一日

佐々木　宏幹

目次

はじめに……1
序章　華人社会の宗教……19
一　はじめに　19
二　華人大衆の宗教観　21
三　神観と儀礼　25
四　年中行事　28
五　社会・文化的状況と宗教——童乩信仰をめぐって　31

第一部　国別に見る華人社会の庶民宗教……39

【シンガポール編】

第一章　中国〔的〕宗教とは何か……41

一　はじめに　41
二　〝中国〔的〕宗教〟とは何か　42
三　シンガポールの〝仏教〟について　45
四　シンガポール人の年中行事　47
五　童乩（Tang-ki）信仰の実態　51
六　宗教的世界観　54
七　社会変化と宗教　58

第二章　童乩の治病儀礼……63

一　はじめに　63
二　童乩の呪術・宗教的性格について　66

三　童乩の治病儀礼　71
四　若干の考察　80
五　宗教的統合の問題――結びに代えて　85

第三章　童乩のシャーマン化過程……91
一　問題の所在　91
二　J・Kの幼少時代から結婚生活まで　94
三　転機　97
四　守護神の出現　102
五　所見――まとめに代えて　105

第四章　社会変化と童乩信仰……113
一　はじめに　113
二　シンガポールの再開発　116
三　童乩廟の変化　119

四　若干のまとめ　123

【マレーシア編】

第五章　童乩信仰から生まれた新宗教＝黄老仙師慈教……128
一　はじめに　128
二　廖俊と黄老仙師慈教　130
三　黄老仙師の道理　137
四　過法堂　143
五　渡法　147
六　社会・文化的背景　150
七　黄老仙師慈教の明と暗――結びに代えて　156

第六章　黄老仙師慈教の明暗……164
一　慈教の誕生　164
二　慈教の発展　167

三　慈教の問題点　174

【フィリピン編】

第七章　サント・ニーニョと順天聖母……183
一　「神教」とは?　183
二　サント・ニーニョと順天聖母——蘇秀容の童乩化の過程　185
三　社会・文化的背景を考える　189

第八章　もう一つの神人直接交流＝扶乩……193
一　はじめに　193
二　金鸞御苑の現状　195
三　金鸞御苑の扶乩　198
四　若干の所見——まとめに代えて　207

第九章　巫師的祭司について……214

一　はじめに　214
二　大千寺概観　218
三　巫師・祭司蘇超夷　222
四　巫師的祭司誕生の宗教・社会的背景――結びに代えて　228

【タイ編】

第一〇章　コン・ソンと童乩……236
一　はじめに　236
二　玉福堂とコン・ソン張輝亮　240
三　玉福堂の理事（問神）　246
四　まとめと課題　253

【台湾編】

第一一章　神に選ばれし者＝童乩……258
一　華人社会の霊媒　258

二　神意を知る方法　259
三　童乩のイニシエーション　260
四　童乩の役割　262
五　問神の実際　263
六　華人の宗教的世界観　266

第一二章　問神の儀礼過程と依頼内容……267
一　はじめに　267
二　壇主と上玄壇　269
三　問神の儀礼過程　271
四　考察　277
五　まとめに代えて　280

第一三章　陰と陽のシンボリズム――台南市の東嶽殿と玉皇宮……287
一　はじめに　287

二　東嶽殿と玉皇宮　288
三　死人超昇（陰）の儀礼　292
四　活人補運（陽）の儀礼　294
五　掩劫脱身法　298
六　まとめ　300

【中国本土編】

第一四章　現代中国のシャーマニズム……305
一　はじめに　305
二　現代中国のシャーマニズム——中国人研究者による若干の研究成果から　308
三　今後の課題——まとめに代えて　314

第一五章　中国の童乩信仰と類似信仰——東南アジアとの比較において……320
一　はじめに　320
二　童乩信仰の実態　323

三　類似信仰の実態　329
四　比較と課題　335
第二部　童乩信仰の多様性の底にある普遍性……341
第一章　東南アジア華人社会における童乩信仰のヴァリエーション考……343
一　はじめに　343
二　シンガポールの童乩信仰　345
三　マレーシアの童乩信仰　349
四　フィリピンの童乩信仰　352
五　若干のまとめ　357
六　問題提起　358
第二章　華人社会の安全弁としての神教……367
一　はじめに　367

二　神教の諸相　370
三　分析と整理　381
四　政治・社会的背景　384
五　結語　389

第三章　〈神〉という形に宿る〈力〉——童乱信仰の特質について……397
一　はじめに　397
二　童乱信仰における力について　399
三　華人宗教の弾力性　413
四　若干のまとめ　420

初出一覧……431

スピリチュアル・チャイナ

――現代華人社会の庶民宗教

序章　華人社会の宗教

＊本章の文中、中国語（華語）にカタカナでルビを付したところは、◯印が閩南語、●印が客家語、△が広東語、無印が普通語すなわち標準中国語である。

一　はじめに

いわゆる華人社会は世界各地に広く分布しているが、ここでは、東・東南アジア、その中でもシンガポール、マレーシア、フィリピン、台湾に限定してこれを取りあげたい。華人社会の宗教はいずれもきわめて旺盛にして多彩であるが、それぞれの国と地域の事情により、また社会・文化的状況により、その展開の様相と機能に少なからず差異を示している。以下ではとくに各国と地域の最近における社会・文化的変化に対応して華人の宗教がどのような姿勢・動向を示してきたかという点に留意したい。知られているように中国大陸では主に政治的理由により、宗教・信仰に各種の制限が加えられているのにたいして、各地華人社会の宗教は伝統的な諸形態を比較的自由に保持・伝承してきており、したがってその調査研究は中国大陸の宗教一般の理解のためにもいまとなっては貴重であると考えられる。

ひとくちに華人社会の宗教といっても、これを理解するための切り口はさまざまあり、その全貌を把握するのは決して容易なことではない。これまで多くの研究者が華人の宗教の分析に用いた主な方法は、儒教・仏教・道教の三区分であった。主に文献に依存することの多いこの方法は、中国の宗教研究のオーソドクシーとして教理学者や思想家、歴史学者らにより現在に継承されている。

これにたいして、華人の宗教を「宗教生活」のレベルで捉えようとする人類学や社会学の研究者たちは、これを儒・仏・道三教に区分するよりも、「大衆のレベル」と「知識人のレベル」に二区分して扱う方がはるかに有効かつ正確であると主張している。(1)こうした研究者はその研究の第一歩を実地調査においていることはいうまでもない。

ここで大衆(the masses)とは現に中国大陸と台湾に居住し、総人口の八五%を占める「普通の中国人」を意味し、その宗教・信仰はアニミズムと儒・仏・道三教との混交形態であるとされる。(2)そしてこの混交形態が中国人の「民俗宗教(folk religion)」であるとされるのである。(3)

台湾においては、漢族による開拓三〇〇年の歴史を通じて、民俗宗教は漢族系台湾人および漢族系台湾人社会の文化の中心である寺廟の宗教となったのであり、現に漢族系台湾人の八五%以上が民俗宗教の熱心な信者であると指摘されている。(4)そして「台湾の民俗宗教こそが、台湾の宗教の代表なのであり、成立宗教の理解もまた、民俗宗教の理解から始めるべきであろう」(5)とさえいわれている。こうした見方は何も台湾に限定されるべきではなくて、広く他地域の華人社会一般の宗教生活にも適用されるべきであろう。たしかに華人大衆の宗教生活の現実を見るなら、儒・仏・道三教のそれぞれの立場からでは説明がつかない事象が多すぎるのである。というよりも、後述するように華人大衆にとっては道教の廟で行なわれる儀礼も仏教の寺院で営まれる法要も、呪術・宗教的意味の上ではさほど差異がないと見られるというべきかも知れない。道教の廟では道士や法師などが、仏教の寺院では僧侶が、それぞれ異なる服装をまとい、違う経典を読誦するが、儀礼や行事に参加する人びとの大部分にとっては、そうした儀礼や行事は等しく生活の「平安《ピンアン》」を実現するためであり、現世利益を得るのに必要な営為と受けとめられることが実に多いからである。そして、人びとが多く求める儀礼においては、仏・道を問わず職能者の主な役割は、神霊、霊鬼、祖霊などを

華人社会の宗教モデル
(K. Yeh, 章末註 (1) 論文 , p. 27)

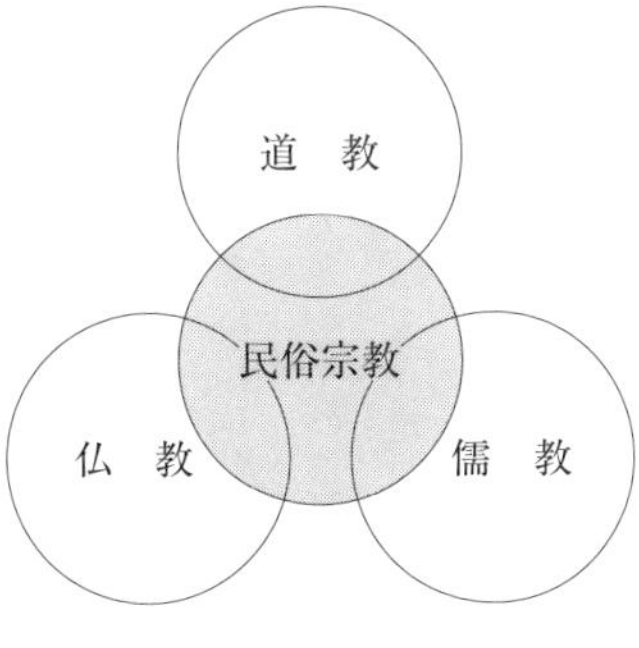

含む霊的存在や邪気などの呪力を直接、間接に取り扱うという意味において、著しくアニミスティックである。上図に示した「華人社会の宗教モデル」における民俗宗教は、以上のような意味内容を含む概念である。

とはいえ、アニミズムと儒・仏・道三教との混交形態と総括される華人の民俗宗教の概念はまだ未熟である。それは、一九七八年に「〔中国の〕民俗宗教は〔著述家たちにより〕異常なほどに無視されてきた。過去五〇年間に中国の民俗宗教に関する著書は一冊も発行されていない(6)」と指摘されるような状況下に置かれていたのである。

ここではとりあえず、華人社会の宗教を仏教の教理や道教の教論からではなく、大衆の宗教行動の場面から見ていくこととし、これを民俗宗教と捉える際に生じてくるであろう問題点を指摘するという進め方をしてみたい。この種の試みの積み重ねが、なお未熟な華人社会の民俗宗教の枠組みをいささかなりとも、鮮明かつ強固にするだろうことを願うからである。

二　華人大衆の宗教観

西マレーシア（ボルネオ島（カリマンタン）を除く半島部のこと）のマラッカで最古の仏教寺院として知られる青雲亭の礼拝対象を見ると、大雄宝殿に本尊として観音菩薩を祀っているが、その左右には脇侍《きょうじ》として天后聖母と関帝を、さらに媽祖と太歳爺を祀っている。観音菩薩以外の諸尊はすべて道教の神々であるから、中国宗教について何らかの知識をもつ人なら、ここは仏教寺院であるにもかかわらず、大雄宝殿の尊像配置からするとこの寺は仏・道混交であるとのレッテルを貼るかも知れない。

同じ西マレーシアのペナンで最も有名な仏教寺院は極楽寺であるが、その大雄宝殿には本尊釈迦牟尼仏を中心に、左右に阿難尊者と目連尊者、その両翼に薬師如来、阿弥陀如来、韋駄天が、両壁には十八羅漢が祀られている。ここには道教系の神像の姿はなく、純粋な仏教的空間を成している。ところが大雄宝殿の隣の社殿には、玉皇上帝や九天玄女など道教の諸神が祀られている。マラッカの青雲亭を仏・道混交と見なした人は、ペナンの極楽寺の伽藍配置に仏教優位の性格を感じとるかも知れない。

他方、シンガポールのラングーン・ロードにある童乩《タンキー》（霊媒型のシャーマン）主宰の小廟斉天宮は、斉天大聖を祀るほかに、法祖、太上老君、斉公活仏、観音菩薩、大聖仏祖、玄天上帝、蔡俯王爺、善財童子、蓮華太子、達茅先師、感天上帝、関聖帝君、城隍公、大哥爺、二哥爺、包大人の尊像を安置している。これら諸尊のうち観音菩薩、大聖仏祖、善財童子は明らかに仏教起源であり、斉公活仏と蓮華太子も仏教との関係があるらしいことを知った人は、このパンテオン（神界）の構成に道教が仏教を吸収・包含しつくした事実を見てとるにちがいない。

このように、華人社会の寺廟は礼拝・信仰対象の種類と配列という点から見ても、仏教と道教との接触・交流・融合の歴史とヴァリエーションを鮮やかに示しており、宗教文化史論的に実に興味深い。こうした寺廟のヴァリエーションの背景には、たぶん仏教と道教の教理や原則にたつ主張と姿勢があることはいうまでもあるまい。ところが視点をひとたび華人大衆の宗教信仰と行動の面に移すと、事態は一変する。人びとは仏教寺院に行っても道教廟においても、線香を前後に振って願いごとをくちずさみ、これを香炉に立てて敬虔に拝拝《パイパイ》し、筶《ポエ》を投じて神（仏）意をうかがい[7]、お神籤《みくじ》を引いて自己の運の善し悪しを知ろうとする。

人びとにとっては寺廟の奥に金色に輝くパンテオンは、仏教系であろうが道教系であろうがすべて「神《シエン》」なのである。釈迦牟尼仏は世界と人生の真理である縁起・空を悟った存在だから信仰するのではなくて、関帝や斉天大聖あるいは感天上帝と同じように、人間の不幸を除祓し幸運をもたらす超自然的、超人間的な大いなる力を所有していると信じるから祈念し礼拝するのである。人びとにとって寺廟が重要なのは、そこに行って深遠な哲理が聞けるからではなくて、現世と来世を含む日々の平安が保証されると信じられるからである。

もちろん華人社会の宗教的エリートたる道士や法師は宗教的世界観・人生観に関して、伝統的な陰陽説・五行説・風水説など精緻にして組織体系的に編みあげられた高度の知見を有し、多くの方術書を手がかりに宇宙の運行、神界の構造、人界の運命などを説いている。このことは仏教僧侶にも当てはまるであろう。しかし現実には、宗教的エリートにより依拠する教説・理論が異なり、地域により理論解釈に異なる展開があり、また華人社会が福建、広東、潮州、海南、客家など各民系の集合体であることなども原因して、画一的な宗教観が華人大衆を大きく規制し方向づけるといった事実は見られない。人びとが信奉するのは日々の生活に平安をもたらす宗教なのであり、この意味において彼らの宗教観は著しく実用主義的であるとさえいえよう。

したがって人びとに人気の高い神々は、生活の現実（問題）と直接間接に結びついた存在である。病気や不幸を除去する斉天大聖や感天上帝、観音菩薩、財産をもたらす関帝、大爺伯、二爺伯、金と土地に結びついた大伯公、土地公、海上安全の守護神とされる媽祖、安産の神である註生娘娘などは人びとによく知られており、篤い信仰の対象になっている。大小の廟はもとより各家庭においても、必ずといってよいほど祀られているのが大伯公である。この神は屋敷神的な性格をもつが、シンガポールでは毎月二日と一六日に做牙《ツウオゲエ》と呼ぶ祭りを行ない、農民は豊作を、漁民は大漁を、商人は金もうけを、そして一般の人びとは治病や家内安全を祈るという(8)。大伯公の人気の理由がご利益万能の点にあることは自明である。

フィリピンのマニラの華人社会では、各家庭の祭壇に大伯公の像とともにサント・ニーニョ（幼きイエス・キリスト）の像を祀っているところが多い。一九七〇年代にサント・ニーニョの像が幸運を呼ぶとの噂が、フィリピン人社会から華人社会に流布し、人びとは競って神像を祀るにいたったという。マニラの道教廟には諸神像に加えてサント・ニーニョ像を祀っているところもある。

このように必要に応じて自由に神々を導入して祭祀する華人の宗教的傾向を神教（shenism）と呼んだ一人類学者は、シンガポールの状況についてつぎのように記している。「〔神教は〕一個の空っぽな容器であり、時と場合によって、仏教、道教、儒教のような制度的諸宗教の内容や中国的な混交宗教、さらにキリスト教やヒンドゥー教によってさえ満たされることができる」[9]と。

またマレー半島の華僑社会に通じ、そのすぐれた研究者でもあったパーセルは、「華人は常に宗教問題に関して最も寛容であると見なされてきた。……彼らはその寺廟への出入りに関して何ら特別の規制をもたず、しばしば自由かつ容易に寺廟を開放する。そして彼らは仏教・道教・儒教のいずれかの信者であっても、彼らが所属していない諸宗教（宗派）にたいして寛容であり、しばしばこれら三つの宗教を同時に承認しさえする。多くの華人は、ある神または英雄が、一体仏教の仏か道教の神かを告げることに困難を覚えるだろうし、仏教徒は数多くの神々を彼らのパンテオンに受容する」[10]と述べている。

さらにフィリピン華人社会に関してある社会学者は、「フィリピン華人のキリスト教現象は混合的である。しかしその評価は難しい。というのは、多くの華人の心の中ではキリスト教の宗教的内容は放棄され、この基本的にキリスト教的な環境の中で、その社会的意味と便宜のゆえにのみ入信が求められるからである」[11]と語っている。

シンガポール、マレーシアおよびフィリピンの華人社会における宗教現象の特色について記述した前記三名の研究者は、期せずしてその現実主義と実用主義の双方を兼ね備えるフレキシビリティに触れている点で見解の一致を見ているといえよう。

さて各地の寺廟に雲集する人びとの語るところによると、日常生活が普通に営まれている状態が平安であり、平常・普通の状態よりも上向きに展開していると思われる状態が「好運《ホウン》」であるという。これにたいして病気になったり事業に失敗したりして平安が崩れた、あるいは後退した状況が「壊運《パイウン》」、「歹運《タイウン》」、「呆運《タイウン》」などと呼ばれる。

そこで人びとは平安の状態をできるだけ持続させ、さらに好運にいたるために神仏の力を借りようとする。「補運《ポーウン》」の儀礼である。他方、壊運、歹運の状態にあると感じる人びとは、平安を実現するために「改運《カイウン》」の儀礼に参加する。つまり人びとはプラスの好運とマイナスの壊運との間できわどいバランスをとりながら平安を維持していると日常的に観念しているといえよう。そしてそれぞれの状況に応じて数多くの呪術・宗教的行動がとられるのである。

三　神観と儀礼

シンガポールやマレーシアの平均的な華人の家は、一階部分が商店か事務所または仕事場になっており、二階や三階が住居になっていることが多い。どこの家でも一階の入口には玉皇上帝を象徴する天公炉が吊り下げられ、正面奥の壁上部には大伯公または土地公の像が安置されている。二階に上がると、居間の入口に門神の絵図が貼られ、部屋の正面に観音、媽祖、土地公、竈神像を印刷した神相図を額縁などに入れて飾り、その横に祖先の位牌壇を置き、他の壁面には観音、関帝、斉天大聖の像などを祀っていることがある。シンガポールでは観音に人気があり、一室に何体もの尊像が祀られていることさえある。

マニラの華人街のあるホテルでは六階の家族住居部分の一室を広澤尊王殿と名づけ、大型の豪華な祠殿を置き、広澤尊王、関帝、観音、媽祖、財神爺、土地公、周王府、弥勒の像を祀っている。

華人たちは家庭にあっても、宇宙の根源にして神霊界の統率者である在天の玉皇上帝と、玉皇上帝の統率下にある多種多様な神々のうち、とくに家の職業と家族の平安・福利につながると信じられている諸神を勧請し、その守護のもとにあるということになる。人びとは朝夕天公炉に線香を上げ、各神像にも線香または灯明を捧げて平安を祈る。しかし人びとは家庭で祀る神々に深く頼っていても、それで無事安全であるわけでは決してない。

人びとの一般的な神観によれば、この世界は大別して陽の領域（陽間《ヤンジエン》）に属する神々と陰の領域（陰間《インジエン》）に関わる霊的存在により構成されており、概して陽間は天上界、陰間は地下界に相当すると認識されている。[12]人間が住む地上界は陽＝天上と陰＝地下のちょうど中間に位置し、常に陽と陰の直接間接の影響下にあると考えられている。すなわち人間界＝地上界のあらゆる現象は陰陽両界と必然的関係を有し、人間の平安はかかって陰陽のバランスの上になりたっているとされるのである。[13]人びとが玉皇上帝をはじめ天上界の陽の神々を家庭に勧請して崇拝するのは、地下界の陰の領域にあって、たえず地上＝人間界の秩序をかき乱そうとする諸霊的存在の力とのバランスを保持するためであると見られる。こうした陰間の霊的存在の主なものには、若死、自殺、他殺など異常死を遂げた人の霊魂や、死後に供養する者を欠く人の霊魂などがある。彼らは概して人間界の秩序から逸脱し疎外された者の霊魂群で、一般に「鬼」とか「鬼魂」と呼ばれる存在である。普通の死に方をして家族や子孫により一定の儀礼を施された者の霊は祖先となって安定し、位牌に宿って家内に祀られ、子孫を守護する神的存在になるが、異常死の者や死後に供養者のいない者は祖先になれず、人間界に出没しては災厄の原因になると考えられている。陰間にはこの他に悪鬼や妖鬼などこの世にマイナスの作用をおよぼす霊的存在がいると見られている。[14]また人間界にもやはりマイナスの作用をもつ邪気という目に見えない力があり、たえず人びとの運気を狂わすとされる。このように陰陽両界の力のバランスの上にみずからの生活の平安を維持しようとする人びとは、常に神々と霊的存在にことのほか鋭敏であり、それらへの対応の方法としての宗教儀礼にすこぶる熱心である。

ここではさまざまな儀礼の典型として陰の儀礼と陽の儀礼に触れてみよう。人びとが生活の平安であると考えていた状態に異変があると認めると、彼らはその原因を明らかにするために卜占師や童乩など宗教者を訪ねて判断を依頼する。もしもそれが陰間に関係があると分かれば、陰の影響を取りさるための儀礼を行なうことになる。台北市に住む会社員は、当然大学に入学できると思っていた息子が入試に失敗し、占ったら父方の祖父が陰間で迷い超昇していないと知ったため、道教廟で「死人超昇」（死霊を浮かばせること）の儀礼を行なった。シンガポールの老女は連日悪い夢に悩まされ、判断してもらうと、家の近くに墓地があり、第二次大戦中に殺害された人たちがしかるべき供養を受けず飢えに苦しんでいることを知り、仏教寺院の施餓鬼会に参加した。

陰の儀礼は地域により名称と形式を異にするが、一般に「打城」とか「打地獄」、「破地獄」と呼ばれる。それは冥界で苦しむ鬼魂を救いだし、金銭、食物、日用品を供えて慰撫し、安定した地位に就けてやることを骨子とする儀礼である。したがって、そこでは地獄に幽閉されている鬼魂とその解放が象徴的に示される。具体的には、法師とか紅《アン》頭《タアウ》と呼ばれる宗教者が、冥界の諸神に供養してから、冥界の鬼魂を招いて魂身という人形に憑け、これを地獄を象徴する城（竹と紙でできている）に閉じこめ、依頼者の目の前で城を刀または槍で破却し、魂身を解放した後、地獄との境界を表わす奈河橋（西方橋ともいう）を魂身を奉持して渡り、大量の供物をもたせて送るというものである。この儀礼には尪姨《アンイー》と称する女性霊媒が参加し、鬼魂が地獄から真に解放されて、しかるべき場所に赴いたかどうかを判断する。

陽の儀礼も人びとの生活の異変を契機に営まれる。家族に病気が絶えないとか、思わぬ交通事故に遭ったとか、事業不振が続いたとか、不如意の出来事が生じると、人びとは寺廟や民俗宗教者のところに行って原因を判じてもらう。それが運気に関わっていると知ると、運をプラスに変改するための儀礼を行なうことになる。これを「改運」とか「補運」と呼ぶ。

この世（人間界）には陰間から侵入した悪鬼や妖鬼の類が横行し、また邪気（力）がみなぎっている。星のめぐり合わせが悪かったり、節制を欠いたり、人の道にそわない行為にでたりすると、それら悪しき霊的存在や力に影響されて運気が狂い平安が乱される。

こうなると人びとは改運の機会をもたないことには安心していられない。改運の儀礼にも打城同様に数多くの象徴が動員され、また法師、紅頭が童乱または尪姨とコンビを組んで一切を取り仕切る。

まず人間の寿命、富貴、貧賤などを司る司命灶君、病気を司る天医真人、生を左右する南斗星君、死に関わる北斗星君、誕生を司る註生娘娘など諸星神、十干十二支の神など陽間の諸神像（金、紫、緑、白紙などで作られる）に五牲、五果(15)などを供え、法師か紅頭が依頼者の運気の状況を記した黄紙を読みあげる。つぎに藁人形（丈三〇センチメートルほど）に改年経、白虎、煞神、天官の像を添え、これに依頼者の肌着を巻きつけた「替身」または「草人」を依頼者にもたせ、法師（紅頭）と尪姨が角笛を吹いたり刀を振り回しながら依頼者の悪しき運気または憑依している悪鬼や妖鬼を替身に転移させ、身替わりになった替身を燃やすか川に流す。最後に人間の開運を司る北斗七星（七本の赤いろうそくで象徴）を象徴する橋(16)を渡ることにより改運が成就したとするのである。ちなみに台湾の台南市には、死人超昇の陰の廟とされる東嶽殿と、「活人補運」の陽の廟と呼ばれる玉皇宮があり、全島から依頼者を集めている（本書、第一部第一三章参照）。

華人社会は一年一二箇月を通じて春節（正月）、清明節、端午節、中元節、中秋節などの祭りを行ない、また玉皇上帝、関帝、観音菩薩、媽祖、福徳正神など諸神の誕生日を記念する儀礼を営み、人びとはその都度平安や改運を祈願するのである。

四　年中行事

つぎに華人社会の年中行事について述べよう。ひとくちに年中行事といっても、細部については地域によりヴァリ

エーションがあるので、比較的どこにおいても行なわれる主なものを取りあげることにする。(17)

旧暦一月一日。この日から始まる一連の行事を正月節《○チオンゲエチエ》または春節《チユンチエ》と呼び、各家庭では早朝に爆竹を鳴らして邪気を祓い、門口に卓を置いて茶菓を供え、香を焚き、紙銭（儀礼用の模造紙幣。何千枚、何万枚と燃やすと紙幣が霊界に届くとされる）を燃やして玉皇上帝を拝し、また祖堂に招福攘災を祈り、互いに「新年快楽《○シンニインクワイロウ》」と唱え合う。特別な料理を食し、賭博などに興じる。四日は迎神《○ギアシエン》または接神《○チヤプシエン》と称し、旧臘二四日に玉皇上帝に挨拶のため昇天した諸神を迎えるため、各家庭で三牲や菓物を供えて拝す。一五日は元宵《ユアンシアオ》または上元《シヤンユアン》といい、香、燭、牲を供え神仏に年中の好運を祈る。

旧暦二月二日。土地公生《○トウティコンシィ》または伯公生《●バツクンサン》などと呼び、福徳正神の誕生日を祝う日。一般に土地公（土地神）にたいして五穀豊穣を祈る日とされるが、とくに商家では頭牙《○タアウゲエ》と呼んで特別の祭りをする。これは一月を除いて毎月二日と一六日に神祭りを行なう地方が多く、これを牙祭《○ゲエセエ》というが、年頭の祭りゆえに頭牙と称するのである。これにたいして一二月一六日は最終の祭りなので尾牙《○ペェゲェ》と呼ぶ。

旧暦三月一〇日前後の頃。清明節《チンミンチエ》と称する墓前祭が行なわれる。家族が先祖の墓を清掃し、菜飯、牲、酒などを墓前に供え、紙銭を燃やし、子孫の繁栄を祈る。

旧暦四月八日。浴仏節《イウフーチエ》といい、仏教信者は寺に参詣し、釈迦仏の誕生を祝って甘茶を供え読経する。

旧暦五月五日。端午節《トアンウーチエ》または五月節《○ゴオゲエチエ》。各家では菖蒲や艾《よもぎ》を紅紙で束ねて門にかけ、また粽《ちまき》、牲、酒を祖先に捧げ、家族で飲食する。こうした行事により百邪を防ぐとされる。またこの日に菖蒲と艾を湯に入れて身体を洗うと百病を避け得るという。

旧暦六月一九日。観音菩薩《クワンインプーサー》の誕生日とされ、華人社会に多い観音を祀る寺では信者が集まって法要を行ない、各家では牲菓を供えて拝む。

旧暦七月一五日。中元節《チユンユアンチエ》または盂蘭盆会《ウウランプンホエ》、七月半《○チツゲエポア》などと呼ばれ、鬼魂を供養する大祭。寺廟はもとより地域社会や各家庭において鬼魂を慰撫する行事が盛大に行なわれる。旧暦七月一日には鬼門が開き、祀り手のない鬼魂すなわち餓鬼＝孤魂が冥界からこの世に出てきてさまようとされる。そこで餓鬼に供物を捧げて災厄を防ごうとするのである。この期間に地域社会、会社、商店などがそれぞれ奉納演劇付きの大宴会を開き、平安を祈りメンバー相互の親睦を深め合う。

旧暦八月一五日。中秋節《ツオンチユウチエ》で各家庭では戸外に卓を置き、生花、水果、月餅を供え、紙銭を燃やし爆竹を鳴らして月娘《ユエニャン》を拝する。この後家族が月餅を食べて楽しむ。祖先を拝むところもある。

旧暦九月九日。重陽節《チヨンヤンチエ》または登高日という。山に登っていたために地上の災厄を免れ得たとの故事にちなむ行事とされ、友人を招いて飲食したり、近くの山に登って楽しんだりする。

旧暦一〇月一五日。下元といい、一般に水官菩薩の誕生日とされる。水官が降って人びとの罪過をただす日ともされ、家の前に卓を置き、香、牲を捧げ、家内の平安を祈る。

旧暦一一月冬至《トンツーヅー》日。冬至節《○タンチエーチエ》または長節と呼び、各家庭では冬節丸という団子を作って祖先の位牌に供え、爆竹を鳴らし紙銭を燃やして拝し、ますます福気が強くなるように祈る。

旧暦一二月一六日。尾牙《○ペエゲエ》と称し、商家や農家では牲を土地公に供えて拝み、使用人や関係者を饗応する。昇給や解雇などもこのときに行なわれるという。二四日は送神《○サンシン》と呼び、各地の寺廟の神々が人間の善悪行為を玉皇上帝に報告するため昇天する日とされる。各家庭では早朝に三牲などを供え、紙銭を燃やして見送る。この日から各家庭では屋内外の清掃を開始する。これを掃塵《サウツン》と呼ぶ。またこの日から、商家、農家、酒楼などが家の門に貼る春聯《チユンリエン》を売る者が街路のあちこちに出る。春聯はわが国の注連《しめ》飾にあたる。

三〇日は過年《クオニエン》といい、各家庭では家の中央にある正庁の祖先に三牲または五牲を供え、香を焚き紙銭を燃やし拝礼する。その後に各家と物品の贈答を行ない、夜になると祖先に供えた牲を料理して卓上に並べ、卓に火炉を置いて一族がこれを囲み、夜の更けるまで団欒する。

トランス状態の童乱

五　社会・文化的状況と宗教——童乱信仰をめぐって

複雑多彩に展開する華人社会の宗教の中でもとりわけ大衆の関心を集めているのが童乱《○タンキー》を中心とする宗教形態である。シンガポールには童乱が関与する寺廟が数百あるとさえいわれている。[18] 研究者たちは童乱の神観、儀礼、信者、依頼者集団などを総括的に霊媒信仰（spirit mediumship）と呼んでいるが、ここでは端的に童乱信仰と称することにした。[19] 童乱信仰は華人社会のシャーマニズムであると見られているから、[20] この意味においても童乱は華人社会の民俗宗教を代表する宗教者であるといえよう。

童乱の語義は「占いをする若者」を意味するが、実際に彼らの多くは一三、四歳から四〇歳前後までの者である。男女のいずれもあるが男性が圧倒的に多い。もっとも尪姨《○アンイー》とか巫婆《○ムープォー》と呼ばれる童乱とほぼ同じ性格と役割をもつ女性の宗教者がいることにも注意しなければならない。彼女らも人によっては童乱と呼ばれることが少なくない。

童乱は彼（彼女）の守護神を呼びよせて自分に憑依させ、トランス状態に陥って第一人称でふるまうことをその宗教的特質としているから、まさに霊媒型のシャーマンである[21]。

彼らは総じて貧困、低学歴、家庭的不幸、心身異常などにより苦労辛酸を経験した人たちで、その理由を生まれの年、月、日の悪さ、つまり呆運・壊運に帰することが多い。彼らは幼少の頃から夢や幻視・幻聴、トランスを体験し、神ごとに異常なほど敏感である。

こうした人たちは、童乩の関与する廟に行き、手伝いなどをしている間に激しいトランスに入り、神霊との直接交流を経験することになる。本人も先輩童乩もその種の経験が神の召命のしるしであると納得すると、本人は一定の修行を積んで童乩になる。華人社会の各民系（方言集団）の人たちも新しい童乩の出現を待っており、童乩が誕生すると物・心両面の支援を決して惜しまない。

童乩はシャーマンであるから、神霊や死霊、祖霊と直接交流し、神霊や祖霊自身となって役割を果たすので、華人社会のいろいろな宗教的場面において彼は必要とされるのである。その主な役割はすでに見たように陰陽両界に関わる霊的存在との直接交流であり、神自身としての託宣、予言、治病行為、祓霊、開眼（入魂）、司祭などである。人びとは神仏と直接交流をしたいと思えば、童乩に依頼する以外に方途がない。評判の良い童乩になると、その廟はまさに門前市をなすの観を呈し、人びとは争って「生き神」を求め合う。童乩は霊的存在をじかに取り扱うという意味でアニミズムのチャンピオンであり、民俗宗教の代表者なのである。

ところでシャーマニズムが時代と社会の変化に敏感に反応するように、童乩もまたその地域の政治―社会―文化的状況に実に鋭敏に対応する。諸研究者が華人の宗教の弾力性や包容性を指摘していることはすでに触れたが、そうした対応の速さの典型ともいえるのが童乩の宗教的営為である。その一端を見よう。

シンガポールは華人の人口が総人口の七八％を占める華人優位の国家である。この国における童乩は、各民系が中国本土から将来した儀礼の型を忠実に踏襲している。シンガポール人は公的には英語を話すが、家庭ではなお中国大陸の各方言が日常語として生きている。そこで童乩の廟も方言集団別になっており、福建系、広東系、潮州系などの方言集団が廟の支援者になっていることが多い。童乩は上半身裸体となり、激しいトランスに陥り、舌を切って得た血で神符を作るなど、台湾の童乩に似た儀礼行動をとる。

ところが社会変化により、事情が違ってきた面も見逃せない。シンガポール政府は一九六〇年以降都市部の大改造に踏みきり、郊外に大団地を造成して、旧華人居住地の人びとを移住させた。そして同一団地に華人の各民系、マレー人、インド人を一緒に居住させ、もって「シンガポーリアン（シンガポール人）」意識の高揚に努めてきた。市内のジャラン・テンテランの団地には同じ棟に各民系華人とイスラム教徒のマレー人、ヒンドゥー教徒のインド人が一緒に住むにいたった。

するとこの地の中央に風変わりな廟が出現した。正面にマレー人のダトゥ公（民俗イスラムの神）、左側に華人の多神、右側にインド人のカーリー女神、ガネーシャ神を祀った廟である。廟の建立者は広東系の童乩で、彼は各異宗教の神々を自身に憑依させて役割を果たすという。服装も裸体から独特の法衣に変わった[22]。

マレーシアの華人人口は総人口の三五％であるが、ここの華人社会はマレー政府による華人の権益制限政策のもとにあり、シンガポールとは大きく異なる状況にある。マレー人は国教イスラムのもとに統合されており、その宗教的優位は動かない。この国の華人の宗教で目立つのは、童乩の創唱に成る新宗教の台頭である。その特色はパンテオンを変革して三位一体の神を唱え、信者・依頼者は超民系的にすべての華人に積極的に広げ、相互扶助を強調し、童乩の神がかりは激しさを失い、上下白のユニフォームを身に着け、簡単ながら教理を編みだしたことにある。クアラルンプールの黄老仙師慈教や拝天公教団などがその例である。神観や儀礼を大胆にイスラムの方向に変革したことなど、弾力性、柔軟性そのものといえよう[23]。

フィリピンの華人は大部分が福建系で総人口のわずか一％（約六五万人）、大半がマニラやセブなどの都市に住む。

フィリピンはアジア唯一のキリスト教国であり、フィリピン人のほとんどがカトリック教徒である。ここの童乩はその行為を見るとマレーシアのそれに近い。上半身裸体はなく、トランスも常態に近い。最も有名な童乩の寺廟は、マニラ華人地区トンドのモルガ街にある大千寺である。この寺は広澤尊王廟という名とエキュメニカル・チャーチの名ももつ仏・道・キ（キリスト教）の総合宗教施設である。大千寺の内陣には六五体の神仏の像が大理石の柱の上に祀られている。その中には釈迦牟尼仏、阿弥陀仏、観世音菩薩あり、元始天尊、広澤尊王、関聖帝君あり、イエス・キリスト、聖母マリア、サント・ニーニョ、聖マーチン、聖アンソニーあり、さらにアッラー（偶像はなく名称のみ）まである。

これは華人社会の若者たちの中に近年カトリックに改宗する者が増え、またカトリックのフィリピン人と結婚する人が多くなったという事情に対応するものといえよう。華人はカトリックになっても寺廟に行くことをやめないので、大千寺の祭壇構成は、こうした華人の宗教観をよくシンボライズしていることになる。[24]

最後に台湾は漢民族が九〇％以上を占める土地であり、福建省出身者が多く、大陸にも近いので、童乩信仰もおそらく大陸の伝統的な型を伝承してきていると見られる。憑霊の様式は概してシンガポールのそれに近いが、激烈さ、血が流れるのを怖れないこと、犠牲獣の多いことなどでは、多分に童乩信仰の原型をとどめていると考えられる。

それぞれの地域の実情に即応して形態をダイナミックに変容させていく童乩信仰のありように、われわれは、どこにおいてもしたたかに生き、そして成功せずんば止まない華人たちのエネルギーの根源を見る思いがするのである。

【註】

（1）たとえば Wing-tsit Chan, *Religious Trends in Modern China*, Octogan Books, New York, 1978, p.141；K. Yeh, "A Psychotherapeutic Study of Dang-ki Healing (Taiwanese Shamanism)," in *Cross-Cultural Implications for Pastoral Counselors*, A

Bell & Howell Information Company, Michigan, 1989, pp.24-29.

（2）K. Yeh, ibid., p.25.

（3）M. M. Chiu, *The Tao of Chinese Religion*, University Press of America, New York, 1984. 本書においてチィウは民俗宗教を「シンクレティスティックな民俗カルト」であると規定する（一九七頁）。

（4）M-C. Chiu, *Two Types of Folk Piety: A Comparative Study of Two Folk Religions in Formosa*, Ph. D. dissertation, University of Chicago, 1970, pp.2-3.

（5）渡辺欣雄「宗教と儀礼」戴國煇（編）『もっと知りたい台湾』弘文堂、一九八五、一三九〜一四〇頁参照。なお、窪徳忠氏はこの民俗宗教に相当する概念として「民俗道教」を提唱している〔窪徳忠『道教の神々』平河出版社、一九八六、六四頁〕。

（6）Chan, op. cit., p.145.

（7）筶《ポエ》は主に竹の根で作られる半月形をした二個一対の占具で大小ある。上面が円味、下面が平らで朱を塗った物が多い。神前で願いを述べ筶を投じ、二つとも円面が出ても、平面が出ても神の許諾がなく、ひとつが円面、ひとつが平面になったとき、よしとされる〔中村哲「筶（占具）」『民俗台湾』四ノ六、一九四四、東都書籍台北支店、一九〜二一頁〕。

（8）窪徳忠「宗教と世界観」綾部恒雄・石井米雄（編）『もっと知りたいシンガポール』弘文堂、一九八二、八二〜八三頁参照。

（9）V. Wee, "Buddhism in Singapore," in R. Hassan (ed.), *Singapore: Society in Transition*, Oxford University Press, Kuala Lumpur, 1976, p.171.

（10）V. Purcell, *The Chinese in Malaya*, Oxford University Press, Kuala Lumpur, 1967, p.119.

（11）J. Amyot, *The Manila Chinese: Familism in the Philippine Environment*, Institute of Philippine Culture, Ateneo de Manila

University, Quezon City, 1973, p.78.

(12) D. K. Jordan, *Gods, Ghosts and Ancestors: Folk Religion in a Taiwanese Village*, University of California Press, Berkeley, 1972, pp.31-32.

(13) M. M. Chiu, op. cit., pp.147-149.

(14) 註(5)の渡辺前掲論文、一四二頁参照。

(15) 五牲は牛、羊、豚、犬(魚)、鶏とされ、五果は李、杏、棗、桃、栗を指す。

(16) 七星は貪狼星、巨文星、禄存星、文曲星、廉貞星、武曲星、破軍星を意味する。一般に長椅子の下に七本の赤いろうそくを立て供物を置いたものを橋に見たて、依頼者にこれを渡らせる。打城における奈河橋に対応し、悪しき此岸から善き彼岸に移ることを表わしている。本書二九五頁参照。

(17) 片岡巌『台湾風俗史』青史社、一九八三:註(5)の渡辺前掲論文:中村喬『続中国の年中行事』平凡社、一九九〇参照。

(18) Wee, op. cit., p.173.

(19) 厳密には信仰対象は童乩に憑依する神であるはずだが、人びとは評判の良い童乩を信頼して集まるので、現実には神信仰は童乩信仰と見なされる。

(20) A. J. A. Elliott, *Chinese Spirit-Medium Cults in Singapore*, The London School of Economics and Political Science, London, 1955, p.15, 安田ひろみ・杉井純一訳『シンガポールのシャーマニズム』春秋社、一九九五:A. Kleinman, *Patients and Healers in the Context of Culture: An Exploration of the Borderland between Anthropology, Medicine, and Psychiatry*, University of California Press, Berkeley, 1980, p.210, 大橋英寿他訳『臨床人類学——文化のなかの病者と治療者』弘文堂、一九八五:K. Yeh, op. cit., pp.40-45.

(21) 詳しくは拙著『シャーマニズムの人類学』弘文堂、一九八四の第三部、並びに本書、第一部第四章参照。
(22) 本書、第一部第四章参照。
(23) 拙稿「原郷回帰のシンボリズム——マレーシア華人社会のシャーマン」拙著『憑霊とシャーマン——宗教人類学ノート』東京大学出版会、一九八三、並びに本書、第一部第五章・第六章参照。
(24) 拙稿「東南アジア華人社会における童乩信仰のヴァリエーション考」直江廣治・窪徳忠(編)『東南アジア華人社会の宗教文化に関する調査研究』南斗書房、一九八七、一〇七〜一三四頁、本書に第二部第一章として収録。並びに本書、第一部第九章も参照。

第一部　国別に見る華人社会の庶民宗教

【シンガポール編】

第一章　中国〔的〕宗教とは何か

一　はじめに

一九九二年の人口統計によると、シンガポール国に在住する人びとの総数は二八一万八二〇〇人となっている。内訳は華人が二一八万七二〇〇人（約七八％）、マレー人が三九万九四〇〇人（一四・二％）、インド人一九万九六〇〇人（七・一％）、他民族三万二〇〇〇人（一・一％）である。シンガポールは多民族国家として知られるが、人口構成から見る限り、圧倒的に〝華人の国〟であることが知られよう。

宗教の面に関しても、当然のことながら各地において中国的な大小の寺廟と多数の熱心な参拝者の姿がよく目につき、この国が〝中国〔的〕宗教の国〟であることが、強く印象づけられる。

それでは、シンガポールは中国的な寺廟ばかりが目について、マレー人イスラム教徒のモスクやインド人のヒンドゥー教の寺院は目に入らないかというと、決してそうではない。どの地区に行っても、大小の差はあれ中国的寺廟に伍してモスクやヒンドゥー寺院もしくは礼拝所が数多く見られるからである。

最初の華人居住地のひとつであるシンガポール河に近いテロック・アヤー通りには、シンガポール最古の廟とされる天福宮があるが、そのすぐ右隣はヒンドゥー教のナガール・ドゥルガ寺院であり、左側には数十メートル離れてイスラム教のアル・アブラール・モスクがあるというふうである。シンガポールへの旅行者がよく訪ねるとされる中国的な有名寺廟には、天后聖母、関帝、保生大帝を主尊とする前記天福宮の他に、準提観音を本尊とするナルシス通りの普陀寺、仏陀、観音、弥勒を祀るキム・キート通りの雙林寺、観音を奉じるレース・コース通りの龍山寺、そして仏陀を祀り上座部仏教に属し、同じくレース・コース通りに位置する釈迦牟尼ブダガヤ寺などがある。旅行者たちはこれら中国的寺廟に加えて、セラングン通りのスリ・スリニヴァーサ寺院やタンク通りのスリ・タンダユタパニ寺院などのヒンドゥー寺院と、サウス・ブリッジ通りにあるジャマエ・モスクやテオン・バル通りのジャミャ・アル・ラビタ・モスクなどに案内されるであろう。これらに加えてキリスト教のカトリック教会、プロテスタント教会その他が存在する。

このようにシンガポールは中国〔的〕宗教、イスラム教、ヒンドゥー教、キリスト教などの諸宗教施設が共存する豊かな宗教環境をそなえており、まさに宗教の博物館の観がある。

新興住宅地として知られるヘンダーソン通りとテロック・ブランガー通りが交わる一画には、萬寿山観音仏祖、観音閣、ク・ジァゴー・モスク、クリスチャン・コミュニティー・チャーチ、シンガポール創価学会が競合的に存在する。

しかし宗教景観的にいかに諸宗教施設が色彩豊かに共存していようと、シンガポールの主要な宗教は、総人口の約八割を占める華人に支えられる〝中国〔的〕宗教〟であることはいうまでもない。

したがってここではシンガポールの〝中国〔的〕宗教〟に焦点を絞ってその性格や特徴、機能について述べ、必要に応じて他の諸宗教に触れることにしたい。

二　〝中国〔的〕宗教〟とは何か

本論において、中国〔的〕宗教という用語にあえてカッコを施したのには、それなりの理由がある。長い間、中国〔人〕の宗教は儒教、仏教、道教に三区分する方法によって説明されてきた。この三分法には大別して二通りの理解の仕方があった。ひとつは中国〔人〕の宗教は儒・仏・道の三教よりなるとして、主に各宗教の教理や思想にどのような異同があるかを理解しようとするものであった。教理学者や思想家によってなされたこの方法は、各宗教の思想的特質を明らかにすることには貢献したが、民衆（大衆）の「宗教生活」という視点が欠落していた。

もうひとつは、三教は決して個別に存在しているのではなく、実際はアニミズムや呪術の要素が少なからず加わった混交宗教（シンクレティズム）であるとする理解の仕方である。人類学者や社会学者によるこうした理解の仕方は、「民衆」や「生活」という視点からなされており、前者に比較してすぐれて現実的、実際的であった。

しかしここでも「混交宗教」とは何か、三教の構成内容、構成の仕方は何かといった問題が残る。最近の華人社会の宗教に関する人類学的、社会学的調査・研究は、この問題を深めつつある。

さきに用いたカッコ付きの〝中国〔的〕宗教（Chinese Religion）〟はこうした視点からもたらされた用語であり、従来の儒・仏・道三教としての捉え方やシンクレティズムとして済ませてしまう方法への反省にたって仮説された包括的な概念である。まずここでいう〝中国〔的〕宗教〟について考えてみよう。

シンガポール宗郷会館連合総会が一九八八年に行なった華人の宗教意識と宗教行動に関する面接調査は、実に興味深い結果をもたらしている。

この調査はシンガポールの公営住宅に住む華人一〇二五人にたいして行なわれた。結果は宗教的帰属については、中国の伝統的宗教を信奉する者七七・五％、無宗教または非中国的宗教（キリスト教その他）を崇拝する者二二・五％であった。伝統的宗教を信奉する人たちの内訳は、神教四六・三％、仏教三八・七％、祖先崇拝三七・一％、道教八・五％（複数回答）であった。ここで神教（Shenism）とは、必要に応じてさまざまな神（Shén）に関わろうとする華人大衆の宗教心、世界観、宗教行動の特殊な範囲を意味する。

人類学者のV・ウィーによれば、神教の典型は中国的シャーマニズムである童乩《タンキー》信仰であり、華人の多くはみずから仏教徒と称していても実際的には神教者（Shenist）であると述べている。右の調査は複数回答になっているから、仏教を信奉すると答えた者が神教や祖先崇拝を選んだかも知れないし、神教を選んだ人が同時に仏教にも関わるとしたかも知れない。いずれにせよ〝神教〟という宗教的カテゴリーは従来の中国〔人〕の宗教の分類からはあまり見られなかったものであり、この用語の使用により、華人宗教の実態が一層よく見えるようになったことは多とすべきであろう。それにしても道教を奉ずる者がわずか八・五％という結果は注目すべきである。古くからの儒・仏・道三教という捉え方が、ことシンガポールの華人社会の宗教に関する限り、いかに現実にそぐわない枠組みであるかを反省させられるからである。

この調査ではさらに「あなたの家の祭壇にはどのような神々が祀られていますか」と訊いている。答えは、観音五〇・二％、大伯公四七・八％、仏陀二二・三％、関帝一八・一％、三太子五・四％、媽祖四・九％、老子二・二％、その他二一・九％であった（複数回答）。

これら崇拝対象のうち、観音と仏陀は仏教に属することは明らかであるが、問題は華人の宗教意識の内容にある。彼らにとっては観音も仏陀も大伯公や関帝と同じように、現実の生活にたえず生じる諸苦難を除去し、平安《ピンアン》を与えてくれる神《シエン》にほかならないかも知れないのである。このことが自明であるからこそ、この調査では「祭壇にはどのような神仏が祀《まつ》られていますか」としないで「どのような神々が……」と問うたのであろう。

かくしてシンガポールの〝中国〔的〕宗教〟は神教、仏教、祖先崇拝、道教などを包含する統合的な宗教体系であると捉えなおすことが可能であろう。つぎに問題となるのは、中国〔的〕宗教の傘下に入る仏教や神教の実態はどうかということである。

三　シンガポールの〝仏教〟について

シンガポール華人の半数以上が、信仰する宗教の種類を訊かれて〝仏教〟と答えるというデータがある。ここでも仏教がカッコ付きになっているのは、その内容がきわめて曖昧かつ流動的だからである。

シンガポール華人の仏教について克明な調査を行なったウィーは、その特徴をおおよそ以下のように述べている。

シンガポールには上座部仏教（主にシンハラ人、タイ人、ビルマ（現ミャンマー）人などに信奉される）、密教（主にチベット人に信奉される）および大乗仏教が存在するが、華人の大多数は大乗仏教に属する。ところでこの大乗仏教なるものは決して単純ではない。まず〝仏教徒〟を自称する華人が関わる寺廟はつぎのように分類される。

(1)明瞭な大乗仏教寺院（男僧または尼僧が常住する寺院）。

(2)性格上曖昧な寺廟（仏教か非仏教か判別がつかない寺廟）。

(3)明瞭な非大乗仏教的な寺廟（童乩＝シャーマンが関わる寺廟）。

(1)は仏教の教理である無常、無我や縁起を理解し、これにより民衆を教化しようとするスペシャリストとしての男僧や尼僧が常在し、教化活動が意図的に行なわれている寺院である。

これにたいして(3)はたとい仏教出自の観音や地蔵が祀られていても、無常、無我の教理には全く関係なく、観音や地蔵をみずからに憑依させて予言や治病などを行なう童乩が関わる寺廟である。ここでは観音も地蔵も神（shen）のひとつにすぎない。

(2)は中間的存在で、仏教の教理を解説した冊子などがおいてあるが、意図的な教化活動はなく、たまに童乩が関わるような寺廟である。

これら⑴、⑵、⑶にほぼ対応して、華人の信奉者は以下のように分類される。
⑴明瞭な大乗仏教の信奉者で、仏教教理の理解者。
⑵未分化的な「仏教徒」で、教理仏教とシンクレティックな宗教に自由に関わる人びと。
⑶明瞭な中国的シンクレティズムの信奉者。

以上の⑴、⑵、⑶の分類は分析上の指標であり、現実は流動的な連続性をもつという。ウィーによる右の分類はきわめて示唆的である。彼女は⑴、⑵、⑶のそれぞれに相当する具体的な寺廟を挙げていないので、筆者自身の調査から若干の事例を示してみよう。

⑴に相当する寺廟としては、キム・キート通りの雙林寺やレース・コース通りの龍山寺が数えられる。両寺には数多くの男僧が常在し、修行をしながら仏教カウンセリングや文書布教を積極的に行なっている。龍山寺は隣に弥陀寺という名の初等・中等学校を付設して、仏教教育を行なっている。

⑶に属する寺廟は数百におよぶとされるが、レース・コース通りの南海観音仏祖福善堂や同じ通りの関帝廟などはその典型といえよう。前者には千手観音の化身とされる女性童乩が、後者には関帝を憑依させる男性童乩が常在し、数多くの依頼者・信者を集めている。

⑵にあたる寺廟としては、ウォータールー通りの観音堂やレース・コース通りの福寿堂を挙げることができよう。前者では観音を本尊とし、堂前には各種仏教教理解説書や経文をおいて人びとに配布しているが、この堂の主管者は女性ですぐれた霊能者であるという。信者によると彼女は観音と直接交流できるが、トランス状態にはならないので、童乩ではないという。後者は千手観音を本尊とするが、その両脇には斉天大聖と呂祖先師が祀られており、有髪の尼僧が主宰している。彼女は観音堂の女性霊能者同様に女性童乩が身に着けるグレーのコスチュームをまとっている。

以上のようにシンガポール華人の〝仏教〟は教理仏教からシャーマニズムまでを包含し、その間にさまざまなレベルの宗教形態が介在する、実に複雑な構造をもっている。仏教の語に〝　〟をつけて、その特殊な性格を示すゆえんである。同じような分析をシンガポール華人の道教信仰に適用したら、どのような結果が生じるのであろうか。シンガポールの道士の総数は一〇〇名以上にのぼるが、正式の道士としての資格を有する者は一〇名足らずであり、ほとんどが兼業であるとされるから、分類の仕事は困難をきわめるのではなかろうか。

ウィーはその論文の末尾でこう述べている。「シンガポールの〝仏教徒〟の大多数は仏教哲学について無知である。実際多くの〝仏教徒〟は、仏教の教理体系に大乗と小乗の別があることさえ知らないのである」。大多数の仏教徒はさきの分類における(2)と(3)に関わっているはずであるから、この場合の仏教徒はすなわち神教徒（shenist）であるということになる。そしてこうした複合的〝仏教〟はより包括的な〝中国〔的〕宗教〟に属しているということになるのである。

四　シンガポール人の年中行事

諸民族が共存するシンガポールは、年間を通じて各民族の伝統に基づく行事や祭りが豊かに展開される国である。シンガポール政府は一方では諸民族統合の〝シンガポール人（Singaporean）〟意識の高揚を期しているが、他方では諸民族の文化的伝統の保持にも努めている。ナショナル・アイデンティティーとエスニック・アイデンティティーとがいかに調和的に統合されていくのか。シンガポールはいまその実験の過程にあるといえよう。

年間を通じて定期的に営まれる宗教行事にいわゆる年中行事がある。ここでは華人、マレー人、インド人のそれについて主なものを取りあげよう。

シンガポール宗郷会館連合総会の調査によると、シンガポール華人が執り行なう主な年間行事はつぎのようになっている。

春節九八・九％、清明節八一・三％、中秋節七七・一％、端午節七四・二％、中元節七二・八％、冬至六七・二％、重陽節二二・四％（複数回答）。

春節《チユンチエ》は中国暦（旧暦）の正月行事である。人びとは一箇月も前から準備にかかる。家の内外を清掃し、親戚や知人を迎え馳走するための食品を求める。家族によっては春聯《チユンリエン》（連）を作って門扉や各部屋のドアに貼りつける。これは赤い紙に金または黒の墨で「歩々高升」、「富貴万堂」などと書いたもので、これを台所に貼ると悪霊を駆除し、健康と財をもたらすと信じられている。今日ではたんに「春」とか「福」と記した聯が多くなっている。

春節の期間には親戚、知人との相互訪問が行なわれ、歓待し合う。この際、年長者への贈り物がなされるのが伝統であり、これにたいして返しがなされるのが礼儀であるとされる。春節は一五日間続くが、とくに満月の一五日は元《ユアン》宵《シアオ》と呼ばれ、神仏に香、燭、牲（三牲と五牲とあり、三牲は豚、魚、鶏、五牲は牛、羊、豚、犬（魚）、鶏）を供え、年中の好運を祈る。以前はさかんに爆竹が使われたが、事故が生じることもあり、現在は使用禁止になっている。

清明節《チンミンチエ》は旧暦三月初旬に行なわれる祖先祭りである。家族は祖先の墓を清掃し、菜飯、牲、酒、花などを供え、紙銭（儀礼用の模造紙幣。何千枚、何万枚と燃やすと紙幣が霊界に届くとされる）を燃やし、祖先霊を慰安するとともに一族の繁栄を祈る。最近は火葬が多くなったため、墓前祭は一族の墓に代わって集団納骨堂で行なわれるようになった。

家族の多くは祖先の位牌を寺に預けておくので、清明には寺参りが盛んである。

中秋節《ツオンチユウチエ》は旧暦八月一五日の満月の日に行なわれる。各家庭では戸外にテーブルを置き、花、水果、月餅を供え、提灯をともし、紙銭を燃やして月娘《ユエニヤン》を拝する。シンガポールではこの祭りが祖先崇拝と結びついており、月餅を祖先に供える。最近では居住地のコミュニティー・センターや宗郷連合などの主催により、共同で行なうことが多くなった。高層アパートに住む人びとにとって、戸外にテーブルを置くことは困難になってきたからである。

端午節《トアンウーチエ》は旧暦五月五日に行なわれ、シンガポールでは粽《ちまき》を食べ、龍船競争を見る行事であることから粽祭りとか龍船祭りとか呼ばれている。各家族は粽、牲、酒を祖先と古代の英雄屈原に捧げ、一緒に飲食する。シンガポールではこの日がとくに古代の英雄屈原を偲ぶ日とされ、人びとは地域のボランティア活動に積極的に参加し、学校では生徒による愛国心にちなんだ作文や作詩のコンテストが行なわれる。

中元節《チユンユアンチエ》は旧暦七月一五日を中心に行なわれる鬼魂を供養するための大祭である。祭りは旧暦七月一日から一箇月にわたり行なわれる。七月一日には鬼門が開き、祀り手のない鬼魂つまり餓鬼＝孤魂が冥界からこの世に出てきてさまようとされる。そこで寺廟はいうまでもなく、地域社会や各家庭において鬼魂を慰撫する行事が盛大に行なわれる。シンガポールでこの祭りが〝餓鬼の祭り〟《フェスティバル・フオア・ハングリーゴースト》と呼ばれるゆえんである。この期間に地域社会《コミユニティ》、会社、商店などがそれぞれ趣向をこらした演劇付きの大宴会を開き、互いに平安を祈り、メンバー相互の親睦を深め合う。

冬至《トンツー》は冬至節または長節とも呼び、一族が共に会してその年が無事に過ごせたことを感謝する日である。その日には糯の粉で紅白の団子を作り甘い汁に入れた湯円《タンユアン》を作って祖先の位牌に供え、紙銭を燃やして、福気がますます強くなるように祈る。湯円は、〝団円（一族の結束）〟や〝円満〟を象徴するともいわれる。

重陽節《チヨンヤンチエ》は旧暦九月九日に行なわれ、一族が一堂に会して大陸から渡来した祖先の労苦を偲び、祖先とともに飲食するときとされる。宗教によっては墓参りをするように奨励しているところもある。

この他に仏教に関係する行事として四月八日の浴仏節《イウフーチエ》があり、仏陀の生誕を祝って仏教信者は寺院に参詣し、甘茶を供え読経する。

また旧暦六月一九日は観音菩薩《クワンインプーサー》の誕生日とされ、観音を祀る寺廟は神教の寺廟を含めて多くの信者を集め、法要を行なう。

上座部仏教の信者は五月の満月の日にヴェーサカ（Vesākha）の祭りを行ない、仏陀の誕生と悟りを祝う。信者たちは着飾って寺院を訪ねて読経し、供物を捧げ、誕生仏に甘茶をかけて祈り、精進料理を食す。各仏教教会と寺院の合同の儀礼が行なわれ、ろうそくの灯を捧げもつ数多くの人たちが読経しながら街頭を行進する。

マレー人イスラム教徒の祭りにはつぎのものがある。

ハリ・ラヤ・プアサ（Hari Raya Puasa）はイスラム教徒の重要な祭りで、ラマダン（イスラム教徒の断食月）の終わりに行なわれる。イスラム暦の一〇月、新月の出現とともに始まる。イスラム教徒は早朝にモスクに集まり、祈りを捧げたのち、家族、知人が一堂に会して感謝の宴を催す。シンガポールではイスラム教徒が非イスラム教徒の友人、知人を招いて馳走する機会になっている。

ハリ・ラヤ・ハジィ（Hari Raya Haji）はイスラム教徒がイスラムの聖地メッカへの巡礼を済ませたのち、イスラム暦の一二月に営まれる祭りである。この祭りのハイライトは、アッラーの神への感謝のしるしとして羊または牛が供犠される儀礼で、多くの人びとの注視の的になる。

ヒンドゥー教の祭りにはつぎのものがある。

タイプゥサン（Thaipusam）はスブラマニアン神にたいするヒンドゥーの贖罪の祭りで、ヒンドゥー暦の一月と二月の間に行なわれる。信者たちは行列を組み、手に手に果物、花、牛乳などの供物を捧げもち、セラングン通りのスリ・スリニヴァーサ寺院からタンク通りのスリ・タンダユタパニ寺院まで行進する。この祭りが贖罪の祭りであることにちなみ、近来信者のなかには舌や頬、身体などに太い針を刺し、苦行の態度を示す者があり、人びとの視線を浴びている。

ティミィティ（Thimithi）は一〇月と一一月の間にサウス・ブリッジ通りのスリ・マリアンマン寺院で行なわれるヒンドゥーの火渡り式である。信者たちはバラモン祭司に引率されてセラングン通りのスリ・スリニヴァーサ寺院からスリ・マリアンマン寺院まで列を組んで行進する。ここで祭司が石炭を燃やした火の上を渡ったのち、信者たちが一人ひとり渡る。数万の人びとが群がる。

ディーパバリ（Deepavali）はヒンドゥーのあらゆる言語集団とシーク教徒によって一〇月と一一月の間に行なわれる「光の祭り」である。起源をめぐって諸説あるが、死去した親族の霊魂が祭りの期間にこの世に戻ってくるとされることが多い。小型の土製ランプに灯をともして並べるのは、異界に帰っていく霊魂を導く送り火であると説明される。この祭りは異なる集団により、さまざまに行なわれる。シンガポールの国民的祭りになっており、諸民族間の交流が見られる。

この他にクリスチャンによる祭りや行事があるが、とくに重要なものに、イエス・キリストの誕生を祝い教会で特別のミサを行ない、クリスマス・カロルを歌うクリスマスと、キリストの復活を祝し、教会で特別の祈禱を行なうイースターがある。

五　童乩（Tang-ki）信仰の実態

さきに神教について述べた際に、神教の典型は中国的シャーマニズムである童乩信仰であるという宗教人類学者の見解を紹介したが、以下ではこのことについて深めてみよう。華人はおしなべて自分の人生が好運《ホウウン》であるのも壊運《バイウン》（不運）になるのも、超自然的存在とその力の影響によるところが大きいと考える。人口に比して驚くほど多くの寺廟があり、それらが常に依頼者・信者で満ちているのも、華人がいかに宗教を人生に不可欠の文化と捉えているかを物語っている。

寺廟に参詣してみずからの願いを神仏にひたすら祈願する人たちは、その行為だけに満足しない。祈願したことにたいして神仏がどう思っているか神意を知りたがる。華人の寺廟には神意を知るための方法がいろいろそなわっている。お神籤《みくじ》を引くのも、神前で筶《ポエ》（竹製の半月型をした二個一対の占具。神前で願いを述べて筶を投じ、ひとつが表、ひとつが裏にでれば、神仏の許諾があったとされる）を投じるのも、神意を知るためである。しかしこれら両者とも神仏の直接応答ではない。神仏との直接のやりとりではない。何とか生きた姿の神仏と直接交流がしたい。こうした人間の願いに対応して出現した宗教形態がシャーマニズムである。

多くのシャーマンは儀礼を行なっている間、神仏自身と信じられる存在である。彼（彼女）は神仏の霊魂をみずからに憑入させ、その間は神仏自身としてふるまうスペシャリストである。華人社会では童乩に直接質問することを「問神《モンシエン》」という。

童乩は神仏に変身する際には必ずトランスに陥る。この間に人間の意識が変化して神仏の意識が出現すると解釈されている。神仏に変化した童乩と依頼者とのやりとりはつぎのようなものである（シンガポール楊天宮の女性童乩の事例から）。

女性（六九歳）

依頼者「私は胆石で苦しんでいます。医者が申すのには、手術して胆のうから胆石を摘出する必要があるとのこと。私は老齢でもあり心配です。医者の手術を受けるべきか否か、ご判断をお願いいたします」。

童乩（感天上帝）「あまり水を飲んではいけない。水はこの病気に良くないからだ。医者が手術を勧めていることについては何の心配も要らない。みずから進んで手術を受けなさい」。

依頼者「こんなに身体が弱っていても大丈夫でしょうか」。

童乩（感天上帝）「心配することはない。手術の日には私もその場所に行って聖化してあげよう。何も悪いことは起こらないだろう。手術に良い日を選び、医者と相談して、その日が決まったら私に教えなさい。手術開始の時刻もだ。

私はその場に出向き、あなたを守護し、手術を成功させてやろう。〔三枚の神符を作って与えながら〕手術当日には感天上帝が安全な手術の実施と速やかな回復を願ってあげる。何の心配も要らない。進んで手術を受けなさい。この三枚の神符を服用すれば、あなたの手術にたいする恐怖は消え、やがて健康に恵まれることになろう」。

依頼者「有難うございました」。

通常、依頼者は憑霊中の童乩にたいして合掌または敬虔な面持ちで対する。一方、神仏に変化した童乩は憑依する神仏により、態度や声色が変わる。感天上帝（武神）が憑依した右の童乩は、態度が男性的になり、声は唸り声に近い。

問神の時間が終わり、トランスから覚めた童乩は、あたかも深い眠りから目覚めた人のような態度をとり、普通の人間に戻る。華人たちは問神好きであり、評判のよい童乩の廟は依頼者で一杯になる。

一般に童乩は、多くのシャーマンがそうであるように社会の下層の出であり、下積みの苦労辛酸を嘗め、低学歴で若い頃は病弱に悩み、身心異常に見舞われ、家族や職場の人間関係にも深刻な問題をもっているといった人物である。数々の不幸・災厄を経験した人物が、あるときから神仏とおぼしき存在と直接交流すること（神仏に話しかけられたり、会話をしたり、身体に触れられたりなど）ができるようになると、本人も周囲の者もこの神秘経験を神の選び（召命）の兆候と解釈する。

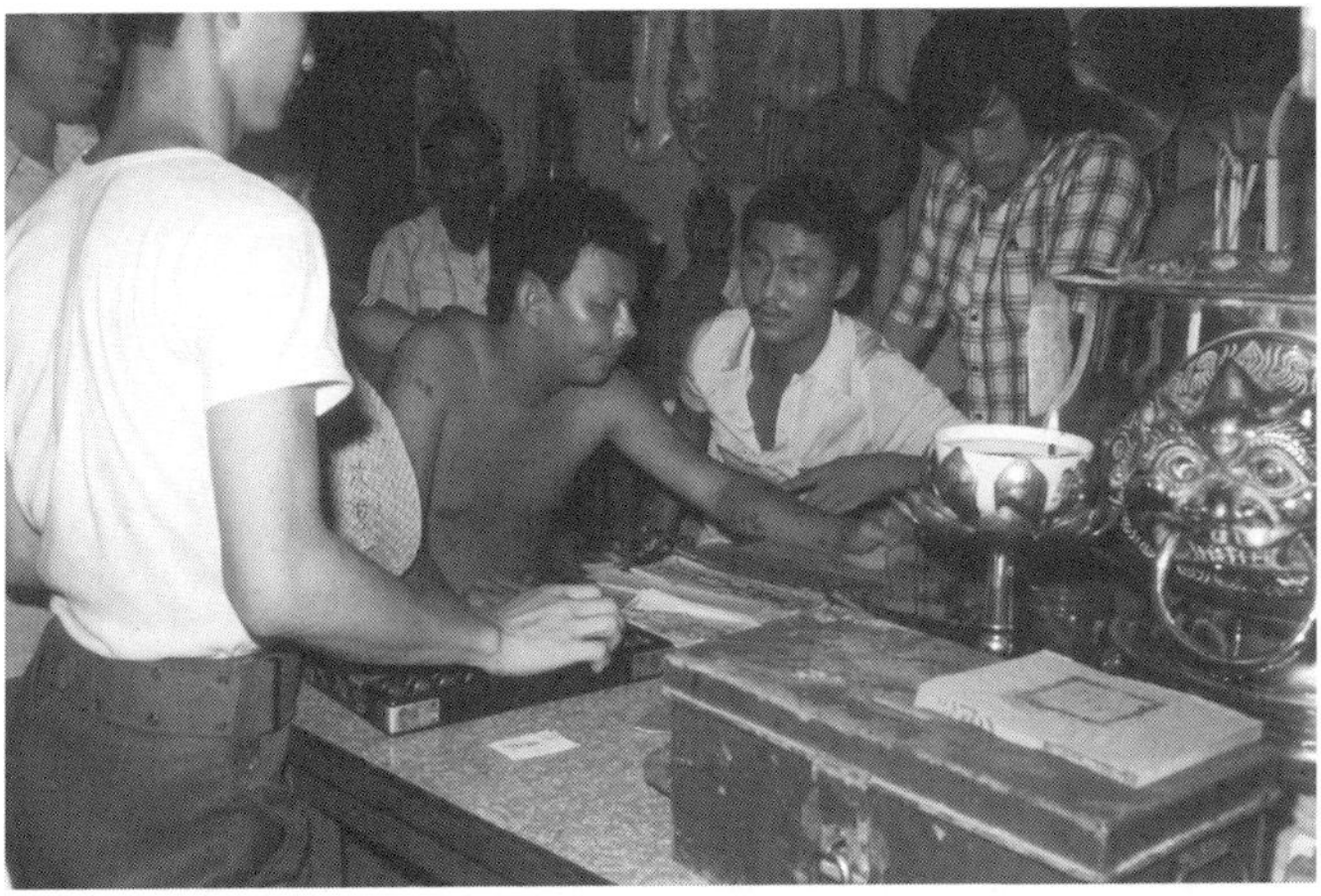

憑霊中の童乩

多くの場合、先輩童乩と相談して童乩になるかどうかを決める。本人が童乩になることを決意すると、一般に先輩童乩のもとに通って一定の期間修行・学習し、トランス＝憑霊への入り方、神語の使い方、神自身としての行動の仕方、神符の作り方、祭儀における動作などを身に着ける。

「神仏に選ばれた特別の人間」についてはつぎのような意味づけがなされている。

童乩になる人物は、早死する運命をもっており、これを回避する唯一の方法は神仏の乗り物（シャーマン）になって神に仕え、人びとを救うことである。童乩はトランスに入り神化している時間だけ寿命が延びると考えられている。彼らは下層の出で、貧困で病気がちであり、教育を受けられず、人間関係も悪いという、いうなれば社会の敗者である。普通の状態では順調な社会生活を営む人びとから軽視され気の毒がられる存在である。神仏はこのような敗者をこそ〝神の器〟として選んだのである。ひとたび童乩になり、しかも評判がよいとなると、彼（彼女）は一躍〝生神〟、〝人神〟として拝まれる存在となり、なかには財をなす者もいる。

こうした経歴の持ち主であるからこそ、童乩はグラス・ルーツ的大衆の熱い信仰を集めているのだともいえよう。

もっとも童乩はトランスに入っている間、つまり神化していると見なされる間は崇拝の対象であるが、いったんトランスから覚めると漢字も読めないただの人に戻る。それまで神仏の化身として合掌していた人びとが、トランスから目覚めたのちの童乩にたいしては、常人にたいするのと全く同じ態度をとる。

この華人の徹底した態度の変化には目を見張らせるものがある。

六　宗教的世界観

多民族からなっている〝シンガポール人〟の宗教的世界観を総括的に記述することは不可能に近い。

〝シンガポール人〟は国家・政治レベルの概念であるのにたいして、〝宗教的世界観〟はそれぞれの民族に固有の文化伝統を含意しており、両者を同一レベルで論じることはきわめて困難であるからだ。シンガポールではマレー語、中国語、タミル語、英語が公用語として使用されている。最近は政府の強い要望もあって華人社会においてマンダリン（北京語）の使用者が増えているが、彼らとて家庭に帰ると出身地の方言である福建語、潮州語、広東語、客家語、海南語などを用いるという。インド人もまた出身地集団レベルではなおマラヤラム語、パンジャブ語、テルグ語、ヒンディー語、ベンガル語を使っているという。言語は世界観を表現するのに最も有効な手段であるから、異なる言語集団の共存は、異質の宗教的世界観の共存をも意味しているといえよう。

ところが異なる宗教が共存するといっても、異なりながらも連繫可能な宗教と、これが不可能な宗教とがあることを、筆者はシンガポールで実見した。これは異質の宗教的世界観の検討にとってすこぶる重要であると考えられる。デポー通りにはヒンドゥーのスリ・ルトラ・カーリアンマン寺院と華人の斉天壇とが隣り合って建っている。斉天壇は童乩が主宰する廟である。この両寺廟間には親密な関係ができている。ヒンドゥー寺院に参詣したインド人（婦人が多い）は帰りに隣の斉天壇に立ち寄って線香を立てて礼拝するし、斉天壇の依頼者たちはヒンドゥー寺院を訪ねて拝礼する。

この光景がよほど珍しかったのか、シンガポールの有力英字紙『ザ・ストレイツ・タイムズ』は写真入りで紹介した。その記事の冒頭には「デポー通りに沿った一画にインド寺院と華人廟とが相伍して建っている。のみならず同一のカーパークを共用し、さらに信者たちが互いに他の崇拝場所を訪ね合ってさえいる……」とあった。このようなヒンドゥーと華人との相互礼拝を筆者は一〇年ほど前に、ジャラン・テンテランの童乩廟で見ている。この廟には奇妙にもイスラムとヒンドゥーと華人の神が三つの部分に祀ってあった。その廟の童乩が「ヒンドゥーは華人の神々を拝し、華人はヒンドゥーの神々に祈る。しかしイスラム教徒は寄りつかない」と語ったのが印象的であった。

イスラムとヒンドゥーと華人宗教は、異なる伝統にたつ異質の宗教である。しかし、ヒンドゥーと華人は互いに宗教的交流があるのにたいして、イスラムとの間にはこれがない。どうしてか。厳密な考証はおいて大胆にいえば、宗教的世界観とくに神観の類似性と差異性の問題ではないか。ヒンドゥーと華人は多神教であるという点で共通性がある。イスラムは厳格な一神教であり、提携の余地はない。さらにヒンドゥイズムは化身（incarnation）の思想により、他の神仏をも容易におのがパンテオンに包摂してきた宗教史をもつ。かたや神教の代表ともいえる童乩はさまざまな神々の化身として、時と場合により道教、仏教、民俗信仰の諸神仏をみずからの祭壇に取り入れてきた。神教の性格は「一個の空っぽな容器であり、時と場合によって、仏教、道教、儒教のような制度的宗教の内容や中国的な混交宗教、さらにキリスト教やヒンドゥー教によってさえ満たされることができる」という人類学者ウィーの指摘は、実に示唆的である。

しかしいかに受容しようとしても、イスラムのように実際的接近を拒む宗教もある。キリスト教もとくにプロテスタントは同様であるはずである。多民族国家シンガポールの宗教的世界観は、こうした視点からも追究される必要があろう。

すでに華人の宗教的世界観の特色に触れたが、さらに神界観について考えてみよう。華人の一般的な神界（異界）観によれば、世界は大別して陽の領域（陽間）に属する諸神と陰の領域（陰間）に関わる霊的存在により構成されており、概して陽間は天上界、陰間は地下界に相当すると認識されている。

人間が住む地上界は、陽＝天上と陰＝地下のちょうど中間に位置し、常に陽と陰の直接間接の影響下にあるとされている。つまり人間界＝地上界のあらゆる現象は陰陽両界と必然的に関係し、人間の平安はかかって陰陽のバランスの上になりたっていると考えられているのである。

人びとが玉皇大帝をはじめ天上界の陽の神々を家庭に勧請して崇拝するのは、地下界の陰の領域にあって、たえず地上＝人間界の秩序をかき乱そうとする諸霊的存在の力とのバランスを保持するためと見られる。

こうした陰間の霊的存在の主なものには、若死、自殺、他殺など異常死を遂げた人びとの霊魂や、死後に供養を欠く者の霊魂などがある。彼らは概して人間界の秩序から逸脱し疎外された者の霊魂群で、一般に「鬼」とか「鬼魂」とか呼ばれる存在である。

普通の死に方をして家族や子孫により一定の儀礼を施された者の霊は祖先となって安定し、位牌に宿って家内に祀られ、子孫を守護する神的存在になるが、異常死の者や死後に供養者のない者は祖先になれず、人間界に出没しては、災厄の原因になると考えられている。シンガポール華人が中元節を現在も盛大に行なっているのは、彼らの多くが今なお中国の伝統的な宗教的世界観を保持していることをよく示しているといえよう。

つぎにこうした陰・陽の宗教観と結びついた宗教儀礼について述べよう。陰の儀礼には一般に「打城」とか「打地獄」、「破地獄」と呼ばれるものがある。人びとの日常生活に異変が生じると、彼らはその原因を明らかにするためにト占師や童乩を訪ねて判断を依頼する。もしもそれが陰間に関係あると知れば、陰の影響を取りさるための儀礼が執行される。そのひとつが打城である。それは死後成仏できず冥界で苦しんでいる身内の鬼魂を救いだし、金銭、食物、日用品を供えて慰撫し、改めて浄土に送りだす儀礼である。この儀礼では、地獄に幽閉されている鬼魂の解放と浄土への送行が実に象徴的に行なわれる。具体的には、仏教僧侶や道教の道士、法師が地獄を象徴する城（多くは竹と紙でできている）に閉じこめられている魂身（人形）を地獄を破壊することにより救いとり、地獄と現世との境界を象徴する奈河橋（西方橋ともいう）を渡って送るというもので、一族が参加して長時間をかけて営まれる。

陽の儀礼も人びとの生活の異変を機会に行なわれることが多い。「改運」とか「補運」と呼ばれる儀礼はそのひとつである。家族の病気、交通事故、事業不振など不如意な出来事が続くと、人びとは寺廟や童乩を訪ね原因を明らかにしてもらい、それが運気に関わっていると知ると、当人や家族の運気を高めるための儀礼を行なうのである。

人間界には陰間から侵入した悪鬼や妖気の類が横行し、邪気（力）がみなぎっている。もしもその人の星のめぐり合わせが悪かったり、節制を欠いたり、人の道にそわない行為にでたりすると、それら悪しき霊的存在や力に影響されて運気が狂い平安が乱される。

改運の儀礼はいろいろな寺廟で行なわれるが、童乩が関わることが多い。童乩はその人に憑いている悪運や邪気を火で追い払い、剣で脅し追放する。そしてその悪しきものを替身という当人を象徴する人形に転移させ、これを燃やすか川に流す。ここでも数多くの象徴物と象徴行為が動員され、場合によっては長時間を要する。童乩は神として作成した神符を当人に渡し、これを身に着けて邪気を防ぐように注意する。

こうした儀礼はひとり個人の宗教・道徳観の強化に関わっているのみならず、広くは社会秩序の維持に貢献していることは明らかである。

七　社会変化と宗教

シンガポールの変化はとてつもなく激しく速い。「一六、七年前にこの辺にフラッツ（アパート）があって、その五階に端明宝殿という廟があり、その廟主は……」などと訊きだすと、そこのフラッツの住民はとたんに当惑した表情になって「数年前にここに移り住んだので、その前のことは分かりません。一六、七年前ですって。シンガポールでは一〇年経ったら何もかも変わってしまうんですよ」と気の毒そうにいう。

世界有数の人口稠密地帯であったシンガポール中央地域（Central Area）を再開発し、劣悪なスラム街を近代的なガーデン・シティーに変貌させるために設置されたＨＤＢ（国家開発省のもとにある住宅供給・土地開発局、The Housing and Development Board）は、この三〇余年の間にシンガポールを一新させてしまった。

それまで二、三階建てのショップハウス（一階が商店、二階以上が住宅の家屋）に住んでいた人びとを近郊地に建設した高層アパート群に移住させ、その跡地に政治、経済、文化の機能を集中的に収容するための近代的高層ビルを建築するという大計画である。その結果、一九六〇年代には公営住宅に住む者がわずか九％であったのが、一九九三年現在ではＨＤＢ集合住宅に住む者が総人口の八七％を占めるにいたった。まさに国家の大改造である。〝シンガポールの奇跡〟などと称される、この国土再開発計画の実施はシンガポール人の社会、文化、生活の面に著しい変化をもたらした。

かつての中央地域には独特な住み分け社会があった。華人は方言集団別に福建系、広東系集団と潮州、海南、客家系集団が比較的にまとまった居住区を形成し、マレー人、インド人その他の集団は、華人社会に取り巻かれる形で居住するという、モザイク状の社会構成であった。それが、政府の計画実施により、大きく崩壊するにいたった。中央地域の住民は民族別、方言集団別に他のフラッツに移住したわけではない。民族や方言集団の枠を超えて分散的に居住することが指導・要請された。そのためひとつの集合住宅には福建人、広東人、客家人、インド人、マレー人などが呉越同舟的に共住することになった。この施策の基礎には〝ひとつの国民〟、〝ひとつの国家〟としての〝シンガポール国〟の建設という政府の狙いがあることはいうまでもなかろう。

なにしろ言語、習俗、慣行、宗教が異なる人びとがひとつ屋根の下で生活するのであるから、実情は大変である。こうした大規模な激しい社会・文化的変動のなかで、宗教はどのような状況にあるか。

この問題への回答は実に困難である。事態は現に急速に進行中だからである。以下では、目下重要であると考えられる若干の局面を記述するにとどめたい。

(1)激しい変動のなかにあって宗教施設（寺廟、モスク、教会から神教の施設も含む）のうち由緒あるものは、現地に残されている。とはいえ寺廟を信仰的にも経済的にも支えてきた信者が移動したのでは経営が深刻である。伝統的な寺廟のそばには福建会館とか潮州会館などがあり、これらの会館はかつて各方言集団の社会・経済・文化的統合の中心であった。今や昔日の面影はなく、建物にも力がない。

(2)社会変動の過程で最大の影響を蒙ったのは、華人民衆の強い信仰を集めてきた神教、すなわち童乩（シャーマン）が関わる寺廟ではないかと見られる。もともと童乩が関わる寺廟には世襲的継承はなかった。特殊な霊能力者（童乩）が誕生すると、親戚、縁者が集まって小廟を建て、問神を始めるというのがしきたりであったから、童乩が死去したり老齢化すると廃廟になることが少なくなかった。各地にあった掘っ建て小屋状の童乩廟は、再開発が開始されると、まず最初に立ち退きの対象になった。童乩と信奉者が頑として立ち退きに応じなかったため、HDBの強制執行によりブルドーザーに破壊された童乩廟もある。

多くの童乩たちは仕方なく集合住宅の一室を借りて寺廟とし、問神を始めた。ところが童乩の憑霊実現には、ドラや太鼓をかき鳴らす騒音が不可欠である。これが隣近所の住民の反発をかい、反対がでた。神教者は受難の連続である。

(3)HDBは、移住先の住民をそのままにしておかない。建物が二〇年も経つと再開発し、新しいフラッツに住民を再移住させ、跡地を緑地に変えたりする。このため住宅地の中央に位置し、住民に信奉されていた童乩廟が、周囲のフラッツの撤去により、緑地のただなかにポツネンと孤影をとどめているといった例もある。あるHDBアパートには、一階部分に三つの童乩廟が相伍して存在する。たぶん、一階なら付近への迷惑が少ないとして認められたのであろう。

(4)童乩とは「占いをする若者」を意味する。かつての童乩は一〇代後半から二〇代前半に童乩になり、三〇代後半に引退することが多かった。ところが現在では、童乩が四〇代どころか五〇代になっても問神を行なっている。これでは〝童乩〟ではなくて〝老乩〟である。二、三の情報によると、英語教育を受けた若者は、童乩を信奉しなくなっているし、なりたがらないという。ほとんどの童乩は英語を話せないし、依頼者とのやりとりは方言である。

シンガポール社会はいま、華語のみを話す旧世代と英語を話す新世代とに分かれているといえよう。大別して知識人層と非知識人層に分かれているといい換えてもよい。概して神教＝童乩信仰は、英語を話すエリートからは蔑視されている観がある。知識人に童乩のことを訊くと決まって無関心を装うのは、現代のシンガポール人の宗教観の一端を示していると思われる。今後の童乩信仰の行方を予言することは、すこぶる難しい。

(5)さらに若い華人の間に中国〔的〕宗教から離れる傾向があるといわれる。

さきに引用したシンガポール宗郷会館連合総会による華人の宗教意識調査は、若者たちが無宗教になったり、キリスト教や他宗教に改宗することを危惧して行なったものである。連合総会は調査結果を検討した結果、若い世代が中国〔的〕宗教に関心を示さなくなった主な原因のひとつは、英語教育を受けた彼らには漢文が読めないのに、宗教に関する文献の多くは漢文で書かれていることにあると帰結し、同総会編で華語、英語併記の『中国の慣行と祭り』を出版するにいたった（新加坡宗郷会館連合総会、一九八九）。

旧世代と新世代、知識人と民衆、国際性と伝統性が激しく交錯するシンガポールの現代の宗教事情は、われわれ日本人にとっても決して無縁ではないのである。

【参考文献】
窪徳忠「宗教と世界観」綾部恒雄・石井米雄（編）『もっと知りたいシンガポール』弘文堂、一九八二。
新加坡宗郷会館連合総会（編）『華人礼俗節日手冊』一九八九。
佐々木宏幹「急激な近代化とタンキー信仰」『月刊百科』一〇、平凡社、一九九二。

佐々木宏幹「神と人とのあいだ」『月刊百科』五、平凡社、一九九二。
山下晴海『シンガポールの華人社会』大明堂、一九八八。
M. M. Chiu, *The Tao of Chinese Religion*, University Press of America, New York, 1984.
D. K. Jordan, *Gods, Ghosts and Ancestors: Folk Religion in a Taiwanese Village*, University of California Press, Berkeley, 1972.
C. K. Tong and others, "Traditional Chinese Customs in Modern Singapore," in M. C. Yong (ed.), *Asian Traditions and Modernization*, National University of Singapore, Singapore, 1992.
Singapore, Ministry of Information and Arts, Singapore, 1993.
V. Wee, "Buddhism in Singapore," in R. Hassan (ed.), *Singapore: Society in Transition*, Oxford University Press, Kuala Lumpur, 1976.

第二章　童乩の治病儀礼

一　はじめに

東南アジア（島嶼部）各地の華人社会には童乩《タンキー》と通称される呪術・宗教的職能者が存在し、特異な儀礼によって住民の宗教的ニーズに応えているということに関しては、比較的早い時期から当該地域の研究者たちに知られていた。(1)(2)しかしこれら研究者たちの報告内容は、大祭における童乩の異様な行動、たとえば裸足による火渡りとか、トランス状態において剣を用いて自身に傷をつける行為とかの面に限定されているきらいがあり、童乩を社会・文化的文脈において考察するといった視点と方法はほとんど欠落していた。

童乩を中心とする宗教形態が、華人社会の各「民系」(3)に属する住民にとってきわめて重要であり、その儀礼や行事は華人民衆の日常生活と信仰・思想に深く関わっていることが指摘され、いわゆる人類学的視点や方法にたつ調査研究が行なわれ始めたのは、ようやく一九五〇年代に入ってからである。(4)

このことは東南アジアの華人社会の宗教にたいする、諸研究者の関心がなかったということを意味するものではもちろんない。華人社会の宗教に関する研究は古くから多くなされてきた。しかしそれらの研究の大部分は「思想体系としての中国宗教〈儒教・仏教・道教〉であり、大衆の信仰の実際的表現に関してではなかった」(5)。中国人の思想的基盤は儒教、仏教、道教の三教であるとの立場を堅持し、それぞれの宗教思想の特色を体系的に論じ、それが海外に移住した華人の思想や道徳の根本である、またはあるべきであると説く類の文献は、漢文、欧文を含めていまだなお圧倒的に多い。

こうしたいわば大伝統的な流れに関係する出版物と比較すると、華人の民俗的な宗教生活、呪術的要素の強い儀礼や行事に関する出版物は寥々たるありさまである。

まして童乩などは、儒・仏・道三教の伝統から遠く隔たったところに位置する「迷信の徒」[6]にすぎず、彼らに奇異の眼を注ぐことはあっても、これを正面きって取りあげることには躊躇するという傾向は現に存在する。[7]J・J・M・デ・フロートほどの人でさえ、童乩を呼ぶのに、スーダンのMahdiの狂信者を指す〝dancing dervishes〟の語を用いていることにその一端を窺うことができよう。[8]

ところが数は少ないとはいえ、童乩に関する人類学的研究が行なわれるにいたって、彼らが華人社会における生活の営みにとって、いかに必要不可欠な存在であるかが明らかになってきた。彼らは華人の呪術・宗教的脈絡において、仏僧、儒者、道士その他の職能者たちよりもはるかに重要な存在であると見られているのである。[9]

童乩を中心とする宗教形態は「民俗宗教（Folk Religion）」とされ、[10]「混交宗教（Syncretic Religion）」または「神教（Shenism）」とされ、[11]さらに「シャーマニズム」と呼ばれるにいたっている。[12]

いずれにしてもこの宗教形態は本来「一個の空っぽな容器であり、時と場合によって、仏教、道教、儒教のような制度的諸宗教の内容や中国的な混交宗教、さらにキリスト教やヒンドゥー教によってさえ満たされることができる。これら諸宗教の内容は再解釈され、〈中国宗教〉の象徴体系に独自な様式において利用される」[13]という特質をそなえていると見られる。

すでに中国宗教に関する文献学的研究を進めている学者たちからも、中国人の「宗教生活」を儒教・仏教・道教を基準に三区分して理解する仕方には無理があり、それよりも「マスのレベル」と「エリートのレベル」とに二区分して扱う方がより現実的で正確であるとの主張がなされたが[14]、人類学者による童乩を中心とする宗教形態の研究は、「マスのレベル」の宗教の特質を構造・機能的に明らかにする面において、大きな前進を示したといえよう。

とはいえ、「民俗宗教」、「混交宗教」、「神教」あるいは「シャーマニズム」などとラベリングされた宗教形態の構造や機能が、各地華人社会の場合について十分に明らかになったわけではない。研究者や研究成果の数についても、研究成果の内容についても決して十分とはいえない現状にあるからである[7]。

そこで本論の主題に触れることになる。本論では、シンガポールの童乩の諸役割のうち、とくに治病儀礼に焦点を置き、これを手がかりにしながら、少なくとも時と場合によって異なる諸宗教を自由に動員し、混交化し、統合化する華人の民俗宗教または混交宗教の内部構造・機能のトータルな理解に資することを目的にしている。治病儀礼は童乩の役割の部分ではあるが、重要な部分であることは事実なので、この宗教形態の主要な局面の理解のための手がかりとして取りあげることは有効であると考えられる。

以下において本論はつぎのように展開することになる。

(a)童乩の呪術・宗教的性格について述べる。とくに本論で取りあげる女性童乩は男性童乩と性格を異にするので、その点に留意する。

(b)童乩の治病儀礼の事例を列挙し、その特徴を考察するとともに、治病儀礼以外の儀礼と比較する。

(c)儀礼に動員される神仏、とくに仏教の諸仏と道教の諸神との関係について考察する。

(d)童乩を中心とする宗教形態の特質について、若干の仮説的見解を述べる。

なお筆者は一九七七、一九七九、および一九八四年の三度にわたり、主にシンガポールと西マレーシアの華人社会における宗教文化に関する調査研究に従事したが[15]、本論は主として一九八四年夏に蒐集した資料に基づいている。

二　童乩の呪術・宗教的性格について

童乩は研究者たちによって「霊媒（medium または spirit medium）」と称されることが多い。シンガポールの童乩をめぐる宗教形態を「霊媒信仰（spirit mediumship）」と名づけたA・J・A・エリオットは、「華人の霊媒（童乩）信仰における基本的な考え方は、厖大にして漠然たる力を有する霊的存在がその〔霊媒の〕身体に憑依し、……彼（霊媒）に神智をもって語らせ、崇拝者たちに忠告を与え、かつ彼らの病気を治癒させるということである[16]」と述べている。またL・コンバーは「霊媒たちは一般に諸神（または霊鬼）の崇拝を通じてトランス状態に陥ると信じられている。その間に彼らの守護神が彼らに憑依する。この状態にある間、彼らは当該神の化身と見なされ、その言動はきわめて重大視される[17]」としている。

さらにエリオットは「華人の霊媒信仰は、世界的規模において見いだされるシャーマニズムとして知られる現象の一実例である[18]」とし、台湾の童乩についてA・クラインマンは「台湾においてシャーマンに相当する語は Tang-ki であり、この語は《卜占する若者》を意味する。通俗的観念では神々によって選ばれた若い男女が《この世を救済する》ために神々の願いを明示するということである。これはトランスを通じて示され、その際神はトランスに陥ったシャーマンを通じて語る[19]」と記している。

このように諸研究者は童乩を霊媒と規定し、霊媒をシャーマンと同一視している。

こうした見方は最近のシャーマニズム理論とも符合しており、妥当であるといえよう[20]。霊媒は、やはり今日ではシャーマンの一類型と考えられている予言者（prophet）と比較してみると、その呪術・宗教的性格が一層浮き彫りにされてくる。

すなわち霊媒には神霊や精霊が身体の中に進入し、その意識が変化すると信じられているのにたいして、予言者には霊的存在の進入はなく、外側から神秘的影響を与えると考えられている点である。したがって霊媒は第一人称的にふるまうのにたいして、予言者は第二・三人称的に言動するということになる。[21]

この点がなぜ重要かというと、霊媒は神霊が憑依している間は神自身として行動し、依頼者・信者もそのように見なすからである。これにたいして予言者はあくまで神意の伝達者であって神自身ではない。

華人社会において童乩がなぜ信仰の対象になり、その言動が著しい影響力をもつかは、上の事実と決して無関係ではあるまい。

またある社会のシャーマン的職能者には、霊媒型と予言者型の両者が別々に存在するか、同一人物が二つの型を併有しているか、どちらかの場合が多いが、管見するところ華人社会には霊媒型のみ存して予言者型を欠いている。このことも注目すべき事実であるといわねばならない。

いかなる人物が童乩になるのであろうか。理屈の上では誰でも童乩になれる可能性はある。性も年齢も国籍も何ら関係がない。唯一の条件は神により選ばれることである。ひとたび神によって選ばれたら逃れるすべはないという。他方いかに望もうとも、神に選ばれなければその地位に就くことはできない。[22]

つまり童乩はすべて「修行型」の霊媒ではなくて、「召命型」の霊媒なのである。この点も特徴のひとつである。

童乩のほとんどすべては「下層階級の出であり[23]」、下積みの苦労辛酸を嘗めた経験の持ち主である。さらに彼らは低学歴で病弱に悩み、心身異常に見舞われ、家族や職場の人間関係に問題をもっていることが多い。

そして「神に選ばれた者」という自覚と「苦労辛酸を嘗め、病弱であること」という事実とが有機的に結合する事例は、シャーマニズムが濃厚な社会に多く見いだされる。平常なる状態から逸脱して異常な状態にある者に関する説明に超自然的な意味がこめられるのである。

個人の誕生の年、月、日、時に由来する運が、安定した要素を含まないために軽量であるからとか、先天的に常人と比較して霊魂の質量が少ないからという意味づけがそれである。[24]

童乱になり神に身体を与えて救済の役割を果たすことによってのみ、みずからの運を変え、霊魂を強化することが可能であるとの論理が「神に選ばれた者」の誕生をうながすことになる。

もっとも家庭的に恵まれず、病弱が続き、苦労を重ねた者が先天的に悪運の持ち主であるとされるとき、必ず神のお召しがあるかとなると、そうとはいえない。童乱として選ばれない者も数多く存在することはいうまでもない。その種の人たちには、童乱に依頼して改運を図るとか信仰を強化して霊魂を強化するなどの方途がある。

神に選ばれて童乱になる者は、トランスや夢の中で神々と直接交流する経験をもっている。当該人物が童乱になるべきか否かを決するのは先輩童乱たちである。

ここでは後に治病儀礼の節で取りあげることになる女性童乱ジュディ・キョン（Judy Kiong）五二歳（一九八四年現在）の童乱化の過程について、あらましを記すことにする（詳しくは次章を参照されたい）。

彼女は福建省出身の両親のもとに三人姉弟の長女として生まれたが、家が貧しかったため父方の伯父の家に預けられた。伯父は家庭のことを一切顧みなかったので、一〇歳になると家事のすべてをきりもりし、二人の義理の姉妹の面倒を見、苦労を重ねた。

苦学をしながら、シンガポールの名門ラッフルズ・ガールズ・スクールを卒業し、二一歳で結婚、夫との間に三男二女をもうけた。その間に看護師学校を卒業して病院に看護師として勤務したが、この頃から彼女はしきりに夢を見た。夢の内容はほとんど神事であった。現在彼女の守護神になっている感天上帝が、一夜のうちに二度も三度も寝室に現われ、彼女の傍らに寝て何度も身体に触れた。神は常に白装束で現われたが、堂々たる体格の持ち主であった。「私には夫がおります。出ていってください」というと神は姿を消したという。

そのうちに彼女が感天上帝を呼ぶと、神は降臨して彼女に憑依し、予告、託宣を行なえるようになった。彼女は一九六五年から一九七二年まで心臓を患い、不健康な状態が続いたが、四〇歳のときに周囲の勧めもあって童乩になった前後から病状は好転した。

神が憑依するときにはトランスに陥り、身体全体が膨張した感じになり、また全身に灼熱感を覚えるという。神が降臨しないときには、彼女自身が神のもとに赴く。その際、彼女は十八羅漢の援助のもとに瞑想に入る。このとき彼女の霊魂は身体を離脱し、天界に上昇し、地下界に下降して神々に直接会見することができる。この間彼女は外見的には眠ったようになっている。

以上のように、ジュディ・キョンの霊媒化（成巫）過程には「家庭の貧困」、「養女としての苦労」、「結婚生活と病院勤務」など、まず経済的不如意が原因の苦なる生活が続き、この段階で神の選びが示されており、続いて七年間もの「心臓病」を患い、恐らくこれが引き金になって童乩になると、病気が消えるという事実が看取される。他の童乩にも大同小異の例が見られる。ここには人生苦と神による救済＝童乩化の図式が明瞭に表われているといえよう。

ところでジュディ・キョンのような女性童乩は男性童乩に比してその数がきわめて少ない。台湾の童乩に関しては五分の一が女性であるとの推定があるが[25]、私見による限りシンガポールの女性童乩はずっと少ない[26]。

男性童乩と女性童乩の呪術・宗教的差異は、つぎのような点にあると見られる。

(a)童乩が憑霊（神がかり）状態になる際には、必ずトランスに陥るが、男性と女性とではトランスの程度が大きく異なる。男性はトランスになるのに一〇分から二〇分、長いときには四〇分以上もかかり、トランスになると全身が激しい痙攣《けいれん》状態を示し、身体を左から右方向に大きく廻転させ、あるいは頭を激しく左右に振る。この激しい運動が静かになったとき、神が憑依し人格転換が行なわれたものと見なされる。これにたいして女性のトランスはきわめて弱い。普通彼女は椅子に坐し両手を前のテーブル上に重ねて置き、その上に頭を載せて、仮眠しているようなポーズとなるか、正坐して合掌する。ほんの数分がすぎた頃、彼女は大きく欠伸を繰り返すか、全身を小刻みに痙攣させる。

このとき神が憑依したものとされ、さっそく予言や治病行為に入る。

(b)依頼者・信者のもたらした問題が重大であるとき、すなわち重病であるとか、霊の影響が大であり、簡単な解決が困難なとき、男性は神剣でみずからの舌を切って血液を得、これで「血符」を作り与える。血符は後述する神符の一種であるが、これを燃やして灰を水に溶かして飲むと効験あらたかであると信じられている。

女性童乩も血符を作り与えるが、神剣で舌を切ることはしない。代わりにみずからの人差し指、中指、薬指を針で突き、得た血液を用いる。

(c)儀礼を行なうとき、男性は黄色の儀礼用のズボンを着し、神がかりになったときに、憑依した神に応じて「玄天上帝」とか「斉天大聖」あるいは「関聖帝君」のように名前の入った上着と前掛けを着ける。

これにたいして女性は一定のユニフォームを着ける。色はグレーであり、上着とズボンから成るが、上着の襟は少しく高く、ボタンの穴縢には美しい刺繍が施されている。もっともこのグレーの式服は台湾やマレーシアでは見られないから、シンガポール独自のものかも知れない。

(d)一連の儀礼（seance）が終わると、童乩に憑依していた神が身体を離れて帰る。神格が去って人格に再び戻るのである。このとき男性の方は相当に時間を要し、顔や手足を冷やしたり、揉んだりする。

男性は五〜六分かけて深い眠りから覚めたような表情で一般人の仲間に入る。これにたいして女性の方はいとも簡単に現実に戻る。トランスに入る際にとったポーズになり、合掌していると一分くらいで神は離れる。両者に共通なのは、トランスから覚めた後にトランス中の言動は全く思いだせないということである。

この男性童乩の激しさと女性童乩の穏やかさとは、たんに両者の性格の差異という事実を超えて、重要な意味をもっているように考えられる。男性童乩は、大部分が三五歳頃で第一線を退き、先輩として若い童乩の手伝いをしたり、廟の事務を担ったりする。体力が弱まると神が憑依しにくくなり、予言や治病もうまくいかないという。男性童乩は一代限りで弟子をもたないということの裏には、激しい神がかりに耐えられる年代の短かさがあるといえないであろうか。これにたいして女性童乩は五〇歳、六〇歳になっても役割を果たし、自分の子供や他人を弟子に採って世襲制を施《し》くにいたる。シンガポールの女性童乩は二例ともそうであった。

男性童乩の廟は後継者がなくてさびれるのにたいして、女性童乩は世代ごとに廟を増築していく例は、南海観音仏祖福善堂に見られる。[27] 穏やかな神の来臨は、激しいそれよりも、人間にたいしても廟にたいしても永続性・恒久性を与えるといえよう。

神剣で舌を切る童乩

三　童乩の治病儀礼

シンガポールの童乩廟の数は数百におよぶとされるが、[28] 実数を正確に摑むことはきわめて困難である。第一に先述したように、童乩が誕生すると小廟が創られ、[29] 信者・依頼者の増加にともなって廟は改築・増築されるが、童乩がみずから廃業したり死去したりすると、後継者がない場合には空廟になり、流動性が強いからである。第二に童乩廟ではない仏教寺院や道教の道観が住民のニーズに応えて童乩を招き、儀礼を行なわせることがあり、このことも童乩廟数の増減を左右するからである。

童乩の儀礼は多くは夜間に行なわれる。その大きな理由は、童乩の儀礼は無料奉仕が原則であり、神がかりによって利益を得てはならないとされるので、各自昼間は仕事に従事しているからである。彼らは会社の事務員、工場労働者、大工、食堂の従業員、物売りなどであり、一週間に三度か四度、日を定めて廟を訪ね儀礼を行なう。いわば社会奉仕である。それというのも彼らは悪い運を有し、病気になりやすく短命に終わるはずであるのに、神の選びによって現在の生活があるとの固い信念をもっているからである。童乩の儀礼は一人では行なえず、審神者の役を務める卓頭（副手・助手）をはじめ数人の協力者が必要である。こうした協力者は童乩の親類・縁者や知人であることが多く、シンガポールでは童乩の誕生とともに「コミュニティー」と呼ぶ任意の信仰集団を作って活動を始めるのが常である(30)。依頼者・信者がお礼として差しだす金銭や物品は、コミュニティー・メンバーによって管理され、廟の祭りや慈善事業に使用される。

これに比して、シンガポールの女性童乩は二人とも童乩を専業としており、世俗の仕事をもっていない。彼女らの廟は夜間のみならず、昼間も開放されており、一週一度の休日以外は人びとの求めに応じている。

童乩の儀礼的役割は「神としての」予言、忠告、招霊、祓霊行為、治病行為などであり、取り扱う問題は生活上のあらゆる出来事におよぶ。以下では、シンガポールの住宅街スプリング・リーフ・ウォークにある楊天宮の女性童乩ジュディ・キョンの治病儀礼について、神と依頼者との対話および神の行為を中心に見てみよう。

キョンの廟はかなり大きな住宅の玄関に面した一画を占めており、全体で二〇畳ほどの広さがあり、床はすべて大理石から成っている。正面奥の一段高い空間に東向きに祭壇がある。朱塗りの祭壇の中心部分にキョンの守護神である感天上帝の大型の像、その後ろにはやはり大型の観音菩薩像が安置され、これら二像の左右には十八羅漢像が並んでおり、その前面には関帝、斉天大聖、三太子などの神像が祀られている。

キョンの説明によれば、感天上帝は道教の大神で彼女の守護神、観音は副守護神（仏）、十八羅漢はその他の諸神とともに感天上帝の補助神であるという。
すなわち道教の神（感天上帝）を最高位に、その下に仏教の菩薩（観音）、さらにその下に仏教の羅漢その他が配置されて、独特のパンテオンを形成している。

トランスに入るキョン

楊天宮は日夜開放されているが、依頼者・信者が多くやってくるのは木曜日（休日）を除く毎夜七時三〇分すぎである。少ないときで三〜四人、多いときには一五〜二〇人が到着順に祭壇の間より一段下った一〇畳ほどの控室にきて長椅子に坐して待機する。人びとはまず玉皇上帝の天公炉に線香を捧げ、拝礼し、さらに祭壇の感天上帝その他の神仏に線香を上げてから自分の番を待つ。頃合いを見て、グレーの式服に着替えたキョンが祭壇前に現われる。

彼女の夫楊氏（五三歳）が卓頭（助手）を務める。キョンは神々に線香を捧げてから、立ったままあるいは坐したまま瞑想に入る。両手は合掌することもあり、両膝に載せていることもある。数分すると、しきりに大きな欠伸をする。何度目かには「ウワーッ・ハッハッハッ」というような笑い声をだし、「フウーッ」と低い声で唸り声をあげる。神が憑依したのである。彼女は平常と違って眉を吊り上げた厳しい顔になっている。感天上帝は強力な男神であるからだという。神が憑依すると、卓頭が神（童乩）を龍座[31]

に坐らせる。神は両裸足で虎の像を踏みつけている。感天上帝の像も虎を踏みつけているので、同じ姿になるのである。控室の依頼者が呼ばれて神の右横に立つ。たいていの場合家族員や友人も一緒である。神と依頼者とのやりとりは以下のごとくである。

事例一　女性（五五歳）

依頼者「最近腕と肩が張って痛むのです。健康が心配なので、診てもらいたいのです」。

神〔彼女に手を見せるよう指示し、脈をとり爪先を見ながら〕「あなたは低血圧で血液の循環が十分でないようだ。北耆と乾燥龍眼と桂支を煮こんで服用しなさい。また三枚の神符を用意するから飲みなさい」〔紙銭三枚に香炉の灰を塗り、三本の線香の火で神語を記して与える〕。

依頼者「有難うございました」〔卓頭が袋に入れた神符を手にして帰る〕。

事例二　男性（四五歳）

依頼者「この頃どうも身体の具合が悪いのですが、診ていただけますか」〔右手を差しだして見てもらう〕。

神〔右手を見ながら〕「この手には斑点がでているし、色も普通の健康な人のようなツヤがない。青白い。心の中に心配ごとがあるにちがいない」。

依頼者〔無言でうなずく〕。

神「北耆と甘己と茯神とを黒い鶏の肉と一緒に煮こんで食べなさい」〔神符を数枚用意する〕。

依頼者「それから娘が試験に入っていますが、勉強したことがよく憶えられないようです。神符をいただきたいのですが」。

神〔試験期間の七日間服用するように、七枚の神符を用意しながら〕「神符は娘に良き記憶力を与えるとともに十分な自信を与えるであろう。一枚はザクロの葉一八枚と一緒に水に入れ、身体を洗わせなさい。あとの六枚は毎日一枚ずつ燃やして服用させなさい。神符を燃やすごとに「南無感天上帝」と三度唱え、試験が良い成績となりますようにと祈らせなさい」。

事例三　女性（四九歳）

依頼者「どうも気分がすぐれないんです。病気になっているんじゃないでしょうか」。
神「手を見せなさい。〔左手と右手の薬指を見ながら〕風邪をひいて少し熱があるようだ。しかし間もなく良くなるから、心配することはない。〔菊の花に線香の煙を燻らして与えながら〕水に花びらを入れて飲みなさい」。

事例四　男性（四三歳）

依頼者「妻が外出先から帰宅しました後に、熱っぽく寒気がするというんです。原因は何でしょうか」。
神「あなたの妻はある霊に出会ったのだ。彼女の霊光つまり星（運）は低くて弱い。そのため彼女は気分が悪くなったのだ。〔三枚の神符を与えて〕一枚は灰にして飲み、一枚は身体を洗うのに用い、他の一枚は灰にして彼女のベッドの周りに円形に撒きなさい。そうすれば霊が彼女に近づけなくなるであろう。神符の灰を飲めば、彼女に憑依した霊が祓い去られることになろう」。
依頼者「有難うございました」。

事例五　女性（六九歳）

依頼者「私は胆石で苦しんでいます。医者が申すのには、手術して胆のうから胆石を摘出する必要があるとのこと。私は老齢でもあり心配です。医者の手術を受けるべきか否か、ご判断をお願いいいたします」。

神「あまり水を飲んではいけない。水はこの病気には良くないからだ。医者が手術を勧めていることについては何の心配も要らない。みずから進んで手術を受けなさい」。

依頼者「こんなに身体が弱っていても大丈夫でしょうか」。

神「心配することはない。手術の日には私もその場所に行って聖化してあげよう。何も悪いことは起こらないだろう。手術に良い日を選び、医者と相談して、その日が決まったら私に教えなさい。手術開始の時刻もだ。私はその場に出向き、あなたを守護し、手術を成功させてやろう。〔三枚の神符を作って与えながら〕手術当日には感天上帝が安全な手術の実施と速やかな回復を願ってあげる。何の心配も要らない。進んで手術を受けなさい。この三枚の神符を服用すれば、あなたの手術にたいする恐怖は消え、やがて健康に恵まれることになろう」。

依頼者「有難うございました」。

事例六　女性（六六歳）

依頼者「どうも気分が悪いのです。先週の土曜日にはとくに気分が悪く、絶えず咳がでて、血痰も出るのですが」。

神「あなたの肺は両方とも弱い」。

依頼者「ときにいったん咳こむと咳が連続してでて止まらなくなるんです。咳をすると喉頭の右側が痛く、かゆいんです」。

神「医者に行って気管支をよく見てもらうがよい。大したことはないが気をつけなさい。〔数枚の神符を与えながら〕燕の巣と洋参のような薬草を摂るとよい。あまり心配をせず、物事の明るい面を見るようにしなさい。大したことはない。鶏肉は食べないように。洋参を赤身肉と一緒に煮て液を飲みなさい。神符を五枚作ったから、燃やして灰を水に溶かし、飲みなさい。きのこは食べないように。きのこを食べると、あなたのような病気はさらに悪化するからだ」。

依頼者「私は絶えず咳ばかりするのですが、がんになっているのではないでしょうか」。

神「心配するな。がんになどなってはいない。もしがんになっていたら私はとうにそのことを告げていたであろう。血痰が出るというのは、咳を激しくしたことにより、喉頭が傷ついたからだ。激しい咳で咽喉部の毛細血管が破れると、血痰が出るのはごく自然なのだ。医者に行ってよく診断してもらいなさい。十分に気をつけるように。あなたは私の祈願を受けたのだから、何ら心配することはない。咳をするときに出るあなたの血痰は赤い。それが大丈夫である証拠だ。血液が黒味がかっていないのは、重症でない証拠だ」。

依頼者「咳をするときに出る血は赤いんです」。

神「心配するな。信仰をもて。神符を服用しなさい。そうすれば健康に恵まれるし、治癒するという自信が湧いてくるであろう」。

事例七　女性（三八歳）

依頼者「私は子宮にがんがあるのです。身体がだんだん衰弱してきています。医者はすぐにでも摘出手術をすべきだといっていますが、自信がなくて悩んでいます」。

神「以前にも子宮がんで悩んだことがあるから、これで二度目だね。これはあなたが健康に十分注意しないからだ。食事に十分留意していればぶり返すことはなかったはずだ。勇気をもって医者に行き手術してもらいなさい。私は手術が円滑に行なわれ、成功し、回復が早まるよう力を与えよう。手術に入る前に「南無観音菩薩」と称え、円滑に手術が運ぶように、術後の回復が速いように、長寿を与えてくれるように祈りなさい。観音を拝むときには「観音君」「太上王君」「魁元君」と唱えなさい。この言葉は四九日間、感天上帝の弟子によっても唱えられるであろう」。

依頼者「私が入院するのは五病棟三階ベッド三三号です。トア・パーヨー病院です」。

神「心配することはない。〔三枚の神符を作って渡し〕この神符はあなたの手術を保証し、自信を与えるであろう。あなたの手術当日には、私はその場に行ってあなたを導き、守護を与えよう。手術後には鶏肉、肝臓、腎臓、エビ、カニを食べてはならない。ニンジン、キャベツ、ハナヤサイ、黒豆のような野菜を多く摂りなさい。ただし果皮など消化に悪い物は食べるな。果物を多く摂り、たくさん水を飲みなさい。手術後は十分に注意し、規則正しい生活を守るように。心配することはない。ここにあなたを守る神符があるではないか。手術が始まる直前に「南無感天上帝」と三度唱えなさい」。

依頼者「有難うございます。いわれたことを実行し、守ります。どうか私を守りお助けください」。

神「承知した。私はあなたに心の平安を与えよう。そしてあなたを導いて、万事うまくいくようにさせよう。信仰をもち、物事の明るい面を見なさい。私はあなたの健康がこの上ない状態になるようにあなたを援助しよう」。

事例八　男性（九歳）

依頼者〔子供の母〕「どうしてこの子はいつもびくびくし、驚いた様子をし、夜中に激しく泣き叫ぶのでしょうか」。

神「この子供はたいへん活発であり、日中遊びに夢中になりすぎている。この遊びすぎが原因となり、睡眠中に夢魔に襲われ目を覚まして泣き叫ぶのだ。彼のベッドをドアの方向に向けて置いてはならない。寝室のドアから離し、ドアに直接向けないようにしなさい」。〔子供に三枚の神符を手渡し、母に向かって〕「もう大丈夫だ」。

依頼者「この子のベッドは、たしかに寝室のドアに直接面して置かれています。神さまの指示に従って、ベッドの位置を変えることにいたします」。

事例九　女性（三九歳）

依頼者「夫が病院で無事に手術を終え、家に戻ってきましたが、家に着くと、夫は二人の人の姿を見たというのです。一人は茶色の着物、他の一人は白い着物を着ていて、茶色の人は右側から彼の方を見ており、もう一人は左側の後ろから彼に目を注いでいたというのです。どうして二人の人物が夫の前に現われたのでしょうか。病気と関係があるのでしょうか」。

神〔三本の線香を手にして、燃え具合を吟味しながら〕「二人の人物の出現は、あなたの夫の亡父が中元節になっても何も供養してもらえないので、そのことを夫に知らせるために現われたのだ。第七月にあたり亡父は食物と金と着物を欲しがっているのだ」。

依頼者「たしかに夫の入院や手術のことにかまけて、まだ餓鬼のために何も供養しておりません。何をどうすればよいでしょうか」。

神「夫の亡父に中元節の間に供物を捧げるようにしなさい。供物は食物と果物と紙製の着物、それに大量の紙銭だ。これらを死霊に捧げなさい。決して怠ることなく中元節の間に供養しなさい。もしも忘れることがあると死霊は再び現われるだろう。供養をした後に私が死霊を処置し、彼岸に転生するように取り計らおう。都合がつけば今夜一一時に迎えにきなさい。私がみずからあなたの家に出向いて死霊を追いだしてやろう」〔七枚の神符に、中指を針で突いて得た血で神語を記し、一枚一枚を龍鞭[32]から取った糸でつなぎ合わせた〕。

〔その夜一一時、依頼者は夫の母とやってきた。神は神剣と龍鞭と七枚の神符をもって依頼者の家に行った。玄関のライトを除くすべてのライトを消し、七枚の神符を燃やし、屋内の隅々に撒いた。その後神は龍鞭を手にしてピアノの上を三度打った。どさっという音がした。神は龍鞭を打ち鳴らし、神剣を振り回しながら死霊を追いかけた。神は家を出たり入ったりしながら死霊を追いかけた。二階に通じる階段上で格闘した〕神「死霊は追い払われた。もう現われることはないであろう」〔ドアが閉じられた〕。

四　若干の考察

以上は筆者がセアンスの現場で蒐集した童乩と依頼者とのやりとり二八例のうち、治病に関するもののみを抽出列挙したものである。全体の儀礼数にたいする治病儀礼は三〇％であるが、これは他の廟におけるセアンスの治病儀礼と比較すると少ないように思われる[33]。

いずれにしても、童乩の行なう治病儀礼の実態が若干明らかになったと考える。その特色となるものを摘出すると、つぎのようになろう。

(a)明らかに重病ではないと思われる身体異常にたいしては、漢方薬の服用を勧めていること（事例一、二）。
(b)軽い風邪にたいしては聖化された菊花の服用を勧めているが、これは、神符の使用と同じ意味をもつ（事例三）。
(c)手術をともなうような重症にたいしては、全面的に医者を信頼し、医者の手当てを受けるように忠告している。感天上帝みずからが病院にまで赴いて守護することを強調し、「信仰せよ」、「自信をもて」と励ましていること（事例五、六、七）。
(d)供養不足の死霊が現われていると見られるときには、まず供養を行なった後に、かなりドラマティックな祓霊儀礼を行なっていること（事例九）。
(e)ほとんどの場合、神自身が聖灰で神語を記し、線香で聖化するか、血液を用いた神符の服用を勧めていること

（事例三を除くすべて）。

これらの特色のうち、最も重要なのは、恐らく神符の服用である。神が手ずから作成し、神の生命と力がこもった神符の服用（灰にして水に溶かして飲む）は、病者の「悪霊を祓除」（事例四）し、「恐怖感を除去」（事例五）させ、さらに「治るとの自信」（事例六）をもたせてくれ、「手術の成功を保証」（事例七）し、「死霊を退散」（事例九）させる効験をもたらすとされるからである。

この神符の使用はシンガポール、マレーシア、香港、台湾の童乩のセアンスに共通に見られるという点からも、童乩の儀礼における中核的要素であると考えることができよう。

さらに注目すべきは、神符は病気治しに用いられるのみでなく、他のさまざまな問題解決のためにも用いられる点である。このことから、神符の使用範囲および使用の意味の究明は、病気の問題にとどまらず、華人の呪術・宗教的観念や世界観の解明とも強く関係する領域と深く結びついていることに、われわれは気づくのである。

若干の事例を挙げよう。

事例一　男性（三九歳）

依頼者「今年の私の運勢について教えてください」。

神〔手を見ながら〕「あなたの健康はあまりよくないようだ」。

依頼者「事業に金がかかって仕方ないのですが」。

神「今年の最初の数箇月は、事業運はよくない。しかし八月がすぎれば何とかなる。来年はまあまあというところだろう。対抗者が現われて損をさせられることになるから、よく注意せよ。そして観音菩薩にお縋りして、健康と事業がうまくいくように歎願しなさい」。

依頼者「損はするし、事業は失敗するし、本当に弱りきっていますが、どうしたらよいでしょうか」。

神「毎日三本の線香を観音菩薩に上げ、心の中にあることを告げて、どうか助けてくださいと祈りなさい。四九日間休むことなく歎願しなさい。〔彼に数枚の神符を作って渡し〕これを飲めば、必ず運が向いてくる」。

事例二　男性（四八歳）

依頼者「息子の試験が始まりますので、神符をいただきにまいりました」。

神「五枚用意するから、毎日一枚ずつ服用するようにさせなさい」。

依頼者「有難うございました」。

事例三　女性（三八歳）

依頼者「新しい家に移ったので、適当な神さまを迎えて祀りたいのですが、どのような神さまがよいか、ご意見を聞かせてください」。

神「観音菩薩の像がよかろう。像一体を買い求めて八月二七日の夜にここにきなさい。聖化してあげよう。[34]観音像は通りに面して安置する。つまり玄関と門が見える場所に安置するのだ。像に布を掛けたり、傍らに布を置いたりしてはいけない。〔神符を三枚用意して〕一枚は灰をザクロの葉一八枚と一緒に混ぜて、その水を家の周りに散布しなさい。もう一枚は身体を洗い清めるのに用い、他の一枚は灰を飲みなさい。米とオレンジと赤果子の入った容器およびランプ一個を求め、供えなさい。これらもこの廟で聖化する[35]必要があるから観音の生誕日に持参しなさい。生誕日には菜食と果物を像に供え、一日と一五日には果物を新たに供えて礼拝しなさい」。

事例四　男性（二七歳）

依頼者「女友達との交際についてお伺いいたします。この頃二人の交際がうまくいかないのですが、結果はどうなるでしょうか」。

神〔しばらく瞑目して〕「この女友達にはすでに新しい恋人ができている。彼女はあなたとの関係が決裂することを願っている。諦めたらどうか。人生の明るい面に目を向けて生きなさい」。

依頼者「このような惨めな思いを早く忘れたいのです。このような辛い一撃から立ち直れるように、神符を何枚か恵んでください」。

事例五　男性（四〇歳）

依頼者「自分の会社での人間関係がうまくいかず困っています。職員が協調して事にあたることができず、調和が欠けているんです。どうしてこうも多くの問題が起こるのでしょうか」。

神〔神符を作りながら〕「これを燃やして職員たちに飲ませなさい。彼らが飲めば万事うまくいくことになろう。心配することはない」。

このように「事業がうまくいかない」、「試験がうまくいくように」、「新しい家に仏像を迎えるときに」、「男女の交際のときに」、そして「人間関係を良くするために」用いられるのが神符である。さらに「家畜の健康のため」にも、「田畑の作柄が悪いとき」にも神符は用いられる。「無事に日送りができる」ようにと神符をお守りとして身に着けている人びとも多い。

ということは、神自身の威力を蔵する神符の効用は、病気であろうと病気以外の事柄であろうと、およそ人間の関

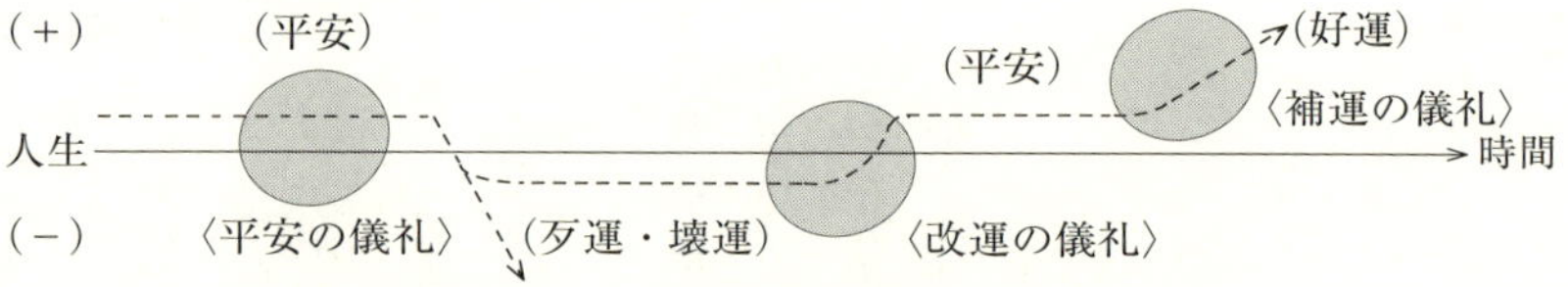

華人社会の運命・人生観と主な儀礼に関する概念図

係するあらゆる局面におよぶことを意味しよう。つまり華人の呪術・宗教的思考においては、心身異常も不景気も人間関係の悪さも悪い気候も「病んでいる」という大きな枠組みの中に位置づけられていることになろう。病んでいる状態を平常の状態に戻すために神符は飲用され、洗滌に用いられ、散布されるのである。医薬品は身心異常（病）を治すという枠内でのみ有効であるのにたいして、神符はあらゆる問題場面に作用する。それは華人の神の働きへの全幅の信頼と関係していると見られる。

ここで筆者は、神符の有効性が適用される範囲を「病んでいる」という枠組みと表現したが、神符は必ずしも「病んでいる」マイナスの状況にのみ用いられるわけではない。より以上の家運の繁栄のためにも、よりよい成績を得るためにも、不幸にならないためにも用いられる。そうすると神符が適用される範囲は、華人の運命観・人生観といったより大きな枠組みと関係してこよう。

筆者は華人の呪術・宗教的思考の体系を全体的に論ずる方法も手段も今持ち合わせていない。しかし、神符の使用と関連して若干の手がかりはある。ここではそれに触れるにとどめたい。廟に集まる人びとによれば、日常生活が可もなく不可もなく営まれている状態が「平安」であるという。平常・普通の状態よりも上向きに生活が展開するときこれを「好運」と呼ぶ。ところが平安が崩れ、病気や他の不幸に遭遇するようになると、人びとは「壊運」または「歹運」と名づける。つまり平安よりプラスに動くとき好運であり、マイナスに変化するとき壊運・歹運である。

そこで人びとは平安をできるだけ持続させ、さらに好運にいたることを願う。他方、壊運・歹運の人たちはせめて平安の状態に回復したいと望む。それが各種の儀礼により具体化される。

平安から好運への志をもつ人の儀礼が「補運」であり、マイナス状態からの離脱が「改運」である。

これを図示すればほぼ右のようになるであろう。人びとは日常生活の平安を願い、それが維持されれば、さらに好運の実現を願う。いずれも儀礼を必要とする。病気や不幸・災難の状態にあると判断される場合（歹運・壊運）には、人びとは〈改運〉にひたむきになる。

右図における円形の灰色部分は、儀礼が集中する部分を示す。それでは〈平安の儀礼〉、〈改運の儀礼〉、〈補運の儀礼〉は同じような重要性と頻度をもつのであろうか。童乩の営む儀礼に関する限り、答えは否である。三つの儀礼のうち、最も頻度の高いのは改運の儀礼であるからである。既述のように、童乩の神符は「病んでいる」状態からの脱却＝改運にのみ用いられるのではなく、「平安」にも「補運」にも使われる。しかし、圧倒的に多いのは「改運」である。つまり童乩が関わるのは、人びとの最も深刻で重大な場面であると見られる。このことは、〈平安の儀礼〉や〈補運の儀礼〉は童乩以外の職能者によっても行なわれ得るが、〈改運の儀礼〉は童乩によってのみ可能であることを示しているのかも知れない。

五　宗教的統合の問題——結びに代えて

さきに楊天宮の祭壇を説明した際に、祀られている神々のパンテオンの序列は感天上帝——観音菩薩——十八羅漢となると述べた。そして、民族宗教の神（感天上帝）の下に世界宗教の仏が従属していると述べた。童乩キョンによれば、観音は副守護神で守護神感天上帝の活動を援助し、十八羅漢はこれら二神の援助者であるという。道教の神が仏教の仏の加勢によって、十二分に力を発揮できるということである。

ところで守護神と副守護神の関係であるが、感天上帝は武勇に富む男神であり、一方観音は慈悲の象徴としての女神である。この関係は決して偶然ではなく、相互補完の役割を果たしていることは、諸事例の示すところである。すなわちがんで悩む人にたいして、心の平安を与えようとするときには観音の慈悲に頼らせ、いよいよ手術が始まるときには感天上帝に縋らせている（三、事例七）。また事業に失敗して弱りきっている人には観音信仰を勧め（四、事例一）、新しい家の守護神としても観音を推している（四、事例三）。

強い力を必要とするときには男神、安心・平和を与えようとするときには女神が関わっているのである。儀礼場面で見る限り、在来宗教としての道教の神と外来宗教としての仏教の仏とが相提携して人びとの救済に関わっているといえるが、「異質の宗教の関わり合い」ということが、童乩その他の関係者によってどの程度意識されているのであろうか。

少なくとも楊天宮に関する限り、両者は別個の伝統に属する異なる神々であることが自覚されている。

第一に楊天宮では一年おきにではあるが、観音菩薩生誕日とされる八月二七日に「観音仏祖」という尼寺の尼僧を一〇名ほど招き、一大法要を営み、観音の供養をしている。このとき尼僧の観音経読経のさなかに、キョンをはじめ居合わせた童乩たちに観音が憑依し、臨時のセアンスが行なわれる。尼僧による読経はまさに仏教的である。他方、観音による憑依はまさに民間道教的である。仏教と道教的シャーマニズムとの連携とも見られよう。

第二に楊天宮では、観音を祀るがゆえに祭壇への供物は野菜と果物であり、肉や魚は忌避される。一日と一五日にはキョン一族は精進料理を厳守する。依頼者・信者たちも楊天宮への供物は野菜と果物であることを自覚している。

これらのことを踏まえて、つぎの事柄が指摘できよう。

(a)道教の神と仏教の仏とは概念的に区別されながら統合されている。

(b)構造的には仏教が下位、道教が上位に位置づけられている。

(c)機能的には両者は補完関係にある。

(d)両者を媒介する要素は、童乱の憑霊である。

したがって、童乱を中心とする宗教形態を「民俗宗教」とか「シンクレティズム」と表現する場合、儀礼的コンテクストに十分に留意する必要があるといえよう。

【註】

(1) 童乱(Tang-ki)の語は福建語であり、広東語では落童(lok t'ung)、降童(kong t'ung)、神童(san t'ung)などと呼ばれる。なおTang-kiをDang-kiと発音することもある。

(2) たとえばJ. J. M. de Groot, *The Religion of the Chinese*, 5 vols., MacMillan, New York, 1912；D. Freeman, "Firewalking at Ampang, Selangor," in *Journal of the Malayan Branch of the Royal Asiatic Society* 2, 1924；S. M. Middlebrook, "Ceremonial Opening of the New Chinese Temple at Kandang, Malacca," in *Journal of the Malayan Branch of the Royal Asiatic Society* 18, 1939.

(3) 華人は出身地により福建系、広東系、潮州系、海南系、客家系などの方言集団に分かれている。こうした集団を民系と呼ぶ傾向が最近多い。

(4) M. Topley, "Paper Charms and Prayer Sheets as Adjuncts to Chinese Worrship," in *Journal of the Malayan Branch of the Royal Asiatic Society* 26, 1953；Lim Kim Guan, "Spirit-Mediums of Telok Ayer," in *The Malayan Monthly*, Singapore, 1954；L. Comber, *Chinese Magic and Superstitions in Malaya*, Donald Moor, Singapore, 1954；Idem, *Chinese Temples in Singapore*, Eastern University Press, Singapore, 1958；A. J. A. Elliott, *Chinese Spirit-Medium Cults in Singapore*, The London School of Economics and Political Science, London, 1955, 安田ひろみ・杉井純一訳『シンガポールのシャーマ

ニズム』春秋社、一九九五。

（5）Elliott ibid., p. 15.

（6）童乩の役割は占星術、暦、夢占、卜占、妖術、人相術、降霊術、易断などに関係するが、これらすべては迷信であるとする［Wing-tsit Chan, *Religious Trends in Modern China*, Columbia University Press, New York 1953, p. 142］。こうした見方は知識人の間に根強い。

（7）シンガポール国立大学の社会学の教授たちに童乩の実情について尋ねても、調査研究している者は Wee 女史を除いて皆無であり、そのような存在はかつては見られたが現在はほとんど見られないというのが大方の見解であった。また今頃どうして童乩などに注目するのかといった態度であった。シンガポール華人社会における童乩の役割を考えると、この事実はまことに奇異であるといえよう（一九七七、一九七九年現在）。

（8）J. J. M. de Groot, *The Religious System of China*, 6 vols., Leyden, 1892–1910.

（9）Comber, op. cit., p.6.

（10）Elliott, op. cit., pp.26–27.

（11）V. Wee, "Buddhism in Singapore," in R. Hassan (ed.), *Singapore: Society in Transition*, Oxford University Press, Kuala Lumpur, 1976, pp.169–177.

（12）Elliott, op. cit., pp.15, 27；A. Kleinman, *Patients and Healers in the Context of Culture: An Exploration of the Borderland between Anthropology, Medicine, and Psychiatry*, University of California Press, Berkeley, 1980, pp.210–211, 大橋英寿他訳『臨床人類学——文化のなかの病者と治療者』弘文堂、一九八五。

（13）Wee, op. cit., p.171.

（14）Chan, op. cit., p.141；W. Eberhard, "Neuere Forschungen zur Religion Chinas, 1920–1932," in *Archiv für Religious-*

wissenschaft 33, 3, 1936, pp. 304-314.

（15）文部省科学研究費による「東南アジア華人社会における宗教文化に関する調査研究」（研究代表者　窪徳忠氏）。

（16）Elliott, op. cit., p.15.

（17）Comber, op. cit., pp.6-7.

（18）Elliott, op. cit., p.15.

（19）Kleinman, op. cit., p.211.

（20）拙著『シャーマニズムの人類学』弘文堂、一九八四、一～三六頁参照。

（21）G. K. Nelson, *Spiritualism and Society*, Routledge & Kegan Paul, London, 1969.

（22）Elliott, op. cit., p.26.

（23）Elliott, op. cit., p.44.

（24）Wee, op. cit., p.174.

（25）Kleinman, op. cit., p.214.

（26）筆者はシンガポールで二〇人以上の童乩に出会っているが、そのうち女性は二人にすぎなかった。日本の霊媒は女性が圧倒的に多いのにたいして、華人のそれは男性がすぐれて優勢である。この問題は改めて追究されるべきである。

（27）註（20）の拙著、一九八四、二九〇～二九一頁参照。

（28）Wee, op. cit., p.173.

（29）ここでは廟という語を統一的に用いるが、実際には規模によって廟・宮・堂・殿・壇など呼称に区別がある。壇と呼ばれるものは掘っ建て小屋にすぎないこともある。

（30）註(20)の拙著、一九八四、三〇四頁参照。

（31）童乩だけが坐ることのできる儀礼用の椅子。朱塗に金を用いた豪華なもので横木（両腕を置く部分）に龍の彫刻が施されているところからこの名称ができたとされる。

（32）麻糸を撚って作った鞭で長さ約三メートル、把手に龍体が彫刻されているところからこの名がある。童乩がセアンスを行なう際、龍鞭を廟の内外でピシッ、ピシッと打ち鳴らし、悪霊や悪気を払う。

（33）マレーシアのクアラルンプールにある黄老仙師慈教の童乩によれば六〇％が病気に関する依頼者であるという。他の童乩も依頼者の「多くが」病気の問題をもってくると述べている。

（34）神像の聖化は廟内で行なわれ、このとき童乩は像の神と同一の神をみずからに憑依させ、舌または指を傷つけて得た血液を像の要所に塗りつける。こうすることにより、像に神の魂が入ったとされる。

（35）物品の聖化は線香の煙を燻らして行なわれる。

第三章　童乩のシャーマン化過程

一　問題の所在

シンガポール共和国（以下シンガポールと表記する）の総人口は、一九八二年六月現在で二四七万一八〇〇人を数え、その内訳は、華人一八九万六七〇〇人（七六・七%）、マレー人三六万二四〇〇人（一四・七%）、インド人一五万八三〇〇人（六・四%）、その他五万四四〇〇人（二・二%）となっている。[1] シンガポールの主な宗教は、仏教、道教、イスラム教、キリスト教、ヒンドゥー教であるとされるが、[2] 人口の圧倒的多数を占める華人の宗教は、いうまでもなく仏教と道教である。しかし、華人の宗教は仏教と道教であるということは、華人社会が仏教徒と道教信者にはっきりと分かれていることを意味するものではない。統計的には仏教徒と道教信者に分けられてはいるが、[3] 彼らの宗教生活の現実形態は、仏教と道教および儒教との混交《ミックスチュア》であると見られているからである。[4]

時と場合により複数の宗教に自由かつ現実的に関わる華人の宗教生活様式は〝神教（shenism）〟の語によって表示されることがあるが、[5] この神教の概念は決して単純ではない。

管見によれば、華人は必要に応じて仏教や道教の寺廟を訪ねるというだけではなく、仏教寺院に道教の諸神を祀り、道教の廟や宮に仏教の仏菩薩や諸天諸神を祀ることが少なくない。さらに華人の宗教観念・思想自体が諸宗教の諸要素の動的な混交と重層化より成っていると見られている。[6]

こうした華人宗教の特色は、本論が取りあげる童乩《タンキー》（Tang-ki）および童乩が関わる宗教施設、信者、依頼者、儀礼などに、ことさら顕著に見られる。〝童乩〟は外国人研究者たちによって〝霊媒（medium または spirit medium）〟と表示されることが多い。この場合霊媒とは「霊的存在がその〔霊媒の〕身体に憑依し、……彼に神智をもって語らせ、崇拝者たちに忠告を与え、かつ彼らの病気を治癒させる[7]」ような人物であり、「〔トランス〕状態の間に彼らの守護霊が彼らに憑依し、……この状態にある間、彼らは神の化身と見なされる[8]」ような人間である。

筆者は現在では、童乩はシャーマンもしくは霊媒型シャーマンと規定する方が理解しやすいと考えている。霊媒型シャーマンとは霊的存在がその身体に憑入し、人格転換が起こり、当該人物は霊的な存在自身として第一人称的に語りかつ行動するものをいう[9]。なおA・J・A・エリオットはシンガポールの童乩を、A・クラインマンは台湾の童乩をそれぞれシャーマンと呼んでいる[10]。

童乩は華人社会の大衆の宗教生活においては、きわめて重要な存在である、というよりも、ある意味において不可欠の存在である。このことは、シンガポール、マレーシア、台湾などにおける童乩廟[11]または童乩が関与する寺廟[12]で展開されるセアンスのたいへんな盛況ぶりを見れば一目瞭然であろう。童乩の憑霊を通して神仏の意志や判断を直接知り、神仏によって直接儀礼を施行してもらうことが、華人大衆の宗教生活の最重要部分であると見られる。

シンガポールだけで童乩廟が数百あると推定されていること[13]自体、その重要性を示唆するものといえよう。こうした事情にもかかわらず、童乩および童乩を中心とする宗教形態に関する従来の調査研究は、数においても内容においても、まことに寥々たるありさまである[14]。奇異な感じさえする事実である。

筆者は一九七七、一九七九、一九八四年の三度にわたり、シンガポール、マレーシア、台湾の童乩について調査する機会を与えられ[15]、これまで数回にわたり若干の成果を発表することができた[16]。とはいえ、どの発表成果も不十分なものとの誹りを免れ得ないものであると自省している。それらの報告のひとつにおいて筆者は、童乩のイニシエーシヨン＝シャーマナイゼーションを扱った。そこでは〝いかなる人物がいかなる過程を経て童乩になるか〟を明らかにしようとした。この問題をまともに取りあげた研究報告を筆者は寡聞にして知らなかったからである。その際、九例について報告したのだが、なにぶん資料不足のため、いずれについても〝概観〟の域を出なかった。[17]

本論は前報告の延長線上の作業である。すなわち前記報告の第四例として取りあげたシンガポールの著名な女性童乩ジュディ・キョン（Judy Kiong）の童乩＝シャーマン化の過程に関して、その後やや詳細な記録が取れたので、これを手がかりにして童乩出現をめぐる問題点に少しでも接近しようと試みるものである。童乩になるのには、エリオットの指摘するように「唯一の条件は神により選ばれることである。ひとたび神によって選ばれたら逃れるすべはない」[18]と考えられている。

そこで問題になるのは、いかなる個人的・社会的境遇にある者が、いかなる動機で、どのような経験を経ることにより、〝神に選ばれた〟と自他ともに認知するにいたるかという一連の過程の構成内容である。神の選びは、トランスをともなった激しい憑霊＝神がかりとして現出するが、その際の憑霊の当体は、いうまでもなく華人社会が共有する諸神仏であろう。本論ではとくに、個人の憑霊とそれにいたる過程において、華人社会の宗教文化（伝統）のいかなる要素が動員されているかを照射することにしたい。

なお本論におけるジュディ・キョン（以下J・Kと表示する）に関する資料は、一九七九年七、八月に本人から直接英語で聴取した記述内容を一九八四年八月に本人とともに再確認したものである。またJ・Kの個人史の記録と再現にあたり、彼女の末娘S・Y（現在英国留学中）の心からなる助力をいただいた。記して両人に感謝の意を表したい。

二　J・Kの幼少時代から結婚生活まで

J・Kは、福建省からシンガポールに移住してきた両親のもとに、三人姉弟の長女として一九三三年六月三日に誕生した。(19) 生家が貧しかったので彼女は生後一箇月にして養女として会社を経営する父方の伯父の家に預けられた。彼女が養父に預けられたとき、その家にはすでに二人の年上の養女がいた。(20)

三人の義姉妹の中で最も年下であった彼女は、物心つくかつかないうちから、家事の雑用を数多く引き受けさせられることとなる。

一〇歳頃には、彼女は家事のほとんどすべてを行なわねばならなかった。二人の義姉は養父の歓心を買うのが巧みであったのにたいして、彼女は正直かつ率直にしかふるまえなかったため、家族内で常に孤立していた。

彼女は毎朝五時に起き、定められた仕事すなわち養父の車を洗い、靴を磨き、朝食を用意し、洗濯をするなどのことをすべて一人でした。雑用が済むと五セントを与えられ、レース・コース・ロードの自宅からラッフルズ女子小学校まで通った。(21) 学校が終わると直ちに帰宅し、家事の残りを片付けた。こうした毎日であったため学習の時間は皆無に近かったが、召使同様の生活をしながらも、彼女は小・中学の全課程を修了することができた。

彼女が学校に行くときに渡される五セントは、昼食を切り詰めて蓄えるようにした。このため彼女は栄養不良になり、学生時代は〝ぼろをまとったかかし〟のようであった。正月は子供にとって楽しい思い出の行事であるものだが、彼女にとっては決して楽しい機会ではなかった。正月に身に着ける着物も靴も義姉のお下がりであった。正月の祝いに養父や知人から与えられる現金の入った紅包《アンパウ》はすべて実父母に取りあげられてしまい、彼女自身が蓄えることはできなかった。唯一の慰めは、彼女の養祖母が彼女を可愛がってくれたことであった。もっとも祖母は彼女への愛情を人前で示すことはなかった。辛酸の生活の中にあって、祖母の存在は彼女にとってひとつの救いであった。

一〇～一三歳の頃に、彼女は数々の不思議な経験をする。ある日、階段の踊り場で彼女は黒い巨大な足を目にした。驚いて見上げると、何とも言いようのない顔つきをした巨人が立っていた。彼は黒く怖ろしい顔をしており、その眼は血走り、口は血に飢え、最も驚いたことにその額にはぞっとするような第三の眼があった。何の霊であろうかと思うやいなや、その姿は彼女の視界から消え失せた。このような出来事は何度かあった。一〇歳の頃といえば、日本軍がシンガポールを占領していたときである。

この頃さらに、気味の悪い出来事が彼女に起こった。彼女が階段を一歩下りようとすると、ある奇妙なおののき《バイブレーション》が背筋を貫き、とたんに自分自身が浮揚して一〇段ほど上昇するような感じになった。

一四歳頃には、彼女は自分が死んで黄色の上品な棺に入れられて空中を飛ぶ姿を見ている夢を見た。彼女の魂である肉体の内的部分が棺から上昇し、浮游した。このとき彼女は周囲の人びとがせわしなく話し、わめき、叫ぶのを耳にした。この夢を見てのち数年の間、何事もなかった。

一九歳のとき、J・Kはコレラに罹り、死線をさまよったが、このとき彼女は死とは何かを真底味わったという。全身は麻痺し、舌は動かず、視界は狭まってぼやけ、まさに暗黒の世界にあった。彼女の心臓の鼓動が弱まるにつれて、他界の奇妙な人びとの声が聞こえてきた。これら他界の人びとは彼女に地上世界から離れるように手招きした。他界の声が彼女にこの世を離れるよう迫り、他方、彼女の養母の絶叫に近い声は、彼女に死んでは駄目と繰り返した。彼女は二つの声の間を往還した。

母の声の方がより高かったせいか、彼女ははっきりと彼女の名を呼ぶ母の声を耳にし、弱々しかったが母に応答した。この母への応答をきっかけに、彼女は死線を脱し、徐々に快方に向かった。死病を克服して健康を取り戻した後、彼女は養家を去り、タン・トク・セン病院の看護師学校に入学した。一般コースを修了した後、彼女は国立病院に就職し、四年間勤務した。

二一歳のとき結婚し、二九歳までに三人の息子と二人の娘をもうけた。彼女の夫は貧しかったので、彼女は耐乏生活を余儀なくされた。夫の父は農民であったから、日常生活は厳しいものであった。夫の両親は年老いていたので、二人は両親と子供たちの面倒を見なければならなかった。経済的にはたいへん辛かったが、義父が彼女にたいしてあらゆる面で理解を示してくれたので、彼女はどうにか生活を維持させることができた。

二五歳のとき、彼女はより多くの現金収入を望み、給料の比較的高いカメラ、テレビ等を販売する会社に就職した。この会社には、華人やインド人の宗教職能者がよく訪ねてきて、社員の手相鑑定をした。彼女はいささか運命判断に興味があったから、手相見の申し出を受け入れて、しばしば判断してもらった。異なったときに別々に手相を見た三人の職能者は、同一の内容の判断を下した。すなわち彼女は神の造りし生物（鶏や鴨）を殺してはならず、もしこの掟を守るなら、将来彼女を援助する霊的師匠が現われるであろうというのだった。彼女はこの予言を耳にしたとき、こうした予言は基本的に職能者たちの既成観念の表現にすぎないのではないかと考え、これに左右されてはならないと思った。

J・Kは会社の仕事に精を出したが、相変わらず貧困状態が続いた。彼女の給料は、夫の収入と合わせても、五人の子供と両親を養うのには不十分であった。子供たちは貧しい生活を強いられたが、幸せそうに見えた。

極端にお金に詰まったときには、子供たちにライス付きの焼そばを一パックずつ配った。

子供たちの教育費を蓄えるために、彼女は会社で食事を全く摂らないこともあった。その食事が、何も付けないパンと水だけのこともあった。生活はかくも惨めであったが、彼女はこれも運命だからと受けとめ、さほど意に介さなかった。

三　転機

その後しばらくしてJ・Kは一般家庭の主婦のように鶏や鴨のような家畜を手ずから殺すことをやめた。すると驚いたことに彼女の貧困状態が好転の兆しを見せ始めた。同時に彼女の職場で不思議なことが起こりだした。緑色をした人物たちが彼女めがけて突進してくるのが見え、多くの奇妙な声が聞こえた。両耳が異様に鼓動し、鼓膜はレーダーのように激しく反応した。まさにこの同じ日に、不思議な出来事が生じた後に、彼女は背の低い緑色をした男が前に立っているのを見た。

この人物は、脳がまる見えの頭から突き出た二本の角をもち、その眼は血のように赤く、唇は厚く、そこにはおかしな彫り物がしてあった。眉毛は太く、額には頭髪が垂れており、まる見えの脳は気味悪く鼓動していた。

この不思議な他界の人物と間近に出会っても、彼女は驚かなかった。彼女が目にしている件の人物は邪悪な人物ではなく、彼女に危害を加えることは決してないことを告げる内的な声が聞こえていたからである。

その人物の姿が空中に消えたとき、彼女は自分が目にしたものは一体何であったのか、それはたんなる幻覚であったのだろうかと思案した。そのとき何ものかが自動的に彼女の手にペンを握らせ、数分前に目にしたものの姿を紙に描かせた。

彼女は会社の事務室で仕事のため床を歩くと、まるで空中を歩いているように感じ、自分の身体が羽毛のように漂っているように思った。

また緑色の人物の他にも、さまざまな人物と出会ったが、時がたつにつれて、当初は不思議なことと思った出来事にも慣れていった。

二九歳のとき、彼女は第五子（女子）を出産する際に生死の間をさまようこととなる。

妊娠期間七箇月目で出産しなければならず、帝王切開が行なわれたが、その方法は今日と違い旧式であった。全身麻酔が施されたが、全身が衰弱していたためか昏睡状態が予想以上に長く続いた。

この間彼女は他界に入り込み、異常な経験をしていたのである。

彼女の前に長い杖を手にした白衣の老人が現われ、その右手には醜く気味悪い鳥がとまっていた。老人が杖を振ると、彼女は杖の方に引き寄せられた。彼は彼女を導いて高い山に登らせた。山の頂上に近づくと、老人は歩みをとめ、右手を高く上げてとまっていた鳥を天空に放った。鳥が大きな羽を拡げると、ありとあらゆる色をした虹が全天空を覆い、ダイヤモンドのスターダストのように輝いた。それはたいへん美しく心地よい情景であった。このとき老人は彼女を見て、山頂から下りるよう命じた。下界を見ると目がくらくらしたので、彼女は怖ろしくなり、老人の命に従うことを拒否した。彼女は老人の杖にしっかりとしがみついたが、電光石火、老人が杖を一振りすると、彼女は下界へと投げだされた。彼女は樽のように麓に向かって転がり落ちた。その瞬間に彼女は、氷の塊になったような冷たさを覚え、全身に寒さと痛みを感じた。そのとき彼女は自分の名前が何回も呼ばれるのを耳にし、呼び手に返答しようと努めたが声が出なかった。

徐々に呼び声は高くなり、明瞭になってきた。気がついてみると、医師が懸命に彼女の名を呼び続け、看護師は手術後に襲った致命的な発作で震え続ける身体を温めるため、毛布で全身を包み、マッサージしている最中であった。大量の輸血が行なわれ、彼女は一命を取りとめた。

この出産の後、難産や会社での仕事の無理、家庭の苦労などが重なったせいであろうか、彼女の健康状態は悪化するにいたった。健康上の最悪の事態は、彼女が三三歳のときから三九歳のときまで続いた。彼女は心臓弁膜症と左脚の皮膚病、そして顔面に黒い斑点ができる病気に襲われた。

足かけ七年にわたり、彼女は心臓と皮膚の専門医にかかったが、なかなか回復の兆しを見いだせなかった。彼女は多くの有名な霊媒（童乩）を訪ねて判断してもらうように薦められ、実際に彼らの世話になったが、病状は好転しなかった。彼女が見知らぬ世界（他界）について、すなわち霊界およびさまざまな宗教の数多くの異なる神々について、無数の夢を通じて知るにいたったのは、この七年におよぶ不幸・危難の年月においてであった。

この間に彼女は、この世のものとも思えぬ人物や事物に出会えるのは、夢においてのみでなく、深い瞑想によっても可能であることを学んだ。彼女は彼女のそばを横切ったり、時には彼女めがけて突進してくる男性や女性、子供の姿を目にした。彼女は普通の人には見えない人や物をありありと見ることができるようになっていった。それらの姿形はふわりと現われ、しばらくして泡のように消えた。それらの霊体が身に着けているものは、一般の人たちの衣服と同じであったが、色彩に特徴があり、主に白、黒、青、そして緑であった。ある夢で彼女は、天の頂点に達している梯子を見た。梯子の各段には黒い衣服をまとった祭司が二人ずつ立っており、それぞれ手には一冊の書物をもっていた。彼らは梯子段の両端に立っていた。

彼女は祭司たちが歌う美しく静かな歌を耳にした。その歌は教会で聞く讃美歌とは比較にならないほどすばらしかった。歌に魅了され、知らず知らず梯子の頂点に近づくと、彼女は白衣の髭を生やした、すらりとした人物が梯子の一番上段に立っているのを目にした。

彼は物悲しげな表情で彼女を見詰め、梯子を下りるように合図した。すると突然彼の手が彼女に伸びたと思った瞬間、彼女は羽毛のように軽く宙に浮き、各段に触れることもなく地上に下り立った。

その頃彼女が見た夢で、いまになっても忘れられない出来事がある。彼女は腹部に激痛を覚え、苦痛で呻き声を挙げていた。そのとき声がして、手に三本の線香をとり、火をともし、頭を床に着けて礼拝するよう告げられた。いわれたとおりに礼拝し、痛みに耐えつつ頭を挙げると、驚いたことに、すぐ横に裸足の大男が立っているのが見えた。大男はフォークのような武器を手にし、また黒い地面を引きずっている太く長い鎖をもっていた。（そこは黄泉であったと思うが）大男は彼女に低い垣根の下を這いくぐるよう命じた。ところが、その隙間は犬もくぐり抜けられないほど狭かったので、彼女は躊躇した。大男は彼女の不服従に激怒し、フォークのような武器で彼女の背中を突き刺した。彼女は非常に怖れおののき、犬がするように両手で垣根の下の土を掘った。そこは暗黒のトンネルに続いており、それを通り抜けると広い場所に出た。そこには数々の鉄の独房があり、白衣を着た死者の囚人たちが入っていた。男性あり女性あり、若い者も老いた者もいた。

ひとつひとつの独房は狭く、囚人がやっと身を置くだけの広さであった。この光景を目にした彼女は、囚人たちに尋ねた。「なぜ罪を犯し、復讐心をもつのか」と。

灰色の古代中国の式服を着た一人の老人が彼女に近づいてきたので彼女は言った。「ああ聖者さま、あなたが私に仕事の手伝いをするよう求めるなら、私は手伝いたい。しかし、私には世話をしなければならぬ五人の子供がいるのです」。聖者はじっと彼女を見詰めたのち、北方を指し、より高い神々に訴えるよう指示した。「急げ、三本の線香が燃え尽きたら、お前は二度と地上に戻れない」。

感謝の言葉を述べるゆとりもなく、彼女は夢中で駈けだした。燃えている線香はあと二インチほどしかなかったのである。

そのとき突如として、背の高い豪華な装いの皇帝が彼女の前に現われた。彼は長く黒い髭を生やし、赤く輝く顔をしていた（彼は黄泉の国の王であった）。彼女は彼の前に膝を折り、この場所から解放してくれるよう懇願した。彼は頷き、右手を彼女に向けると、手のひらから燦然たる光が発した。しばらくして彼女は、この世に戻ったことを自覚した。

また夢の中でこのようなことも起こった。果てしない緑の野原をあてもなくさまよっていると、彼女はハンモックのような黄金色の吊り橋に出くわした。橋は純金のスターダストのように輝いていた。目くるめく急流の上に架けられた橋を渡っていると、向こう岸に美しいオレンジの実をたわわにつけた木々が目に入った。

異様な美しさに強く心魅かれた彼女は、オレンジを一個もぎ取ろうとする衝動にかられ、もぎ取ってしまった。その果実はあまりにも美しかったので、彼女は家に持ち帰ろうとした。突然、彼女は黒衣の尼僧に手を摑まれた。尼僧は首を左右に振って、彼女が果実を家に持ち帰ろうとしているのを押しとどめようとしているかに思われた。彼女は尼僧にたいして、地上では見られない果実を一個だけ与えてくれるよう頼んだが無駄であった。

彼女は限りなく続く緑の野原をさらに歩いていくと、もうひとつの黄金の橋に達した。好奇心の強い彼女はその辺りをぶらぶら歩いた。間もなく桃の木の樹林を目にした。木々は大人の背丈ほどの高さで、言葉では言いようのないほど美しかった。桃の実は、地上で見るものと著しく違っていた。彼女はさっそく汁の多い果物を味わってみたくなった。果実を一嚙みしようとしたそのとき、「こら!」という怒りの声が聞こえた。困ったことに声の主は、彼女が少し前に黄金の果実を家に持ち帰ろうとした際に咎めだてした同じ尼僧であった。しかしこのときの尼僧は、他に二人の若い尼僧をともなっていた。若い尼僧の一人は、彼女の手からすばやく果実を取りあげた。彼女は、果実を地上に持ち帰れないなら、せめて美味しい汁を味わわしてもよいではないかと訴えた。そして「なぜ甘い果実を食べてはいけないのか」と尋ねた。年長の尼僧の答えは「正しい時がきたとき機会があろう」というものだった。彼女らは消え失せた。尼僧たちが消えたのち、彼女は落胆し、不思議な土地をあてもなくさまよった。やがて彼女は純白に輝く広大な空間に辿り着いたが、このとき朝の六時を告げる目覚まし時計がけたたましく鳴った。

経験したことがあまりにも強烈だったので彼女は目覚めた後にも、それが夢か現か分からなかった。この夢を見て以来彼女は、さまざまな寺廟を訪ね、良き未来の実現を願って祈るようになった。

彼女が家内安全と左脚の皮膚病と心臓病の平癒を祈るため、最も足しげく通ったのは、ワーテルロー通りの観音寺であった。

三五、六歳頃には、彼女の信仰は強いものになっていた。雨の日であれ、嵐の日であれ、月の一日と一五日には、万難を排して観音寺参りをした。彼女は大願成就のために、三年間菜食主義を貫くことを観音に誓った。日を追って霊験あらたかにも、家運は徐々に好転し、彼女の健康も快方に向かった。

四　守護神の出現

三八、九歳の頃、J・Kには不思議な事が起こり、奇妙な感情になることが多くなった。たえず身体に浮游感があり、自分の足が本当に地に着いているのかどうか気になって仕方なかった。浮游感に陥ると、彼女の手は自然に合掌するにいたった。また彼女はしばしば大きな欠伸をするようになり、意図的に止めようとしても止まらなかった。欠伸をしだすと同時に、ラジオを聞いているように何かの音または声が耳に入り始め、いらいらした気分になった。

夢の中では、長く白い着物を着た若く美しい女性が現われて彼女を抱きしめた。そのあまりにも清浄な美しさに魅せられたJ・Kは彼女に抱きつき、二人は抱き合ったまま緑の庭を転げ廻った。J・Kは彼女に言った。「美しく魅力的で若いあなたが私の母なら、どんなにか幸せなことでしょう」と。彼女は微笑しながら答えた。「そうです。私はあなたの母です」。その声は静かで絹のように柔らかであった。J・Kがさらに話そうとすると、彼女は消えていた。

一九七二年の半ば頃のことである。就寝中の彼女は夜半に温かい男性の手が身体を撫でているのに気づいた。よく見ると、がっしりした白衣の男性が彼女のそばに横たわっていた。夫はジョーホールへ仕事に出かけていたから、そばの男性が夫であるはずはなかった。「私には夫がおります。出ていってください」と彼女は強い調子で言った。男性の姿はすーっと消えた。

彼女はこの出来事にたいへんショックを受け、常態に戻るのに一週間を要したほどであった。ある夜、午前三時頃彼女は尿意をもよおして目覚め、手洗いに行こうとした。一〇フィートほど歩くと、不意に一人の白衣の男性が椅子にうずくまっているのを目にした。横を通りながら見ると、それは当時一三歳になる次男であった。彼を起こしてベッドに戻さなくてはと思いながら手洗いに入り、出てみると件の椅子に息子の姿はなかった。いくぶん腹を立てた彼女は、彼の部屋に入ってベッドを見た。とたんに彼女は名状すべからざる戦慄が背筋を走るのを覚えた。ベッドに寝ていたのは、青いシャツと緑のパンツを身に着けた男性であった。

彼女は驚愕して自分の寝室に飛び込み、頭から足先まで毛布にくるまって横たわった。平静さを取り戻すのに長い時間がかかった。彼女は以前にも青と緑の着物を身に着けた存在に出会っていたからである。

同じ日の早朝、彼女は古代中国の甲冑を身にまとった威厳ある好男子が彼女の前に現われ、中国語で「吾は汝の真の神だ。怖れることはない」と述べる夢を見た。

一九七二年中国暦（旧暦）の一二月一日の夕刻、家族と一緒に夕食を摂っていたとき、彼女は燃えるような熱い感じが両脚からこみ上げてきて両肩にいたり、両腕、両手に拡がるのを覚えた。食物をよく噛もうとしても歯が動かず、麻痺は脊髄中枢から全身におよんだ。

幸いにして彼女の夫は、彼女の状態が何を意味するかをよく知っていた。彼は若い頃から激しいトランスがしばしば生じる霊媒（童乩）たちがいる寺廟をよく訪ね、みずからも同じ経験をしたことがあったからである。夫は彼女の身体に憑依した神の言葉をどうにか理解し、会話することに成功した。神と夫との対話は五〇分間続き、その後彼女は通常の状態に戻ったのであった。

気がついてみると、彼女は古い祭壇の前机に向かって立っていたのである。その祭壇は義父が若い頃から最後の日まで、熱心に拝んでいたものであった。夫は彼女にたいして、いま何が起こり、神がいかなることを語ったかを告げた。彼は彼女に、神が彼女の身体を借り、その力によって地上の不幸な人びとを救済するために降臨したのだと話した。

彼女に憑依した神は「感天上帝（Kum Tien Siong Tee）」であった。感天上帝は彼女に霊界に関する知識を精神感応《テレパシー》によって教示すると約束した。彼女の学んだ内容は他界への旅行の仕方であり、神々との交流の方法であった。神々との真の交流が可能であるためには、内的自己《インナー・セルフ》を研ぎ澄ますことが必要であり、そのためには深い瞑想を繰り返すことが必要であった。彼女は昼食と夕食を摂る時間を除いて瞑想に耽り、これを四九日間続行しなければならなかった。

瞑想の中で彼女は、これからなすべき善きことと、なすべきでない悪しきことについて啓示された。善きこととは、人びとの苦悩を救済することであり、悪しきこととは、彼女自身の個人的欲望を充たすための行為である。彼女が悪しき行為に出るはずはなかった。そうした行為は彼女自身にとっても家族にとっても悪業《バッド・カーマ》であるからだ。それは、善悪の行為が個人と家族の将来の運命を決定することを意味する。

瞑想の中での啓示はまた、彼女が神から与えられた力と技術を誤用しないかどうかを試した。彼女は神の善き教えを強く信じていたから、彼女に啓示された力と技術を誤用するはずはなかった。

瞑想に耽っている間、彼女はいろいろな光を見、また時として自分の頭が空中に浮游するのを見た。彼女はたえず瞑想を邪魔し、彼女を普通の人間に引き戻そうとする悪しき力と闘わねばならなかった。瞑想の間に数多くの試《テスト》しが行なわれ、四九日間の瞑想の行が完了すると、さらに他界への旅行のためのより深い瞑想に入った。

数々の心身の苦悩、熱心な信仰と修行の生活、三年間にわたる禁欲生活の遂行の積み重ねが、彼女に無限の霊的知識を与えることとなった。彼女は、同じ屋根の下に一緒に住みながらこの仕事（童乩職）にみずからを捧げなければならなかった自分に理解を示し、陰に陽に助力を惜しまなかった夫と家族に、心から感謝しないではいられなかった。この足かけ七年間というもの、彼女は家族生活の通常の営みから分離された隠者の生活を送らざるを得なかったのである。

彼女は現在の自分を、感天上帝の意志に従い、その命じるままに動く〝神の操り人形〟であると考えている。しかし、操り人形ではあっても、その役割が人びとを苦悩の深淵から救い上げることであることを考えると、この役割を担わせられた自分は幸せであると思わずにはいられない。

彼女の守護神感天上帝は、英語では〝Most Supreme Compassionate Ruler of the Abundant Heaven（豊穣なる天の至上至高の慈悲深き統治者）〟を意味する。彼は、歴史的にはほとんど知られていない不思議な神である。彼の盟友は、土地伯公、関聖帝君および保生大帝の三神である。感天上帝は原初の武神であり、多くの天界の国々に仕えた。天界の諸王国は、彼と彼の忠実なる部下により征服され統治された。彼は武神兼学問神であり、敵が膝を屈するまで戦い、ひとたび屈すれば慈悲を注ぐにやぶさかでなかった。彼は戦場で出会い、後に補助霊となった白虎を従えている。現在J・Kの祭壇中央に祀られている感天上帝神像は、白虎に跨っている。

五　所見――まとめに代えて

一般に童乩になる人物は「下層階級の出であり[22]」、下積みの苦労辛酸を嘗めた経験の所有者である。さらに彼らは低学歴で病弱に悩み、心身異常に見舞われ、家族や職場の人間関係にも深刻な問題をもっていることが多い。J・Kは決して低学歴ではなく、英語教育の名門校に学んでいるが、この一点を除くと彼女の童乩になるまでのライフ・ヒストリーは、他の童乩たちのそれにきわめて近似しているといえる。

彼女が述懐したライフ・ヒストリーの主な出来事を、便宜上〝日常生活〟と〝神秘経験〟とに分けて整理したのが次頁の別表である。これを見ると、彼女の日常生活に生起した事柄と彼女の神秘経験とが深く結びついていることがおおよそ理解できるであろう。一〇代から二〇代にかけては、三人の義姉妹の一番下の子として極端な孤独感を抱きながら貧困生活に耐えている。この貧困は二一歳で結婚した後にも続き、彼女は職場を転々とする。大病になって死の深淵を見る機会が、一〇代のコレラ感染、二〇代の第五子出産の際、三〇代の心臓病その他と三度訪れている。

J・Kの生活暦における主な出来事と神秘経験との関係

年齢	日常生活	神秘経験	関連事項
0	・養女に出される		
10	・家事の大部分を一人で行なう（10歳～） ・家族内で孤立、淋しい生活 ・金銭的に苦労 ・コレラに感染・死を味わう（19歳） ・看護学校入学 ・国立病院に就職	・黒い巨人を見る ・浮揚感（バイブレーション）を経験 ・死んで魂が飛ぶ夢 ・他界からの招きの声	・親切な養祖母 ・日本占領時代
20	・結婚する（21歳） ・耐乏生活を続ける ・つぎつぎ子供出産 ・家電販売会社に就職 ・極端な貧困生活 ・手相見の予言 ・家畜を殺すことをやめる ・第五子出産・健康悪化・危篤状態（29歳）	・緑色の人物その他が出現・浮游感が続く ・他界訪問・白衣の老人の出現	・夫は童乩の寺廟をよく訪ねた ・信仰深い義父（毎日祭壇を拝む）
30	・心臓病・顔と脚の病気（33歳） ・回復が長びく（7年間） ・霊媒を訪問	・透視力がつく ・夢で天に行く（梯子によって） ・黄泉を訪問・死者の独房を見る ・橋を渡って他界訪問	・夫は童乩の寺廟をよく訪ねた ・家族の理解

	・強い信仰をもつ（観音寺をよく訪問）（35～36歳） ・3年間菜食生活 ・しきりに欠伸	・白衣の女性の出現（母であることを告げる） ・白衣の男性の出現 ・青いシャツの人物の出現 ・甲冑の神の出現 ・深く激しいトランスに陥る ・49日間の修行	
40	・感天上帝を守護神とする童乩となる		

※傍線部はとくに重要な事項を示す。
※→は生活の出来事と神秘経験との直接的関係を示す。

こうした生活の流れに並行して、彼女は〝不思議な出来事《ミステリアス・マターズ》〟を数々経験している。彼女の神秘経験の説明はまことに鮮明で生き生きしている。もっとも、神秘的な出来事や経験に敏感に反応するのは、何もＪ・Ｋに限られるわけではなく、華人大衆の社会・文化的特色のひとつであると考えられる。彼らは夢や幻覚、幻聴をはじめ、多くの異常な出来事に敏感であり、非常に気にする。たんに敏感で気にするというだけではない。呪術・宗教的文脈の中で、本論でいうところの宗教文化の枠内で捉え、解釈しようとする。

夢の内容が気になるとか、異様なものを目にしたり耳にしたりしたという理由で、近くの童乩を訪ね、その背景や原因を明らかにしてくれるよう依頼する人びとは多い。そしてそれら依頼者にたいする童乩の回答内容は、多くの場合、呪術・宗教的な意味で満ち満ちているのである。こうした状況を考慮するならば、Ｊ・Ｋが一〇代、二〇代の異常な経験内容を鮮明に記憶しているのも決して不自然とはいえなかろう。

別表に示したＪ・Ｋの重病や健康悪化の状態と神秘経験とのつながりを見ると、彼女と霊的存在または他界との結びつきは、生命の危機状態において可能になっていることが知られる。すなわち一九歳のときコレラに罹った際には、他界からの招きの声を耳にしており、二九歳で第五子出産の際危篤に陥ったときには他界を訪問するという経験をし、三三歳以後七年間にわたり心臓病その他に見舞われたときには、夢の中で天に昇ったり、死者の国に行ったり、地上の他界を訪れたりしている。換言すれば、死の危機に直面した際の彼女にこそ、日常性を超えた領域と存在が立ち現われるにいたっているのである。

さらに特徴的なことは、一〇代においては、他界の存在に出会うとか、他界に呼ばれるというモチーフが見られるのにたいして、二〇代、三〇代と年齢が嵩むにつれて、他界に赴く経験に加えて、他界から来訪する神秘的存在と出会う機会が増えるという事実である。まず①当人が呼ばれて他界に行き、つぎに②他界の諸存在が当人を訪ね、そして③最終的に当人の守護神である強力な神が激しく憑依するという筋立てが読みとれるのである。

このような三段階の型が他の童乩のシャーマニック・イニシエーションの過程に見られるものかどうか、検討を要しよう。この過程は解釈論的には、おそらくI・M・ルイスが述べている「神はしばしばその召命する人びとを、まず災厄と絶望によって打ちのめし、謙虚な人間に仕立てる」[23]という一般的傾向に比較できるものであろう。

さて、J・Kの神秘経験には、華人の宗教文化のさまざまな要素が表象されている。諸表象のすべての出自を辿ることは不可能であるが、ここでは跡づけが可能であるようなものだけ取りあげて、今後の検討課題として提示したい。

彼女は緑または青の着物を身に着けた人物と何度か出会っている。一般に青または緑は死に結びつく色とされるが、華人社会のパンテオンにおいても冥界の神々は緑衣または青衣をまとっている。冥界を支配する境主・城隍や死者を冥界に導くとされる大哥爺、二哥爺は青で表象される。童乩にこれらの神が憑依すると、童乩は青衣または緑衣を身に着ける。

J・Kが帝王切開によって昏睡状態に陥ったときイメージした〝長い杖を手にした白衣の老人〟と〝山頂訪問〟は、

仙人とその他界観に連なるのではなかろうか。

彼女が七年におよぶ長患いの期間に経験した中に、天の頂点に達する梯子を上るというのがあるが、天地を結ぶ宇宙軸としての梯子は、シャーマニズムにはごく親しいモチーフである。そして梯子を上下する儀礼は道士や童乩によってしばしば行なわれている。

彼女が死者の国へ行く夢の中で、灰色《グレー》の古代中国の式服を着た人物に出遭う。これは現在のシンガポールの女性童乩の式服と同じである。同じときに現われた豪華な装いで髭を生やした赤ら顔の黄泉の王は、いうまでもなく閻魔王に代表される冥王であろう。

また黄金色の吊り橋を渡り、オレンジの園に赴くというイメージは、道教の儀礼で用いる彼岸と此岸を結ぶ橋と旧約聖書の禁断の木の実の話が連携したものではなかろうか。これには彼女の弟の影響があるのかも知れない（章末註（19）参照）。J・Kの廟における大祭では、朱塗りの大橋を人びとに渡らせる儀礼を行なっている。
三八、九歳の頃に夢に現われた白衣の美女は、彼女に「あなたの母です」と答えているが、この美女は観音であろう。彼女の祭壇には大型の観音像が祀られており、副守護神とされている。
彼女が激しいトランスに入り、感天上帝に憑依される日に近いある日に現われたのは、緑と青の衣服の男性と甲冑をまとった男性である。後者は感天上帝であるが、前者は冥界と関係ある神であろうか。両者が前後して現われることには、どんな意味があるのだろうか。

感天上帝が道教のパンテオンにおいていかなる地位を占めているのか、現在のところ分からない。

いずれにせよJ・Kが童乩＝神の人になるまでには、華人社会の宗教文化が内包する神々が陰に陽に立ち現われ、最後に守護神が現われていることが見てとれる。しかも神々との出会いは①冥土の神から②観音へ、さらに③感天上帝へという順序になるが、この序列を逆にしたのが他ならぬJ・Kの祭壇のパンテオンなのである。

かくしてわれわれは、J・Kの事例から、〝童乱化＝シャーマン化〟は突如として、あるいは短期間に成るものではなく、個人差はあろうが相当の期間を費やして当該社会の宗教文化の諸要素を栄養として摂取しながら、徐々に成り、一人の霊能者として育っていくことを見てとることができる。

なお、J・Kの童乱化において看過し得ないのは夫の役割である。彼は現在J・Kの副手（卓頭）として、神語を解釈・解説する審神者の役割を果たしているが、重要なのは、彼が過去において童乱廟に足しげく通う〝童乱信者〟であった事実である。妻の童乱的資質を鋭く見抜き、その童乱化を助長する役割を果したのは彼であるといえよう。家族の理解と支援も看過し得ない。

童乱化の過程の解明は、当該社会のさまざまな社会・文化的文脈と関連づけて行なわれるべきことを、J・Kのライフ・ヒストリーははっきり示しているように思われる。

【註】

（1）*Singapore 1983*, Ministry of Culture, Singapore (ed.), Information Division, Singapore, 1984, p. 4.

（2）Ibid., p.7.

（3）一九八〇年の統計によれば、一〇歳以上の華人総人口一五一万七六六〇人のうち五八万三三四人が道教信者、そして五二万一七四人が仏教徒であるとされる［Ibid.］。

（4）Ibid.

（5）V. Wee, "Buddhism in Singapore," in R. Hassan (ed.), *Singapore: Society in Transition*, Oxford University Press, Kuala Lumpur, 1976, pp.155–188.

（6）V・ウィーは、このような宗教生活様式について、それは本来「一個の空っぽな容器であり、時と場合によって、仏教、道教、儒教のような制度的諸宗教の内容や中国的混交宗教、さらにキリスト教やヒンドゥー教によってさえ満たされることができる。これら諸宗教の内容は再解釈され、〈中国宗教〉の象徴体系に独自な様式において利用される」と述べている［Wee, ibid., p.171］。

（7）A. J. A. Elliott, *Chinese Spirit-Medium Cults in Singapore*, The London School of Economics and Political Sciense, London, 1955, p.15, 安田ひろみ・杉井純一訳『シンガポールのシャーマニズム』春秋社、一九九五。

（8）L. Comber, *Chinese Temples in Singapore*, Eastern University Press, Singapore, 1958, pp.6-7.

（9）拙著『シャーマニズムの人類学』弘文堂、一九八四、一三～一四頁参照。

（10）Elliott, op. cit., p.15：A. Kleinman, *Patients and Healers in the Context of Culture: An Exploration of the Borderland between Anthropology, Medicine, and Psychiatry*, University of California Press, Berkeley, 1980, p.211, 大橋英寿他訳『臨床人類学――文化のなかの病者と治療者』弘文堂、一九八五。

（11）童乩の宗教施設は、その規模によって廟、宮、殿、堂、壇など呼称の別がある。廟や宮は比較的規模の大なるものの名であることが多い。

（12）童乩の宗教施設には、専任の童乩がいるところと、必要に応じて童乩を招いて儀礼を行なうものとがある。

（13）Wee, op. cit., p.168.

（14）シンガポールの童乩に関する唯一のまとまった研究書は、現在でもA・J・A・エリオットの前掲著書であるという事実がその一例である。

（15）文部省科学研究費による海外学術調査であり、代表は一九七七、一九七九年度は窪徳忠氏、一九八四年度は直江廣治氏であった。

（16）拙稿「シンガポールにおける童乩（Tang-ki）の依頼者と依頼内容について」『文化』4、駒沢大学文化学教室、一九七八：同「シンガポールにおける童乩（Tang-ki）のイニシエーションについて」『宗教学論集』九、駒沢宗教学研究会、一九七九：同「シャーマニスティックな一新宗教集団の構造と機能――マレーシアにおける黄老仙師慈教について」窪徳忠（編）『東南アジア華人社会の宗教文化』耕土社、一九八一、以上三論文は註（9）の前掲拙著、一九八四に再録。同「シンガポールにおける童乩（*Tang-ki*）の治病儀礼について――宗教的統合の問題に関連づけて」白鳥芳郎・倉田勇（編）『宗教的統合の諸相』南山大学人類学研究所、一九八五、本書に第一部第二章として収録。

（17）註（16）の前掲拙稿、一九七九：註（9）の前掲拙著、一九八四、第三部第一章「シンガポールにおける童乩（Tang-ki）のイニシエーション」二八一～三〇〇頁参照。

（18）Elliott, op. cit., p. 46.

（19）すぐ下の妹は死去し、弟は外資系の会社に勤務。弟はかつて熱心なクリスチャンであったことがあり、J・Kに与えた影響は小さくないと思われる。

（20）養父は身体に欠陥があり、医師から子供を残せないと宣告されていた。なお華人社会には貧しい子女を養子にして一人前に育てあげる習慣があり、そのような行為は美挙とされる。

（21）Raffles Girls School はシンガポールの創始者と目されるサー・スタンフォード・ラッフルズを記念して創立された名門校で、英語教育が徹底していることでも知られる。

（22）Elliott, op. cit., p. 46.

（23）I. M. Lewis, *Ecstatic Religion: Anthropological Study of Spirit Possession and Shamanism*, Middlesex, 1971, 平沼孝之訳『エクスタシーの人類学――憑依とシャーマニズム』法政大学出版局、一九八五、八一頁参照。

第四章　社会変化と童乱信仰

一　はじめに

本論は、シンガポール共和国の主に都市部において、一九七七年、七九年および八四年の三度にわたり行なわれた同国華人社会の宗教調査[1]の結果を踏まえ、現に進行中の同国の急激な社会変化過程に対応して、同国華人の宗教がどのように展開し、いかなる様相を示すにいたっているかについて若干の研究上の見通しを提示しようとするものである。最初にここで言うところの社会変化とは何か、宗教とは何か、さらに「社会変化と宗教」なるテーマの課題性は何かについて、若干の解説を加えておきたい。第一にここで社会変化とは、シンガポール政府が一九六〇年以来取り組んでいるシンガポール都市部の再開発とこれにともなう住民の新居住地への大移動を意味する。

都市部の再開発は、都市中央部に密集していた華人集団を、新たに政府が開発した郊外のニュータウンのアパートに半強制的に移転させることを目的とするものであった[2]。この結果、一般に都市部の二階建てまたは三階建ての中国式家屋に居住していた大家族が、郊外の高層アパートの一区画に核家族単位で分散居住することとなった。古い家屋の撤去と新居への移動は、政府計画に従い、きわめて合理的に実行されたが、このためシンガポール社会は、一八一九年創成されて以来の大変動を余儀なくされることになった。

第二にここで宗教とは、華人大衆によって篤く信奉されている童乱《タンキー》（Tang-ki または Dang-ki）を中心とする宗教形態を指し、この形態は従来人類学者により「神教（shenism）」と呼ばれ、あるいは中国的シンクレティズムとされてきたものである(3)。

童乩は現在では霊媒型シャーマンと見られているが(4)、その存在と予言・託宣・治病力への華人の信仰はきわめて強く、彼らの存在と役割を抜きにして華人大衆の信仰生活を語ることは困難である(5)。

シンガポールには童乩が直接関わる宗教施設が数百あるとされているが(6)、政府の土地再開発政策の実施によって最も影響を受けたのが、他ならぬこれら童乩の宗教施設である。これらはその規模や格によって、廟、宮、殿、堂、壇などと称されているが、後述する高級寺廟とは異なり、華人居住地のあらゆる場所に必要に応じて建てられるから、その数は増大する傾向がある。

かくして華人居住地の撤去にともない、童乩廟もまた撤去、他地域への移転、統合などの対象となった。そしてこの問題をめぐり、政府当局と童乩廟の信者・依頼者との間に多くの深刻な対立・衝突を見るにいたった。

第三に「社会変化と宗教」という課題を既述のようなシンガポールの状況の中で考察する場合、何に準拠すれば論旨がより明確になるかについて触れたい。ここではとりあえずA・F・C・ウォーレス(7)とA・J・A・エリオット(8)に準拠枠を求めたい。前者は社会変化と宗教の関係について一般論を提示し、後者はシンガポールの童乩について将来性を予測する見解を述べているが、両者ともシャーマニズムを問題にしている点で理論上の共通項を有すると言えるからである。

ウォーレスは、大規模にして急激な社会変化が生じると、「〔その〕社会の文化または成員あるいはその両者が、それまで目標やモデルとして学んできた価値の実現を不可能にさせてしまうことがあり、このようなとき社会成員の大部分は、満足なアイデンティティーを維持することができなくなる。個人の救いを達成させるための慣行的な手続きはもはや有効ではなくなる。かくして人びとは現存する制度的な諸機構よりもより有効な救いの儀礼を必要とする。

すなわちエクスタティックな啓示を経験し、新たなより有効な救済儀礼を用意し、かつより満足な文化を創造する、という二つの目標を目指す予言者（シャーマン）に率いられる新宗教運動が進展するであろう[9]」と述べている。ウォーレスの所説は、新宗教の発生を社会変化と関連づけて解釈しようとする際の準拠枠として、しばしば用いられるが、同様の仮説はR・マートンやR・ビールズなどにより提示されている[10]。

つぎにエリオットは、一九五五年刊行の『シンガポールにおける華人の霊媒カルト[11]』の最後の章を「霊媒信仰の衰退（Decline of spirit mediumship）」と題し[12]、少なくとも一〇年後にはシンガポール華人社会に一大変化が起こり、霊媒信仰すなわち童乩への信仰は衰退の一途を辿ることになろうと予測している。その理由として彼は、(1)シンガポールにおいては、中国の伝統的医学や卜占に加えて、近代西洋医学の受容が急激に増大し、近代的医療施設が整備されつつあるので、伝統的医療方法（童乩の治病儀礼は有力なひとつ）は衰退せざるを得なくなる、(2)霊媒信仰は師匠から弟子へと伝達される秘儀であるが、今後中国からの移住者が到来しなくなれば、秘儀伝達の伝統が絶え、童乩信仰は観念的にも技術的にも衰退を見るにいたる、(3)華人の新しい世代が近代的教育を受けて、合理的思考を身につけるにいたれば、オカルト的技術としての童乩信仰は放棄されることになる、の三つを挙げている。

残念なるかなエリオットは、今日のシンガポールにおける国土再開発による一大社会変動を予測していなかった。もしも今日の事態を予測していたら彼は上記の三つに加えて、(4)旧華人街の撤去により、数多くの童乩廟が移転あるいは廃廟となるため、霊媒信仰の衰退に拍車がかかるなどと述べたかも知れない。

以上のようなウォーレスとエリオットの仮説に準拠して現代のシンガポールの社会変化と宗教の関係を検討するとすれば、いかなる結果に導かれるであろうか。

二　シンガポールの再開発

シンガポール社会に一大変化を与えつつある土地再開発は、シンガポール政府が一九六〇年に「住宅供給・土地開発局（The Housing and Development Board, 以下HDBと略称する）」を新設して、土地（国土）の再利用に踏みきったときから始まった。政府が強引にこの事業を手がけるにいたったのにはそれなりの理由がある。

その理由とは、HDBの主任建築技士によればこうなる。「シンガポールのような人口密度のきわめて高い小さな島国においては、土地こそが最も貴重な資源であり、その一フィートたりとも最高の効率において活用されなければならない。シンガポールの人口は高率で増大し続けており、一九九〇年または二〇〇〇年には、総人口四〇〇万人に達すると見られている（※ちなみに一九九二年現在の総人口は二八一万八二〇〇人）。したがってシンガポールの国土計画は、二二四平方マイル（※淡路島に匹敵）に居住する四〇〇万人を基礎にして立案されなければならない」[13]。

シンガポールの住宅・土地問題はシンガポール自体の歩みに随伴してきた。近代シンガポールの基礎は、サー・スタンフォード・ラッフルズ（Sir Stanford Raffles）によって創られたが、現在のシンガポールの原型は、現在まさに土地再開発の対象になっているシンガポール河両岸地帯に、零細な商店経営者や交易商人たちが、数家族で同居する複合家屋を作って居住したことにより形成された。

ところがシンガポール港に面したこの地帯は、当港がアジア有数の貿易港として発展するにつれて、主に中国大陸から幾波にもなって移住した各民系の華人により占拠されるにいたった。

ラッフルズが一八一九年にシンガポールを創建したときには、人口わずか一五〇人にすぎなかったが、五年後には五〇〇〇人になり、一八五〇年頃には五万人を超え、一八七〇年には一〇万人に達し、一九〇〇年には二一万人を数えるにいたった。二〇世紀に入ると、人口増加率は急に高くなり、二〇年ごとに倍加した。第二次大戦直後の人口は九〇万人であったが、一九六七年には二〇〇万人に達した。

シンガポール河一帯は「中央地域（Central Area）」と呼ばれるが、この地域は一七〇〇エーカーで、全国土の一・二％を占めるにすぎないのに、全人口の四分の一がここに密集するにいたった。

初期の家屋は二階建てが多かったが、移住者の増大により、居住空間は前後左右や階上に拡大された。過密化が進むにつれて地主の多くは混雑した土地や家屋を他人に貸与し、みずからは郊外の好環境の住宅地に移住し、借地人や借家人は、さらにこれを他人に貸与するという傾向が強まった。

かくしてこの地帯は無秩序なスラムと化し、「病気と死のみが繁栄する世界で最も人口過密な都市スラム」[14]と称されることになる。

とくに戦後において、環境の悪化は急激に進んだ。本来一家族のために建てられた家屋が、七ないし八家族の住居と化し、電灯も、下水も、換気装置も、手洗いも、プライバシーもない場所になった。このため街路自体が食堂、会合場所、貯蔵庫、子供の遊び場、寝場所として用いられた。

かくしてシンガポール中央地域は、不法居住者の激増、土地不足、交通麻痺、快適な生活とサービスの欠除など、大都市にあるまじき深刻な問題を幾多露呈し、その大規模にして思いきった解決が熱望されていた。しかも中央地域には、政治、経済、産業、文化の公的機関や諸施設も集中しており、国家の近代化推進のためにも、第一に手がけるべきは、この地域の再開発であった。

一九六〇年二月一日にHDBが創設されるや、政府は都市再開発と住宅問題の解決に全力を傾注した。第一に行なうべきは、不法居住者の収容、スラム街の除去、中央部の再活性化、都市環境とサービス機関・流通機構・駐車設備などの整備であった。こうした中央部の再開発は、住民に（商業をはじめ諸企業への）雇用・就職の機会を与え、結果として国家の税基盤の増大をもたらすことになる。それは小国全体の活性化と発展につながるものとされた[15]。

中央地域のスラムの一掃と再開発は、新たな問題を引き起こす。それは数十万人の住民に新たな住宅を提供し、移住させるという問題である。HDBは、郊外のジャングルや湿地を開発して高層アパート群を建設し、このニュータウンに中央地域の住民を移住させ、これと並行してスラム街の撤去、主要建築物の高層化、グリーン・ゾーンの拡大化を進め、清潔な都市環境の整備を図った。第一次から第四次の五箇年計画の実施により、シンガポールはこの二〇年間にその外観と内容を一新させることとなった。

HDBが最初に住宅建設を手がけた一九六二年には、当時のシンガポールの人口一六〇万人のうち九%だけが二万三〇〇〇戸の公営アパートに住んでいたが、一九八三年には、総人口二五〇万人の七五%にあたる一八八万人が低価格のHDBアパートに住んでいる。

住宅を入手するための資金は、月給の二三%を積立てていくという「中央倹約基金(Central Provident Fund, CPF)」を利用することが奨励された。これは被雇用者が二三%を納入し、雇用者が二二%を負担することを義務づけた制度である。そして収入の多少により、異なるタイプの住宅が割り当てられる。たとえば月収一五〇〇ドルの人は三部屋のアパートを、月収一五〇一ドル~三五〇〇ドルの人は四部屋、五部屋のアパートを申し込むことができる。

かくしてこの二〇年間に、シンガポール社会は大変動を遂げるにいたった。住宅の形態について言えば、従来横に拡がって住んでいた人びとは、縦に重なり合って住むように変わった。また各民系に分かれてグループを形成していた人口の七~八割を占める華人は、分散してマレー人やインド人その他とひとつのブロックに一緒に住むようになった。すなわち華人の民系別共同体の崩壊が進む一方、異なる人種・民族と共住する新しい共同体が現出しつつあると見ることができるが、今後この新しい共同体がどのような展開を示すかを予測するのは困難である。

いずれにせよ、現シンガポール政府が目論んでいるシンガポール人(Singaporean)国家の枠組みが固まりつつあることは事実であろう。さてこのような国家的規模の意図的にして急激な社会変化の過程において、シンガポールの宗教は、どのような様相を示しているか、ということがつぎの問題になる。

すでに述べたように、ここでは華人大衆に強く信奉されている童乩中心の宗教形態「神教」に焦点を合わせて考察することになる。

三　童乩廟の変化

童乩とその儀礼・慣行は、言わば華人社会の民俗宗教であり、華人大衆の信仰を代表する宗教形態であるから、その廟は華人の住居が密集するところに集中している。童乩廟は、仏教寺院や道観のように、堂々たる建築物を誇るようなものはほとんどなく、大部分が小規模な建物または掘っ建て小屋であり、裏通りや工場の敷地の隅などに建てられている。中央地域のスラム街および周辺地帯に数百存在するとされた童乩廟は、HDBによるスラム街の一掃政策が実行されるにいたって、当然のことながら強制立ち退きの対象となった。

HDBは華人街の宗教施設をすべて移転させようとしたわけではなかった。仏教寺院や儒教の廟、道観などのうち由緒あるものはその場に保存し、文化財として保護の対象とした。これら由緒ある宗教施設は、童乩を関与させないことは言うまでもない。童乩が関わっている寺廟は格が低く、反対に童乩が関わらない寺廟は格が上であるとの認識は、知識人や上層華人を中心にかなり根強いようである。

さて強制立ち退きを勧告された童乩廟は、どのような対応を示したであろうか。

⑴童乩廟は、福建系、広東系、潮州系、客家系のように出身地別方言集団により支えられており、同一民系＝方言集団が居住している地域に建てられることが多かったが、このため住民がニュータウンのアパートに移住を始めた際に大きな問題に遭遇することとなった。すなわちニュータウンへの移住は超民系的に行なわれ、それまで同一地域に

住んでいた同一民系の人たちが広範囲に分散することになったので、童乩廟をどこに移転させるかが大きな問題になったのである。ある民系に童乩が誕生すると、民系の人たちは待ってましたとばかり「コミュニティー」と称する支持集団を作り、童乩の呪術・宗教的活動を積極的に支援するのが常であるが、民系集団の分散は支持母体の拡散を意味するからである。コミュニティーの幹部が会合を開いて廟の将来を議し、話し合いがスムーズに進んだところもあれば、合意に達せず、それまでの廟が廃廟に追いこまれたという例もある。

新たに独立の廟を建設する力をもっていないコミュニティーは、移住したアパートの一室（多くは三部屋）を入手し、廟の看板を掲げ、セアンス（降霊儀礼）が行なわれるときには、各ニュータウンから通ってくるという形式をとる。こうした廟のメンバーは、必ずと言ってよいほど「この廟は仮のもので、将来は土地を入手して立派な廟を建てる予定である」ことを強調する。アパートの一室を獲得できないコミュニティーは、再開発予定地の一隅に、トタン屋根の掘っ建て小屋を作り、ここでセアンスを行なう。童乩のセアンスは夜間に行なわれるが、コミュニティー・メンバーの分散居住により、交通不便のために所属する廟のセアンスに通えない人たちもある。このため廟の運営ができなくなり、折角アパートに開設した廟が数年にして姿を消した例もある。ちなみに廟の運営は、コミュニティー・メンバーの寄附金により賄われる。こうした問題が諸所で生じているため、アパート式廟が今後どのようになっていくか、予測がつかない。

(2) ＨＤＢは、民系別に存在する諸童乩廟の統合化を目指している。ニュータウンのグリーン・ゾーンの一画を複数のコミュニティーに与え、そこにひとつの廟を作り、従来いくつかの廟で祀られていた神々をそこに合祀させるというものである。ＨＤＢの指示に従うと、建設費の補助が得られる。このためテロック・ブランガー・ニュータウンのヘンダーソン街には、異なる民系の廟の神々を合祀した立派な廟ができ、中にはかつての宮や堂や殿で崇拝されていた神々が、四つに等分化された祭壇に祀られている。ＨＤＢでは、各民系がこぞって祭儀に参加する「超民系的な廟」

の実現を狙ったのであろうが、現在（一九八四年）のところ童乩のセアンスは民系別に行なわれ、たとえば月・水が福建系ならば、火・木は広東系というようになっている。

各地のニュータウンのアパート群に、超民系的に居住している華人の多くは、少なくとも童乩信仰においては、依然として民系的姿勢を崩していないように思われる。

(3)廟の移転をめぐり、政府（ＨＤＢ）とコミュニティーとが正面衝突し、血を流す事件に発展した例もある。ヘンダーソン街にあった銅山宮は、関帝、玄天上帝、大伯公を祀り、百年以上の歴史をもつ由緒ある廟であった。一九七五年、この地に大アパートを建設するから廟は他の地に移転させる旨、コミュニティーにたいしてＨＤＢの指示が下った。コミュニティーは何度も会合を重ね、由緒ある廟の移転に反対であり、廟は現地に保存されるべき旨をＨＤＢに申し入れた。ＨＤＢは検討した結果、申し入れを却下し、整地を予定どおり進めると通告してきた。コミュニティーは、廟移転の可否に関し、神意をうかがった。ところが童乩に憑依した関帝は「この地を離れたくない」との神託を下したため、事態は深刻化した。コミュニティーは移転反対運動を華々しく展開し、地元国会議員も加わって運動を盛り上げ、事態は政治問題化した。

ＨＤＢは、廟の強制撤去の時期を再三延長して、コミュニティーを説得したが成功せず、ついに一九七八年一月、ＨＤＢのブルドーザーは廟の破壊に踏みきった。三年にわたる政府とコミュニティーとの闘争は、いくつかの現代の神話を生みだし、状況は各種新聞に大々的に報道された。現在、銅山宮跡はプールになっているが、このプールでしばしば事故が起こっており、人びとはこれを神々の怒りのせいにしているという。一九八四年現在、この廟の童乩であった陳亜發を中心に、元の場所から五〇〇メートルほど離れた土地に、新廟の建設が進められている。

(4)従来、童乩が関与することを頑として拒否していた由緒ある寺廟が、童乩のセアンスを認めるにいたっている例も少なくない。華人社会の寺廟には、(a)童乩が全く関与しない由緒あるもの、(b)童乩が祭りのときなどにときどき関与するもの、(c)専属童乩が関与する「童乩廟」の、大別して三つのタイプがあるとされる[16]。ここ数年のうちに、(a)や(b)の寺廟でもセアンスが行なわれるようになってきている。詳しい経緯は摑んでいないが、住民の大移動にともない、(c)の童乩廟のあり方自体が著しく変化したため、従来の「童乩廟↔コミュニティー」の図式も変化し、童乩廟に係わり得なくなった人びとのために、由緒ある寺廟も門戸開放せざるを得なくなったと見る人もいる。バレスティア街の観音仏祖や天徳宮などはその例であり、観音仏祖は尼寺で、童乩が全く関与していなかったのに、現在ではセアンスを行なうにいたっており、天徳宮は本殿とは別個の建物でセアンスを行なっていたのが、本殿で堂々とセアンスが行なわれるようになった。

(5)これまでの童乩廟には見られなかったような内容をもつ、独特な廟が現出している。トア・パーヨー・ニュータウンのジャラン・テンテランのブロック一〇七にある九楼拿督公廟がそれである。この地には古くからマレー人が入植し、ゴム林の造成と農業を営んでいた。一九七〇年頃から、この地はニュータウンとして開発され、アパート群が建設され始める。ブロック一〇七には、古くからマレー人入植者によりダトゥ(Datu, 拿督公《ダトゥコン》)として崇拝されていた巨石と聖樹があった。ダトゥは土地神であるとされる[17]。

アパート群が建てられたとき、ここは中心広場の形で残された。マレー人が強く反対したためともいわれている。ここのアパート群に移住した人びとは、各民系の華人、マレー人、インド人、その他であった。この人たちは以前は主にシンガポール河両岸地域に、華人地区(これは福建人地区、広東人地区、客家人地区のように分かれていた)、マレー人地区、インド人地区のようにモザイク状に住み分けしていた。このフォーク・イスラム的聖物を中心に独特な宗教施設を作り上げたのは、広東系華人の童乩ロバート・リー(Robert Lee, 李壁龍)五二歳(一九八四年現在)である。彼は七〇%の華人、一五%のマレー人、七%のインド人が住む、周辺のアパート住人に働きかけて寄附を募り、「九楼拿督公廟」を建ててみずから専任童乩(宮主)となり、これを超民系・超民族的宗教センターにしようとした[18]。

この廟には、正面にマレー人の崇拝するダトゥを象徴する巨石と神木があり、左側には観音を中心に道教の諸神が、そして右側にはカーリー女神を中心にヒンドゥーの神々が合祀されている。廟の形態は八角形の中国式であるが、内容は華人、マレー人、インド人の神々が同居するというものである。

リーは、セアンスにおいて華人の神が憑依すると福建語と広東語で語り、マレー人のダトゥ公が憑依するとマレー語で、インドのカーリー女神の場合は崩れたベンガル語プラス独特の神語で語るという。興味深いのは、リーの服装であり、彼は憑依する神により、童乩の式服、マレー人の式服、インド人の礼装のように変えていく。また華人の依頼者がきたからといって、道教の神々のみが憑依するわけではない。ダトゥ公やカーリー女神が憑依することもある。依頼者が多いのは華人が第一、インド人が第二、マレー人はあまりいないという。

九楼拿督公廟における諸民族の神々の同居は、ニュータウンのアパートに見られる諸民族の同居と対応するものであり、従来の民族集団別・民系集団別社会においては見られなかった新しい形態である。こうした廟の形態はロバート・リーの個性ゆえにできた、それ限りのものであるか、それとも政府の「シンガポーリアン」打ちだしのキャンペーンの一環として、今後増大していくものか、注目されるところである。

(6)童乩または類似のシャーマニックな人物がカリスマ性を強力に発揮し、超民族系的に大衆を統合して、いわゆる「新宗教集団」を形成するにいたった例は、一九八四年現在のシンガポールでは見られない。マレーシア華人社会における超民系的な黄老仙師慈教の台頭のような現象は、シンガポールでは起こっていない。

四　若干のまとめ

以上は、一九六〇年以降の国を挙げての国土再開発にともなう、シンガポールでの激しい社会変化と宗教、とくに民俗宗教としての童乩信仰との関係についての素描である。

宗教を社会変化との絡みにおいて取りあげた本論で、筆者はシンガポールの宗教現象を考察する際の準拠枠として、ウォーレスの「予言者的カリスマ出現」の一般論と、エリオットの「シンガポールの童乩信仰衰退」の部分・特殊論とを冒頭に挙げておいた。これまで述べてきたシンガポールの宗教と社会に関する筆者の一応の見通しに、この二つの枠組みを適用すると、現状はどのように位置づけられるのであろうか。またひるがえって現状から二つの枠組みをどう評価すべきであろうか。以下ではこうした問題に言及することになる。

まずエリオットは、一九六五年頃にシンガポール華人社会に大変化が生じ、霊媒=童乩信仰は衰退の一途を辿るとした。

たしかに一九六〇年のHDBの発足以来、シンガポール華人社会は未曾有の変化を経験した。しかしエリオットが衰退すると仮説した童乩信仰は衰退しなかった。彼が列挙した(1)近代医学が進展するにつれて、童乩の信仰治療は衰退する、(2)中国大陸から移住者がこなくなると、師匠がいなくなり、童乩は生まれなくなるから衰退する、(3)近代教育が徹底し合理的思考が強くなると霊媒信仰は衰退する、の三つの枠組みは、いずれも現代のシンガポールには妥当しない。(1)については、シンガポールの華人の多くは医者と童乩の両方を必要としており、(2)については、シンガポール生まれの童乩の師匠が活躍しており、その下で若い童乩が誕生しているからであり、(3)については、華人は合理的思考と神教（shenism）を両立させているからである。

エリオットは西欧型の思考法の延長上に童乩信仰を位置づけたと言えよう。童乩信仰は「形態的に」変化（change）してはいるが衰退（decline）しているとは決して言えまい。

つぎにウォーレスの枠組みは、シンガポールには妥当しない。しかし彼の枠組みの適用により、華人社会の変化の特質の部分は少なくとも見えてくる。すなわちシンガポール華人社会は大きく変化したが、社会と個人が崩壊するほどの変化ではなかったし、大カリスマが出現しなくても、童乱なる小カリスマの群在がアイデンティティーの崩壊をチェックしたとも見られる。しかしウォーレスの枠組みは、マレーシア華人社会に当てはまる。マレーシアにおける少数民族である華人は、マレー人との数々の相剋ののちに、超民系的宗教集団を創出したが、それはエクスタティックな童乱により指導されたのである。同じ華人社会でも、シンガポールに比してマレーシアの方がはるかに深刻な立場にあることを示唆するものであろう。

これを要するに、シンガポールの童乱信仰は社会変化の中にあってさまざまな形式をとりながら活性化していると言えるのではなかろうか。そして民系は依然として潜在力を有していると言えよう。

【註】

（1）文部省科学研究費による総合調査、一九七七、一九七九年の研究代表者は窪徳忠氏、一九八四年は直江廣治氏である。

（2）A. F. C. Choe, "Urban Renewal," in Jin-bee Ooi and Hai-ding Chiang (eds.), *Modern Singapore*, University of Singapore, Singapore, 1968.

（3）V. Wee, "Buddhism in Singapore," in R. Hassan (ed.), *Singapore: Society in Transstion*, Oxford University Press, Kuala Lumpur, 1976, p.169：拙著『シャーマニズムの人類学』弘文堂、一九八四、二八三〜二八四頁：拙稿「シンガポールにおける童乱（*Tang-ki*）の治病儀礼について――宗教的統合の問題に関連づけて」白鳥芳郎・倉田勇（編）『宗教的統合の諸相』南山大学人類学研究所、一九八五、本書に第一部第二章として収録。

（4）A. J. A. Elliott, *Chinese Spirit-Medium Cults in Singapore*, The London School of Economics and Political Sciences, London, 1955, p.15, 安田ひろみ・杉井純一訳『シンガポールのシャーマニズム』春秋社、一九九五：A. Kleinman, *Patients and Healers in the Context of Culture: An Exploration of the Borderland between Anthropology, Medicine, and Psychiatry*, University of California Press, Berkeley, 1980, p.211, 大橋英寿他訳『臨床人類学——文化のなかの病者と治療者』弘文堂、一九八五。

（5）註（3）の前掲拙著、一九八四、二八四頁参照。

（6）Wee, op. cit., p.173.

（7）A. F. C. Wallace, *Religion: An Anthropological View*, Random House, New York, 1966.

（8）Elliott, op. cit.

（9）Wallace, op. cit., pp.157–158.

（10）R. Merton, "Social Structure and Anomie," in *American Sociological Review*, 3, 1938, pp. 672–682 ; R. Beals and B. Siegel, "Pervasive Factionalism," in *American Anthropologist*, 62, 1960, pp.394–417.

（11）Elliott, op. cit.

（12）Idem, pp.167–169.

（13）C. W. Teh, "Public Housing," in Jin-bee Ooi and Hai-ding Chiang (eds.), op. cit., 1968, p.174.

（14）Choe, op. cit., p.162.

（15）Idem, p.161.

（16）Wee, op. cit., pp.163–169.

（17）灰白色をした巨石の大きさは、縦四メートル、横二・五メートル、高さ二メートルほどあり、上部表面には二箇所に四〇センチメートルほどの突起があり、布で包まれている。ロバート・リーによれば、この突起物は年々成長しており、巨石が生命を有するゆえんであるという。

（18）ジャラン・テンテランには、華人の寺廟も、マレー人のモスクも、インド人のヒンドゥー寺院も存在しなかったので、新型廟の出現は周辺住民に喜ばれた。現在の八角屋根の廟が完成を見たのは一九八四年二月二七日であった。

【参考文献】

Singapore 1983, Ministry of Culture, Singapore (ed.), Information Division, Singapore, 1984.

【マレーシア編】

第五章　童乱信仰から生まれた新宗教＝黄老仙師慈教

一　はじめに

西マレーシア（半島部）の主に都市部と隣国シンガポールにおいて独自の発展を遂げつつある黄老仙師慈教は、一九五一年に広東省出身の客家系華人廖俊（廖俊声）によって創唱されたマレーシア華人社会の新宗教である。(1) 廖俊に最初に神が降臨憑依したのは一九三七年であるが、このとき憑依した神はみずからの正体を明らかにしなかった。一九五一年の憑依のときに、はじめて神はみずからを「黄老仙師」であると名乗り、華人社会の苦悩を救済するために現われたことを宣言した。このことにより廖俊と初期の信者たちは明確になった神の像を刻んで礼拝・崇拝の対象にするとともに、憑依したときごとに廖俊を通じて表明された黄老仙師の教えを整理して『黄老仙師道理書』を作成し、信者の信仰基準とした。

廖俊のように神霊の憑依をうけて予言や託宣をなし、治病（治癒）儀礼などを行なう人物は華人社会にすこぶる多く、彼らは一般に童乱《タンキー》（＝Tang-ki）とか乱童《キートン》（＝Ki-tong）と呼ばれ、華人社会のシャーマニズムあるいは民俗宗教を代表する存在と見なされている。(2)

その特徴は激しいトランスをともなう憑霊にあり、童乱はこのとき憑依した神に変身し、神自身としてふるまう。

言動は第一人称により示されるので、研究者は童乩を「霊媒」と呼んでいる。童乩の呪術・宗教的性格と主な役割についてはすでに触れたことがあるので[3]、ここでは省略したい。しかし記しておきたいことは、彼ら（男女あり）の大部分は中年になると激しいトランスを実現することができなくなり、神が憑依しなくなって引退してしまうから、永続的な教団を形成するにいたることは滅多にないという事実である。

彼らは儀礼において神が憑依した状態でパターン化された役割を果たすが、トランスから覚めると自分が言ったことも行なったことも何も覚えていないというのが常であるから、宗教的知識を組織化して教理を生みだすことはまず不可能である。また彼らの多くは下層社会の学歴なき者であるから、仏教の僧侶や道教の道士などとは異なり、体系的な宗教思想・教学・教理には無縁の存在である[4]。

一般的見方からすれば、多くのシャーマン的人物の場合がそうであるように、童乩は教理の創成と宗教集団の創出には縁遠い人物であるということになろう。

ところがこうした事情にもかかわらず、童乩がひとつの宗教集団を創出することがある。黄老仙師慈教の創唱者である廖俊は、まぎれもなくもとは童乩であった。彼はみずからに神を憑依させて霊媒としての役割を果たすとともに、他方では《道理》という名の教理を作りだすことに成功した。それは廖俊という人物が、僧侶や道士が伝承してきたトランス的熱狂とは無関係な宗教的知識つまり《道理》と、本来醒めた道理とはきわめて縁遠いトランスとを巧みに結合させ、総合させたことを意味するであろう。

こうした事象はそう簡単に生じ得るものではない。もしも容易に生じ得るものならば、童乩を教祖とする新宗教は各地に簇出するはずであるからだ。とするならば、こうした生じにくいと考えられる事象＝新宗教の創唱が実現したことは、その背景や基盤に何か特別の宗教・社会的あるいは宗教・政治的因子または条件があってのことと考えるのが自然であろう。

本論では以下においてこの問題に照射を試みることにする。すでに述べたように、従来の筆者の黄老仙師慈教についての論考は主として儀礼と組織に関わるものであった。が、それは資料的な制約があったからである。その後、廖俊のライフ・ヒストリーおよび《道理》、慈教の教線拡大に関する資料を若干入手したので、筆者自身の現地調査結果と合わせてこの問題に迫ってみたい。以下の記述においては説明の都合上、従来発表した拙稿の内容と若干重複することがあることをあらかじめお断りしておきたい。

二　廖俊と黄老仙師慈教

慈教の創唱者（慈教内では「創始人」と呼ぶ）廖俊（廖俊声）（一九〇〇～一九七二）は広東省潮安に生まれた。一八歳のときに西マレーシアに渡り、はじめ知人を頼ってネグリ・スンビラン州のバハウに住み、ゴム園でゴムの樹を傷つけ液を採取する仕事に従事、しばらくして同地で煙草の栽培・製造・販売を行ないかなり成功したが、マレーシア政府の緊急法令により煙草栽培の仕事をやめ、再びゴム園での労働に服した。(5) そしてこの後に「黄老仙師威霊顕聖、附身説法、霊符治病、勧人諸悪莫作、善事多為」ということになる。(6)

一般に童乩が神がかり状態になる動機は、彼または彼女が病気、家庭不和、事業不振などの理由で、個人的な限界状態に陥ったことにあるとされている。(7) 一九七六年に西マレーシアのクアラルンプールで独特な新宗教拝天公を創唱した華人関天明もまた、学校教師になろうとしてなれず、挫折感を味わわせられていたときに神の憑依を得ている。(8) 廖俊の場合もどん底状態と神の召命とが結びついているように思われるが、彼のライフ・ヒストリーにはこの件に関する記述はない。(9)

慈教の出版物によると、廖俊の最初の憑霊はつぎのような次第であった。

先輩たちの記録によると、黄老仙師は扶乩（童乩の儀礼のひとつ）により世を助け、教理を弘める。そのはじまりは一九三七年マレーシアのスンビラン州バハウの農村において見られた。

当時煙草作りの農民が数人おり、その中にみずから栽培した煙草を販売している者がおり、また煙草商人に雇われて働いている労働者もいた。日頃これらの人びとは煙草を植えたり、収穫したり、刻んだり、西洋煙草を作ったり、生煙草を刻んだりなどの仕事に励んでいたが、みな真面目な人びとであった。

仕事の余暇や夜間には戴招という人の家に集まって、道教の神壇（神々を祀ってある小廟）の前で話をしたり休息したりしていた。毎晩このようであった[10]。

戴招は道教の儀礼を代々続けている家の出であり、ゆえに神壇を設けて師公を祀っていた。令萱堂もまた符法[11]に通じ、童乩としての役割を果たすこともできた。当時覡士葉茂先生は、その神壇において弟子を養成しており、常に何人かの人たちに神壇で符法を学ばせ、あるいは神の力で身体を鍛えさせ、童乩として訓練するなどしていた。

煙草作りの農民の中に廖俊なる者がおり、広東潮安の人で、幼いときに四書孔孟の学を修し、若いときに南に渡り、はじめにこの村に住みつき、ゴムの樹を切ったり煙草を作る仕事に従事していた。彼は頭がよく、人にたいして礼をつくし、童乩が修練しているのを見て、神霊が身に憑くことを不思議に思い、常によく観察していた。

ある日の夕方、陽が沈む頃、大地にほのかな灯がつき、北の方から一片の雲が現われ、南の空に移った。雲は灰色でとても重苦しく、今にも雨が降りだすような気配であった。間もなく辺りは暗くなり、雲は農村の上空に漂い、突如として雷鳴が轟き、大雨になった。二時間後に雨は止み雲が散り、涼風が吹きだし、村人たちの気持ちをさわやかにさせた。

この夜、雨の後に涼しくなり、地上の埃はすでに消えて清々しくなったので、村の人たちはみな愉快な気分でそれぞれの家で休息していた。神壇において童乩の役をする者は、雨が降る前に町（バハウ市）に遊びに行き、まだ戻ってきていなかった。このとき廖俊と戴招の弟戴君の二人だけが神壇の前にいて世間話に興じていた。この間に廖俊は突然好奇心ありげに戴君に言った。「童乩をする者の身に神霊が附身するということは、本当に不思議だ。ちょっと学んでみないか」と。

戴君も関心を示し、二人で童乩が常にすることを真似し始めた。すると突然廖俊に神が憑き、その挙動は奇怪そのものであった。彼の表情はぼんやりしてきて、両手は長い鬚を何度もしごいているような様子を示し、まるで芝居において老人の役割を演じているようであった。そばにいた戴君は彼の様子を目にしてたいへんに驚き、「廖俊に神が憑依した」と言った。近くの家々からこのことを耳にして大勢の人びとが驚いた様子で見にきた。何人かの者は廖俊にいろいろ尋ね訊いたが返事はなかった。

廖俊はただ端然と坐し、片手で鬚を撫で、片手で扇を使うような仕草をした。もごもごと口を動かしたが、誰が訊いても意味が分からなかった[12]。その仕草はある老仙が彼に憑依していることを示すように思われた。廖俊が目覚めたのち、深い眠りから醒めたように、自分のなしたことを何も記憶していなかった。それ以後、毎晩のように彼は憑霊状態になったが、老仙が憑依しているように見える彼の言葉は、いつも不明瞭であった。

同様のことが何日も続いた。そこで神壇の覡士葉茂は廖俊が新しい童乩になるための開光封印法式を行なう必要があると考え、みずから壇を開き、彼のために封印を開いた[13]。廖俊童乩は封印が開かれると、ようやく筆をもち、何日になったら口が開けるかを記した。その日がくると、果たして廖俊は憑霊状態になって口を開き道理を示した。その道理は筋が通っており、意味深長であった。しかし神はみずからの名を名乗らず、ただ「黄老仙師が世に降りて、弟子たちに救世のことを伝える」とだけ述べた。

廖俊が神がかりになるたびに、仲間たちは質問を繰り返し、以下のような答えを引きだした。黄老仙師は歴代の伝承によると黄石公であり、世間に災厄があるときには玉皇上帝の直命により法門を開き、世間で弟子を養成し、教理を弘め、人びとを善に導き、世の災難から救う。黄老仙師の法門で道を行なう者は必ず三〇日間の精進をし、さらに過法堂を経たのちに、正式の弟子となれる。黄老仙師が伝えた法は「随心変化法」であり、心に従って運用することができる。この法は正当に用いるときにのみ霊験がある。決して邪道に用いてはならない。黄老仙師の弟子になると、自宅に堂牌を設けることができる。堂牌の正面には「慈忠信義礼倫節孝廉徳堂」と書き、左に「順天行道忠」と、右に「従地復礼儀」、背面に「黄石公」と書く。この堂牌を家に置いて毎日礼拝する。

廖俊童乩は黄老仙師の威霊を顕して以来、憑霊状態で説法し、過去を明らかにし、未来を予知し、霊符で病気を治し、符法で邪を除き、行なうことことごとく効験があった。一時は仲間たちや近隣の農民たちやゴム園の労働者たちの注目を集め、人びとはつぎつぎと三〇日間の精進を行ない、過法堂に参加し、黄老仙師の法門に入信した。たとえば朱順や丘譚など男女の弟子合わせて四〇人以上が、心から黄老仙師を信仰し、法を練し、武を修し、教旨を厳しく守り、善行を勧めた。初期には簡素な茅葺き小屋を壇とし、教えをあえて弘めなかった。弟子たちは団結し合い、一家同様で孝を以て親に仕え、人びとと仲よくし、忠を以て国を守り、信を以て睦くし、礼を以て事を制し、義を以て心を制し、廉（つつましさ）を以て己れを潔癖にし、恥を以て行を為し、日がたつにつれて多くの信者を集めるにいたった(14)。

一九三七年から一九五一年までの期間は空白で定かでない。

一九五一年に廖俊はタンピンに住んで、ゴムの樹を切って生計を立てていた。たまたまあるゴム園でゴム作りの労働者たちと一緒に働いている間に中秋の名月を迎えた。男女の労働者がゴム会社の前に集まり、名月を拝むための台を用意し、ろうそくを灯し供物を捧げていたとき、一人の童乩が七仙姑が降臨するよう願った。そのとき廖俊もたまたまその場に居合わせていたが、突然に斉天大聖が彼に憑依し、人びとにたいして何を問いたいのかと訊いた。人びとは天下の大事について尋ねたいと答えた。大聖はもしも天下の大事について訊きたいのなら、第一の老仙に依頼すれば、老仙がきて詳細に論じるであろうと答えると去った。

ややしばらくして廖俊に老仙が憑依し、みずから老仙が到来したと宣した。そして人びとにたいして、「苦しいときのことを忘れてはならない。適当に遊び楽しめ。そして災難を避けよ」と述べた。さらに「天下の大事を論じ、心をよくし、善を行なえ」と述べた。話を聞いたのち人びとは、あなたはどのような神仙かと訊いた。廖俊は「吾は黄老仙師である」と答え、終わるとトランスから覚めた。

翌日ゴム園で作業中に工頭の戴承佑が園内を巡視にきて、前の晩に廖俊に黄老仙師が憑依したという噂を耳にした。このことに興味をもった戴はその夜、廖俊にたいして老仙を招請するように頼んだ。するとその晩も廖俊に老仙が憑依して説法を始めた。

戴は老仙にその名を訊くと、老仙は「黄老仙師である」と答えた。ついで人間の大事は何であるかと尋ねると、「人間には災難多し」と答えた。では災難を取り除くにはどうしたらよいかと尋ねると、「心を修め善を行なうことが必要で、ただ善を行ない徳を積めば、財産を保全し、家内は平安である」と答えた。どのようにして心を修め善を行なうのかとの問いにたいしては、「災難をもつ者は須く三〇日間斎戒し、毎晩符を食し[15]、その後に過法堂を行ない、黄老仙師の法門を拝して弟子となり、随心変化法を受け、慈忠信義礼倫節孝廉徳の十訓に従い、修心行善の訓示を実行し、また法規を遵守し、よく符を作って食し、法を練り神を拝し、随心変化法を応用し、符を用いて人を救うことである」と答えた。神が廖俊から離れ去ると、戴承佑は直ちに過法堂に参加したいから準備をするようにと人びとに命じた。人びとは心から黄老仙師を崇信し、仙師の道理に従い行なうべく金字型の小屋を作り仙壇とし、堂牌を安置して毎日拝むことにした。

このとき、過法堂に参加した者は、戴承佑、余谷、余順、顔玉英、張秀慶など九名であった。

黄老仙師降臨の噂はまたたく間にバハウからマラッカ、ヨンピン、サランバン、クアラルンプールなどの華人社会に拡大し、数多くの華人善男善女がつぎつぎと過法堂に参加した。仙師の弟子は日増しに増加していったので、マレーシア政府は過法堂が秘密結社の入社儀式ではないかと疑い、警察や探偵を遣わして過法堂儀礼の一部始終を監視し、活動状況を査察させるにいたった。その結果、過法堂は決して秘密結社の入社式などではなくて、純粋に宗教的な儀式であり、人びとに行善を勧め、法を守ることを説く機会であることが判明し、政府と警察は手を引き、干渉することはなくなった。

黄老仙師は道理を説き続け、民間への感化力に深いものがあったので、法門に入る男女は増加し続け、ついに黄老仙師廟を創建しようとの願望が人びとの間に生じた。この願望を仙師に伝え、許しが出たので、仙師の指導に従いながら、まず一九五七年四月一五日マラッカに慈忠廟を、ついで一九五八年一〇月一五日サランバンに慈仁廟を、一九五九年一〇月一五日ヨンピンに慈忠堂を、一九五九年一一月一日チチに慈仁堂を、一九六〇年二月一九日シンガポールに慈忠廟を、そして一九六〇年八月一日クアラルンプールに慈忠廟を、というように短期間のうちに各地に廟が建立されるにいたった(16)。

以上、慈教発行の資料により、慈教の創唱者廖俊の経歴と黄老仙師の憑依および《道理》の説示、過法堂の実施、信者の増大、廟の建立までの経過を述べた。

廖俊の最初の憑霊は一九三七年で彼が三七歳のときである。このとき彼に憑依したのは老仙とされ、黄老仙師の道理は説いたが、自身が誰かについては明らかにしていない。つぎの憑霊は一九五一年で廖俊五一歳のときであり、このときはじめて廖俊に憑依している神はみずから黄老仙師であると名乗っている。一九三七年の最初の憑霊から一九五一年の憑霊まで実に一四年の歳月がすぎている。一九三七年の憑霊の際にも過法堂を行ない、朱順や丘譚など弟子が四〇人以上もでき、簡素ながら神壇も作ったとしながら、その後の活動状況は明らかでない。しかも一九五一年の憑霊のとき、廖俊は最初の憑霊の地バハウではない地のゴム園の工人をしている。

そして一九五一年の憑霊を契機に、黄老仙師、過法堂の名が各地に弘まり、大挙して信者が廟建設を唱え、教勢は急激に発展する。

一九三七年から一九五一年までのこの空白期間は一体何を意味するのであろうか。教団関係の資料はこれについて何も語っていないし、現在の教団の幹部が語る教団史の始まりは一九五一年前後からである。したがって教団史のこの空白期間について正確に知る手立てはないが、若干の推測は可能である。まず考えられるのは四年後の一九四一年に太平洋戦争が勃発し、マレーシアも日本軍に占領され、一九四五年まで戦乱は続く。この間、マレーシア、シンガポールの華人社会では華人が抗日運動に参加し、英国に協力する姿勢をとったとされるから、下層の労働者であった廖俊とその仲間たちもまた時代の激流に吞みこまれてしまっていたことが推測される。しかし一九三七年の廖俊最初の憑霊の際に入門した弟子たちが、その後雲散霧消してしまったわけではない。なぜならば、一九五一年以降、慈教の勢力が急激に拡大するにいたった頃に『道理書』として廖俊の説示をまとめ上げたのは、一九三七年の過法堂に参加した弟子の一人朱順とその後に弟子になった李有晋の二人であるとされるからである。

すなわち一九三七年から一九五一年の一四年間は廖俊にとっても弟子たちにとっても、その後の飛躍に備えての充電の時間であったと見てもそう間違いではあるまい。それにしても一般の童乩が憑霊時以外はただの人であると見なされるのにたいして、廖俊は神がかりにおいて華人の履み行なうべき《道理》を説示したために宗教思想家と見なされるにいたった、その道理とはどのようなものであろうか。

三　黄老仙師の道理

黄老仙師の《道理》とは、慈忠信義礼倫節孝廉徳の十訓の意味を体し、これを日常生活に実践することであるとされる。このように表現すると《道理》はいわゆる儒教倫理の再表現のようにも見えるが、実はそうではない点に慈教の特色がある。それはこれまでの記述でも触れたように、これら十訓は儀礼における「附身説法」すなわち童乩に憑依した黄老仙師がたえず説法する内容であり、弟子・信者は教えに従って法を修すれば「霊符治病」、「諸悪莫作」、「善事多為」など、自身にとっても他人にとっても現世利益が得られるとされるからである。しかも《道理》の最終目標は「百鳥帰巣　慈字一家[19]」、すなわちマレーシアの全華人を呪術・宗教的に一大統合させることを目指しているのである。

十訓では慈が第一に置かれているが、「慈教」では慈を最高の徳目としており、新しく廟を建立する際には廟名に必ず慈字が入ることになっている。廟がひとつ増えれば慈字一家の成員の増大となるのである。しかも「慈」は仏教の慈悲から採られていることは「慈心是善敬仙仏神聖之人」という《道理》の文からも明らかであり、慈教をもって儒・仏・道三教合一の宗教と呼ぶ理由になっている。しかしだからと言って慈教の思想に仏教思想がかなり反映していると見るのは正しくない。「慈者善也修心行道徳」とされるように、思想の基本は儒教的であり、《道理》に仏教思想の根本である縁起や無自性・空の思想が現われることは皆無であるからである。

それにしても童乩の「憑霊（シャーマニズム）」と「道理（儒教思想）」を結合させ、この独特な宗教形態の実践に「現世利益（道教）」を伴わせたカラクリの巧妙さは尋常ではない。それは創唱者廖俊とその幹部弟子たちの内面に、シャーマニズムと儒教と道教という、少なくとも宗教文化の現実面では区分されている諸要素が混在しており、それらがマレーシア華人社会の当時のコンテクストに対応して統合的に現われたことを意味するであろう。換言すれば、廖俊は童乩の役割と儒者の役割と道士の役割を一人で果たしたことになる。果たしてそのように捉えてよいであろうか。《道理》に直接聞くことにしよう。十訓はどのように実践すべきかに関して「遵守仙師之道理」(『黄老仙師道理書』一一〜一四頁)は以下のように述べている。

黄老仙師の道理は、各人がまさにこれに従いこれを知るべきである。悪を改め善に従い、邪を去って正に帰し、善きことを行なうべきである。心を修し道を行ない、天地を敬い、仙仏聖人を敬い、神明を敬い、役人、君臣を敬い、祖先、父、母、叔父叔母、兄弟、姉妹を敬うべきである。朋友、親戚、宗親を敬うべきである。民衆は誰でも敬うべきである。和いだ気分をもち、誠実でなければならない。忠に厚く、家を安んじ、業を楽しむべきである。窃盗を働いてはならず、是非を生じさせてはならない。他人と口論し、暴力をふるってはならない。貪りの心を起こしてはならず、他人の物を盗んではならない。他人を害してはならない。他人を害することは自己を害することになるからである。政府の法律を犯してはならない。もしも政府にたいして罪を犯したならば、政府の手に捕らわれ、進んで苦を受けるべきである。忠厚にして誠実な人であるなら、自己のなすことに責任をもつべきである。他人に害を与えない人は心やさしき人である。すべては道理に照らして行なうべきである。人は志が高尚でなければならない。他人を騙してはならない。貪りの心を起こし、他人の金と財産を嫉んではならない。何事においても公明正大でなければならない。志の小さな人になってはならない。誠実な君子になり、公明正大でなければならない。約束を破ることは小人の心をもっているからだ。人はその話す言葉が正直でなければならない。自分が話したことを、話さなかったと言ってはならない。得るべきものは得、得るべきでないものは得てはならない。人は正真正銘誠実でなければならない。他人に盗まれることの方が盗むことよりもましである。他人に騙されることの方が騙すことよりもましである。借りることよりも貸すことの方がましである。他人を罵ることよりも罵られることの方がましである。人は与えるべきは与え、借りるべきは借りることを理解しなければならない。借りたなら返すべきで、借りて返さない人は正直な人ではない。商売は公平に行ない、価格は相場どおりにつけるべきである。他人を騙したり、自分は偉いと自慢してはならない。すべて理に合ったことをなすべきであり、かくすれば忠実な人になれる。人は家に在っても外に出ても、人びとと仲睦まじく付き合うべきである。外に出て友人と付き合うときは、心やさしく義理立てをして付き合うべきで、恩を忘れ義に背くようなことをしてはならない。人は有終の美を知るべきである。人は家に在っても外に出ても、女色に耽ってはならない。人は無為徒食してはならない。人は正気をもつべきで、邪心を起こしてはならない。公明正大にして善を行なうならば、善い報いを得ることができる。天地は善いことには善く報いるものである。男性にしてもしも結婚していない者があれば、正々堂々と結婚すべきである。ただし父母が相手を気に入っているかどうかを訊いてから、礼儀をもって結婚すべきである。

結婚をして子供を生むことは自然であり、夫婦は死にいたるまで仲よくしなければならない。一〇年か八年またはは三年か五年で離婚すべきではない。人は牛や豚ではない。人は霊魂と霊性を有している。人は人倫と人道を履み行なうべきである。男女を問わず、きまった道理に照らして行なうべきである。女性は二人の夫に嫁いではならない。牛は二つの転を曳くことは断じてない。一人の女性は一人の男性と結婚すべきである。女性は子供を生み最後まで種を継ぐべきである。邪念や邪心を起こしてはならない。公明正大こそ烈女のしるしである。貞節な女性であるべきだ。人はいかなることがあろうと他人を軽視してはならない。人を見下げてはならない。貧しい人を軽視してはならない。自分に金があったとしても、貧者が働いてくれなければ何にもならない。人は金をもっていても、これを食うことはできない。人は貧者の作った米を食べて生きているのだ。世の中のすべての物は貧者が作りだしていることを、人は誰でも認識すべきである。人はたとい金持ちであっても、うぬぼれてはならない。貧者を軽視してはならない。

人は勢力をもっていても、それを自負してはならない。あなたが官吏になっても、事を処理するにあたっては公明正大にこれを行ないなさい。他人に濡れ衣を着せてはならない。清潔な官吏になり、民衆を敬服させれば、世界は太平となり人びとは安楽となる。人は大きな度量をもち、心性も美しくなければならない。誠実にして義理を立て、心やさしく人と付き合いなさい。絶対に他人を怨んではいけない。すべて道理に照らして行ないなさい。少しでも他人に害を与えてはならない。他人にたいして過大な要求をしてはならない。弱者を欺いてはならない。他人は駄目で自分のみ偉いと思ってはならない。覇道に走ってはならない。すべて道理に照らして行ないなさい。道なし理なしのことを行なわないよう、各々は知るべきである。階層が異なってもみな同じ人間である。人は心を歪めて他人を鬼と思ってはならない。人はあらゆることを本心に照らして話すべきである。他人を悪人呼ばわりしてはならない。亜伯（第二の伯父）であれば亜伯と呼び、亜叔であれば亜叔と呼び、亜哥（自分の二番目の兄）であれば亜哥と呼びなさい。階層の異なる人も墨や紙を大切にすべきである。墨も紙も天地が変化して我々に与えたものであり、我々はそれを用いて読むことができる。墨も紙もたしかに宝物である。他人の文章を見下げてはならない。銘々はこれを知るべきである。人は誠実に忠厚を学び、信用、信義、信直を学び、公明正大を学ぶべきである。また仁義、礼儀、烈義、節義を学ぶべきである。公徳、仁徳、義徳を学ぶべきである。心を修め道を行ない、善人になることを学ぶべきである。公明正大にして心美しき人になることを学ぶべきである。人は子を教え、孫を教える。すべてのことは道理に照らして、仁義と道徳を行なうべきである。人生を誠実に生きる人は忠厚の人である。人は他人を騙してはならない。貪りの心を起こし、悪人に倣ってはならない。乱暴な行為をしてはならない。道なく理なくして行なっては決してならない。人はすべて人道、天道、人倫道徳、礼儀、義気、孝心、好心、公明、正気、公平、公真を実践すべきである。忠信孝の人が、誠実の人である。以上が仙師の説いた話である（原文は中国語）。

そして最後に「《道理》を学んでいかなる効能があるか」と問いかけ、それにたいして、

あるとも、あるとも（有！ 有！）。それはさまざまな力やあまたの超自然的存在（百熬）、妖邪鬼怪を制し、身体を健康に保たせ、家庭の老人と子供を平安にさせ、危災急難を救い、百病を治癒させ、家財を保たせ、他人を救済し、子孫を伝えさせ、みずから練武して身体を健康に保たせ、十八般の武芸に通じさせることであり、その効能は無限である（原文は中国語）。

と結んでいる。

以上の仙師の道理は、廖俊が憑霊状態において何度も口説した内容を、朱順と李有晋が中心になってまとめたものであるが、一般の童乩の行なうことが《道理》の最後にでてくる「さまざまな現世利益」の実現に限られるのにたいして、廖俊が行なったのは、その前段に「人間が行なうべき原則」という人道論を付け加えたことであった。それは憑霊による実際的効能を道理による人道論によって裏付けしたことを意味し、ここに慈教の特色があると見ることができよう。慈教は《道理》を強調することによって、一方では華人民衆が信奉する童乩信仰（シャーマニズム）とは一線を画し、また童乩信仰を放棄しないことによって、他方では華人インテリ層の独占物である儒教思想・哲理とも一線を画すことになったと言えよう。

実際、《道理》の出現によって、慈教における童乩の性格も儀礼の展開も、いわゆる一般の童乩信仰のそれとは大きく変わることになった。まず慈教では神がかって役割を果たす職能者を童乩と呼ばず童身《タンシエン》(=Tang-shen)と言う。

童乩と童身との差異は以下のような点にある。

(1)童乩が神霊憑依の状態になるには、通常ドラや太鼓を派手に打ち鳴らし、極度の喧騒状態を作りだすことが必要であるが、童身は神像に向かって立ち、合掌瞑目するのみで容易に憑霊状態を実現する。

(2)童乩は男性の場合、上半身裸体となり、憑霊状態においても激しく動作して神威を示そうとするが、童身は定められた儀礼用ユニフォーム(上衣白、ズボン黒の場合と、上下とも白の場合とある)を身に着ける。童乩は儀礼中裸足になるが、童身は靴を履く。

(3)童乩は神威を誇示するため刀や針球を用いて身体を毀傷させたり、刃物の付いた梯子に裸足で登ったりするが、童身はそのような行為を一切行なわない。また童乩はみずからの舌や指先を刀で切り、得た血で符を作り重病人に与えるが、童身はその種の行為を禁じられている。

(4)童乩と依頼者との関係は一時的であり、問題が解決すると両者の関係は途切れてしまう。これにたいして童身の依頼者は、セアンスに出て感銘を受けたり、友人・知人の誘いを受けたりして信者になる決心をすると、過法堂と呼ぶ入門式に参加し、童身(黄老仙師)の口頭試問を受け、合格すると封印(仙師の印を身体に捺すこと)を得て正式に仙師の弟子になる。

(5)童乩の依頼者にはタブーが一切課されないのにたいして、黄老仙師の弟子になった者は一定のタブーに服し、定められた義務を履行しなければならない。すなわち弟子は牛肉、狗(犬)肉を食してはならず、またアヘンを吸ってはならない[20]。また過法堂の後一年間は毎日廟が与えた黄符と緑符を各一枚燃やし、灰を水に溶かして飲み、第二年目には一日と一五日に毎月同じようにし、そして第三年目には正月一日、四月一日、七月一日、一〇月一日の四度符を服用することが義務づけられている。さらに弟子である限り生涯にわたり、四月一六日の仙師聖誕日と毎月一日と一五日には精進食を食さなければならない。

このように廖俊の宗教は神がかりする童乩に発しながら、脱童乩的な性格を濃厚にし、神がかりして神を体現する童身を信仰と儀礼の中心に据えながらも、面目一新の新宗教としての体裁を実現することとなる。

なお先に述べた《道理》の内容は「〜をすべきではない」、「〜をすべきである」の繰り返しであり、その禁止と義務づけの表現は、当時の華人社会の人びとがいかに《道理》に反する生活をしていたかを示しているとも言え、この面に関する考察が必要になるが、ここでは触れない。

四　過法堂

過法堂は人びとが黄老仙師慈教の信者になるための入門式である。この儀式は通常一箇月おきにその月の最終の水曜日（旧暦）に行なわれる。以下は一九七九年八月二二日（旧暦六月三〇日）にクアラルンプールの郊外ユレック・ハイツの慈徳廟で行なわれた儀式の概観である。

・午後七時三〇分頃　入門式に参加する人びととその家族や知人が廟に集まり始める。入門者は小学生から中年男女にいたるまで各年齢層にわたっている。彼らはどこの廟においても見られるように、廟の玄関前に据えられた天公炉に線香を立て玉皇大帝に拝礼した後、廟内に入り、正面神壇に祀られている斉天大聖（仏教）、黄老仙師（儒教）、太上老君（道教）の三神に線香を上げ、茶を飲みながら時のいたるのを待つ。

・午後八時頃　入門式の主宰者であり『道理書』の作成者の一人である李有晋[21]が廟に入ると、信者の候補者たちも中に入り、童身（李有晋）の机と椅子の周りに半円形に並べられた椅子に腰を掛ける。童身・李は正面の三神に向かって合掌瞑目すること数分で、肩のあたりが小刻みに震えだす。黄老仙師が彼に憑依したのである。李の服装は上着が白の詰襟、長袖のユニフォーム、ズボンは黒である。彼は《道理》解説の第一人者とされ、各地の廟の過法堂に説法者として招かれる。彼は机を前に坐し、マドロス・パイプで煙草を燻らしながら、ゆっくりと《道理》を語りだす。黄老仙師は大の煙草好きであると言われる。

説法の内容は、黄老仙師慈教の意義、人の履み行なうべき正道、行なってはならないこと、慈教の三神の性格などから成り、彼は約二時間かけてこれを諄々と説く。かなり抽象的な内容であるが、子供も大人も熱心に耳を傾ける。説法は「世間には千とか万とかの宗教が行なわれているが、真実の宗教はただひとつである」、「われわれの寿命が尽きるときには、いかに神仏に願っても尽きるのである。これが道理である。しかし迷信はこの道理に背き、金銭の高によって寿命を延ばそうとする。迷信は人を欺く道である」、「われわれの世代が存在するのは、前世代の人びとの善徳による。現在の善業によって善果が得られる」、「黄老仙師が世間に出て〝善做善食（善を行なえば食に事欠かない）〟と教えたのだから、これに従うべきだ。仕事に精進しないで善果を求めてはならない」、「われわれが信仰しているのは斉天大聖、黄老仙師、太上老君の三神である。三神は信者に善事を行なうように教えているのだから、信者もその息子や娘にたいして善人になるよう教えるべきである。三神を迷信の対象にしてはならない。三神は〝礼信〟を教えているのであり、決して迷信を教えているのではない」等々と続く。そしてすでに述べた《道理》が繰り返される。童身は客家語で説法し、通訳が直ちに福建語と広東語に訳していく。説法は九時五〇分頃終了する。

・午後一〇時頃　童身は席を立ち、入門者を引き連れて玄関の天公炉に行き一緒に玉皇大帝を拝する。この間に廟内では、廟の役員や信者が協力して過法堂の準備をする。廟の玄関正面には朱塗りの門が立てられる。門の上部横木正面には「五平山」と書かれ、向かって右の柱には「慈忠正直自由弟子福」、左の柱には「五平山上伝門妙法伝」と記してある。

五平山は中国本土の聖山で黄老仙師が住むとも、客家系の人びとの故郷の神山であるとも言われている。廟内の床上にはこの門を起点として紅白のろうそく四九本が円形に立てられて火が灯される。紅白のろうそくで結界づけられた直径五メートルほどの円形空間が、五平山をシンボライズする。門の真下、ろうそくで円形に結界づけられた境界領域に一・五メートル幅の金属製タライが置かれ、水が張られ、中に緑符が浮いている。ろうそくで仕切られた円形空間の中には、三神像を背に童身が坐る椅子とその前に大テーブルが置かれる。テーブル上には油灯が九個並べられる。タライの水は南シナ海を表現するという。

・午後一〇時二〇分　廟外で待機していた童身が右手に神剣、左手に神旗をもち、天公炉を拝した後五平山（門）の入口にきてタライを剣でかき廻し、神旗を振り、ついで剣で宙を切ってから、タライを跨いで円形空間に入る。彼は三神を背に腰を下ろし、神剣をテーブルの上に置く。副手（助手）が三人やはりタライを跨いで中に入り、童身の側に立つ。いよいよ入門者たちの入場である。彼らは男性五人、女性五人と交互に横一列に並び、裸足になり、ズボンを捲り上げ、合掌しながら両足をタライの水に漬けて門内に入る。そして童身（黄老仙師）の前に跪坐する。彼らは南シナ海を渡り、祖先の地に行き、五平山の黄老仙師に見えたことになる。円形空間の外では、入門者の親や兄弟が真剣な眼差しで注目している。神（童身）はおもむろに入門者一人ひとりに問いを発し覚悟を聞く。種々のやりとりがあるが、結局ここにきたのはすべを学んで、自分を健康にするとともに、他の困っている人びとを助けるのが目的である旨の答えが出ると、神の認可が得られることになる。問いの内容は説法で知らされているから、注意して要点を押さえておけば、誰もが答えられるという。

一問一答が終わり、神がその人物を認可すると、その人の頭上で神旗を振り祝福を与える。神の質問に満足に答えられなかった者は、つぎの過法堂まで待つことになる。
・午後一一時三〇分頃　神の認可を受けた者は、いったん聖空間の外に出たのち、改めて五人ずつ童身の前に出て、仙師の弟子になったことを証明する神印を捺してもらう。これが《封印》である。神印には二種類あり、玉皇大帝印璽（角印）と黄老仙師印璽（丸印）である。印は額に二箇所、みぞおちに二箇所、両手のひらに二箇所の計六箇所に捺される。

封印は聖痕を付することを意味し、神の威力の伝達を示すと慈教は説く。封印のとき童身は一人ひとりに祝いの言葉をかけ、これから頑張るように励ます。最後に童身は各人の頭上に線香の煙を燻らして浄化し、式は終わる。過法堂が終了すると、弟子になった者は錫製のペンダントを胸に下げることができる。これは長さ五センチメートル、直径五ミリメートルのカプセルで、中に童身が憑霊状態で神語を記した緑符が納められている。このペンダントは自分が困ったとき守護するとともに、弟子同士が結合・協力し合うことをうながす力をもつとされる。慈教では「過了法堂、兄姐相称、見面行礼、両掌相合、合心合力、共甘共苦」をスローガンにしている。すなわち「法堂を通過すれば、互いに兄姉と呼び合い、出会えば互いに礼をし合い、手を合わせ合い、心を合わせ力を合わせ、苦も楽も共にする」というのである。

慈教の弟子になった者は、職場においても旅においても、お互いがカプセルを所持していることを知ると、とたんに二人の心は通じ合い、助け合うという。彼らが誇らしげに見せる銀色に輝くカプセルは、言語、血縁、地縁、業縁などに基づく既存の人間関係を超えて、個人と個人を信仰的に結合させるシンボルであると言えよう。

過法堂の儀礼は、福建、広東、潮州、客家、海南の五大方言集団＝民系集団にまとまりがちな華人社会の習慣を破り、超民系集団的に華人社会が統合するきっかけを呪術・宗教的に作りだしたという意味において、その果たした役割は実に大きい。しかし過法堂が終わり、護身符としてのカプセル・ペンダントを身に着けたからといって、それで仙師の弟子が完全にでき上がったわけではない。まして民系の異なる集団の個人同士が一度の儀礼で十分に通じ合えるわけがない。《道理》を徹底させ、個々人が真に肝胆相照らす仲になるためには、お互いができるだけ多くの機会に出会い、かつ交際することが不可欠になる。個々人ができるだけ多く出会うことは、相互に出身地方言を学び合う機会でもあり、各自の信仰を強め、深める場にもなるからである。それかあらぬか慈教では、弟子（信者）が参加しなければならない儀礼的機会を多く設けている。その重要なひとつが「渡法」と呼ぶ儀礼である。

五　渡法

黄老仙師慈教では毎月一日（旧暦）に渡法を行なう決まりになっており、これに三神の誕辰も加わるから、一年では一五回の渡法があるということになる。渡法は神前で憑霊状態の童身から聖水を頂いて飲み、また祝福を受けることである。黄老仙師宝誕（旧暦六月六日）、太上老君宝誕（旧暦七月一日）、斉天大聖宝誕（旧暦八月一六日）および仙師下凡誕（旧暦四月一六日）の渡法には、とくに儀礼後に精進料理の大宴会が開かれ、信者数千人が参加する。慈教は渡法が《道理》の実践であると教えており、聖水の服用と童身の祝福は、病気を癒し健康を増進させ、幸運をもたらすとされている。現世利益性の強い行事である。以下は旧暦七月一日の太上老君誕辰に行なわれた渡法の次第である。

・午後七時三〇分頃　約五〇〇人を超す人びとが廟の内外に溢れた。人びとは天公炉に線香を捧げたのちベンチに腰を掛けて会話をしたり、煙草を吸ったりして式の開始を待つ。

・午後八時頃　人びとは一〇〇〇人近くに膨れあがった。突然ドラと太鼓の音が喧しく響き、若者たちが激しいリズムで獅子舞を踊る[22]。廟の外でも内でも激しく踊る。獅子の威力で廟を浄化する意味をもつという。これが終わると青年男女各一人が廟前に出て、太極拳に似た激しい技を披露する。神々に捧げる技であるという。

・午後八時三〇分　廟の玄関口には二つの朱塗りの門が置かれる。向かって左側が凶門、右側が吉門とされる。門内の空間は朱塗りの柵が円形に並べられ結界づけられている。人びとはまず凶門から中に入り儀礼に参加し、浄化されて吉門から外に出るようになっている。以下儀礼の要点のみを記す。

(1)専属童身・邱福勝が黄老仙師の憑依を得たのち、火をつけた緑符を右手にもち凶門を清めて中に入る。彼は数人の信者のために仙医（一種の治病儀礼）を行なってから、右手に神剣、左手に黄旗をもって吉門から外に出ると、廟事務所の放送により数百人の信者たちが彼を中心に天公炉の周りに参集して全員跪坐する。この日渡法に参加する者の氏名が大型の黄紙に書かれてあり、一同合掌礼拝ののち、氏名が役員により読みあげられる。かなりの時間がかかる。この間全員が立て膝で前方を見詰めている。終わると黄紙は香炉の火で燃やされる。

(2)童身・邱は立ち上がって廟内に入り、凶門のところで神剣を振り回し、神旗を振ってから聖空間に入った。この日は邱の他に童身・葉玉強と黄海祥もそれぞれ斉天大聖と太上老君の憑依を得て渡法を行なうことになった。信者の数が多いからである。邱と葉と黄の三名は上下純白のユニフォームを身に着け、邱は黄老仙師像を、葉は斉天大聖像を、そして黄は太上老君像を背にして椅子に坐した。

三人とも右手に線香を三本、左手に黄旗をもっている。葉と黄は瞑目してしばらくすると手足が小刻みに震え憑霊状態になる。邱はすでに神に化しているので今や三人が神となったわけである。前方玄関辺りに群がっていた信者たちは一斉に合掌する。三神に憑依された童身はそれぞれの神の表情を呈するという。斉天大聖（孫悟空）が神がかった葉は目をかっと見開き、神像の表情に似ている。あとの二人は目を軽く閉じている。

(3)神の来臨を待っていた信者は天公炉前で大甕に入った聖水を茶碗にもらい、これを奉持して五人ずつ凶門から中に入り、三神の前に跪坐し、茶碗を童身の前の机の上に置いて合掌する。童身は右手の線香を一人ひとりの眼前で燻らし、終わると左手の旗を振る。これを合図に五人は机上の茶碗を手に頂いて聖水を飲み、再び茶碗を机の上に置く。童身が三人であるから、一度に一五人の渡法が可能である。

(4)五人は再び神に合掌し、ついで起立して机上の香炉の香煙を両手で掬い頭部や身体に燻らし、終わると吉門から外に出る。五人が机を離れると、茶碗は大急ぎで片付けられ、つぎの五人が入ってくる。

(5)渡法が終わると、憑依状態の童身は起立して向きを変え、神像に向かって合掌低頭する。しばらくすると全身が震え、トランスから覚める。神が童身を離れ、神像に戻ったのである。

・午後一一時三〇分　トランスから醒めた童身たちは、儀礼用ユニフォームを脱ぎ、ポロシャツに着替え、廟内外に残っている人たちと遅くまで談笑する。

童身から聖水をいただく信者たち

渡法は信者になった者の義務として、必ず参加しなければならないものとされているが、各廟では信者、非信者を問わず希望者のために「仙医」を行なっており、自由に問神ができる。仙医は神の憑依を得た童身が、神自身として信者たちのいろいろな人生問題の解決にあたることである。仙医は毎日行なわれており、童身たちは交替でこれにあたる。童身が仙医に従事する時間を問事時間といい、午前三時間半、午後四時間半である。童身への依頼内容は病気五〇％、家族の問題三〇％、事業その他二〇％であるという。

六　社会・文化的背景

慈教の廟は、先にも触れたように一九五七年にマラッカ、一九五八年サランバン、一九五九年ヨンピン、同年チチ、一九六〇年シンガポール、同年クアラルンプールというように、まさに日の出の勢いで建立されていった。それは篤信者の急激かつ短期間での増大を物語っている。筆者が一九七九年八月に調査した時点では、マレーシアとシンガポールの慈教の廟は一八を数えた。これはひとえに創唱者廖俊のカリスマ性によるところが大であると考えられるが、決してそれだけではない。なぜなら廖俊は一九七二年三月に死去しているが、一九七二年以後も慈教の廟は増加し続け、筆者が一九九〇年八月に調査したときには、廟数はシンガポールを含めて二八になっていたからである。

もっとも廟数が増加しているとは言っても、慈教信者の西マレーシア在住華人人口にたいする比率は実に寥々たるものである。一廟平均五〇〇〇人の信者をもつとして、二八廟では総計一四万人を数えるにすぎず、これは約三六〇万人と推定される華人人口に比すれば問題にならないからである。とはいえ、本来ならば伝道性を全く欠くはずの童乩と依頼者関係に発した宗教形態が、大都市部の華人社会を中心に信者を殖やし、しかも各民系の枠を超えて全華人を統合しようとする運動を着々と進めていることの意味は決して小さくはない。

われわれはこれまでの考察において、童乩廖俊の憑霊を中核とする宗教が、新宗教にまで発展した理由には、儒教思想を骨子とする《道理》と結合することにより、慈教が一種の思想運動の形をとるにいたった経緯があることを挙げた。童乩が思想運動と結びつき、「教理」を生みだすなどは実に稀有のことと言えるが、幼くして四書孔孟の学に親しんだとされる廖俊の学または知が基礎にあったことは、十分に推測されるところである。また『黄老仙師道理書』を編集した朱順と李有晋という知識人の援助を得たことも、廖俊の宗教にとって幸いであった。さらに《道理》を基にして信者を教育し、信仰を義務づける過法堂や渡法の儀礼を作りだしたことも実に巧妙な手法であったと言えよう。

ところで童乩廖俊がはじめて黄老仙師であると認めた一九五一年のゴム園における憑依の際に、工頭の戴承佑が人間の大事とは何かと尋ね、廖俊がこれに「人間には災難多し」と応じ、戴が災難を取り除くにはどうしたらよいかと問い、これにたいして神は《道理》を知り、随心変化法を行なうことを説いた。このことがきっかけとなって戴以下九名の者が過法堂に参加し、これが慈教発展の礎となっている点に注目したい。つまり工頭の戴は、人間に災難が多いこと、災難を取り除く方法があること、その道理が納得のいくものであることに共鳴し、みずから進んで弟子になったことの意味は大きい。端的に言えばマレーシアの華人民衆の呪術・宗教的な願望と廖俊の宗教的主張とが一致したということ、さらに言えば廖俊の憑霊と道理の結合形態が当時の華人民衆の支持を得たということであろう。

それでは廖俊が脱童乩的な宗教を創唱し、この宗教が多くの華人民衆の支持を得るにいたった背景には、どのような社会・文化的状況があったのであろうか。この点に関する文献資料は乏しいので、主に筆者が現地で得た情報を手がかりにして若干の問題提起を行なってみよう。

まず第一にマレーシアの華人社会の知的状況から問題にしよう。華人が大挙してマレーシア（西マレーシア）に進出するのは一九世紀の半ば以降である。一八四〇年代にペラク州において、また一八五〇年代にセランゴール州（現在のクアラルンプール）において錫鉱脈が発見され、この頃のヨーロッパにおける錫の需要の高まりとも相俟って、現地が莫大な労働者を必要としていたという事情が、華人移住の大きな要因であったとされる。

これに拍車をかけたのは清国政府の態度であった。それまで清国は海外移住者の反政府運動を怖れて、長い間本土からの海外移住を厳禁していたが、一八六〇年に清国がイギリスとの間で締結した北京条約により、華人の海外移住が公認されることとなったからである。[23]マレー半島を植民地にしていたイギリスにとっても錫鉱山で働く低賃金の労働者の獲得は急を要していた。かくして中国本土の、とくに福建省と広東省の零細小作農民を主とした華人の大挙移住となった。

一八九五年からはゴムの栽培が各地で始められ、ここではタミル系インド人労働者が主に使役されたが、華人の中にもゴム園で働いていた者が少なくなかったことは、廖俊とその仲間の例からも明らかであろう。初期の移住者たちの知的水準はきわめて低かった。生活に追われ教育の機会を与えられることは皆無に近かったからである。したがって毎日危険きわまりない重労働に従事することで精一杯であり、その宗教信仰もきわめて現世利益的、即物的なものであったことはつぎの指摘からも知られる。「マレーシアに移住した中国人は知識人ではなかった。移民には思想や芸術を生みだす時間は皆無であり、その主目的は生存にあったが、マラリアが猖獗をきわめた錫鉱山の苦役では生存さえも困難であった。彼らは本質的に物質主義者であり、その宗教への執着でさえ、しばしば生存を勝ちとるために超自然的助力を得る手段にすぎなかった[24]」。

彼らは金になることはなりふりかまわず追求し、利益になる神々は臆することなく迎え入れ信仰した。マレーシアの華人の宗教生活についてパーセルは、「華人は常に宗教問題に関して最も寛容であると見なされてきた。彼らはイスラム教徒のように食物についての制限をもたず、ヒンドゥーのようなカーストも有していないことをわれわれは知っている。彼らはその寺廟への出入りに関して何ら特別の規制をもたず、しばしば自由かつ容易に寺廟を開放する。そして彼らは仏教・道教・儒教のいずれかの信者であっても、彼らが所属していない諸宗教（宗派）にたいして寛容であり、しばしばこれら三つの宗教を同時に承認しさえする。多くの華人は、ある神または英雄が、一体仏教の仏か道教の神かを告げることに困難を覚えるだろうし、仏教徒は数多くの神々を彼らのパンテオンに受容する[25]」とさえ述べている。

その宗教が何であれ、教義や思想がいかなるものであれ、神仏の性格や種類がいかにあれ、自分と一族に平安を保証してくれる限り、これに深く関わりかつ信仰するという彼らの態度は現在においても、どの華人社会においても、基本的には変わっていない。現世利益を得るためには対象が威力ある存在とされる限り、いかなる対象も排除しないというのが、民衆レベルの宗教的態度であると考えられるからである。

そしてこの民衆レベルの宗教信仰において最も求められたのが、みずから神を体現し、神自身として人びとに直接接する童乩である。激しいトランスの中で神の威力を発揮し、上半身裸体で刀や針球でおのれの身を傷つけ、その血はあらゆる災厄に直接効くとされる童乩は、貧困にして教育なき階層の出身者であるために、民衆にとってはとくに親近感の強い存在である(26)。

ところがこうした華人の宗教的態度に少なからず異変を生じさせたのが慈教の出現である。慈教は大方の知識人たちによる華人民衆の宗教生活についての見方を大きく変えるような宗教形態を創出しようとしたからである。そこでは三位一体の神観を明確に打ちだし、信仰者の信仰・思想の基準としての《道理》を創出し、守るべき食物タブーを作り、たんなる現世利益の追求を迷信であると断じて排し、集団儀礼を重視し、裸体での宗教行動をやめ、超民系的な華人の統合を狙って「百鳥帰巣　慈字一家」をスローガンにし、後述するように慈善事業を積極的に進めようとしている。こうした動きの背景に、華人社会全体の知的水準の向上という事実があったのではないか。初期においては生存さえおぼつかない状態であったから、宗教も生活の手段として呪術的性格が強かったろうことはむしろ自然であったろう。

慈教の創唱者廖俊がはじめて憑霊したのは一九三七年、そして黄老仙師のたしかな出現は一九五一年である。それは初期の大規模移民から約一〇〇年後であり、華人社会も二世から三世に移行している時期である。そして世代が下がるにつれて、学校教育を受け、英語、マレー語を話す華人層が確実に増大していった。マレーシア華人社会におけるインテリ層の出現である。そして知的視点に立てば、伝統的童乩の役割は迷信的であると烙印を捺されても仕方ない要素を多く蔵していた。廖俊が最初に憑霊した頃にも、バハウにおいて一人のシャーマニックな人物が勢力を有し、道理に反する教えを説き住民に危害を加えていたという。[27] すなわち廖俊の《道理》の提示は、華人民衆の知的部分を宗教的に代表したと見ることができよう。だからこそ知識人の朱順や李有晋の心からなる援助が得られたのではなかったか。

第二にはイスラム教との関係である。マレーシアはイスラム教を国教とし、モスクを信仰の中心に据えてイスラム教育を推進してきた。近代的学校教育制度が完備する以前は、ポンドック（Pondok）と呼ばれる寄宿塾が各地にあって、ウラマーの指導のもとにアラビア語、コーラン、イスラム神秘主義などが教授されてきた。二〇世紀半ばにいたるまでマレーシアのイスラム教徒住民の教育は基本的にイスラム教育であったという。[28]

近代的学校教育の出現とともに、マレーシア政府はモスクを中心とするイスラム教育の強化を図り、国費補助により各地にモスクの建立を進めてきた。厳しい一神教にたつイスラム教と無限とも言える多神を信仰する華人宗教とでは所詮水と油である。こうした文化環境の中にあって、華人宗教がどこまでも伝統的な型を貫き通すことが困難になるのは明白であろう。

イスラム教の指導者が白衣をまとっているように、慈教の童身は白のユニフォームを身に着け、イスラム教のモスクが信者を集めて祈りを捧げるように、慈教の廟は毎月渡法を行なって信仰を深める。イスラム教が食物タブーを守り、戒律に従うように、慈教でも食物禁忌を定め、信者の守るべき条項を設定している。このように見ると、本来童乩信仰という華人社会の民俗宗教の一形態であったものが、慈教という独立の宗教集団を構成し得たその背景には、圧倒的な力を誇るイスラム教への対応としての動きがあったことが見えてくる。本来裸体になり激しいトランスの中で予言・託宣・治病などを行なう童乩の姿が大都市部から姿を消してしまったという現象も、イスラム教の影響と見ることができよう。[29]

そしてこの動向に拍車をかけたのは、やはりインテリ層の台頭であろう。先にも触れた拝天公の関天明が、華人の中の英語教育を受けた層に呼びかけ、イスラム教に類似の神観をもつ新宗教を創出し、イスラム教に対応しようと企図したことも、このことを裏書きすると思われる。[30]

第三にマレーシア政府による華人の権益制限およびマレー人優先政策を挙げることができよう。慈教のことに限ってみても、廖俊が若き頃煙草の栽培と販売を営んでいたとき緊急法令により仕事を放棄せざるを得なかったとか、慈教が発足初期の頃には過法堂が秘密結社の入門式と間違われて取り調べの対象となったとかの例に見られるように、華人社会にたいするマレーシア政府の干渉は絶えず執拗に行なわれてきた。マレーシアの憲法は国民全体に平等な公民権を保証しているが、他方ではBumiputera（土地の子）としてのマレー人に有利な特権を与えるという矛盾を包含しており、[31] この矛盾がいろいろなコンテクストにおいてマレー人のナショナル・アイデンティティーと華人のエスニック・アイデンティティーの対立・葛藤を深刻化させるにいたっていることはよく知られている。

一九六九年五月一三日に生じた華人とマレー人の流血事件は、両者の長期にわたる対立・抗争の象徴であるとも見られているが、この事件を契機として、華人にたいする政府の締めつけは一層厳しくなり、ために華人とその資本の海外への移転が続いている。ブミプトラ政策は、一九七一年から一九九〇年までに全国の企業や事業体におけるマレー人の雇用を全体の五〇％に、商工業における資本のシェアを三〇％にまで引き上げるための新経済政策（ＮＥＰ）を実施してきた。この政策の結果として、全人口に占める華人の人口比率が低下するにいたった。一九八〇年には三三・八％、一九八八年には三一・八％となっており、逆にマレー人の比率は一九八〇年の五五・二％から一九八八年の五七・七％へと上昇している。[32]

こうした厳しい政治・社会的状況の中で、慈教が民系的方言集団の殻を破り、枠を超えて華人全体の統合を呼びかけ、政治とは別次元において「慈字一家」を実現しようとしてきたことは、華人社会の危機感の表われであると見ることができる。廟の数が着実に増加しているのも、このような状況の反映として捉えることが可能ではあるまいか。

七　黄老仙師慈教の明と暗——結びに代えて

廖俊の創始した宗教が宗教人類学的に見て興味深いのは、憑霊と道理、換言するならシャーマニズムと儒教とを統合させようとした点にある。少なくとも現代においてはシャーマニズムと儒教とは全く異なったカテゴリーに属する宗教形態と考えられている。

古代中国におけるシャーマニズムは巫教（Wuism）と呼ばれるが、巫（wu）は当時、現代では考えられないような権力・権威を有し、王室の祭司、医者、政治顧問、歴史家、芸術家として重用され、中国文化の発展に大いに貢献したとされる。彼らは第一級の神秘家であり、神々、諸精霊と宇宙秩序に関する専門家であった[33]。そして巫は儒教によって取って替られるまでは、帝王から農民にいたるまで、中国社会の宗教生活のすべてを支配したとされる[34]。するとシャーマニズムと儒教とは最初から相容れない宗教形態であったのであろうか。最近の中国古代宗教の研究成果によると、理論体系をもった孔子の儒教が登場する以前の儒教つまり原儒はシャーマニズムであったとされる。しかし儒教はシャーマニズムを基礎にして孝という独自の概念を生みだし、孝を基礎にしてさらに家族理論を作りだし、さらにその上に政治理論を作りだして、一大体系的理論を構築したのだとされる[35]。ところがシャーマニズムとしての原儒には大儒と小儒という階層区分があり、孔子になるとこれを踏まえて「君子の儒」と「小人の儒」に区分されるようになった。君子の儒は知識層であったというから、小人の儒は神がかり中心の巫を戴く民衆の儒であったとも言えよう[36]。

以上の指摘は「祭司（Priest）—シャーマン論」としても貴重であるが、ここで明らかなことは、明確な知識階級が成立するとシャーマニズムは非合理性を多く含むがゆえに迷信・邪教として蔑視される傾向をもつということであろう。華人社会において知識人が、本音は別として常にシャーマン（童乩）にたいして非寛容なのは、理由のないことではないのである。

さて廖俊の仕事はシャーマニズムと儒教の統合にあったとしたが、それはある意味で古代の原儒に還帰したことを意味する。この古代帰りは既述のようにマレーシア華人社会の種々の状況を反映して、行なわれるべくして行なわれたと言えるし、その発展・拡大の経過は、華人宗教史の一頁を飾るに十分である。廖俊は他の童乩が束になっても行なえないことを行なったのである。彼の宗教の仕組をよく見ると、慈教教団を形成した基礎に、「童乩（シャーマン）が中心であるから民衆が支持した」という側面と「《道理》を用いたから知識人の支持を得て永続（教団化）した」という側面とが交錯していることが分かる。

ところがこの構造がきわめて不安定であるという事実は、当初から明らかであった。一九五一年以降慈教は大きく発展したが、その裏には随心変化法の一般信者への公開ということがあった。この法の内容は秘密にされていて明らかでないが、二、三の情報によると、一連の訓練により一般の人でも容易に神がかりが可能になり、自分を鍛えると同時に他人の病気を治せる秘法らしい。この法の伝授により、童身と同じ能力の者が多数輩出し、混乱状態になった。

このことについて慈教の資料は「弟子たちがあまりにも自律を欠き、派閥を作り法を悪用した。弟子たちは各自の法力が強いことを競い、意見を異にし、群れをなし、別の教門を立てようとさえした」[37]と述べる。いろいろ道理に違背する事件が連続するので、黄老仙師は大いに現状を心配し、一九六三年クアラルンプールにおいて五平法の随心変化法を弟子に示すことをやめ、法門を閉じると宣言した。シャーマンが数多く出て自分の言葉が神の言葉であると主張し、グループを作って他と競争しだしたら、教団はひとたまりもないことは明らかである。こうした憑霊の歯止めが《道理》であるはずだが、トランスは道理＝合理性を破る力をもつ。憑霊と道理はきわどいバランスを保ちつつなりたっていると言えよう。

以来慈教では憑霊者が出ても自由な宗教活動を許さず、各廟は理事会を設けて童身を会の中に包括し、童身の継承も理事会が決定することになっている。このため慈教は初期におけるような活力を失ったと見る向きもある。現在各廟では廟の運営を理事会に委任し、予算は信者の会費月一ドル、永久信者一時金一〇〇ドル、その他仙医、護身符、牌位、像印、渡法や過法堂の寄附金により計上され、各種慈善事業や信者の慶弔金等に使用されている。(38)

現在慈教の廟は二八を数えるが新宗教教団に見られるような本部をもたない。各廟の童身が黄老仙師自身として絶対性を主張するので全体的組織を作り得ないのである。理事会は合理的に運営されるが、最終判断を童身に仰ぐので憑霊の神は必ずしも合理的判断を下すとは限らず、足並みが乱れるのである。

信者が増大する基はすぐれた童身の憑霊による役割にあるが、増大した信者の組織化と運営は理事会の合理的判断と実行にかかっている。童身がすぐれた組織者・経営者でもある（創唱者廖俊がそうであった）というのなら事は順調にいくのかも知れないが、現在の童身たちはおしなべて憑霊から覚めるとただの人と目されることが多い。当然のことながら神の意志を述べる童身と現実の論理を重視する理事会との間に見解のズレが生ずることがしばしば起こる。

クアラルンプールの慈忠廟の場合は、廖俊から法を相続して第二代の童身になった姜金水が、現在の理事長と意見が合わず童身を辞任（一九八八年）、廟の近くの私宅に堂牌を祀り、従来の信者たちの一部を相手に仙医を行なうにいたっている。彼は一九九〇年八月現在、近い将来信者たちの協力を得て新廟を建設したいとの希望を有している。したがって大廟である慈忠廟には現在童身不在であり、一般の道教廟におけるのと同じ役割、すなわち信者の個人的な信仰・礼拝に応じることしか果たせなくなっている。

また他の慈教の諸廟においても、童身がトランス・憑霊状態において行なう仙医・問事はきわめて盛んであるが、童身たちは廖俊のように《道理》を説けないので、信者たちは勢い現世利益の追求は行なうが、宗教思想的な深まりは弱体化するという傾向になっているようである。もしもこのような状態が各廟に広く見られるとすれば、これは童身の童乩化であると言えよう。慈徳廟においては李有晋が死去した後こうした傾向が強まったようである。現在慈徳廟においては、非常に頭が切れると以前から評判の高かった黄海祥が童身として過法堂において《道理》を説く役を果たし、また理事長でもある。しかしこの形態が永続するかどうかは不明である。

廖俊の業績は憑霊と道理、民衆と知識人を統合させることにあった。この仕事はマレーシアの政治・社会・文化的状況とも連動してかなりの成果を収めたが、時を経るにつれてさまざまな問題を惹起しつつある。その理由の少なくとも主要なひとつは、すでに触れたように憑霊と道理を結合しようとしたことであり、民衆と知識人を統合しようと図ったことにあったのは、もはや自明であろう。

黄老仙師慈教の明暗は、宗教文化（史）が包蔵するすぐれて典型的な問題性をみずから露呈している姿であると言えるのかも知れない。

【註】

（1）黄老仙師慈教が何年に創唱されたと見るかに関しては慈教の幹部や信者の間にも意見の違いがある。最初の憑霊のとき（一九三七年）と見る者、黄老仙師が自己をはっきり示したとき（一九五一年）とする者、はじめて廟が建てられたとき（一九五七年）と考える人などがあるからである。本論では仙師がはじめて廖俊を通じて示現した一九五一年をもって創唱年としたい。黄老仙師慈教については、とくにその儀礼と組織面に注目しながら、すでに若干の発表を行なっている［拙稿「原郷回帰のシンボリズム――マレーシア華人社会のシャーマン」拙著『憑霊とシャーマン――宗教人類学ノート』東京大学出版会、一九八三：「シャーマニスティックな新宗教教団の構造と機能――マレーシアの黄老仙師慈教について」拙著『シャーマニズムの人類学』弘文堂、一九八四：「東南アジア華人社会における童乩信仰のヴァリエーション考」直江廣治・窪徳忠（編）『東南アジア華人社会の宗教文化に関する調査研究』南斗書房、一九八七、本書に第二部第一章として収録：「華人社会の安全弁としての神教――政治―社会的状況との関連において」白鳥芳郎・杉本良男（編）『伝統宗教と社会・政治的統合』南山大学人類学研究所、一九八八、本書に第二部第二章として収録]。

（2）A. J. A. Elliott, *Chinese Spirit-Medium Cults in Singapore*, The London School of Economics and Political Science, London, 1955, pp. 15, 27, 安田ひろみ・杉井純一訳『シンガポールのシャーマニズム』春秋社、一九九五：A. Kleinman, *Patients and Healers in the Context of Culture: An Exploration of the Borderland between Anthropology, Medicine, and Psychiatry*, University of California Press, Berkeley, 1980, pp. 210–211, 大橋英寿他訳『臨床人類学――文化のなかの病者と治療者』弘文堂、一九八五：V. Wee, "Buddhism in Singapore," in R. Hassan (ed.), *Singapore: Society in Transition*, Oxford University Press, Kuala Lumpur, 1976, pp. 169–177：拙稿「シンガポールにおける童乩（*Tang-ki*）の治病儀礼について――宗教的統合の問題に関連づけて」白鳥芳郎・倉田勇（編）『宗教的統合の諸相』南山大学人類学研究所、一九八五、一七六～一八一頁、並びに本書、第一部第二章参照。

（3）註（1）の前掲拙著、一九八四、二八一～三二二頁：本書、六六～七一頁参照。

（4）Elliott, op. cit., pp. 43–45.

（5）このときの政府による緊急法令がいかなる内容のものであったか知ることができないが、現在も行なっている華人の権益制限政策（Bumiputera）と連動していたろうことは十分に推測される。廖俊は煙草の栽培のみでなく販売も行なったので官憲の統制対象になったのかも知れない。

（6）慈忠廟『黄老仙師慈忠廟銀禧紀念』Wong Loo Sen See Chee Choung Temple, Kuala Lumpur, 1985.

（7）Yih-yuan, Li, "Shamanism in Taiwan: An Anthropological Inquiry," in W. Lebra (ed.), *Culture-Bound Syndromes, Eth-*

nopsychiatry, and Alternate Therapies, University Press of Hawaii, Honolulu, 1976, p.179.

（8）S. E. Ackerman and L. M. Lee Raymond, "Pray to the Heavenly Father: A Chinese New Religion in Malaysia," in *Numen,* 29 (Fasc. 1), 1982, pp.66-67.

（9）マレー人による華人差別は常に存在するが、華人は事が重大化することを怖れて公にしないことが多い。《緊急法令》による仕事の中止と憑霊を連関させて問題にしないのは、そうした理由によるのかも知れない。

（10）シンガポールやマレーシア、フィリピンにおいても、華人社会の人びとは童乩のいる廟（神壇）に昼と夜とを問わず集まり、茶を飲み、語り合い、悩みがあれば童乩を通じて神の意見をうかがい、レクリエーションを行なうなどのことがよく見られる。このように童乩のいる廟は一種の社交場になっている観がある。童乩の存在が神と人との媒介者としていかに身近かを示しているといえよう。

（11）トランス状態において、黄符や緑符に神語を朱の墨で記す。場合によっては舌を神剣で切り、得た血液で記すこともある。かくして作られた神符はたいへんに霊験あらたかで、守護符として身に着け、または燃やした灰を飲むと万病に効くと信じられている。

（12）童乩の言葉は一般の人には分からないので、卓頭と呼ばれる解説者をおいて解説させることが多い。神が憑依しだしたときにはとくに分からないと言われている。

（13）神と童乩との間に正式の通路を開く儀式。神がある人物を童乩に選んで憑依しても、正式に通路がないと（封印）、神は活動できないので、神壇を設けて神を迎える儀式を行なう（開光）と、神は正式に降臨するとされる。

（14）慈徳廟（編）『雪蘭莪黄老仙師慈徳廟廿五周年記念特刊』Wong Loo Sen See Temple, Kuala Lumpur, 1987, pp. 16-18（原文は中国語）.

（15）黄符と緑符に神語を記したものを燃やし、その灰を水に溶かして服用すること。

(16) 註(14)の慈徳廟(編)前掲書、一六〜一八頁(原文は中国語)。
(17) V. Purcell, *The Chinese in Malaya*, Oxford University Press, Kuala Lumpur, 1967, pp.243-249.
(18) 註(1)の前掲拙著、一九八四、三三六頁参照。
(19) 註(6)の慈忠廟前掲書。
(20) 慈教では「牛有功」つまり牛は田畑を耕し、車を曳いたりして人間の役に立つ動物であるから食してはならないとし、「狗有義」つまり犬は番犬となって人を守り、悪人の悪しき行為を身を挺して防ぐなど、善きことをなす動物であるから殺してはならないとし、「鴉片害人」すなわちアヘンは人を怠惰にさせ、やがて廃人にしてしまうので吸ってはならないとする。これら三つを「信徒三戒」と呼んでいる。
(21) 童身のすべてが道理を説けるわけではない。これができるためには儒教、道教、仏教のかなりの知識が必要であるからだ。その意味で李有晋はひっぱりだこであった。彼は一九八七年に死去し、現在は黄海祥が説法者を務めているという。
(22) 信者になると、本組活動、健身、羽球、歌詠、書画などのサークルに入り、好きな分野の学習ができる。学習の成果は特別の集会や祭りの際にチームを組んで発表する。
(23) N. J. Ryan, *The Cultural Background of the Peoples of Malaya*, Oriental Book Co., Kuala Lumpur, 1962.
(24) Ibid., pp.38-39.
(25) Purcell, op. cit., p.119.
(26) Elliott, op. cit., pp.44-45.
(27) 註(1)の前掲拙著、一九八四、三三六頁参照。
(28) 中村光男「イスラム」『東南アジアを知る事典』平凡社、一九八六、一九頁参照。

（29）クアラルンプールでも年に一度の九皇大帝の大祭のときには、童乩の伝統的な神がかりと身体を毀傷するパフォーマンスが見られるが、他の一般のセアンスにおいては、服を身に着けた平常に近い状態での儀礼が多いようである。しかし地方のペナンやマラッカにはなお伝統的な型があるという。
（30）Ackerman and Raymond, op. cit., p.76：本書、三八四～三八九頁参照。
（31）阿部利夫「マレーシア華人社会の構造」『アジア経済』一二（二）、アジア経済研究所、一九七一、四頁参照。
（32）游仲勲『華僑――ネットワークする経済民族』講談社、一九九〇、二〇〇頁参照。この政策の影響による華人の海外流出は慈教内でも起こっており、一九七七～七九年にかけてクアラルンプール慈徳廟の理事長であった陳其萬氏はオーストラリアへ移住し、信者の中にもアメリカ、オーストラリアへの移住者が跡を絶たないという（一九九〇年八月現在の情報）。
（33）M. M. Chiu, *The Tao of Chinese Religion*, University Press of America, New York, 1984, p.317.
（34）J. J. M. de Groot, *The Religios Systems of China*, reprint edition, Shangwu Book Co., Taipei, 1964, p.1192.
（35）加持伸行『儒教とは何か』中央公論社、一九九〇、五二頁参照。
（36）加持前掲書、五六頁参照。
（37）註（6）の慈忠廟前掲書、一一頁参照。
（38）註（1）の前掲拙著、一九八四、三三〇頁参照。

第六章　黄老仙師慈教の明暗

一　慈教の誕生

黄老仙師慈教は一客家人により創唱され、西マレーシア西部諸州および隣国のシンガポールの華人社会に教線を張る新宗教集団である[1]。

慈教は一九五一年に広東省出身の客家人廖俊（廖俊声、一九〇〇〜一九七二）により創唱された[2]。彼は潮安に生まれ、一八歳のとき職を求めて西マレーシアに渡った。はじめ客家の知人を頼ってネグリ・スンビラン州のバハウに住み、ゴム園でゴムの樹を傷つけて樹液を採取する仕事に就いた。しばらくして、より高収入が見込める煙草の栽培と製造および販売を始め、かなり成功したが、マレーシア政府の緊急法令によって挫折[3]、再びゴム園での労働に服した。

廖俊は学問好きの人で、幼少時から四書孔孟の学を修め、礼儀正しさで評判であったという。彼が三七歳（一九三七年）でまだ煙草栽培に従事していた頃、彼は仕事の合間や夜間に、しばしば神壇（童乩《タンキー》が儀礼を行なう小廟[4]）に友人たちと集まり、休息したり世間話をしたりした。

この神壇では葉茂という童乩が人びとに心身鍛錬法を教え、若い童乩たちを訓練していた[5]。ある日の夜、葉茂はじめ神壇で童乩の儀礼に関係ある人たち[6]は、バハウの町へ遊びに行き、廖俊と友人の戴君だけが壇の前で世間話に興じていた。

そのとき廖俊は戴君に「童乩の身に神霊が附身（憑依）するということは本当に不思議だ。われわれも学んでみないかい」と言った。この誘いに戴君が乗り、二人は神壇内でいつも童乩がすることを真似し始めた。すると突然廖俊は憑依状態になり、奇妙な動作をしだした。彼はうつろな表情になり、両手で長い鬚をしごくような仕草を続けた。戴君は驚き、「廖俊に神が憑いたぞ」と触れ回った。これを耳にした大勢の人びとが神壇に集まってきた。何人かが廖俊に「何神か」と訊いた(7)が答えはなく、ただ端然と坐し、片手で鬚を撫で、片手で扇を使う仕草をするのみであった。トランスから醒めると、彼は深い眠りから醒めたかのように、自分のなしたことを何も記憶していなかった。

この後、廖俊は毎日のように憑依状態になったが、老仙が憑依しているように見える彼の言葉はいつも不明瞭であった。そこで神壇の童乩葉茂は、廖俊のために開光封印法式(8)を行なった。この法式を行なうと廖俊は筆を執り、何日にみずからの口が開くかを記した。

その日がくると、憑依状態になった廖俊は口を開いて道理を示したが、「あなたは何神か」と問われても、みずからの名を示さず、ただ「黄老仙師が世に降りて、弟子たちに救世のことを伝える」とだけ述べた。

新しい童乩の出現に大きな関心をもっていた仲間たちは、廖俊に憑依した神の名を知ろうと執拗に訊き続けたが、ついに神名を引きだすことはできなかった。しかしつぎのような答えを得ることができた。

(1)黄老仙師は黄石公であり、世間に災厄が生じたとき、玉皇上帝の直命によって法門を開き、世間で弟子を養成し、教理を弘め、人びとを善に導き、世の災厄から救う。

(2)黄老仙師の法門で道を行なう者は、必ず三〇日間の精進をし、さらに過法堂を経た後に正式の弟子として承認される(9)。

(3)黄老仙師が伝えた法は「随心変化法(10)」であり、心に従って運用することができる。この法は正当に用いたときにのみ霊験がある。決して邪道に用いてはならない。

(4)黄老仙師の弟子になると、自宅に堂牌を設けることができる。堂牌の正面には「慈忠信義礼倫節孝廉徳堂」と書き、左側に「順天行道忠」、右側に「従地復礼儀」、背面に「黄石公」と記す。この堂牌を毎日礼拝する。

仲間たちは廖俊を童乱と見なして、彼がその役割を果たすことを求めた。

彼は人びとの求めに応じて憑依状態になり、過去を明らかにし、未来を予言し、霊符で病気を治し、符法で邪を除き、行なうことことごとく効験があったので、近隣の農民やゴム園の労働者たちの注目を集めるにいたった。人びとは廖俊のもとに集まり、三〇日間の精進を行ない、過法堂に参加して黄老仙師の法門に入信した。たちまち四〇人余りの弟子ができた。

以上のように廖俊の最初の憑霊は一九三七年、彼が三七歳のとき生じており、以後彼は童乱としての役割を果たすのだが、しかし自分に憑依した神の名は明らかにしなかった[11]。

その神名が廖俊の口から明らかにされるのは一九五一年、彼が五一歳のときである。

その当時廖俊はタンピンに住み、ゴム液を採取する仕事に携わっていた。たまたまゴム園の労働者仲間と中秋の名月を祝う会を開いていたとき、廖俊に老仙が憑依した。老仙は「苦しいときのことを忘れてはならない。適当に遊び楽しめ。そして災難を避けよ。天下の大事を論じ、心をよくし、善を行なえ」と述べた。託宣を耳にした人たちは「あなたはいかなる神仙か」と尋ねた。廖俊は「吾は黄老仙師である」と答えて、トランスから醒めた。

翌日この話を耳にしたゴム園の工頭の戴承佑が、廖俊に老仙を招請するよう依頼した。するとその夜も廖俊に老仙が憑依して説法を始めた。戴が老仙に名を訊くと、彼は「黄老仙師である」と答え、「人間の大事は何であるか」と問うと、「人間には災難多し」と述べたが、戴が「では災難を取り除くにはどうしたらよいか」と訊くと、仙師は「心を修め善を行なうことが必要で、ただ善を行ない徳を積めば、財産を保全し、家内は平安である」と答えた。「どのようにして心を修め善を行なうのか」との問いにたいして、黄老仙師は三〇日間の斎戒、過法堂の実施、随心変化法の学習、十訓（慈忠信義礼倫節孝廉徳）の遵守など、一九三七年にバハウの神壇において口にした託宣と同じ内容の教えを示した。

廖俊に憑依した老仙は一九三七年にはその名を明かさなかったが、一九五一年にはついに〝黄老仙師〟と名乗るにいたった。世間に災厄があるときに降臨し、災厄から人びとを救うとされる神の示現であり、黄老仙師慈教の誕生である。

仙師降臨の噂は、時を経ずしてバハウからマラッカ、ヨンピン、サランバン、クアラルンプールなど、都市部の華人社会に広まり、数多くの善男善女がつぎつぎと過法堂に参加し、仙師の弟子は日を追って増加した。

二　慈教の発展

以上の記述は主にクアラルンプールの黄老仙師慈教慈徳廟発行の文書に基づいているが[12]、開祖廖俊の一九三七年の最初の憑霊とその後の言動に関しては、果たしてそれが事実であったかどうか疑わしい点がある。文書によると、廖俊は一九三七年の最初の憑霊以後に毎日のように憑依状態になり、開光封印法式が行なわれてのち口開きの日を約し、その日がくるとみずからの名は名乗らなかったが、慈教の性格を規定する儀礼・行事を一九五一年の憑霊時と同様に指示したことになっている。廖俊は頭脳明晰で学問を好んだとされるが、いかに優秀な人物とはいえ、一九三七年の最初の憑霊とされるときには駈けだしの童乩的人物にすぎなかった彼が、入門式の必要性や随心変化法の意義から、弟子（信者）になってからの遵守事項にいたるまで、一挙にしかも秩序だって説けるものであろうか。一般の童乩のライフ・ヒストリーと比較すると、はなはだ理解しがたい。廖俊の一連の言動とされるものは、慈教が発展する過程において、『黄老仙師道理書』の作成にあたったとされる直弟子の朱順や李有晋によって構想されたのではなかろうか。いまとなっては慈教発足時に関する記述が真実か潤色かを詳らかにするすべはない(13)。

いずれにせよ客家人霊媒（童身）廖俊の教えは各地の客家人の間に広まり、やがて客家人以外の各民系の人びとの信仰と支持を得るにいたったことは事実である。

慈教の教線がいかに急速に伸びたかは、その廟建立の年月によっても分かる。一九五七年四月にはマラッカに慈忠廟が建立され、大規模廟の第一号になったが、翌一九五八年一〇月にはサランバンに慈仁廟が、翌五九年一〇月ヨンピンに慈忠堂、同一一月チチに慈仁堂が、六〇年二月シンガポールに慈忠廟、そして同年八月にはクアラルンプールに慈忠廟が出現した。それは、日の出の勢いでと形容するに足る発展ぶりであった。

筆者がはじめて慈教に接した一九七九年には、廟数は一八、同八五年には二五、九〇年には二八になっていた。近年になって新廟建立のスピードが落ちてきたが、しかし徐々にながら各地に教線を張りつつあることは疑い得ない。

慈教の廟の名称は、少数の例外を除くと慈忠、慈仁、慈徳、慈孝、慈信のように慈字を頭にしている(14)。「慈字」を慈教が重視するのは、本教のスローガンが〝百鳥帰巣　慈字一家〟であるからだ。

一九五一年に廖俊に憑依した黄老仙師が慈教の宗教集団としての骨子を託宣してから一九五七年にマラッカ慈忠廟建立まで六年間の歳月が流れているが、実はこの期間に朱順と李有晋らによる『教理書』と信仰・崇拝対象、入門式としての過法堂、主要儀礼としての渡法などが創作・整備されたのではなかろうか(15)。

このように考えると一九五七年から数年の間に慈教の廟がつぎつぎと各地に建立された事実が理解可能になろう。また廖俊が最初の憑霊において託宣したとされる慈教集団形成の構想は、実はこの六年間において試行錯誤された諸儀礼・行事の集大成を廖俊の託宣に帰することにより権威づけを図ったものと推測することも十分可能となろう。慈教の特色は、それが一童乩によって創唱されながら、〝脱童乩〟的性格を強く出している点にあると見られる。[16]
慈教では儀礼の中心である霊媒を他の華人社会におけるように童乩とは呼ばず〝童身〟というが、霊媒の名称にとどまらず霊媒（童乩）カルト[17]と慈教との間には以下のような著しい差異がある。

(1)童乩が憑霊状態になるには、通常ドラや太鼓を派手に打ち鳴らし、極度の喧騒状態を作りだすことが必要であるが、童身は神像に向かって立ち、合掌瞑目するのみでそうした状態になる。

(2)童乩の廟には祭壇に一五～三〇体、多いものは五〇体以上の神像を祀っているが、慈教の廟は教理により、黄老仙師（儒教）、斉天大聖（仏教）、太上老君（道教）の三聖のみを祀り、儒・仏・道三教一体の宗教とする。

(3)童乩は男性の場合、上半身裸体となり、憑霊時には激しく動作して神威を示そうとするが、童身は定められた儀礼用ユニフォーム（普通は上衣白、ズボン黒、特別儀礼の際には上下白）を身に着ける。童乩は儀礼中裸足になるが、童身は靴を履く。

(4)童乩は神威を誇示するために刀や針球を用いて身体を毀傷させたり、刃物の付いた梯子に裸足で登ったりするが、童身はそのような行為を一切行なわない。また童乩はみずからの舌や指先を刀で切り、得た血液で符を作り重病人などに与えるが、童身はその種の行為を禁じられている。

(5)童乩と依頼者との関係は一時的であり、問題が解決すると両者の関係は途切れてしまう。これにたいして童身の依頼者は、儀礼に出て感銘を受けたり、友人・知人の誘いを受けたりして信者になることを決意すると、過法堂（入門式）に参加し、童身（黄老仙師）の口頭試問を受ける。これに合格すると仙師の印を身体に捺してもらい、正式に仙師の弟子（慈教の信者）として認められる。[18]

(6)童乩の依頼者には一般にタブーが一切課されないが、黄老仙師の弟子になった者には一定のタブーが課され、定められた義務を履行しなければならない。弟子は牛肉、狗（犬）肉を食してはならず、またアヘンを吸ってはならない。さらに過法堂の後一年間は毎日廟が与えた黄符と緑符を各一枚燃やし、灰を水に溶かして飲まなければならない[19]。続いて二年目には毎月一日と一五日に符を飲み、三年目には正月一日、四月一日、七月一日、一〇月一日の四度符の服用が義務づけられている。最後に弟子である限り生涯にわたり、四月一六日の仙師聖誕日と毎月一日と一五日には精進料理を食さなければならない。

(7)童乩は一般に高齢化したり病気などにより引退すると、廟はつぎの童乩が出るまで空廟になるが、童身においては先代童身が引退の際につぎの童身（掌門人）を指名することが規定化されており、地位の継承が行なわれる。また慈教では、ある廟の弟子が憑霊経験をもち、童身のすべを身につけると、まだ慈教の廟のないところに行って布教をすることができる。その地の弟子が増えて支援組織を作り、寄附を募って新廟を建立すると、そこは他の諸廟の一友廟になる。

(8)童乩廟に集まる依頼者の多くはいわゆる知識人ではないのにたいして、慈教の依頼者や弟子の中には知識人、経営者、教育者が多く含まれている。

以上、童身と童乩の儀礼行動を中心に比較することで慈教の特色を示してみた。廖俊童身は童乩に発して慈教を創唱したが、その性格上の特色は脱童乩信仰《カルト》にあることが右の概括からも知られるであろう。慈教はひとり教理を編みだし、霊媒（童身）の儀礼を洗練させ、組織化したという点において童乩信仰を超えただけではない。さらに従来の童乩信仰が多かれ少なかれ特定の民系集団（福建・広東・潮州・客家・海南などの方言集団）に支えられ、その枠内での活動に限定されていた観があるのにたいして、民系の枠を超えて全華人社会を布教対象とするにいたったのである[20]。

客家人童乩に発した慈教が、初期には各地の客家系華人に篤く信奉されて教線を拡張し、やがて〝百鳥帰巣　慈字一家〟のスローガンを掲げて超民系的姿勢に転じるにいたったのはどのような動機・背景によってであるかは、もうひとつはっきりしない。ただ現在においても慈教の廟（クアラルンプールの慈徳廟）では入門式の過法堂において童身が弟子志願者にたいして客家語で説く教理の内容が、童身の脇に立つ通訳によって直ちに福建語と広東語に翻訳されるという事実は、慈教の超民系的伝道の強い意志を示しているとともに、その場の弟子志願者が客家系に決してとどまらないことを物語っているといえよう。

慈教の教理の中核をなす〝道理〟についてはすでに大要を紹介したことがある[21]ので、ここでは特徴的な部分に触れるだけにしたい。

『黄老仙師道理書』の前半は「慈忠信義礼倫節孝廉徳」の十文字のそれぞれについての解説であり、「慈字」については「慈者善也修心行道徳、慈心相敬相愛是善人」、「孝字」については「孝節忠義是人倫為孝之人」などとされる。前半のタテマエ的解説にたいして、後半部の「遵守仙師之道理」は前半の十訓（十字の教え）をいかに実践すべきかが具体的に示されており、慈教の現実的な姿勢を知る上で貴重である。

その冒頭には「黄老仙師の道理は、各人がまさにこれに従いこれを知るべきである。悪を改め善に従い、邪を去って正に帰し、善きことを行なうべきである」（原文は中国語、以下同じ）とある。弟子たちがよく口にする〝諸悪莫作〟に通じている。「他人と口論し、暴力をふるってはならない。貪りの心を起こしてはならず、他人の物を盗んではならない。他人を害してはならない。他人を害することは自己を害することになるからである」。この〝他人〟にはマレー人（イスラム教徒）も含まれていることはいうまでもあるまい。

「政府の法律を犯してはならない。もしも政府にたいして罪を犯したならば、政府の手に捕らわれ、進んで苦を受けるべきである」。この《道理》には華人の権益にたいして厳しい政策をとる政府との無用の軋轢を避けたい意図が読みとれる。

「人は家に在っても外に出ても、人びとと仲睦まじく付き合うべきである。外に出て友人と付き合うときは、心やさしく義理立てをして付き合うべきで、恩を忘れ義に背くようなことをしてはならない」と説くとき、華人民系を超えてマレー人社会にまでおよぶ人間関係の重要性が示唆されているように考えられる。

「人は勢力をもっていても、それを自負してはならない。あなたが官吏になっても、事を処理するにあたっては公明正大にこれを行ないなさい。他人に濡れ衣を着せてはならない。清潔な官吏になり、民衆を敬服させれば、世界は太平となり人びとは安楽となる」。こうした役人の地位にある者への道理の勧めは、童乩の言辞には稀である。

「人は誠実に忠厚を学び、信用、信義、信直を学び、公明正大を学ぶべきである。また仁義、礼儀、烈義、節義を学ぶべきである。公徳、仁徳、義徳を学ぶべきである。心を修め道を行ない、善人になることを学ぶべきである」と説き、さらに「道理に照らして、仁義と道徳を行なうべきである。人生を誠実に生きる人は忠厚の人である。人は他人を騙してはならない。貪りの心を起こし、悪人に倣ってはならない。乱暴な行為をしてはならない。道なく理なくして行なっては決してならない」と道理の実践を強調する。

最後に「《道理》(随心変化法)を学んでいかなる効能があるか」と自問し、それにたいして「あるとも、あるとも!それはさまざまな力やあまたの超自然的存在(百煞)、妖邪鬼怪を制し、身体を健康に保たせ、家庭の老人と子供を平安にさせ、危災急難を救い、百病を治癒させ、家財を保たせ、他人を救済し、子孫を伝えさせ、みずから練武して身体を健康に保たせ、十八般の武芸に通じさせることであり、その効能は無限である」と答えて終わる。

〝道理〟は人のあるべき道筋を強調するとともに廟で学ぶ法の現世利益性を説くことを忘れない。知識人を納得させるような道理と民衆に渇望される現世利益、そして知的要素と呪的効能の両者を包含したことが、慈教をして短期間のうちに華人社会に進出せしめたと仮説することは可能であろう。

慈教の創唱者廖俊が優れたシャーマニック・カリスマであったことは疑い得ないが、この人物の言動が広く華人民衆の支持を得て各地に普及するにいたった理由・背景については明らかではない。ここではこの問題を深めていくための方法として、とりあえず客家人の性格および西マレーシアにおける客家人の社会的地位の二点に限って述べることにする。

客家（Hakka）は文字どおり〝客人〟のことで「よそからやってきた人びと」を意味する。古代には黄河中下流域に広がる肥沃な平原地帯〝中原〟に住していた彼らは、度重なる戦乱や政治不安、飢饉などにより南下したが、移住地でも抗争・戦乱のためさらに移住を重ね、中国南部の広大な地に分散居住するにいたった(22)。

移住を繰り返した客家人は周辺の中国人から〝異端〟視され、転々としながら抗争を重ねるうちに独特の性格と文化を築きあげていく。彼らは華僑（華人）として海外各地に進出しても、常に特別な存在と見られ、〝華僑の中のユダヤ人〟とさえ呼ばれた(23)。

よく指摘される客家人の強い団結心、進取・尚武の精神、教育の重視、政治への強い指向性などの諸特徴は、彼らの苦難に満ちた移動と抗争の歴史の所産であるとされる(24)。

ちなみに太平天国の乱を起こした洪秀全、辛亥革命の指導者孫文、現代中国の最高実力者鄧小平、シンガポール建国の父リー・クァン・ユー、現在のシンガポール首相ゴー・チョク・トン（一九九六年当時）はみな客家人である。慈教の創唱者廖俊、『道理書』の編者朱順と李有晋は客家人の労働者であったが、大の学問好きであったといわれる。慈教の脱童乩性と新宗教集団の構築に、客家人の民系的性格を読みとることは無理ではないように思われる。

つぎに慈教が西マレーシアの都市部在住華人の間に浸透するのに大きな役割を果たしたのが客家人集団であった。西マレーシア華人社会において客家人の勢力が強いことは、各民系内に占めるその人口比からも明らかである。

西マレーシアの人口は筆者が慈教を調査し始めた一九七九年現在で一〇二七万人であり、内訳はマレー人五四四万三〇〇〇人（五三％）、華人三五九万五〇〇〇人（三五％）、インド人一一三万人（一一％）、その他が一〇万二七〇〇人（一％）であった。これらのうち華人の民系別パーセンテージは、福建系三〇％、客家系二五％、広東系二〇％、潮州系一〇％、海南系五％、その他一〇％である。

これは西マレーシア在住客家系華人人口が他地域に比してきわめて大であることを示している。隣国シンガポールでは客家系華人人口は第五位で六％にすぎないが、西マレーシアでは第二位についている。しかも中小企業の経営者の多くは客家人で民系間におけるその社会・経済的地位は高い[25]。

この民系別人口や職業における客家人の社会・経済的優位と、慈教が各地に伝播し得たこととは、密接に関係していると考えられるのである。さらに慈教発展の背景には、在マレーシア華人とマレー人との政治・社会的問題が伏在すると考えられるが、ここではこの問題に触れない[26]。

これまで慈教と一般の童乩信仰との差異を指摘しながら、慈教の特色について述べてきた。両者には多くの点で著しい差異があることが明らかになったと思う。とはいえ両者にはなお重要な局面において密な共通性がある。それは慈教も童乩信仰も徹底して霊媒（シャーマン）中心の宗教形態であるという点である。童乩廖俊により創唱された慈教は、各地に展開して廟を拠点とする活動を開始したが、活動の中心は〝童身〟と呼ばれる霊媒であり、新宗教集団として規模が大きくなってもこの体制は変わらなかった。このために宗教集団としての慈教にとって深刻な問題を惹き起こすこととなった。

三　慈教の問題点

慈教の宗教集団としての特異性を明らかにするために、まず童乩の廟組織について見てみよう。どの華人民系集団においてもそうであるが、一般に心身異常などを契機に若者が憑霊体験をもつと、親族や知人が支援してある童乩の廟に通わせ、童乩として必要な一定の知識と儀礼行為（託宣や神符の作成、治病行為などを含む）を学習させる[27]。一人前の童乩ができあがると、支援組織が作られ宗教活動が開始される。支援組織は童乩の親族が主になることも

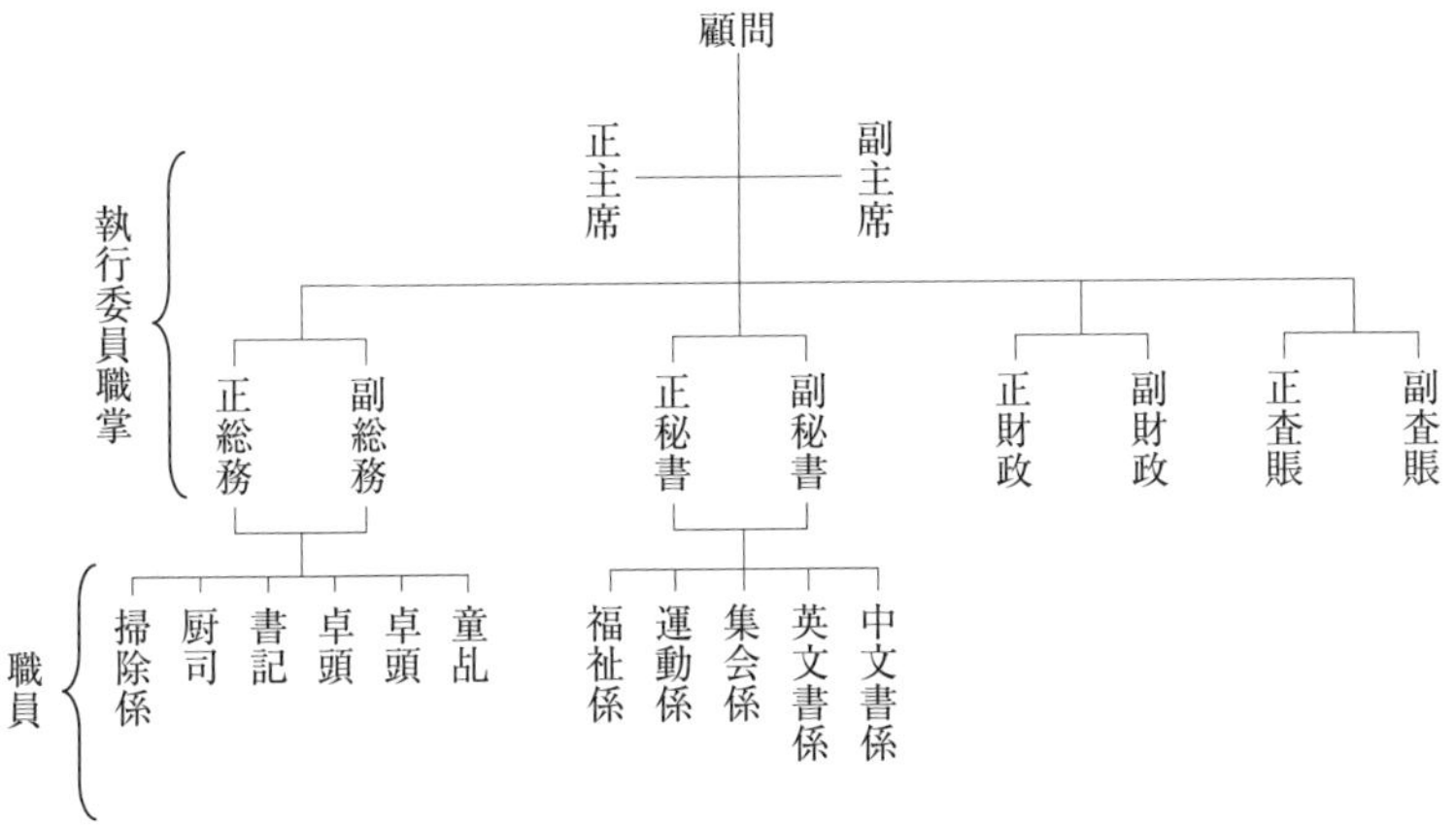

図Ｉ　童乩廟の組織

あれば、地域の有力者や知人、依頼者により構成されることもある。活動は廟を中心に行なわれるが、支援組織の経済的事情から、はじめは掘っ建て小屋の廟から出発することもあるし、最初から立派な廟を建ててもらう場合もある。

童乩の活動はあくまで困苦している人びとの宗教的救済を目的とする〝慈善事業〟であると大方の童乩や廟関係者は主張する。たしかにどの童乩廟に行っても、廟内に図Ｉのような組織図が貼られており、これを見る限り、廟は民主的に選ばれた役員によって運営されていることになる。童乩たちは〝無償奉仕〟を主張する。(28)たしかに彼らの多くは定職をもち、多くは夜間行なわれる儀礼に参加するのみである。しかし実情は役員も童乩も廟に寄せられる寄附金や布施から何らかの金銭報酬を受けているとされる。(29)

図Ｉを見て気づくことは、廟内における童乩の位置の低さである。彼は厨司や掃除係と同等の位置にあり、廟役員に使用される立場にある。実際儀礼を見ていると、神が憑依している間、彼は神自身として言動し、役員からも畏敬視されるが、ひとたび神が去ると〝ただの人〟として遇されることが常である。もっとも、最近では図Ｉのような組織図を廟内に掲げながら、実質的に廟を取り仕切っているのは童乩であるというケースも増えてきているようだ。

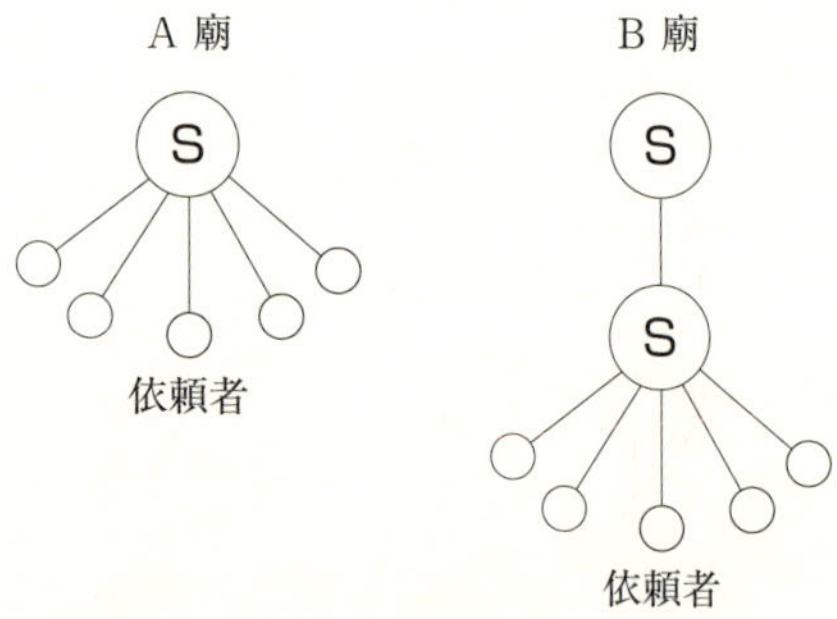

図Ⅱ　童乩と依頼者　Ⓢは童乩（シャーマン）

童乩は病気や高齢により現役を引退すると、つぎの童乩が選ばれてその地位に就くこともある（図Ⅱ Ｂ廟）が、適当な童乩がいないときは空廟になり、場合によっては廃廟となることもある（図Ⅱ Ａ廟）。また童乩が予言、託宣、治病などにおいて評判が高くなると依頼者が雲集するが、そうでない場合には廟に閑古鳥が鳴く。

童乩廟間には大祭執行などにおいて協力関係が見られるものの、平時には依頼者の獲得をめぐり競争や対立もしばしばある。このような童乩と廟の役員・職員、依頼者からなる集団をＡ・Ｊ・Ａ・エリオットは霊媒カルト（spirit medium cult）と呼んだ[30]。

童乩と依頼者間には永続的関係はなく、童乩に持ちこんだ問題が解決されれば、縁が切れるという例も少なくない。童乩信仰《カルト》と比較すると、童乩に発した慈教は、同一教理、同一神を信奉する童身が各地に赴いて伝道し、〝慈〟字を付した廟を建立して〝慈字一家〟を標榜するなどの点で大きく異なっていた。それは形態上、機能上、華人社会の新宗教集団と呼ぶに相応しいものであった。

ところが近来つぎのような深刻な問題が生じていた。第一に同一地域の友廟間において激しい対立が見られるようになった。各廟で弟子を多く作るために、いかに自廟の方が優れているかを誇示し、廖俊以来遵守されてきた過法堂や渡法の仕方を変えて独自性を出そうと努め、童身同士が批難合戦を始め、弟子たちがこれに同調する傾向を生んでいる。しかも慈教集団には本部が存在しないために、廟間の紛争を解決するための権威という機能がない。廖俊存命の間はそのカリスマによって調和と平静が保たれていたが、彼が世を去ると徐々に問題が表面化した。問題点のひとつはまさしく慈教の宗教組織の性格にある。

図Ⅲにおいて、a廟は廖俊によって創建され、現在三代目の童身が役割を果たしている。b、c、d、e廟は時期を異にするが廖俊の弟子（童身）により建立された。しかしa廟と他の諸廟との関係は友廟として同格であり、新旧・師と弟子による上下はない。したがって共通の信仰対象や教理書、儀礼をもつものの、構造的には図Ⅱにおける個々の童乩廟の集合体の観を呈している。各廟に序列がない以上、各廟の童身は黄老仙師に憑依されている間は、同格のシャーマニック・カリスマとして役員や弟子に臨むことになる。どの廟も等しく自廟の神の絶対性を主張するが、各々の神の託宣が相反するものであったとしても、これを裁く上位の機関を欠く。

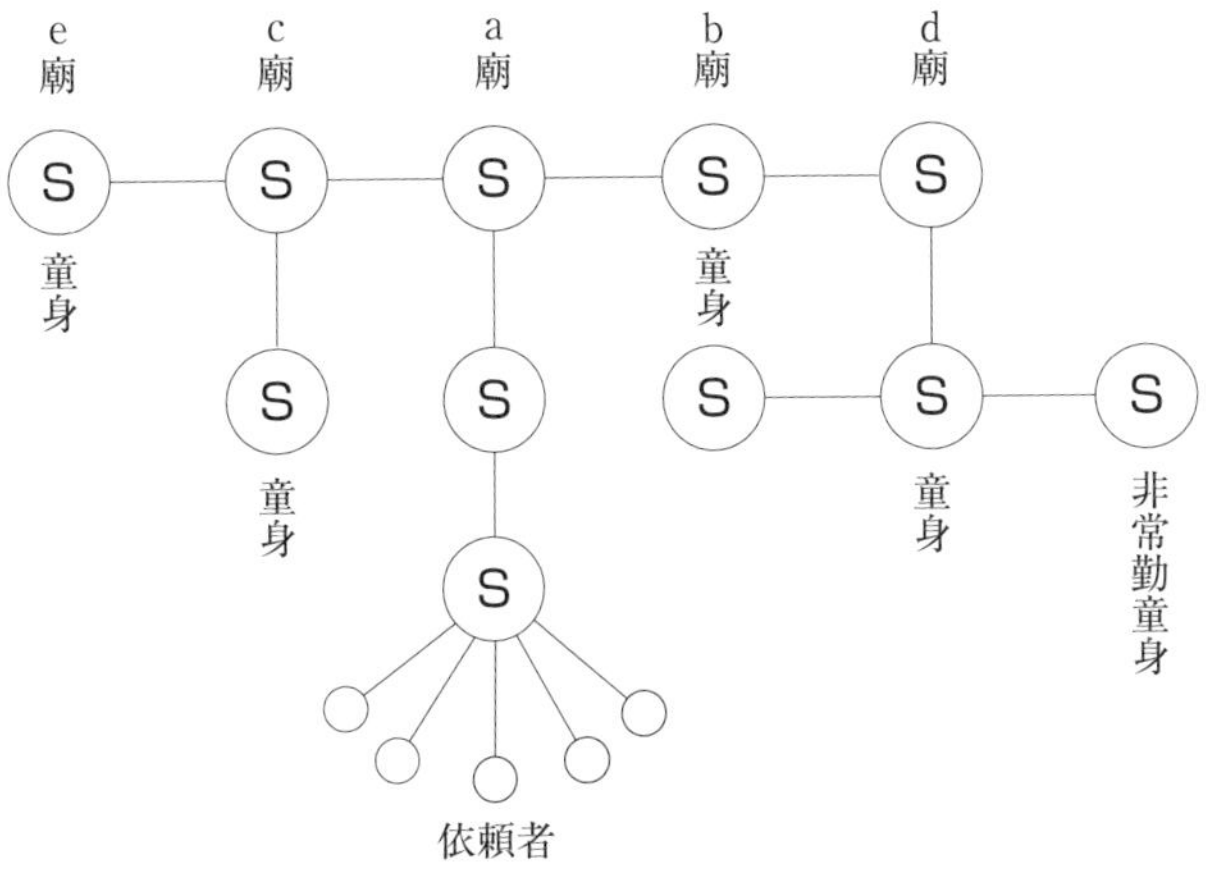

図Ⅲ　慈教の拡大様式　ⓢは童身（シャーマン）

つぎに深刻なのは童身と廟の役員との葛藤・対立である。各々の慈教廟の組織は図Ⅰの童乩廟の場合と全く同じである。「職員」の項の「童乩」を「童身」に、「卓頭」を「副手」に換えれば、そのまま慈教の組織図となる。童身をはじめ職員は給料制であり、金額や儀礼をめぐり役員との対立が絶えない。

クアラルンプールの一廟では役員会が童身を罷免し、これに反対する弟子たちが役員会と対立、廟は大混乱に陥った。ついに役員が交代し、追われた童身が戻って強い発言力をもつにいたっている。

慈教の役員会が廟の儀礼や事業について新しい企画を立案しても、これを黄老仙師が承認するか否かは童身の憑霊時の判断に委ねられる。いくつかの廟が連携して行なう行事が企画されても、神断は各廟の童身に任せられるので、同じ結論が出るとは限らない。しかも童身＝神

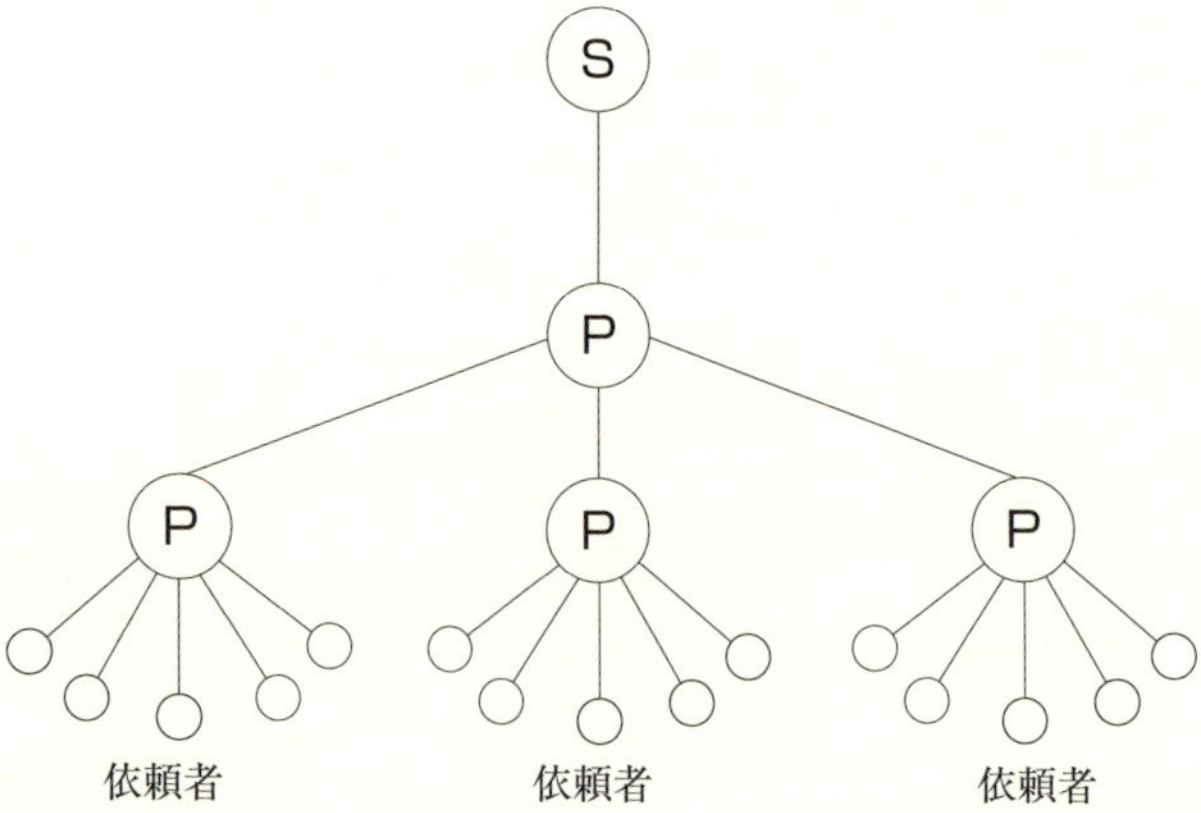

図Ⅳ　宗教集団におけるシャーマン（Ⓢ）と祭司（Ⓟ）との関係

の言辞は絶対である。慈教に本部があり、本部の童身の判断が最終的とされるのであれば、事情は大きく異なってこようが、本部を欠き童身に上下なく横並びの現状では全廟の意見一致は不可能である。かくして慈教は〝百鳥帰巣　慈字一家〟と唱えながら、実際には〝慈字多家〟という深刻な困難性をいろいろな局面で露呈していると見られる。

慈教集団の最大の難点は、各廟の宗教者にシャーマニックな人物を位置づけていることではないか。神の権威と霊威をみずからに示現するシャーマンは、大規模宗教集団にとっては危険にして厄介な存在なのである。

かつてI・M・ルイスは「明確に定められた、安定した政治的地位が存在しない非常に小規模な社会では、シャーマン自身が、人間同士および人間と精霊との交流を司る全能的な権能者として君臨する」、しかし「ひとたび体制化され安定すると、今度は宗教的熱狂を軽視するか、もしくはこれにたいして寛容ではなくなる。それというのも、神的知識を直接得たと主張する宗教的熱狂者（シャーマン）は、既成の秩序にとっては常に脅威だからである」と述べたが[31]、この見方はそのまま慈教の現象にも当てはまるのではないか。シャーマンは童乱信仰《カルト》のレベルでは意味をもつが、童乱信仰の〝連合体〟のような慈教集団においては、まさに〝脅威〟になっているからである。

一般にシャーマニックな教祖により創唱された教団は、図Ⅳのように、その拡大過程において中心人物がⓈからⓅに転化するのは、この脅威を回避するためではなかろうか。いずれにせよ黄老仙師慈教は余他の宗教集団（教団）の成立と展開を考察する上で必要にして貴重な事例を提供してくれているといわねばなるまい。

【註】

（1）慈教について筆者はすでに以下の論文を発表している。「原郷回帰のシンボリズム――マレーシア華人社会のシャーマン」拙著『憑霊とシャーマン――宗教人類学ノート』東京大学出版会、一九八三：「シャーマニスティックな新宗教集団の構造と機能――マレーシアの黄老仙師慈教について」拙著『シャーマニズムの人類学』弘文堂、一九八四：「東南アジア華人社会における童乩信仰のヴァリエーション考」直江廣治・窪徳忠（編）『東南アジア華人社会の宗教文化に関する調査研究』南斗書房、一九八七、本書に第二部第一章として収録：「華人社会の安全弁としての神教――政治―社会的状況との関連において」白鳥芳郎・杉本良男（編）『伝統宗教と社会・政治的統合』南山大学人類学研究所、一九八八、本書に第二部第二章として収録：「憑霊と道理――マレーシアの黄老仙師慈教再論」杉本良男（編）『伝統宗教と知識』南山大学人類学研究所、一九九一、本書に第一部第五章として収録：「神と力――童乩（*Tang-ki*）信仰の弾力性について」杉本良男（編）『宗教・民族・伝統――イデオロギー論的考察』南山大学人類学研究所、一九九五、本書に第二部第三章として収録。

（2）慈徳廟（編）『雪蘭莪黄老仙師慈徳廟廿五周年記念特刊』Wong Loo Sen See Temple, Kuala Lumpur, 1987. 廖俊は一九三七年にも憑霊状態になって黄老仙師慈教の骨格となる理念と儀礼の仕方を神託し、信者もできたが、憑依した神については明らかにしなかった。一九五一年の憑霊において、はじめて神はみずから「黄老仙師」であると名乗った。慈教の廟が各地に建立されるのは一九五七年以降である。

（3）原因は不明であるが、マレーシア政府が現在も続行している華人の権益制限政策ブミプトラ（Bumiputera）と関わっていたと推測される。

(4) 童乩の廟には大規模なものから掘っ建て小屋風のものまである。神壇の語は小規模な童乩廟を指して用いられることが多い。
(5) トランス(憑霊)経験をした若者が先輩童乩のもとで童乩を目指して憑霊や儀礼について訓練を受けることは一般に見られる。また廟によってはさまざまな心身鍛錬法が伝授される。
(6) 童乩廟には童乩の儀礼を援ける人たちが数人いる。通訳・解説役の卓頭のほか、ドラや太鼓をたたき神を迎える神歌を歌う役(多くは少年)が必要である。この中から未来の童乩が出現することがしばしばある。
(7) 童乩に神が憑依したとき、何神が憑依したかにより依頼内容に差が生じる。とくに最初の憑霊においては、その童乩を選択した神が誰かが重要である。
(8) ある人物を正式に童乩にするための儀礼。神がある人物を選択しても、正式の通路が開かれないと、神を迎えることができない。そこで特別の祭壇を設けて神を迎える開光封印を行なうと、神は呼びかけに応じて来臨する。
(9) 慈教への入門式であり、童身(童乩)が入門希望者に口頭試問を行ない、合格すると正式の信者として認められる。
(10) トランス(憑霊)状態になって予言や治病を行なうこととされる。慈教発足の頃は弟子(信者)は誰でもこの法を学習できた。ところが「弟子たちは各自の法力が強いことを競い、意見を異にし、群れをなし、別の教門(教団)を立てようとさえした」[慈忠廟『黄老仙師慈忠廟銀禧紀念』Wong Loo Sen See Chee Choung Temple, Kuala Lumpur, 1985, p.11]という状況になったため、一九六三年この法の弟子たちへの教示をやめ、法門を閉じるにいたった。
(11) 一九三七年に憑霊において廖俊が「われは黄老仙師である」と名乗れば、この年が慈教誕生の年とされたであろう。
(12) 註(2)の慈徳廟(編)前掲書による。
(13) 初期の廖俊の高弟たち、朱順、李有晋、黄有はすでに死去しており、現在の童身に尋ねても廟の刊行物の内容どおりであると述べるのみである。

(14) セランゴール州のプラウ・ケタンには「黄老仙師廟」、ジョホール州のポンティアンには「黄老仙師壇」がある。

(15) 時間をかけて慈教の宗教集団としての基本条件を整えたのちに、これを廖俊が最初の憑依状態で行なった託宣の内容として公表するにいたったのではなかろうか。

(16) 慈教の脱童乱的性格については、本書、第一部第五章、一四二頁参照。

(17) 霊媒カルト (spirit medium cult) に関して、シンガポールの事例を調査したA・J・A・エリオットは「〔霊媒カルトは〕ある寺廟で役割を果たす童乱と、寺廟の経営・運営を司る支援組織、および一般の依頼者・信者から成る祭儀(儀礼)集団」であるとしている〔A. J. A. Elliott, *Chinese Spirit-Medium Cults in Singapore*, The London School of Economics and Political Science, London, 1955. 安田ひろみ・杉井純一訳『シンガポールのシャーマニズム』春秋社、一九九五参照〕。

(18) 過法堂の詳細については、註(1)の前掲拙著、一九八三、一五〇~一五六頁参照。

(19) この神符を「食すこと」は各地の童乱の場合と同じである。童乱が憑霊中に神自身として作成した符は華人間ではすこぶる信奉されている。

(20) この点については、本書、第二部第二章、三八二頁参照。

(21) 本書、第一部第五章、一三七~一四一頁参照。

(22) 橋本萬太郎(編)『漢民族と中国社会』(『民族の世界史』五)山川出版社、一九八三。

(23) 高木桂蔵『客家——中国の内なる異邦人』講談社、一九九一、一二~一三頁参照。

(24) 林浩著・藤村久雄訳『客家の原像——アジアの世紀の鍵を握る その源流・文化・人物』中央公論社、一九九六、二五三~二七八頁参照。

(25) クアラルンプール慈孝廟の創立記念日に集まった客家人招待者たちの職業調査による。

(26) この問題については、拙稿「〝慈字一家〟の社会─政治的背景」（『月刊百科』八、№三五七、平凡社、一九九二、一九〜二三頁）に記している。

(27) どの童乩に訊ねても、先輩童乩から学習したということを頑固に否定し、神から直接伝授されたと強調する。しかし実際には弟子入りして学習している（エリオット、註（17）の前掲訳書、七三〜八〇頁参照）。

(28) 童乩は早逝する運命に生まれついたが、神に選ばれて童乩になることにより延命しているので、降霊儀礼は無償奉仕であるとされる。

(29) エリオット、前掲訳書、八四〜八八頁参照。

(30) エリオット、前掲訳書、八〇〜九二頁参照。

(31) I. M. Lewis, *Ecstatic Religaion: An Anthropological Study of Spirit Possession and Shamanism*, Penguin Books Ltd., London, 1971, 平沼孝之訳『エクスタシーの人類学──憑依とシャーマニズム』法政大学出版局、一九八五、二六〜二七頁参照。

【フィリピン編】

第七章　サント・ニーニョと順天聖母

一　「神教」とは？

華人社会の寺廟には実にさまざまな「神仏」が祀られている。ここで神仏の文字にあえて「　」を付したのは、各寺廟の祭壇に祀られている諸信仰・礼拝対象は、大別して道教系の「神々」と仏教系の「仏菩薩その他」から成っており、異なる宗教的伝統に属する諸々の霊的存在が共存している事実を強調したかったからにほかならない。

シンガポールのラングーン・ロードにあった（現在は他地区に移転再建されている）斉天宮は童乱《タンキー》（霊媒型シャーマン）が主宰する小廟であったが、その祭壇には、太上老君、法祖、玄天上帝、大聖仏祖、観音菩薩、斉天大聖、斉公活仏、関聖帝君、感天上帝、蓮華太子、善財童子、蔡俯王爺などが祀られていた。これら諸存在のうち傍点を付したものは名称から見てその出自が仏教であるか、仏教に関係していることは明らかである。

もっとも一見しただけでは同じようにしか見えない金色の諸像を、あれが道教系、これが仏教出自などと詮索するのは主に知的・学問的関心のなすところであり、当の童乱や多くの信者、依頼者にとってはその種の分類はどうでもよいことであろう。多くの華人信者、依頼者にとっては「神仏」はすべて「神々（shen）」なのであり、神々が彼らにとっていとも重要なのは、その願望によく応じてご利益を与えてくれるからであるにちがいない。

けれども道教系の神々と仏教系の仏菩薩などが祭壇上に呉越同舟的にではなくて、むしろ和気藹々と並ぶにいたった社会・文化的背景や過程にはどのような事情があったのか、これは異文化相互の接触と変容に関心をもつ者にとってはたいへん重要な問題である。

この問題の解明には長い歴史的過程を射程に入れた宗教文化史的な厳密な考証が参考になることは言うまでもないが、さりとて現在の視座からのアプローチによるそうした解明がきわめて困難ということではあるまい。華人の信奉する宗教が異質の宗教的伝統にたつ諸要素をみずからに包含していく営みは現に進行中であり、華人宗教のパンテオンは今も絶えず変化しつつあるからである。

こうした営為を〈中国宗教〉の特徴と見なした人類学者のV・ウィーはこれを「神教（shenism）」と名づけ、「〔それは〕一個の空っぽな容器（an empty bowl）であり、時と場合によって、仏教、道教、儒教のような制度的諸宗教の内容や中国的な混交宗教、さらにキリスト教やヒンドゥー教によってさえ満たされる（包摂）ことができる。これら諸宗教の内容は再解釈され、〈中国宗教〉の象徴体系に独自な様式において利用される」[1]と述べている。

このウィーの指摘においてとくに重要であると考えられる事項は、「時と場合」「〔諸宗教の〕包摂」「再解釈」そして「利用」である。これら四つの事項は、彼女が指摘した「神教」の概念の骨子を成しているからである。ところでさまざまな要素を時と場合によってみずからに包摂していくという意味において「神教」的なのは、何も寺廟の祭壇上に見られる現象に限られたことではない。

フィリピンのマニラはビノンド（Binondo）の華人社会の宗教を調べていてたいへん興味深いのは、とくに三世、四世の若い人たちに多いようだが、個人が仏教と道教とカトリックを信じていると表白することである。「あなたの宗教は?」と尋ねると、「仏教と道教とカトリック」と明快に答える華人の若者は少なくない。その意味は、祖父母や両親が仏教寺院に足しげく通い、自分も一緒に寺院に行って拝むことがあり、また何かあると道観に行って筶《ポエ》を投じて神意を問い、童乩に神託を依頼することがあり、さらに日曜日にはキリスト教会に行ってミサに出席するといったことであるようだ。同じように「仏教＋道教＋キリスト教」が自分の宗教であると答えても、自己にとってのそれぞれの宗教の重み、寺廟や教会を訪ねる頻度などは個人によって相当に異なっているにちがいない。

ここで重要なのは諸種の異質の宗教を包摂するという点で、寺廟のパンテオンの構成と個々人の信仰内容の構成とが鮮やかな相似形を成している事実である。極端な言い方をするなら、寺廟のパンテオンに表象されているような華人宗教のシンクレティックなありようが、個々の華人の信仰のシンクレティズムを創り出したのであり、またその逆でもあり得るであろう。いずれにせよ華人社会の〈神教〉的あり方の究明は、人びとの思想と生活のみならず広く中国人・中国文化の理解にとってすこぶる重要であると考えられる。

以下においては、筆者が一九八六年七〜九月の間に行なったマニラ華人社会の宗教に関する調査[2]で得た諸事例のうち、一女性宗教職能者のシンクレティックな思考と行動の過程を記述し、あわせて現在のフィリピンに存続する華人社会が内包する若干の問題に言及することにする。

二　サント・ニーニョと順天聖母——蘇秀容の童乩化の過程

女性童乩の蘇秀容（一九八六年八月現在で四三歳）は、サン・ミゲルのサン・ベダ三番街に位置する順天聖母殿の殿主である。「殿」とは言っても正式の道観のような朱と黄金色に輝く大廈高楼のそれではなく、普通の華人家屋の応接間の一隅に祭壇を設けただけの簡単なものである。

祭壇の構成は、向かって壁の右側には額入りのサント・ニーニョ（Santo Niño）像を飾り、その下に臨水夫人、二位順天聖母、三位順天聖母、舎人仙童、観音、財神爺、サント・ニーニョ（以上第一段）、財神爺、弥勒、観音、周王府、土地公（以上第二段）の神像群から成っている。祭壇を背にして殿主蘇秀容の坐る腰掛けと大型の机があり、その前に依頼者・信者用のソファー数個が置かれている。

蘇秀容が童乩として活動し始めたのは一九八三年の八月からであり、彼女によれば「まだ経験が浅く、神に試されている時期にある」のだという。それでも彼女の噂を耳にした人びとが週に三〇〜四〇人ほど問事《もんじ》にやってくる。

依頼者の多くは病院に通っても治りにくい人たちであり、殿の在所がマラカニアン宮殿に近いことから、役人たちの来訪も少なくないようだ。

「順天聖母観霊降指示」なる「章程規定」には、㈠凡求補運（時運欠佳者）只収費二角半（廿五仙）、不得超過規程、㈡問事求医只収費二元、不可超過規定などとあり、蘇秀容を訪ねる人びとが主として運の悪い人と病気に悩む者であることが分かる。また謝礼も決して高くはないと言えよう。

依頼者が訪ねてくると、蘇秀容は祭壇の神々に線香と灯明をたむけ、神々を背にして依頼者の方を向き、両肘を机の上に置き、両手のひらでみずからの顎を支えるようにしながら瞑想する。数分すると顔面が紅潮して両眼からしきりに涙が出るようになる。順天聖母が彼女に憑依したのである。[3] 卓頭（審神者）の役を務める夫のS・K（四四歳）によると、多量に落涙するのは順天聖母憑依の特徴であると言う。眼を大きく見開いた蘇秀容は、それまでとは異なった引き締まった顔つきになり、凛々たる声で神意を伝える。病人にたいしては病気の現状判断と対処の仕方を示す。

蘇秀容が神霊憑依中に話したことは、憑依＝トランスから覚めたのち何も記憶していないので、憑依中の神言は夫が記録しておき、病人への具体的な対処法は覚醒後の蘇秀容と夫が相談して決める。多くは漢方薬の服用を勧める。身体が衰弱している人には「四物」と称する柑杞、続載、冬帰、北杞、首烏を混合した薬が有効であるとされ、たいていの依頼者に与える。各種がん疾には半枝蓮と白花蛇草がよく効くとされる。

すなわち蘇秀容のセアンスにおける主な役割は神霊憑依による病状判断と薬物の処方であり、数は少ないが家庭、職場などにおける問題への助言である。

蘇秀容が童乱になるにいたった動機と経過はおおよそ以下のとおりである。

福建省出身の両親をもつ蘇秀容は二六歳のとき結婚し、現在高二の男性を頭に一男一女をもつ。夫のS・Kも祖父母は福建省出身であり、現在は外資系の繊維会社に勤務している。二人は多くの同世代華人がそうであるように早くしてカトリックに入信し、互いに知り合ったのもカトリック教会においてであった。

二人の結婚式は教会でカトリック式に行なわれ、ミサには二人でできるだけ出席してきた。

夫はカトリックではあるが、これまた多くの華人がそうであるように仏教寺院や道教の道観、童乱廟にも熱心に通った。二人の生活は長い間平穏で幸せであった。

蘇秀容が心身に変調をきたしたのは一九八〇年である。不眠症に陥り、精神不安定で夢見がちになり、昼には幻覚が生じ、食欲不振で体重が激減した。医師は彼女を高血圧症と精神症であると診断した。長期にわたり通院加療したが症状は好転しなかった。

カトリックの仲間たちの勧めにより、彼女は夫とともに南部ルソンのヴァレンスウェラにあるサント・ニーニョの神殿を訪ね、サント・ニーニョの霊を憑依させて託宣をする女性霊媒の判断を仰いだ。カトリックの霊媒の神示は「中国の神々があなたを求めている。意を決して神々に仕える霊媒（童乱）になれ。そうすれば健康は回復する」であった。彼女も夫同様信心深く、二〇代の頃から各地寺廟を拝んでいたが、自分が宗教職能者になるなど思ってもみないことであった。

彼女はずいぶん思い悩んだが、夫の熱心な慫慂《しょうよう》もあり、童乱になる決心をした。先輩童乱たちの助言と判断により、彼女は順天聖母を守護神とする童乱の道を歩みだした。病状は間もなく消失したという。

順天聖母は臨水夫人とか陳靖姑とも呼ばれ、女性の難産を助ける神として男女双方から篤い信仰を集めており、伝承では難産にご利益があるほかに、毒気によって人びとを病気にする大蛇を退治したり、悪霊・悪気を祓除したことでも知られ、南宋の理宗から一三世紀半ばに「崇福昭恵慈済夫人」の封号を与えられたとされる。(4)

順天聖母の霊媒である蘇秀容が病気治しを得意とする役割を演じているのは、きわめて自然であると言えよう。

ところで、既述のように蘇秀容の祭壇にはサント・ニーニョの神像が絵図を含めて二体祀られており、蘇秀容は自分の道を開いてくれた大恩の神として常に崇敬してやまない。このサント・ニーニョの像は王冠を頭に戴き、赤または緑のマントを身にまとった青い眼の幼子である。スペイン語でサント（Santo）は聖、ニーニョ（Niño）は幼子を意味し、かくしてサント・ニーニョは「幼子イエズス」を意味する。サント・ニーニョへのカトリック教会の信心業は一六世紀にヨーロッパのプラハを中心に盛んであったが、フィリピンへは一五二一年マゼランによりもたらされ、その後スペイン人たちによりセブ島に聖アウグスチヌス教会が建設された際にその像が安置され、爾来セブのサント・ニーニョ像として人びとの強い信仰の対象となったとされる。(5)

セブのサント・ニーニョ像には数々の神秘的伝説や奇跡譚がまつわりついているらしいが、とくに一九六〇年代後半頃からフィリピン各地にサント・ニーニョの霊を宿して託宣や予言、治病などを行なう霊媒が現われ、人びとの注目の的となった。こうしたサント・ニーニョの霊媒の活動は当然のことながらカトリック教会の公認しがたいものであり、現に規制が敷かれているため、噂が大である反面、その実態はよく知られていないという。(6)

すなわち順天聖母の霊媒である蘇秀容が親しく教えを請い、それに従ったのは幼子イエズスの霊であったのであり、蘇秀容が道教の霊媒になった動機づけは、実にカトリックの霊媒により行なわれたのである。こうした現象の社会・文化的背景または基盤として何が見えるのであろうか。

三　社会・文化的背景を考える

蘇秀容が心身異常に悩んだときに、南部ルソンのサント・ニーニョの霊媒を訪ねたのは友人たちの勧めによってであった。一般に華人が心身異常に陥り、病院に通っても効果がないようなときには、超自然的判断に頼ることが多い。そのようなとき彼らが訪れる有力な職能者に童乩（霊媒）がいる。シンガポールにおいてもマレーシアにおいても華人社会では童乩を訪れる人が多く、そして訪れる理由の七〇％が病因についての判断と治病儀礼を行なってもらうためである(7)。

蘇秀容がもしもマレーシアかシンガポールに住んでいたら、彼女は異常事態において迷うことなく童乩を訪ねたにちがいない。

彼女がサント・ニーニョの霊媒を訪ねたのは、まさに彼女がフィリピン華人であるからだと言えよう。彼女は夫とともにカトリック信者であり、カトリック圏内で童乩的存在を求めようとすればさしずめサント・ニーニョの霊媒を思いつくにちがいない。彼女はすでに述べたように、宗教的には仏教にも道教にも係わってきた。選択肢は大別して仏・道・キとあり、とくに童乩（道教）とサント・ニーニョ（カトリック）が好カードであったはずだが、彼女は後者を選択したのである。

どうしてであろうか。一九六〇年代から各地に登場するにいたったサント・ニーニョの霊媒は、カトリック教会の容認し得ない存在ではあるが、土着性を少なからず含む隠微な宗教形態としてかえって大衆の熱い視線を浴びていたからであり、おそらくフィリピン人も華人もしばしば訪ねる存在であったからである。さらに仏・道の信者であると同時にカトリックの信者でもある彼女の目には、サント・ニーニョが新鮮で力強く映ったのかも知れない。この二〇年ほどの間に「幸福を呼び、不幸を除く力をもつ神像」としてのサント・ニーニョの像は華人社会に多く受容され、青い眼の可愛らしい像は、一般家庭からオフィス、商店、ホテルなどにいたるまで飾られ（祀られ）るにいたっており、また童乩廟の祭壇にも伝統的な金ピカの神像群と一緒にひときわ目立つ存在として安置されるにいたっているからである。

もっともサント・ニーニョ像が中国の諸神像と一緒に祀られているとは言っても、決してこの像がパンテオンの中心を占めているわけではない。どの廟においても諸神像の一端か一段低いところに「客分扱い」的に置かれていることが多いのである。この像がたとえば「聖耶蘇太子」などと呼ばれ、姿形も中国式になって童乩廟の祭壇のパンテオンの中央部に位置を占めるにいたるには、なお相当の時間が必要であろう。

現在、フィリピンの総人口は約五五〇〇万人、その八五％がカトリック教会の信徒である。他方「中国人」のアイデンティティーを自覚しつつフィリピンに在住する者、すなわち華人の人口は五五万～六〇万人と推定されており、総人口のわずか一％である。そのほとんどが信仰的には仏・道または仏・道・キの信者あるいは支持者と考えられている。フィリピンの華人は極端なマイノリティー・グループなのである。

こうした社会的状況の下で華人社会がフィリピン人社会と共存共栄していくためには、さまざまな方途があろう。そして三世、四世の華人がカトリックに入信するのも、サント・ニーニョを容易に受容するのも、「時と場合」による「包摂」現象であり、彼らの宗教・社会的対応のひとつの方途であると考えることはできよう。その証拠に、彼らがカトリックになっても、多くは仏・道を棄てないという現実がある。仮に彼らが仏・道を棄てるとなれば、それは華人のアイデンティティーの崩壊につながりかねまい。相手との対決を回避しつつ主体性の維持を図ろうとすれば、「包摂」や「付加」の営為が有効であることは言うまでもなかろう。

サント・ニーニョのフィリピン人霊媒を訪ねた蘇秀容にたいして、霊媒が蘇秀容がカトリック信者であることを十分に承知しながら、華人宗教の霊媒になるよう託宣したのは、華人社会の宗教的構図を意識すると否とにかかわらず許容してのことではあるまいか。そこには、蘇秀容が仏・道を放棄して、たとえばサント・ニーニョの霊媒になることなど不可能であるとの判断があったとも言えよう。

かくしてサント・ニーニョは蘇秀容の信仰する諸神の仲間に入り、「大恩の神」として中国式に崇拝されることになった。蘇秀容は現在、順天聖母は慈悲の権化観音と同体であると説いているが、やがてサント・ニーニョは順天聖母の弟であるなどと「再解釈」する日がこないとは言えまい。

冒頭に述べたウィーの「神教」の概念はフィリピンにおいても依然有効だが、しかしここでの神教は「空っぽな容器」ではなくて「すでに中味の入った容器」であると言えよう。

【註】

（1）V. Wee, "Buddhism in Singapore," in R. Hassan (ed.), *Singapore: Society in Transition*, Oxford University Press, Kuala Lumpur, 1976, p. 171.

（2）昭和六一年度文部省科学研究費による海外学術調査「フィリピン複合民族国家における宗教観と国民形成」（研究代表菊地靖早稲田大学教授）の現地調査において、筆者は華人社会の宗教を担当した。本論はその調査結果の一部である。

（3）一般に女性童乩が憑依状態に入るときには全身を軽く痙攣させたり、欠伸を繰り返したりしてトランスの兆候を示すことが多いが、彼女はその種の状況を示さなかった。

（4）窪徳忠『道教の神々』平河出版社、一九八六、二一四〜二一五頁参照。

（5）寺田勇文「フィリピンの民衆宗教——とくにシャーマニズムをめぐって」*KCIE Occasional Paper*, No. 11, 鹿児島国際経済研究会、一九八三、六〜七頁参照。

（6）註（5）の寺田前掲論文、七頁参照。

（7）拙著『シャーマニズムの人類学』弘文堂、一九八四、三〇一〜三三三頁（「シンガポールにおける童乩（Tang-ki）の依頼者と依頼内容」）。

第八章　もう一つの神人直接交流＝扶乩

一　はじめに

霊的（超自然的）存在と直接交流し、その意志や指示を直接に知るための方法と技術は、各地の民俗社会において広く見られる。各地の華人社会における典型的な神人の直接交流は、童乩《タンキー》（Tang-ki）や尪姨《アンイー》（Ang-i）などシャーマニックな霊能者の営為に顕著に示される。(1)華人民衆は直接に神意を知るため、しばしば筶《ポエ》や筮竹《ぜいちく》、お神籤《みくじ》などを用いる。しかしこれらの神意伝達の方法は、霊能者のそれと比較してすこぶる単純にして限定的である。筶や筮竹は、第一に結果が偶然的、かつ内容が定型的であり、第二に神格の顕現を欠き、したがって神人間の具体的な質問応答がない。これにたいして童乩や尪姨は、神霊や死霊がその身を借りて現実に姿を現わし、意志・指示を伝え、その場で人びとの悩みごとを聞き直接に回答するということにおいて、まさに〈神人直接交流〉のひとつの極限形式を示していると言えるのである。

童乩や尪姨は大部分が、その役割を果たす際に神（霊）自身に化していると信じられており、したがって彼らは研究者により〈霊媒（spirit medium）〉とされ、そのトータルな営為は〈霊媒術〉または〈霊媒信仰（spirit mediumship）〉と呼ばれている。(2)霊媒術の特徴は、既述のように神（霊）が現実の人間＝霊媒の口を借りて語り、身体を使って動作するというメカニズムにある。実に霊媒は神人直接交流の回路であり、中継点なのである。

ところで華人社会には、童乩や尪姨の他に独特な神人交流の手段がある。それがここで取りあげる〈扶乩《フーチー》〉[3]である。扶乩は〈乩〉または〈乩筆《キーピッ》〉と呼ばれるY字形の木製筆記具に神霊が憑依し、この神霊がY字形乩の二股部分を握っている二人の人物の手を動かし、神意・神示を自動書記（automatic writing）することを言う。乩または乩筆は、常に二股の柳または桃の木で作られ、二股部分と二股から先の単棒部分を入れて全体の長さは六～七〇センチメートルほどである。華人は柳や桃の木を悪霊や邪気を祓除する霊木と見なしている[4]。乩の単棒部分の先端には、龍頭の彫刻などが施されており、ここが筆の役割を果たす。Y字形の乩には木の皮を剝いだままのものと、朱の漆を塗ったものとがある。乩を握る人物を〈扶鸞《フールアン》〉と言う。

扶乩を行なうときには二股部分を二人の扶鸞が握るが、この際、単棒部分にたいして左側の把手を右手で握る人物が〈正鸞《チアルアン》〉、右側を左手で握る人物が〈副鸞《フールアン》〉とそれぞれ呼ばれる。正鸞を〈挙正乩之人〉または〈牽正乩者〉、副鸞を〈挙左乩之人〉または〈挙左乩者〉と称することもある[5]。正鸞になる人物は、多くは童乩の役割をも果たせる霊能者であるようだ。自動書記は通常〈乩盤〉と呼ばれる一辺一メートルほどの正方形の盤に米粉、砂、または線香の灰を敷いたものに漢字を書く形で行なわれる。乩盤には四本の脚が付いているので、扶乩を行なうときには乩筆を握った正鸞と副鸞が乩盤の一辺に直立することになる。より具体的に言うなら、乩盤は諸神を祀ってある祭壇の真前に置かれるから、正鸞と副鸞は諸神を前に立ち、二人が握った乩の単棒の先端を乩盤の中央に置き、正鸞が神（霊）の降臨を願って瞑目祈念することから扶乩は始まる。しばらくすると正鸞の手に強い力が加わり、乩の先端がドンドンと音をたてて乩盤の上を動きだす。神（霊）の降臨であるとされる。これを〈降乩（神の乩への降臨）〉とか〈上乩（神の乩への憑入）〉、〈輔乩（神の乩への付着）〉、〈関乩（神の乩への接触）〉などと言う[6]。降乩の際に主に手を動かすのは正鸞の方であり、副鸞はたんに二股の一方に手を添えているにすぎないという。

正鸞の手が動きだして乩盤に神意を示す文字を書くことを〈挙乩出字〉と呼ぶ。神（霊）が憑依するのは正鸞にでも副鸞にでもなく乩筆にであるが、乩筆が動いている間正鸞はトランス状態に陥っていることが多く、扶乩が終わったのちに自動書記の内容について訊ねても、記憶にないと答えるのが常である。

乩筆が書く文字は草書体で普通の人には読めない。そこで乩盤の右横に〈唱録生〉が控えていて盤上に現われた文字を読みあげ、左横に坐している〈記録生〉(複数)がこれを半紙に記す。はじめは必ず〝吾乃玉皇三太子(自分は玉皇三太子である)〟のように神(霊)がみずからの名を名乗り、ついで神意を示すという順序になる。神意・指示の内容は記録生から依頼者に解説される。

以上のように扶乩は乩が神人直接交流の媒体となって行なわれるセアンスなので、研究者は扶乩を霊媒術(信仰)の一種と見なしているのである。[7]

以下においては、筆者が一九八六年七〜八月にフィリピン・マニラ市のM・アドリアティコ通りにある金鸞御苑(Kim Luan Temple)において観察した扶乩について報告したい。[8]

二　金鸞御苑の現状

金鸞御苑はまぎれもなく道教に属する廟[9]であるが、外見上は他の道観に見られない独特な雰囲気をもつ建物である。朱や金をふんだんに使ったけばけばしさはなく、屋根は緑、壁は白の瀟洒なたたずまいである。廟は二階建てであり、二階部分が儀礼を行なう空間(神殿)と事務室、一階はホールになっている。神殿正面には三段からなる祭壇があり、道教の諸神像が祀られている。広さは間口一〇メートル、奥行き一二メートルほどである。

廟に向かって右側に平屋の〈附属瑤蓮施診医室〉があり、廟の会友・会員たちが慈善事業として主にフィリピン人貧民のために医療を施す施設となっている。つまり金鸞御苑は宗教行為の場(廟)と医療行為の場(施診医室)からなっている。

この廟が現在地に建立されたのは一九七六年である。それ以前の廟は現在地の近くにあるビルの一室に置かれていた。華人社会では、事業に成功して経済的にゆとりのできた人が中心になって同郷の知人・縁者などに働きかけ、出身地で信仰されていた神々を祀る廟を作り、ここを中心に同郷人が団結し、恵まれていない人びとに救済の手を差しのべるというケースが、一般に見られる。最初はビルの一室を借りての細々とした営みを続けているが、その廟の会友・会員の中から大成功を収めた人や不治の病が治った人などが出ると、その人たちの大口の寄附により、新しい土地を求めて独立の新廟を建立するといったケースが少なくない。金鸞御苑も決して例外ではなかった。一九八六年八月現在、廟の総務（事務長）を担当している洪金甌によると、マニラ華人社会では一九七五・六年頃に寺廟ラッシュが生じたという。その理由の主なものはオイル・ショックがもたらした経済的状況を利用した華商が莫大な利益を得たことにあるとされる。

廟建立の中心になったのは福建省出身の実業家、許志章（一九七八年死去、行年七〇）であった。彼は篤信家であり、とくに金鸞御苑の主神、金母娘娘の尊崇者であった。彼が現在の土地を購入寄進すると、当時相当の利益を得ていた事業家たちが積極的に賛同し、かくして新廟の建立は実現した。どの廟においてもそうであるように、金鸞御苑も当初から董事会（理事会）を置き、会友（信者）や関係者により互選された諸役員が各役割を果たしてきた。(10)

役員に選出された者が、概して寄附金その他により、廟建立に少なからず貢献した実績の持ち主であることは言うまでもない。役員の大半が中小企業の社長またはオーナーであるという事実が、これを裏書きしていると言えよう。(11)

金鸞御苑の定期的な主要行事は、毎週月曜日と水曜日の夜に行なわれる扶乩である。神（霊）が乩に直接示現して神意を伝達するこの儀礼は、華人間にたいへん評判であり、セアンスの行なわれる日の依頼者は、毎回一〇～二〇人におよんでいる。扶乩への依頼者が重病が治癒したので、さらに信仰を強め、廟の役員になった例もある。(12)廟の神々に祈願し、神々の指示に従ったら難病が完治し、運勢が好転したという類の噂は口コミによって華人間に弘まり、このことが廟をますます有名にし、さらに多くの依頼者を集めるにいたる。

金鸞御苑が建立されて六年目の一九八二年三月に、附属瑤蓮施診医室（Yao Liang Charity Clinic）が発足した。最初は廟の一階ホールを診療室に当て、華人の医師たちがボランティアとして医療を行なった。対象はフィリピン人の貧困層であった。間もなく噂を耳にしたフィリピン人が大勢押し寄せるようになり、仮の診療室では対応しきれなくなった。董事会が独立の診療所を建設することを考慮していたとき、話を耳にした実業家の蔡永亮が即座に大金を出して廟の右横の土地を購入、廟に寄附してくれた。かくして一九八五年一二月に施診医室は開業した。現在、毎週月曜日午後一時から四人の華人医師により診療が行なわれているが、毎回一二〇～一五〇人が訪れるという。来室者の九五％がフィリピン人で、その八〇％が子供である[13]。

施診医室では、どんなに高価な薬品を使用しても、診察料（薬品代を含む）は一律一ペソ（約八円）を受けるのみであり、多額の不足分は華人有志の寄附金で賄われる[14]。

廟内で行なわれる宗教行事と施診医室で行なわれる医療行為の両者とも、董事会役員とその関係者たちの奉仕活動により支えられている。〈会友〉とか〈会員〉と呼ばれるこうした関係者たちの多くは女性であり[15]、ほとんどが役員の母、妻、姉妹、親類、友人、知人から選ばれている。彼女らは上下ブルーで左胸に蓮の花の紋が入ったユニフォームを身に着け、明るく誇らかに活動している。医療が行なわれる際はナースの役を果たし、薬品を調合するのも彼女らである。

金鸞御苑に限らず寺廟の役員や会友になることは、華人間ではたいへん名誉なこととされ、その写真が廟内ホールに麗々しく掲げられるのが常である。

華人社会の廟は、すでに述べたように狭くは同郷人が、広くは同胞が団結するための有力な結集点のひとつである。

とは言え、廟の機能は決して一様ではなく、その国や地域での華人社会が置かれた状況により異なる。概してシンガポール、マレーシア、フィリピンにおける廟、とくに童乩や正鸞・副鸞が中心になっている廟は、華人社会が置かれた政治・社会的状況に鋭敏に反応する傾向がある。(16)

金鸞御苑がフィリピン人の貧困層のために医療のボランティア活動を積極的に行なっているのも、フィリピンにおける華人社会の位置や性格と深く関わっていると見られるが、ここでは詳しくは触れない。

三　金鸞御苑の扶乩

御苑の神殿玄関を入るとすぐ左側に受付がある。ここは毎週月曜日と水曜日の夜に行なわれる扶乩にやってくる人たちが、〈求医〉や〈問事〉(17)の内容をあらかじめ届け出る場所である。ユニフォーム姿の女性会友が坐していることが多い。

正面一番奥に三段の祭壇（神壇）があり、諸神像が安置されている。最上段には中央に金母娘娘、左側に王天君祖師、右側に太乙真人が祀られている。第二段には左側から招財、三太子、雲夢祖師、黎山老母、梨花仙姑、雲風祖師、呂純陽仙祖、済公活仏、進宝が、第三段目には左側から必利仙童、托塔天王、李府三太子、二天王揚摂、関聖帝君、招財童子がそれぞれ祀られている。祭壇真前の前机上には燭台、香炉、花瓶、筶などが置いてあり、左側にサント・ニーニョ像が二体置かれている。(18)

普通の日にも、総務や会友が廟に出ており、華人たちが三々五々参拝に訪れる。扶乩の日には、午後七時頃から依頼者たちが集まりだす。受付に求医や問事の内容を告げ、祭壇に線香を供え、礼拝してから扶乩の開始を待つ。

扶乩においても診療においても指導的な役割を果たすのは現在の董事長、郭耀煌である。彼は傘やレインコート、壁紙を製造・販売する会社を経営しているが、激務の間に廟における行事に精を出す。

午後八時すぎに総務の洪が黄符に火をつけ、これを振りながら殿内を清める。扶乱開始に先立って、郭が導師となって役員や会友による読経が行なわれる。殿務の一人が「南無無極瑤池金母大天尊」と唱えると、全員が立ったまま三度唱和する。この後『瑤池金母普度収円定慧解脱真経』を各自捧持して読誦する。鐘と木魚が打たれ、仏教寺院の儀礼の趣がある。

読経が終わると窓際に置かれていた乱盤が祭壇前に出され、必要な人員が配置につく（図1）。

図1　扶乱における関係人員配置図

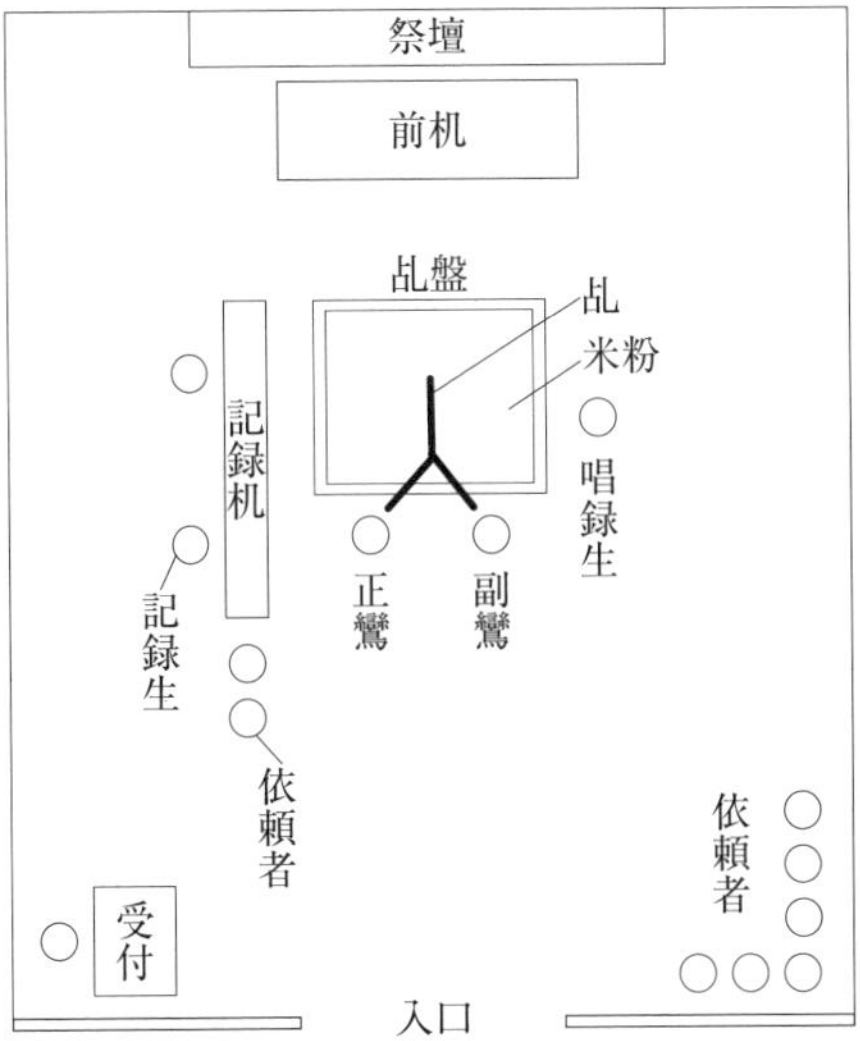

正鸞は、現在董事会の総務に属している楊安順（男性・三八歳）である。彼は童乱の役割をも果たせるが、〈扶鸞〉の方が童乱よりも勝れていると主張する。[19] 副鸞は正鸞の支え手であるので、特定の一人に決まっておらず、その都度誰か適当な人が担当する。

正鸞、副鸞が乱盤の前に揃って並び立つと、総務の洪が乱盤の横で、黄符に火をつけて燃え具合を見る。黄符が燃えたまま宙を飛び、燃え尽きると、神が扶乱の開始を承認したものとされる。燃え具合が悪く、落下するようなことがあると何度も繰り返す。神の承認が出ると二人の扶鸞が前に進み出て、乱盤に置かれた乱を手にする。二股の左を正鸞が右手で、右を副鸞が左手で握り、乱の先端を乱盤上の中央に置き、二人は瞑目する。正鸞は深呼吸をする。数分すると乱がドンドンと盤をたたくように動きだし、盤上に敷かれた米粉に文字を書き始める。この文字は一般の人には分かりにくい。そこで扶乩に慣れた唱録生がこれを読みとり大声で一字一字を告げる。すると記録生（通常二人か三人）が記録簿に記入する。乩が動きだすとき、正鸞の顔面は紅潮し全身が硬直する。童乩の憑依状態によく似ている。神が降臨すると辺りは静かになり緊張感が漂う。乩が盤をたたき擦り廻るドンドン、ズルズルという音と唱録生の声のみが殿内に響く。

依頼者はあらかじめ受付に求医・問事の内容を告げており、順番に呼びだされて記録机の横に立ち、合掌して神意を受けとる。

以下は一九八六年七月二三日午後八時三〇分～一〇時三〇分に行なわれた扶乩における依頼者の依頼内容と神示内容である。[20]

(1) 依頼者　男性

依頼内容　最近になって心臓の調子が急に悪くなり、動悸が激しく夜も安眠できない状態です。どうしたらよいか教えてください。

神示　吾乃玉皇三太子　病忽検生非偶然　情中久積後病生　非有良医下良薬　垂重困難恐日生　安明此情応関注　心事開朗催病軽　調節体力為保養　養身提神保安然

符七道、進此符、毎早一道口呼吾霊七声、化服後平坐椅上、身挺直作一呼吸、平循深吸軽呼一刻鐘、即行一週後重臨另施霊法、勿誤七天後再定奪之。

大意　自分は玉皇三太子である。病が突然生じたのは、決して偶然ではない。心中に長く積ったことが病気を生じさせたのだ。良医が良薬を与えてくれなければ、病は重くなり生きることも困難になる。自分の心を安んじさせ病に注意せよ。心が朗らかになれば、病も軽くなろう。体力を調節し、保養しなさい。身を養い気力を高め、心身の安定をはかりなさい。

神符を七枚与えるから、毎朝一枚を自分（神）の霊を七度呼んでから燃やして飲みなさい[21]。そののち椅子に普通に坐し、身を真っ直ぐに伸ばし、呼吸をするときは深く吸い軽く吐きなさい。一五分間でよろしい。一週間後に自分は再び来て別の霊法を施そう。間違いのないように。七日後に再び何かを教えよう。

(2) 依頼者　男性

依頼内容　土地を手に入れようとしていますが、間に入った人との話がまとまらず苦労しています。手に入れようとしている土地が良い土地かどうかも心配です。どうしたものでしょうか。

神示　地処兌方又偏坎　適宜作為営利生　尽望震位無大雅　僅防間中離方阻　切明個中位之重　防範総由事之先　根源考拠為後行　記明玄理業自成

　符三道、進此符於接治情事之時、口呼吾霊九声後南方化之。

大意　あなたの土地の場所は、良くない処にある。〔しかし〕適当な仕方をすれば利益を生む。自分が調べてみた限りではまあまあのところだ。間に入って中傷する人には気をつけよ。自分の位置をはっきりさせ、他人の中傷にまず用心し、根本的なことを考えて行ないなさい。根本を明らかにすれば、業はおのずから成功する。

　神符を三枚与えるから、相手の人と接触するときに、自分（神）の霊を九度呼んだのちに、南方に向かって燃やしなさい。

(3) 依頼者　男性

依頼内容　会社での人間関係がよくなく、仕事も滞りがちでうまくいきません。どうしたらよろしいでしょうか。

神示　旧業於旧見交情　事非難決総有成　垂持情意意中懇　行将顕現業日栄

符七道、進此符毎隔一天一道望東南方化之。

大意　古い仕事は古い付き合いで行ないなさい。事を決するのは難しくなく、何とかなる。他人のことも考え、誠意をもって事にあたり、それがうまくいくならば、現在の仕事は栄えることになろう。

神符を七枚与えるから、これを一日おきに一枚を東南方に向かって燃やしなさい。

(4) 依頼者　女性

依頼内容　病気がちなので、神符をください。

神示　此符七道、毎晩一道臨睡化服之。

大意　この神符七枚を、毎晩一枚寝るときに燃やして飲みなさい。

(5) 依頼者　女性

依頼内容　長く病気がちで、頭が重く、胸が苦しくて夜も眠れません。どうしたらよいでしょうか。

神示　符七道、進此符毎晩一道口呼吾霊三声後、於脳中直擦七遍、腹中直擦七遍、心胸前擦三遍、即化之。符另七道、進此符毎晩一道口呼吾霊七声化服之。

大意　神符を七枚与えるから、毎晩一枚自分（神）の霊を三度呼んだのちに、頭の真ん中を直接七遍擦り、腹の真ん中を七遍、胸の前を三遍直接擦り、燃やしなさい。また別の神符を七枚与えるから、毎晩一枚を自分の霊を七度呼んで、燃やして灰を飲みなさい。

(6) 依頼者　男性

依頼内容　身体の調子が悪く病院に通っていますが、神符をいただきたい。
神示　符七道、進此符毎晩一道臨睡口呼吾霊七声化服之。
大意　神符を七枚与えるから、この符を毎晩一枚ずつ寝るとき自分の霊を七度呼んで、燃やして灰を飲みなさい。

(7) 依頼者　女性
依頼内容　屋敷内にある古木二本を、建て増しのため伐り倒すことになりましたが、どうしたらよいでしょうか。
神示　除物視情勿妄動　樹木霊体附其間　日定庚午午時前　定約守人依法除
符三道、進此符一道口呼吾霊九声後、化於両樹之間、其余両道另環炉九週明早巳中正貼於樹幹幹中。
大意　物を取り除くには情況を見て行なうべきで、滅茶苦茶にしてはならない。樹木霊が木の中に附いている。日を庚午に定め、昼前に、〔つぎのような〕規則に従い、人の安全を守って伐りなさい。
神符を三枚与えるから、一枚は自分の霊を九度呼んだのちに、二本の木の間で燃やしなさい。あとの二枚は炉の周りを九度まわしてから、明日巳の刻のうちに、木の幹の真ん中に貼りつけなさい。

(8) 依頼者　女性
依頼内容　病院に入っている父のために神符をください。
神示　符三道、進此符毎晩一道臨睡口呼吾霊七声化服之。
大意　神符三枚を与えるから、毎晩寝るときに自分の霊を七度呼び、一枚を燃やして灰を服用しなさい。

(9) 依頼者　女性

依頼内容　病後の回復がはかばかしくないのですが、どうしたらよいでしょうか。
神示　符七道、進此符毎晩一道口呼吾霊七声後、於脳中往後擦十四遍、左右眼各擦七遍、腹中擦七遍、胸前擦三遍、即化之。符七道、進此符毎晩一道、臨睡時口呼吾霊三声化服之。
大意　神符を七枚与えるから、毎晩自分の霊を七度呼んだのちに、一枚で頭を前後に一四遍擦り、左右の眼をそれぞれ七遍、腹を七遍、胸の前を三遍擦り、直ちに燃やしなさい。さらに神符を七枚与えるから、毎晩寝るときに一枚を、自分の霊を三度呼んでから燃やして飲みなさい。

(10) 依頼者　男性

依頼内容　台湾の者ですが、フィリピンで特殊なアイスクリームを製造販売しようと思い、マニラ在住の友人(華人)の名義を借りて工場を建てました。外国人は店を出すことができないからです。金も二〇〇万元出しました。ところが開業間近になり、間に入った人が、店は名義を貸した友人のものだと主張し、深刻な状態になりました。訴訟するにしても、もともと不法行為なので勝ち目はありません。神意を聞かせてください。
神示　個人間中誤解情　中人調解恐確胡　情勢至此拠力争　由事論事見其章　彼此力為事延長　費心猜疑了断情　時光相隔在冬前　日顕転机終可解
　符三道、進此符另環炉九週、置蔵於身三个月後化之。
大意　個人と個人の間に誤解があった。第三者を中に立てればますます混乱するばかりだ。情勢がここまできた以上、力の限り争いなさい。感情抜きで論争すれば、本当のことが分かる。相互にやり合えば事が延びる。猜疑心を断ちなさい。時がたてば冬になる前に転機がきて、事は解決するだろう。
　神符を三枚与えるから、この符を炉の周りを九度まわして身に着け、三箇月後に燃やしなさい。

⑾ 依頼者　女性

依頼内容　新しい家に新しい仏壇を備え、観音の像を祀って拝んでいます。ところが近頃、二度、三度と観音さまが夢枕に立つのです。仏壇の置き場所が悪いのでしょうか。どうして観音さまが姿を現わしたのでしょうか。何かあるのではないかと心配です。

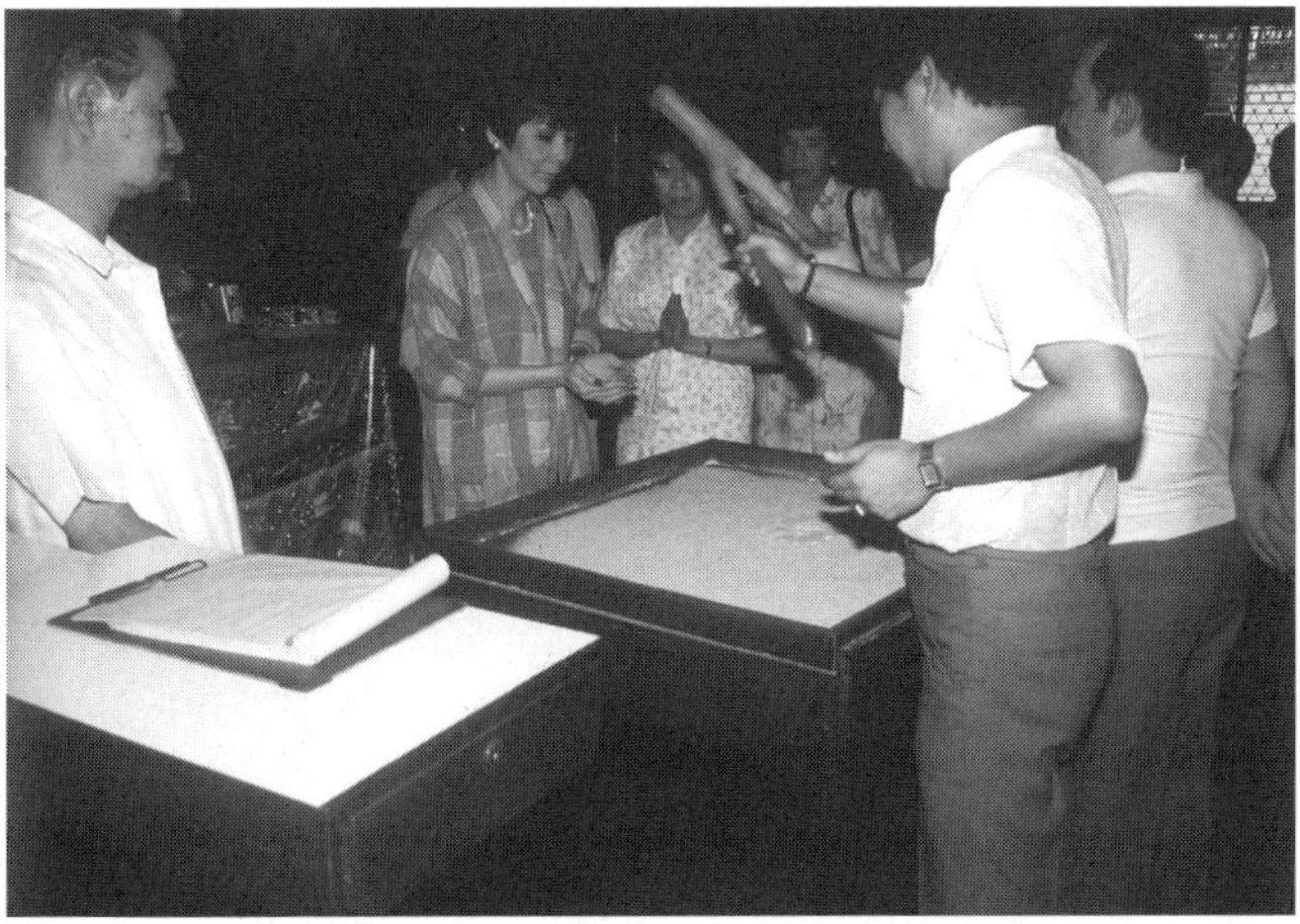

扶乩の治病儀礼　右側の二人が左から正鸞と副鸞

神示　仏光普照現瑞祥　位中蓮台皆合方　顕跡希罕尽在像　蹟事方与家自順

符三道、進此符即晩口呼吾霊三声後、化於福徳正神神位勿誤観音現身意皆祥兆位正霊現現霊笑。

大意　仏の光が広く照らし、良い姿が現われている。仏壇の位置は〔風水的に〕正しい。あまり仏は姿を現わさず、すべては像の中にある。物事が正しく行なわれれば、家庭も良くなる。

神符を三枚与えるから、今夜自分の名を三度呼んだのちに、福徳正神を祀ってあるところで、これを燃やしなさい。観音が姿を現わしたのだから、誤りなくみな喜ばしいのだ。良い位置だから観音が姿を現わしたのだ。観音は喜んでいる。

⑿ 依頼者　男性

依頼内容　身体が疲れやすく、仕事をしようにも気力がでてきません。周囲の人びとは積極的に働いているのに、自分だけは思うように身体が動かないのです。どうしたらよろしいでしょうか。

神示　作業緊張性急燥　睡眠不足身不調　有心欲保体康健　欠佳体能注滋養

符七道、進此符毎晩一道、臨睡口呼吾霊三声化服之。符另七道、進此符毎早一道口呼吾霊七声後、於脳中直擦七遍、腹中横擦七遍、心胸前七遍、即化之。

大意　仕事の緊張のために性格が落ち着かなくなっている。睡眠不足もあって身体の調子が悪いのだ。身体の健康を得ることを欲するなら、体力の欠けている身体に栄養をつけることだ。

神符を七枚与えるから、毎晩寝るときに一枚を、自分の霊を三度呼んでから燃やして飲みなさい。また別の神符を七枚与えるから、毎朝一枚を用いて、自分の霊を七度呼んだのちに、頭を七遍擦り、腹部を横に七遍、胸の前を七遍擦ってから燃やしなさい。

⒀　依頼者　男性

依頼内容　息子が来年大学を受験するのですが、勉強がもうひとつ足りません。息子の学業が向上するよう神の援助をお願いします。

神示　符七道、進此符学業増進符、此符毎早一道餐前口呼吾霊三声化服之。

大意　神符を七枚与える。この符は学業を増進させる符である。この符を毎朝一枚、食前に自分の霊を三度呼んでから燃やして飲みなさい。

以上が一九八六年七月二三日に、金鸞御苑において行なわれた扶乱の一三例である。

一三の神示を与えるのに約二時間が経過したが、それは乩の先端が乩盤の表面を大きく動いて漢字をひとつずつ記すのに、かなりの時間を要したことを意味する。なお健康問題を依頼する求医の場合、依頼者が本人であれば、神示が出たのち、祭壇を背に本人が乩盤に向かって跪いて合掌、二人の扶鸞が本人の前もしくは後ろから、乩で頭の上や背中を擦るのが常である。また神符三枚とか七枚を与える際には、廟側が用意したものを乩盤上に置き、乩に触れてもらう。

神符を燃やして服用するときに必要な水をビンに入れて持参し、栓を抜いて乩に触れてもらう人たちもいる。かくして扶乩は想像以上に時間を必要とするのである。

四　若干の所見——まとめに代えて

一三例の依頼内容を整理し類別化して多い順に示すと、(A)病気または健康問題七例（(1)、(4)、(5)、(6)、(8)、(9)、(12)）、(B)人間関係のトラブル三例（(2)、(3)、(10)）、(C)場〔所〕の変化に関する問題二例（(7)、(11)）および(D)受験問題一例（(13)）となろう。広義の病気が半数を超えているのは、他地域における童乩廟での問神《モンシェン》・問事の依頼内容にきわめて類似する。(22) 病気〈健康問題〉は〈神霊の力を得て解決させる〉という各地華人社会における一般的傾向は、フィリピンにおいてもまた例外でないことが理解されよう。

病気をめぐる依頼者七名の内訳が男性三、女性四（一人は男性の代理人）になっているのは、病気に関しては性差に関係なく神霊の力に頼ろうとする傾向を示している。人間関係のトラブルについての依頼者が三人とも男性であることは、会社や事業の主体が男性であることを物語っているとも言えるが、なお検討を要する。屋敷内の古木の処理や家屋内の仏壇の位置に気を遣うのは、主に女性なのであろうか。やはり今後の検討課題である。学業成績の向上を期して神頼みをするのは、受験の難しさを物語っているのかも知れない。台湾においても同様の状況が見られたからである。[23]

これらの依頼内容にたいして、〈吾乃玉皇三太子〉とみずから名乗って乩に出現した神は、それぞれに対応して中味の異なる神示を与える。その特徴は究極的には相手に希望をもたせる内容であるという点にある。しかしそれには条件が付いていることを神霊は明言する。

たとえば「心が朗らかになれば、病も軽くなろう」（1）とか「根本を明らかにすれば、業はおのずから成功する」（2）、「時がたてば冬になる前に転機がきて、事は解決するだろう」（10）、「物事が正しく行なわれれば、家庭も良くなる」（11）、「身体に栄養をつければ、身体の健康を得る」（12）といった風にである。

どのような依頼内容であれ神示の帰結は〈符〇道進〉であり、この神符は〈口呼吾霊〇声後化〉もしくは〈化服〉すべきものとされる。事にあたって神符を燃やす（化）か燃やした灰を飲む（化服）ことは、神示内容の実践である。これをきわめて重大視していることは、童乩廟においても扶乩廟においても全く同様である。神符が華人社会においてこの上なく重要視され珍重される例は、枚挙にいとまないほどである。童乩や正鸞・副鸞の儀礼過程における最終的帰着点は、神符を作って依頼者に授与することであると言っても決して過言ではないであろう。人びとは神符を燃やし灰を水に溶かして飲み、場所や器物を神符の火をかざして清め、懐中に秘めて護符とし、門や屋内に貼って祓魔に資そうとする。ここで注意すべきは、〈符〇道進〉は神の側からの人間にたいする、人間の現状（病気、人間関係のトラブル、その他）変革のための〈力〉の授与であり、〈化〉や〈化服〉は人間の側における〈力〉の使用または摂取を意味するということである。[24]

超自然的な力を表象する物や事を、われわれは数々編みだし共有しているが、この物や事を作りだす過程でいとも劇的なのは、神（霊）が直接手を下したという事実の人びとによる確認であろう。そして童乩や扶鸞の儀礼行為は、まさに〈超自然的な力〉の創出と授与を象徴的に表現する一様式であると言えよう。また神符は人びとが力の獲得を確認するために、具体的に手にせざるを得ない〈物〉であると言えよう。神符は人間の現状を〔良き方向に〕変革させる力をもつと信じられている点で、勝れた医薬品に比定できる。人びとが袋に入った神符を手にする態度は、あたかも名医から効能高い薬品を与えられるときの態度によく似ている。ただし後者においては薬品の製造過程を、一般の人びとは目にすることができないのにたいして、前者においては神秘的な力の創製過程を、依頼者は現実に目にしその場の雰囲気を体験できるのである。華人は病気になると病院の医師にかかりながら、他方では童乩や扶鸞に世話になると言われるが、医療と宗教の深い関連性の問題としてなお究明に価する領域であると言えよう。(25)

ところでマニラ華人社会における扶乱は、他地域のそれと比較してどのような特徴をもつのであろうか。シンガポールと台湾の類似の儀礼行為と比較して気づくのは、マニラの扶乱がアカ抜けし洗練されていることである。(26) シンガポールや台湾では、童乩や扶鸞、または類似人物が上半身裸体になり、激しいトランスを示しつつ神意を伝達する。そこにはかなりの粗野性と荒々しさとがある。しかるにフィリピンでは、童乩や扶鸞が上半身裸体になるという型は姿を消している。普通のシャツまたは白のユニフォームを身に着け、トランスも決して激しくはない。(27) 扶乱では、乩が乱盤をたたくドンドン、ズルズルという音は聞こえるが、全体の動きは実にスマートである。

こうしたシンガポールや台湾と比較しての、フィリピンにおける〈神人直接交流〉の仕方に見られる差異は何を意味するのであろうか。最終的判断は留保するとして、これまでの知見から言えることは、華人社会の置かれた社会・宗教・政治的状況が、〈差異〉を生じさせた有力な背景をなすのではないかということである。シンガポールも台湾も、華人社会が圧倒的な勢力をもつところである。それらにおいては、他の集団に何ら気がねすることなく、みずからの文化的伝統を踏襲することが可能である。しかるにフィリピンにおいては、華人社会は総人口にたいして一%を占めるにすぎない。しかもフィリピン人の八五%がカトリック教徒であり、華人の中にもカトリックに入信している人たちが若者に少なくない。フィリピンにもフォーク・カトリックのレベルでは、トランスに入り神人交流する人物は存在する。しかし彼らは上半身裸体でのたうちまわったりはしない。[28] このような華人社会の置かれた状況が、扶乩のあり方や童乩の行動に変化をもたらしたと考えておきたい。なお扶乩は童乩の儀礼行為よりも〈高級〉であると思われているふしがある。[29] 文字の使用がその根拠のひとつであろう。

とするとマニラ華人社会においては、扶乩こそこれから人びとにより一層支持される神人交流形式であるのかも知れない。

【註】

（1）童乩の儀礼内容については、拙著『シャーマニズムの人類学』弘文堂、一九八四、第三部第一章～第四章参照。

（2）〈霊媒〉を他の職能者と比較しての定義としては、拙著『シャーマニズム——エクスタシーと憑霊の文化』中央公論社、一九八〇、一八～二一頁、および一三六～一四一頁参照。

（3）〈乩〉は北京語では〈chi〉と発音し、台湾では〈扶乩〉を〈Fu chi〉と発音しているようであるが、福建系華人の多いマニラでは福建音の〈ki〉を用いている。ここでは〈扶乩〉については便宜上、一般的な前者の読みを採用する。

（4）桃の木は不死の実を生むがゆえに〈乩〉に用いられるのだと言う［H. P. Wan, "Chinese Spirit Medium Divination in Penang: A Study of Performance Structure," in *Term Paper*, March, Universiti Sains Malaysia, School of Humanities, Penang, 1979, p.38］。

（5）R. I. Heinze, "Automatic Writing in Singapore," in J. R. Clammer (ed.), *Contributions to Southeast Asian Ethnography*, No. 2, The Department of Sociology, National University of Singapore, Singapore, 1983, p.148.

（6）Heinze, ibid.

（7）A. J. A. Elliott, *Chinese Spirit-Medium Cults in Singapore*, The London School of Economics and Political Science, London, 1955, pp. 140-145, 安田ひろみ・杉井純一訳『シンガポールのシャーマニズム』春秋社、一九九五；Heinze, op. cit., pp. 146-160.

（8）昭和六一年度文部省科学研究費による海外学術調査「フィリピン複合民族国家における宗教観と国民形成」（研究代表菊地靖早稲田大学教授）の一員として、筆者はフィリピン華人社会の宗教調査を担当した。本論はその成果の一部である。

（9）「菲律浜金鸞御苑董事会組織章程」の第二条には〈本会敬奉仙神　秉承仙神指示　宣揚道教真理　互謀会友団結……〉とあり、この廟が道教の真理を宣揚するための施設であることが知られる。

（10）金鸞御苑董事会の各役職は以下のとおりである。主席、董事長、副董事長、財政（董事）、殿務、総務、福利、交際、稽査、保管、西文書、中文書。

（11）たとえば董事長は傘やレインコート、壁紙などの製造・販売会社オーナー、副董事長は廟建立の中心であった許志章氏の妻で丹頂ポマードの製造会社オーナー、財政は許志章氏の長男で会社のマネージャー、福利は製紙会社オーナー、交際は鉄工会社社長であるなど。

（12）総務の地位にある洪金甌は重い眼疾を患い病院に通っても症状が好転せず、失明をも覚悟したほどであった。金鸞御苑にきて「どうか視力をください。眼が治ったら廟のためにできることは何でもいたします」と祈願した。間もなく眼はよくなり、洪は感謝の意を表するため、董事会の総務として廟全般の事務を取り仕切っている。

（13）子供の疾患内容は栄養失調、回虫による病気、肺臓疾患の三つが主であるとされる。

（14）こうした篤志寄附者は〈毎月認捐義診者〉と呼ばれ、金額は一〇〇〇元（約八〇〇〇円）から伍拾元（約四〇〇円）までであり、氏名は廟内に貼り出される。

（15）会友・会員は章程によると、品行方正な人物の中から役員が推薦し、扶乩を通じて神意により認証される。たいへんに名誉なことと考えられている。

(16) この点に関しては、本書、第二部第二章参照。

(17) 〈求医〉は神に病状を告げて神意をうかがい、燃やして灰を水に溶かして飲むための神符や、扶乩のとき作る聖水を得ること。〈問事〉は家庭の問題、事業の将来など病気以外の問題を神にうかがい、しかるべき答えを得ること。

(18) フィリピン・カトリック教徒が信仰する〈幼きイエス〉像で、幸運を呼ぶ神として一九六〇年代頃から華人の家庭でもクリスチャンであるなしにかかわらず祀られるようになった。童乩が関与する廟では諸神に伍してサント・ニーニョ像が祀られていることが多い。

(19) この主張の背景には、童乩は文字が書けなくても勤まるが、扶鸞は神意を漢字で表現しなければならず、かなり学識のある者でなければならないとする一般的な認識がある。シンガポールにおいても、扶乩は富裕階級や知識人の間で盛んであるという事実は、このことと関係していると思われる [Elliott. op. cit., p.140]。

(20) 金鸞御苑のご好意により、求医・問事の内容を知ることができた。神意の漢文については書体の違いもあり若干の写し間違いがあるかも知れない。大意についても、文体に福建語独自の表現があり、解釈の完璧を期し得なかったところもある。なお漢文の解釈については、台湾出身の陳梅卿氏（立教大学大学院博士課程在籍）のご助力を得た。記して感謝する次第である。

(21) 神符を燃やすと、ごくわずかの黒い灰になる。これをコップ一杯の水に溶かして飲む。病院が与える水薬に入れて服用することもある。

(22) 筆者がシンガポールの諸童乩廟で調査した依頼内容一七例中、健康が一〇例、政治問題二例、行方不明・自殺二例、夫婦の不和一例、教育問題一例、事業一例であった（註（1）の前掲拙著、一九八四、三〇六～三一五頁参照）。また台湾・台南市の上玄壇における依頼内容一〇例中、病気が四例、教育の問題三例、交通事故三例であった（本書、第一部

第一二章参照）。また台南市の保西宮の依頼内容二三例中、健康問題が一六例、事業四、建築二、運勢一であった。

(23) 台南市での依頼内容には最近とみに教育問題の増加が見られるが、これは新興工業国における教育レベルの向上と、これにともなう受験の困難さを象徴していると言える（本書、二七八頁参照）。

(24) この点は華人社会のコスモロジーと関連させてより深く究明される必要がある。

(25) シンガポールでは「医者半分・童乩半分」という諺があり、手術のときに童乩が病院に赴き、手術室に入る直前の患者のために祈禱することを認めている。なお沖縄には「医者半分・ユタ半分」という諺がある。

(26) シンガポールと台湾では、〈轎《キオ》〉という木製の小型椅子（縦横二五センチメートル、高さ三〇センチメートルほど）の脚を二人の男性がもち、椅子に神が降臨すると、脚部が動いて神意を伝えるという儀礼様式が広く行なわれている。

(27) 両者の比較については、本書、第一部第一二章に記述している。

(28) このことに関しては、本書、第一部第七章参照。

(29) 註（19）参照。

第九章　巫師的祭司について

一　はじめに

本論の目的は、フィリピン・マニラ市の華人居住地域においてひときわ令名高い一宗教者の儀礼行動に見られる巫師（shaman）性と祭司（priest）性との共存あるいは提携という問題を、フィリピン華人社会の宗教・社会的状況と関連づけて考察し、従来のいわゆる「シャーマン／祭司論」を再検討するための若干の資料を提供しようとすることにある。

ここで言う「シャーマン／祭司論」とは、まずは〝未開社会〟の呪術・宗教的現象をフィールドワークした人類学者たちにより提示された所論である。その言うところは、ある社会には総じて名称、なりたち、性格など諸属性を異にする二種類の宗教者が存在し、当該社会の人びとにたいしてそれぞれ異なる役割を果たしているというものである。シャーマン／祭司の対照的性格と役割について筆者はすでに何度も取りあげているので[1]、これを繰り返す煩を避けたいが、いま改めて「巫師的祭司」について論及しようとするその理由を明らかにするため、若干の事例を引用するとともに、現時点における問題の所在について触れておきたい。

アフリカはスーダン南部に住むヌァー族の宗教者に祭司と予言者《シャーマン》の二種類があることを見いだしたE・E・エヴァンズ＝プリチャードは、両者の性格上の差異についてこう述べる。

(1)祭司の力能は、最初の祭司から出自により伝承されるのにたいして、予言者のそれはカリスマ的で個人的霊感である、(2)祭司の権威は役職にあり、予言者のそれは彼自身にある、(3)祭司において人間は神に語り、予言者において神は人間に語る、(4)祭司は霊的存在を最も包括的に扱うのにたいして、予言者は特定の霊を扱う。(2)

かくしてエヴァンズ＝プリチャードは「神的なものにたいする人間の代表と人間にたいする神的なものの代表との間には、基本的差異がある」（傍点筆者）と帰結する。(3)

この差異はひとり未開社会にのみ見られる現象ではなかった。仏教国スリランカの宗教体系について考究したＥ・Ｒ・リーチは、主要な宗教者としての仏教僧侶（祭司）とカプラーラ（Kapurala＝シャーマン）との対照的性格に関して以下のように記す。

(1)僧侶は日常世界から自己の生活を切断し、情念を放棄することに修行の中心を置くのにたいして、カプラーラはエクスタティック・トランスへの入り方を学ぶ、(2)僧侶は剃髪し、常に寂静のうちに生活し、カプラーラは激しい踊りによりエクスタシー状態をもたらす、(3)僧侶はこの世と彼の世をば、みずからを半分彼の世に入れることによってつなぎ、他方カプラーラはこの世と彼の世のギャップをば、神をこの世にもたらすことにより埋めようとする、(4)僧侶の思想と行動は人間が天（彼岸）に赴くことを意味するのにたいし、カプラーラのそれは大地と他界、人間と神とを媒介することを意味する。(4)

いわゆる〝未開社会〟と仏教社会とを問わず、その社会の宗教体系を代表する宗教者には性格的、役割的に対照性をもつ二種類が存在することがフィールド・ワーカーにより明らかにされるにともない、そのときどきの好論文を紹介することで知られるW・A・レッサとE・Z・ヴォートは、編著『比較宗教読本――人類学的アプローチ』で「シャーマンと祭司《プリースト》」の章を設けて、「宗教的組織の比較分析において最も有効な分析的区分のひとつは、〝シャーマン〟と〝祭司〟との対照性である。儀礼専門家に見られるこれら二つの極的類型は世界のあらゆる地域で見いだされる。そしてこれら二つの宗教的役割間の差異は、諸宗教体系における異型間の対照性を示す重要な指標を用意している」と述べるにいたった[5]（傍点筆者）。

このようにシャーマン／祭司の対照的差異性が世界各地で見られ、しかもこの差異性がそれぞれの社会の宗教体系内の異型を示す指標であるとすれば、この「シャーマン／祭司」の概念は、各社会の宗教体系の分析と解釈を重要な目的とする宗教研究にとって、すこぶる有意義であるということになろう。またある宗教体系を構成する要素としてのシャーマン性と祭司性という捉え方は、過去の宗教研究においてよく見られた「シャーマン＝未開（原始）宗教」「祭司＝非未開宗教」という単純化からの脱却を意味するであろう。

筆者はかつて諸研究者のシャーマン／祭司論の諸特性とみずからの調査結果を勘案しながら、両者の対照的性格と役割を整理して「祭司とシャーマンの諸属性」というモデルをものしたことがある[6]。

そのいくつかを挙げると、(1)儀礼執行に際してシャーマンは「トランス」に入るのにたいして、祭司は「平常（非トランス）」、(2)神（仏）との関係はシャーマンが「神人の相互交流」であるのに、祭司は「神への一方的接近」、(3)地位への就き方においてシャーマンは「獲得」的かつ「召命」的であるが、祭司は「世襲（継承）」的で「学習」的、(4)出身階層はシャーマンが「下層」、祭司が「上層」、(5)宗教的役割においてシャーマンが「個人」の問題に関わるのにたいして、祭司は「集団（社会）」の問題を志向する、(6)宗教的姿勢においてシャーマンは「変革」的であるのにたいして、祭司は「保守」的である、などである。これら諸項目はどこまでもある地域（社会）のシャーマン／祭司関係を分析するための指標《モデル》であったことはいうまでもない。

筆者はこれらの指標によってわが国東北地方のオカミサマ（シャーマン）とオショウサン（僧侶＝祭司）や南西諸島のユタ（シャーマン）とノロ（祭司）の相互関係が大筋において説明がつくのではないかと考えた。(7) この筆者の見解、とくにユタとノロへのシャーマン／祭司モデルの適用に関しては、数々の反論や批判が寄せられた。(8) これらのうち重要であると考えられたのは、(1)ノロの中には祭司職就任以前に、夢や幻覚・幻視を通じて神霊と交流する経験を有する者がおり、ノロ職に就任後に村落祭祀を司祭する際にも、時には神霊の憑依をうけて神そのものとして行動することがある、(2)しかしノロとユタとは祭司とシャーマンの枠を大きく逸脱しているわけではなく、ノロは前任者から継承した祭祀方法を従来どおり行なうのにたいして、ユタは神のお告げを主張して祭祀の内容を変更したり、新たな宗教施設を作ろうとしたりする傾向が強く、両者間には深刻な葛藤が生じているとの指摘であった。(9) つまり継承の方法や役割に関してはユタとノロは区分されるが、トランスの有無や神（仏）との交流における特徴については、両者はかなりの共通性をもつというのである。

このユタとノロの類似的宗教性に関しては、主に宮古島の事例から佐々木伸一による「等しい属性をもつ両者が、それぞれプリースト的あるいはシャーマン的活動を行なっているともみなせる。……シャーマン的職能者が諸般の事情により区分されながらも、その同質性によって分離しえない活動領域をもつと解釈すべきなのである」(10)（傍点筆者）という見解が出されたが、これは桜井徳太郎の「村落祭祀と民間信仰とが分化する以前には、「ノロとユタ」両方の要素が融合した形で機能し合っていた」(11) とする宗教史的仮説の延長上にあるといえよう。

シャーマン／祭司論はかくして、〝宗教現象として世界中に普遍的に見られる基本的差異〟という捉え方から、〝各地に見られるシャーマン―祭司または祭司―シャーマン現象は、〈基本的差異〉論との絡みでどう説明されるべきか〟という視点や作業へと大きく転換する過程にあるとも考えられるのである。このテーマの重要性はそれがたんにある地域の宗教者が分化したとか、統合したとかの状況説明にとどまらず、当該社会の宗教的世界観や宗教体系の変化過程の分析や解釈を含むといえる点にあろう。それはさまざまなシャーマン／祭司関係における、いわば「諸般の事情」の探究である。以下ではフィリピン・マニラ華人社会の事例により、この問題に迫ってみたい。

二　大千寺概観

一九九〇年現在でフィリピンの総人口は六〇六八万五〇〇〇人、そのうち華人の人口は約六五万人（約一％）とされている。[12] この華人の半数から三分の二がマニラ首都圏（Metro Manila）に住み、さらにその大部分がパッシグ川北部地域のトンド（Tondo）、ビノンド（Binondo）、サンタ・クルス（Santa Cruz）、サン・ニコラス（San Nicolas）地区に住むという（次頁の地図参照）。とくにビノンドのオンピン（On-pin）・ストリートは典型的なチャイナタウンである。

かつてこの地域をインテンシブに調査したJ・アムヨットは「実際ここにはどんな華人大都市においても見いだせるあらゆるものの写しを見いだす。稠密な生活状況、埃っぽく狭隘な通り、貸し部屋、二流のホテル、クラブと結社、新聞、商店、中国劇場とオペラ・ハウス、飲食店、学校、運勢判断、寺廟、この華人街のメイン・ストリートであるオンピン・ストリートを徘徊し、通りの両側に並ぶ中国型のさまざまな商店の前で漢字で書かれた大看板を目にすると、厦門か上海の通りを歩いているような想いを抱く[13]」と記している。筆者がはじめてマニラ華人地域に入ったのは、アムヨットの報告が出版されてから一三年後の一九八六年であったが、オンピン・ストリートにおいて〝中国型〟（多くは木造二階建てで一階が商店や小工場など、二階が住居）の家屋があちこちで撤去され、代わりにコンクリートの高層ビルが建設されつつあるのを除くと、全体としての情景は右の記述どおりといってよかった。

この地域の寺廟の現状については、筆者の調査によればつぎのとおりである。

ビノンド地区八寺廟、トンド地区七寺廟、サンタ・クルス地区三寺廟で合計一八寺廟、この数字は華人地域と称される地域の寺廟数であり、この他にマニラ各地に華人寺廟が分布していることはいうまでもない。これら一八寺廟が仏教系か道教系か、また童乩《タンキー》（Tang-ki＝シャーマン）が関与しているか否かを表示すると次の表のようになる。(14)

これら寺廟のうち、信願寺、宿燕寺、円通寺、普陀寺は住職と若干の修行僧を有する大規模な仏教寺院であり、華人信徒の葬祭に深く関与する。(15)一八寺廟中三分の一の六廟は童乩が主宰するか関係している廟である。白衣大将軍真霊殿、金沙寺、霊星庵は女性童乩が常在して依頼者に応待しており、九霄大道観は特定日に男性童乩がきてセアンスを行ない、さらに女性童乩志願者の修行・学習の場にもなっている。(16)鎮海宮では土・日曜日に二、三名の女性童乩がきてセアンスを行なっている。

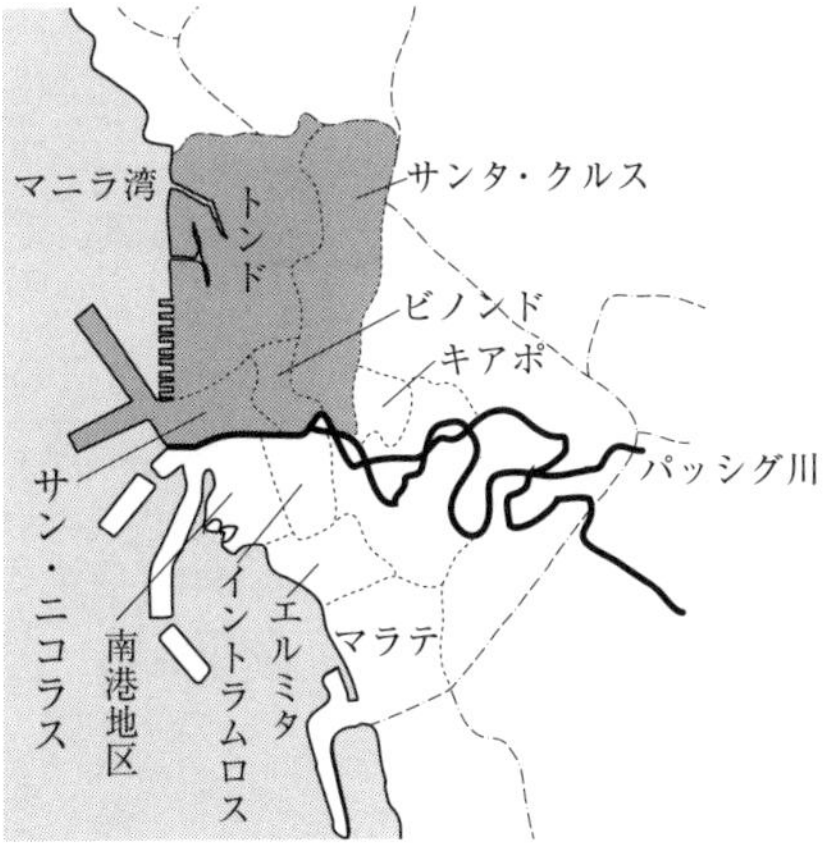

地区	寺廟名	系別	童乩の有無
ビノンド	白衣大将軍真霊殿	道教	有
	保安宮	道教	無
	鳳山寺	道教	無
	金沙寺	仏教	有
	九霄大道観	道教	有
	霊星庵無極聖母	道教	有
	青龍殿七府大巡	道教	無
	石獅城隍公廟	道教	無
トンド	鎮海宮	道教	有
	大千寺	道教	有
	普済壇黄大仙	道教	無
	濫水廟	道教	無
	信願寺	仏教	無
	宿燕寺	仏教	無
	天竺庵観世音菩薩	仏教	無
サンタ・クルス	円通寺	仏教	無
	普陀寺	仏教	無
	関聖天子廟	道教	無

さて本論の中心テーマである〝巫師的祭司《シャーマン・プリースト》〟が主管する廟はトンド地区のモルガ（Morga）・ストリートにある。すぐ近くに有名なトンド・カトリック教会とイグレシア・ニ・クリスト（Iglesia Ni Cristo＝キリストの教会）教会がある。

巫師的祭司、蘇超夷（So Chaw Yee, 一九二七年生まれ）はマニラ華人社会で最も有名な宗教者である。彼を有名にした理由のひとつに彼の廟のユニークさがある。その廟の名は大千寺であるが、この名の他にもう二つの名があり、ひとつは広澤尊王廟、他はエキュメニカル・チャーチ（Ecumenical Church）である。つまりこの廟は名称から見ると仏教（大千寺）、道教（広澤尊王廟）、キリスト教（エキュメニカル・チャーチ）の三教合同の宗教施設なのであり、蘇自身そのことを折に触れて強調している。しかし彼の名刺や著書にこれら三つの廟名が平等に記されているわけではない。廟正面に大きく掲げられた名称は大千寺であり、彼が好んで用いる自己紹介の表現は〝大千宏一法師蘇超夷〟である。(17)

蘇法師にユニークな廟のなりたちや祀られている諸神について訊くと、きまって「守護霊の指示によって」という答えが返ってくる。彼は守護霊と直接交流が可能なシャーマン＝童乩であるとともに、儀礼の場では万人の心の平安を説く祭司であり、有能な風水師であり、病気を治すと評判の治癒師《ヒーラー》でもある。彼の巫師《シャーマン》的性格については後述することになる。

大千寺のユニークさはまずその建物の形に表われている。それは円形のコンクリート造りで二階部分は吹き抜けになっており、天井はゆるやかな円錐形をなし、中心に円形のガラス張り窓がある。蘇によると廟の形は宇宙を表現するとも土星《サターン》を表象するともいう。

正面玄関を入るとホール中心には八卦図形の大理石製大型噴水があり、高く噴き上げる何条もの水柱に七色の光線が反射するようになっている。噴水の手前には方形の香炉が置かれている。

正面奥には半円形の壁面を背に六五体の神仏像が、上中下段に配列された六五本の大理石円柱上に安置され、各神仏像の脚下からは水が噴きだし、円柱を伝って流れ下るようになっている。神仏像の大きさは約二五センチメートル

大千寺祭壇の諸神像

上位

徨年大歳
太陽星君
南斗星君
下元水官大帝
中元地官大帝
与元大官大帝
九天玄女
アッラー
イエス・キリスト
阿弥陀仏
釈迦尊仏
玉皇大帝
観世音菩薩
霊宝大尊
道徳天尊
元始天尊
燃灯古仏
人間財神
南極長生大帝
北斗星君
大陰星君
ブラック・ナザレン

二二体

中位

サント・ニーニョ
太乙救苦天尊
註生娘娘
天与財神爺
純隅仙師
海星菩薩
王母娘娘
水提尊王
孚佑天君
玉皇三太子
広澤尊王
聖王娘
関聖帝君
包王公
地蔵王菩薩
聖母マリア
清水祖師
達法師
天与聖母
盤古尊王
聖マーチン

二一体

下位

聖アンソニー
福徳正神
九天司命灶君
文昌帝君
青山霊王
斗海母君
清公活仏
白蓮仏
伽藍尊王
魁星爺
海宮菩薩
李羅車三太子
風雨二神
玄境元師
殷霊官
地下財神
開基思生
鬼谷仙師
五谷仙師
準提仏母
北極紫微帝君
聖ジュード

二二体

ほどで精巧な造りである。

このパンテオンは仏教系、道教系、キリスト教系およびイスラム教から成っていることは一目瞭然だが、ただ諸神仏像が漫然と並置されているのではない（上表参照）。

最上段の中心は仏教の中心釈迦尊仏と道教の最高神玉皇大（上）帝であり、ついでイエス・キリストとアッラーが祀られているからである。もっとも、アッラーは神像ではなく神座があるのみで、そこにIslamismと記してある。この廟の廟名にもなっている広澤尊王は第二段の中心部に位置を占める。

半円形の祭壇の中心には儀礼用の机があり、机上には香炉、燭台、油灯、鈴、鉦など儀礼具が置いてあり、正面に向かってホール右側に磬子、左側に木魚があって儀礼の際に用いる。半円形の祭壇の裏側には蘇が依頼者・信者と面接する部屋と待合室、食堂などがある。一階ホールのあちこちには大小さまざまの金色に輝く幼児姿の神像が立っているが、これらは土星霊（Saturnian spirit）と呼ばれる蘇の守護霊である。同様に大小のサント・ニーニョ（Santo Niño）像があちこちに並んでいる。また正面に向かって右側に蘇法師だけが用いる特製の椅子があり、彼はセアンスの前後にこの椅子に坐して人びとに祝福を与える。

　吹き抜けの二階には、右にイエス・キリストの、左に聖母マリアのそれぞれ等身大の像が一階ホールを見下ろすような形で立っている。この両者は大千寺と大千寺の依頼者・信者の守護神であるとは、蘇法師の説明である。

　以上概観したように大千寺は形態的には仏教、道教、キリスト教の諸仏神を習合させたシンクレティスティックな性格をそなえているが、その思想的背景または宗教・社会的意味に関しては後述することとし、つぎには蘇自身の宗教的性格について述べることにしたい。

三　巫師・祭司蘇超夷

　一九七七年に大千寺が現在地に建立されたとき、『メトロ・マニラ・レビュー』誌のウースン記者は、蘇法師について「土星からきた少年、トンドからきた男」の題でつぎのように紹介している。

「すべての信仰治癒師《フェイス・ヒーラー》と精霊信仰者は彼（蘇）に脱帽する。なぜなら彼はいろいろな点で明らかに彼らの精霊よりも強力な一精霊に憑依されているからだ。何らの誇示もなく数分の出来事として、蘇氏はちょうど蚊でも殺すように悪霊どもを追いはらう。トンドにエキュメニカルな寺院を創建した五〇代の華人実業家的開祖は、風水師、運勢判断師であるとともに祓霊師である。その額にある不可視の〝第三の眼〟で、蘇氏は善霊が寺から出入りし、悪霊が家々や人びとの周りを動き回るのを見る。

　人びとから悪霊を祓除するのは、彼にとって迅速かつ容易な仕事であり――夜昼にかかわらず辛くも恐くもない行為だ。汗ひとつかかない。なぜなら祓霊を行なうのは自分ではなく、霊的指導者《メンター》である土星霊《サターニアン》であるからだ、と蘇氏は語る」[18]（傍点筆者）。

この記者の報告は、その後の筆者による蘇に関する調査結果に照らしてみてもかなり正鵠を射ていると考える。ここで重要なのは、蘇は、(1)土星霊に憑依されて悪霊を祓除する祓霊師《エクソシスト》であり、さらに(2)風水師、運勢判断師であるという点である。さらに彼は(3)毎週日曜日午前に二度にわたり、依頼者・信者の幸運を神仏に祈願する集団儀礼を主宰する祭司である。

それでは蘇の憑霊とはどんな現象であろうか。このように改めて問題にするのは、一般の童乩の憑霊と蘇のそれとでは著しい差異があるからである。各地華人社会の童乩、とくに男性童乩の憑霊は実に激しいトランス（trance）をともなって実現される。神霊が童乩に憑入して人格が神格化するまでには、一〇分から二〇分以上の時間を要する。トランスの間に童乩は激しく頭を振り、全身痙攣し、上下に跳躍し、床をのたうちまわる。[19]

ところが蘇のトランス＝憑霊はいとも容易に実現される。そこには痙攣も、ましてや激しい跳躍もない。少なくとも依頼者・信者に憑依した悪霊を祓除するときの彼の行動は常態に近い。それはウースン記者の記述にあるように「容易な仕事であり……汗ひとつかかない」のである。どうして蘇は童乩の一人と人びとから見られながら、他地域の童乩とは異なる軽い憑霊が可能になったのであろうか。この疑問に答えるために、ここで改めて「憑霊の概念」に触れておこう。[20]

憑霊は〝霊が〔ある〕対象に憑く〟ことであるが、人間に憑く（憑依する）という現象には三つほどの型があることが知られている。[21] 第一は神霊（精霊）が人体に入りこみ、人格が神格に転換し、神霊が人体を一時的に借りて言動する型で、当然ながら神霊の自己表現は第一人称で行なわれる。第二は神霊が人体に入りこむか人体の一部に憑依するが、人格が神格に転換することはなく、神格と人格とが相互に交流する型で、この場合神格は人格（人間）によって第三人称または第二人称で表現される。[22] 第三は神霊が人体に入りこんだり部分に憑依したりすることなく、外側にあって人格に働きかけ影響するという型で、この際人格は神格の姿を目にし、声を耳にし、神意を感知することができ、両者の交流関係は第三人称または第二人称で表現される。

これら三つの型はすべて憑霊の仕方における変差を表示しているのであるから、〝憑〟の文字を使用して異型のそれぞれを名づけるとすれば、第一の型は「憑入」、第二の型は「憑着」、そして第三の型は「憑感」とすることが可能であろう(23)。ただし第二の型と第三の型は共通性があるのにたいして、第一の型は第二、第三の型とは〝憑霊〟の意味が大きく異なるので、現状では(A)憑入型（第一人称的表現）、(B)憑感型（第二・三人称的表現）の二つの型とする方が分かりやすいかも知れない(24)。

理論上、憑入型は神格が人格を完全に占拠・統御しているのであるから、神意の表現は「吾は～の神である」となるのにたいして、憑感型は神格と人格が向き合っているか、あるいは神格が人格をある程度占拠・統御していても、人格は人格として独立してあるのだから、神意の表現は「神がかく述べている」という形をとるということになる。

R・ファースが憑入型を〝霊媒（medium）〟、憑感型を〝予言者（prophet）〟と呼んだことはよく知られている(25)。憑入型も憑感型も、神霊と人間との〝直接交流（direct communication）〟の仕方であり、その現象には種々なレベルのトランス（変性意識）がともなう(26)。憑入型の激烈なトランスを目にした人は、憑感型の平常とほとんど違わない態度を見て、果たしてそれがトランスといえるかどうか疑問を呈するかも知れない。しかし外側から見て常態であるとはいえ、当事者が神霊の存在と挙動を感覚し、相互交流が可能であるとすれば、その意識は通常のそれではなくて、「変性意識《トランス》」としなければなるまい(27)。

さて大千寺の蘇法師の神人交流の型は、本人のセアンスにおける態度の観察とその説明からすると、明らかに憑感型であり、憑入型ではない。彼は神霊がみずからに憑依するのをよく自覚し、神霊と対話する。祓霊儀礼において、彼は神霊の力を祓祓霊者に放射し、力をこめた神符を作るが、その際にも神霊の力が彼自身の身体を通じて他に転移するのを客観視している。この状況を示す彼の祓霊儀礼の事例を二、三紹介しよう。

【1】セブ市出身の四歳の男子は、両眼球が動かない奇病に罹り、左右を見るときには眼を動かさずいちいち頭を動かすのが常だった。医者に通っても治らなかった。この子の両小指を見ると指の横の筋が左右一致しないことが分かった。常人は左右の筋が合うのにズレているのは、悪霊憑依の証拠であるという。蘇はズレた小指に右手で触り、土星霊の力により左右合うように矯正し、一箇月間神符の服用を勧めた(28)。一箇月後、眼球は動くようになった。

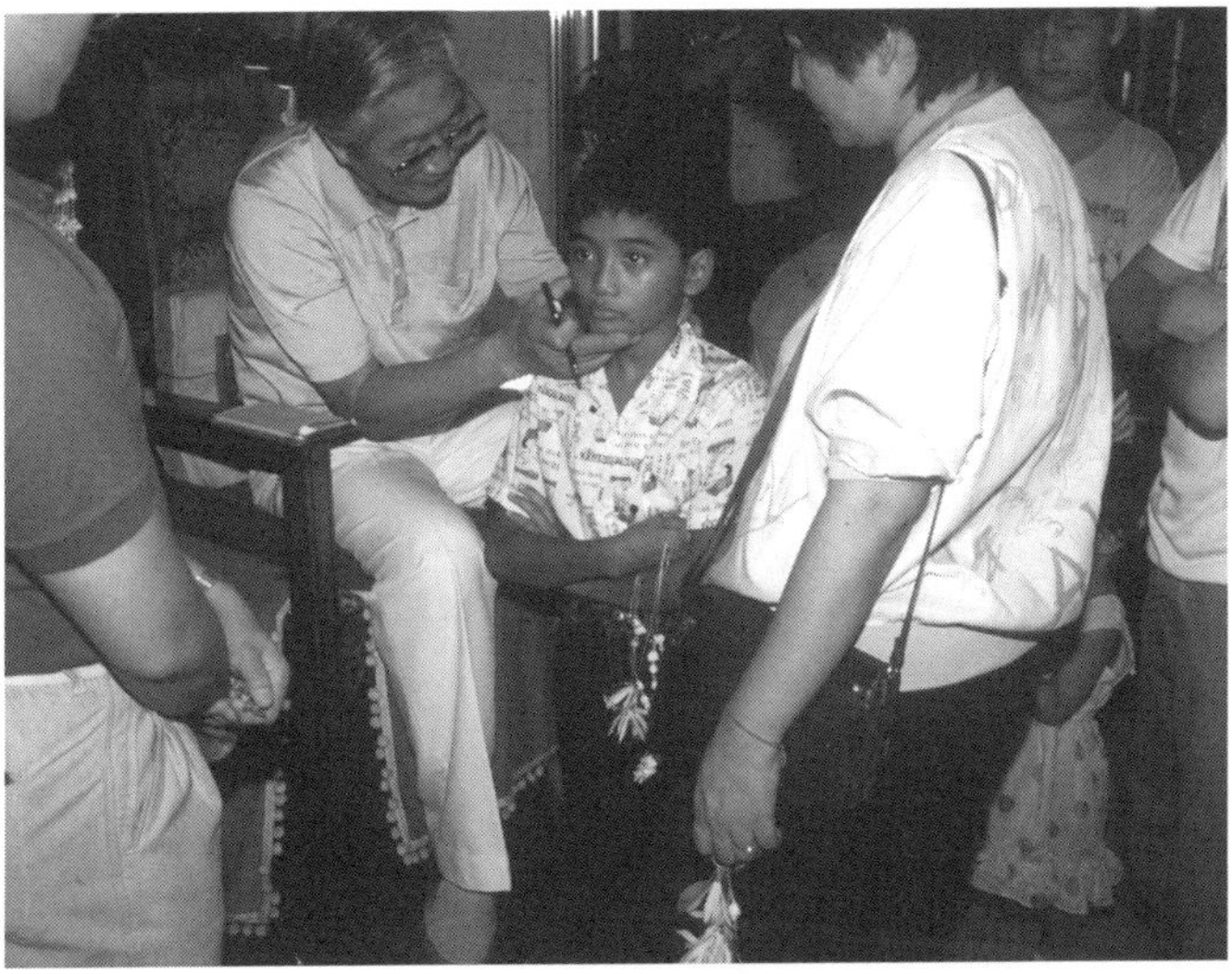

病気を診断する蘇

【2】セブ市の中年女性が病気になり蘇を訪ねてきた。調べてみるとこの女性は黒呪術をかけられていることが分かった。蘇はこの女性の告白を通じて誰が黒呪術を行使したかを知り、直接に呪術の行使者に会った。この男は件の女性のイトコに依頼されて呪術を行なったと告白した。蘇は多くの人びとが見ている前で祓霊儀礼を行なった。彼女の腹部の中心に右手を当て、手のひらから力(光)を出して相手の体内の呪力を駆逐した。土星霊の強力な働きにより除去した呪力は相手に返した。土星霊が憑依している間、蘇の身体は熱を帯び小刻みに震えた。

【3】マニラ市の五〇代の女性は一〇年前に肺がんであると

診断され、余命六箇月と宣告された。彼女は蘇を訪ね神の力を請うた。蘇はもう一度医者の診断を受けさせたが、結果は同じであった。蘇は守護霊（土星霊）の力をこめた強力な神符を作り、これを三箇月間彼女に服用させた。彼女は回復し、医者は信じられないことだと述べた。

これらの事例から見てとれるように、蘇の儀礼的役割は、筆者の意味における憑感型であって憑入型ではない。彼の憑霊は〝神になる〟ことではなくて、〝神〔の力〕の伝達者〟であることを意味する。一般に童乩は神語を第一人称で語るが、トランス＝憑霊状態から覚醒すると神語の内容を記憶していない。言動したのは神霊であって彼ではないからである。したがって神語（普通の人には分からないことが多い）を依頼者・信者に解説し、後になっても内容を記憶している人物が不可欠となる。卓頭《トオタオ》または助手・副手と呼ばれる人物がそれであり、童乩の儀礼は卓頭とコンビで行なわれる。

ところが蘇童乩においては、卓頭は存在しないし、必要としない。彼はトランス中の言動をすべて自覚し記憶しているからである。しかし彼はたんに呪力を操作して現象を統御しようとするいわゆる呪術師ではない。彼はトランスにおける神霊（土星霊）との直接交流によって役割を果たすという意味でシャーマン＝童乩である。

一般に童乩は憑霊中は神自身としてふるまうから、依頼者・信者の信仰・礼拝の対象となるが、ひとたび神霊が彼（彼女）を離れ、トランスから覚めると、彼は普通の人にすぎない。霊媒（憑入）型のシャーマンは、完全に神霊により操作される宗教者なのである。

これにたいして蘇法師は、通常意識において依頼者・信者とともに神仏に経文を唱え、平安多幸を祈願する。明らかに祭司でもある。

彼は毎日曜日に二度行なわれるミサ（Mass）において、ホールを埋める善男善女とともに、みずから制作した『宇宙経』[29]を六五体の神仏像にたいして読誦する。このときホール左右の罄子と木魚が高らかに打ち鳴らされ、人びとの読経の声が高まるにつれて、右手に三本の線香を握った蘇の動きがにわかに激しさを増し、右に左にすばやく動きながら、線香で宙に文字をいともスピーディーに書く。これは土星霊の言葉であり、彼は「書かせられている」のだという。彼の行動を観察していて、それと分かるトランス状態を目にできるのは、唯一このミサにおいてのみである[30]。儀礼のときに彼が身に着けるのは黄または緋色のビロード製式服で、カトリック司祭の式服に酷似する。彼を訪れる人びとにたいして行なう家屋や家具の配置についての指導や運勢判断が、通常意識でいくつもの文献に依拠したものであることはいうまでもない。

彼と守護霊（土星霊）との出会いもまた著しく憑感（予言者）的であった。福建省出身の両親のもとにマニラ・トンドに生まれた蘇は、小学生の九歳のとき運動場で守護霊とはじめて出会った。そのとき蘇は友人たちがゲームをしようとしているのに出くわした。友人の一人が「一人足りないから加わってよ」といった。蘇は「六人いるから足りるじゃないか」と答えた。友人たちは五人しかいないと主張し、蘇は六人いるといい張った。彼の目には同じ学校の制服を着た六人の生徒が映っていた。よく見ると一人見知らぬ子供がいて、彼に向かって微笑むとすうっと姿が消えた。彼は変な気分になったがゲームに加わった。その後、蘇は彼が行くところどこにでも、件の少年が付いてくるのに気づいた。彼は少年に君は一体誰かと訊くと、彼は蘇と友達になりたいと答え、手を差しのべた。蘇は彼の手を握ったが、握手の感触はなかった。少年はハンサムで、髪は黒く可愛い眼をしていた。彼は高い声で速く喋った。ある日、蘇が自室で勉強していると、突然少年が目の前に現われた。部屋に鍵がかけてあるのに入ってきたのだ。少年は「静かにして。私は精霊だ。ドアを閉めても私には役立たない。私はいつも君といるよ」といった。

彼は土星《サターン》からやってきたと述べた。名前を訊いても語らないので爾来、蘇は彼を土星霊《サターニアン》と呼ぶことにした。土星霊は最初の出会い以来、面貌が全く変わらない。土星霊は齢をとらないと蘇は考える[31]。

このように蘇と守護霊との関係は、その最初から憑感的であったのである。シャーマニズム研究の知見からいえば、彼は神霊に選ばれたのであるから召命型のシャーマンであるということになるが、憑霊における両者の関係は一方的ではなくて双方的である。

さて前に記した六五体の神仏像について蘇はどのように説明するのであろうか。彼がミサの説教などにおいて述べるところによると、「本来神に名称はない。宗教にも名称はない。名称を作ったのは人間である。生まれたばかりの赤子に名前がないのと同じである。しかるに道教徒は四七〇〇年前に彼らの信仰を道教と名づけた。カトリック教徒は一九九〇年前に彼らの宗教をカトリシズムと名づけた。この寺は本来の立場に還ってあらゆる宗教を統合させようとしているのだ」ということになる。

この考え方・思想は土星霊により示唆されたものと彼はいう。六五体の神仏の中に土星霊はない。土星霊はどこまでも蘇個人の守護霊であり、彼のシャーマニックな力の源泉であるといえよう。これにたいして六五体の神仏は祭司としての蘇の信仰・礼拝対象である。彼が巫師的祭司と呼ばれ得るゆえんである。

四　巫師的祭司誕生の宗教・社会的背景――結びに代えて

本論の「はじめに」において筆者は、従来のシャーマン／祭司二分論にたいして、沖縄の事例からであるが祭司にしてシャーマン、シャーマンにして祭司のような宗教者（ノロとユタ）が存在するとの指摘を踏まえ、この二分論の問題をフィリピン・マニラ華人社会の一宗教者を手がかりに取りあげ、シャーマン―祭司論として深めてみたい旨を述べた。

そしてトンドの大千寺を主管する蘇超夷の宗教的性格について重要であると考えられる点を記述してきた。その結果、かつてエヴァンズ＝プリチャードが「祭司において人間は神に語り、予言者《シャーマン》において神は人間に語る」と述べたが、蘇法師はこの二つの性格または役割を兼備していることがはっきりしたと考える。さらに彼は「神的なものにたいする人間の代表（祭司）と人間にたいする神的なものの代表（巫師《シャーマン》）との間には、基本的差異がある」と主張したが、蘇はこの差異を乗り超えたような巫師的祭司であることが判然としてきたと思っている。蘇はある儀礼的コンテクストにおいては予言者型（憑感型）シャーマンであり、別のコンテクストにおいてはまぎれもなく祭司である。

しかし蘇は巫師的祭司であるがゆえに、祭司では困難な大胆きわまる宗教的解釈やパンテオンを打ちだしている。また巫師（多くの童乩）では不可能であろうような『宇宙経』を編みだしている。おそらく彼のような憑感型の宗教者は大宗教をはじめ、数多くの宗教に存在するであろう。この種の宗教者がこれまでよく見えなかったのは、〝シャーマン〟の性格づけが必ずしも明瞭でなかったという事実にも帰されるであろう。霊媒（憑入）型はシャーマンと見なした研究者も、予言者（憑感）型はシャーマンの枠には入れないという傾向はわが国にも現に見られるからである。巫師的祭司の問題はシャーマン／祭司の問題とともに今後追究されるべき領域であろう。

以下では蘇の宗教的性格について、現代フィリピンの宗教・社会的背景と絡めて若干の見解を記したい。

華人社会の人びとは蘇をマニラで最も著名な童乩であると認識している。ところが蘇はみずからが童乩と呼ばれることを好まない。

このことは彼がみずからを「法師」と称していることからも知られよう。ところが華人たちの目には、蘇の祓霊儀礼などは、他の童乩に類似すると映るのである。

ちなみにマニラの童乩は総じて憑感型であり、他地域の者とは大きく異なる。シンガポールでも台湾でも、男性童乩は儀礼《セアンス》執行に際して上半身裸体になり、激しく長いトランスにおいて神霊に転じ、独特の神語を語り、みずからの舌を刀で切り割き、得た血液を神符に塗りつけ、神霊の威力誇示のため背中を刀、針棒、針球、斧などで傷つけ、血だらけになる。神力による祓霊儀礼と神力をこめた神符はことのほか華人民衆に好まれる。

こうした他地域の童乩のパターン化された儀礼行動と比較すると、蘇を代表格とするマニラの童乩たちのそれは大きく変化または修正されていることが分かる。

すでに見たように、蘇の憑霊の型はいわば軽いトランスの予言者型（憑感型）であり、カトリック的コスチュームを用い、武器による身体毀傷や血液の使用などはいっさい行なわれない。ここには明らかに伝統的な童乩文化の型からの脱却志向が見てとれる。

しかしそれは童乩文化の全否定ではなくて、新しい型の創出であるといえよう。神霊の力を直接用いて役割を果たすというシャーマニスティックな要素は確実に継承されているからである。蘇の宗教的性格つまり巫師的祭司性の形成は、土星霊の指導により実現されたとされるが、筆者は土星霊の〝指導内容〟に現代のフィリピン華人社会の宗教・社会的状況が強く反映されているのではないかと考える。

フィリピン総人口の八五％がカトリック教徒であり、総人口の一％にすぎない華人集団は常にカトリシズムの影響下にある。また少数ではあるがイスラム教徒がおり、あなどりがたい力をもっているので、その影響も無視することはできない。

華人の若者を中心にカトリック信者が増えていることも事実である。筆者が調査したオンピン・ストリートの一家族では、祖父母と両親が仏教と道教を信仰しているのにたいし、四人兄弟の子供のうち長男を除く三人がカトリックの洗礼を受けていた。重要なのはカトリック信者になった三人の兄弟が受洗後も仏教、道教を信奉していると告白したことである。(32)

実際、カトリック信者になっても寺廟への信仰を放棄しない華人は多いといわれる。この問題は今後の検討課題である。

こうした華人の信仰の実態（ひとりの人間が仏・道・キに関わること）は、大千寺の祭壇構成の実態とよく重なっているのではなかろうか。蘇超夷の宗教活動の新鮮さと人気のもとは、かかって華人社会の宗教信仰の実情に対応した宗教施設の創造にあったと判断することは十分可能であろう。そして蘇の〝見通し〟が土星霊の啓示という形においてなされたことは、彼の宗教的性格がすぐれて童乩（シャーマン）的である事実をよく物語るものであろう。マニラ市内には数多くの信仰治療師《フェイス・ヒーラー》が活動している。彼らはカトリック聖人の呪力を借りて病気治療をしているが、その神人交流の型は憑感型に近い。蘇の儀礼行動には彼らの儀礼が影響していないとはいいきれまい。

蘇の説明によると大千寺の依頼者・信者は約一〇万人であるという。少なからず誇張があるとは思うが、大千寺が今や教団化しつつあることは否めない[33]。

〝シャーマン／祭司〟の枠組みを超えた〝シャーマン―祭司モデル〟の一例について概観したが、この問題の追究は新宗教やカルトの解明にとってもなお有効であると考えられる。

【註】

（1）拙著『シャーマニズム――エクスタシーと憑霊の文化』中央公論社、一九八〇、一二八～一四九頁（「シャーマンと祭司」）：同『宗教人類学』講談社、一九九五、二六八～二八一頁（「祭司の誕生――神道の成立をめぐって」）および二八二～三一〇頁（「ユタの変革性――シャーマン祭司論との関連において」）参照。

（2）E. E. Evans-Pritchard, *Nuer Religion*, Oxford, 1956, pp.304-305.

（3）Ibid., p.305.

（4）E. R. Leach, “Pulleyar and the Lord Buddha: An Aspect of Religious Syncretism in Ceylon,” in *Psychoanalysis and Psychoanalytic Review*, XLIX, 1962, pp.80-102.

(5) W. A. Lessa and E. Z. Vogt (eds.), *Reader in Comparative Religion: An Anthropological Approach*, New York, 1962, p.410.

(6) 註（1）の前掲拙著、一九九五、二七三頁参照。

(7) 註（1）の前掲拙著、一九八〇、一二八〜一三〇頁および一四三〜一四四頁参照。なお「ユタ」と「ノロ」の呼称は地域により異なるが、ここではこの呼称を用いる。

(8) 主なものについては註（1）の前掲拙著、一九九五、二八四〜二八五頁に記してある。

(9) 高梨一美「神に追われる女たち——沖縄の女性祭司者の就任過程の検討」（大隅和雄・西口順子（編）『巫と女神』シリーズ女性と仏教4、平凡社、一九八九、二二一〜五〇頁）。同様の指摘は他の研究者によっても行なわれたが、紹介を略す。

(10) 佐々木伸一「カンカカリ達——宮古島その他のシャーマン的職能者」北見俊夫（編）『日本民俗学の展開——筑波大学創立十周年記念　民俗学論文集』雄山閣、一九八八、一六四〜一六五頁参照。

(11) 桜井徳太郎「沖縄民俗宗教の核——祝女《ノロ》イズムと巫女《ユタ》イズム」外間守善（編）『沖縄文化研究』6、法政大学沖縄文化研究所、一九七九、一四二頁参照。

(12) National Statistical Coordination Board, *Philippine Statistical Yearbook*, Manila, 1992. 中国人移民およびその子孫にして中国語を用い、中国文化を保持している人たちを華僑と呼び、移住先で国籍を取得した人たちを華人というが、フィリピン中国人社会では両者の区分が明確ではないので、本論では両者を併せて華人と呼ぶことにする。

(13) J. Amyot, *The Manila Chinese: Familism in the Philippine Environment*, Institute of Philippine Culture, Ateneo de Manila University, Quezon City, 1973, p.48.

(14) この表は一九八六年八月現在の寺廟の状況を示す。寺廟が仏教か道教かの判別は寺の住職、廟主、童乩等の見解に基づいて決定した。

(15) 火葬、土葬いずれであれ男僧または尼僧が葬儀と追善供養の儀礼を主宰し、各寺院には位牌堂、納骨堂がある。総じてマニラ華人社会の仏教寺院の諸儀礼は台湾仏教の影響を受けているといわれる（信願寺の住職の説明）。

(16) 道観の事務担当者によると、ここは童乩廟ではないが、日を定めて童乩候補者のために学習の場を与えているという。七〇名ほどの道観信者が道教諸神の生誕祭などに集まり読経と礼拝を行なうが、この際何人かの女性が憑依状態になることがある。童乩の判断で件の女性が神に選ばれたとされると、その中で童乩になることを決意した者が決められた日に廟にきて、先輩童乩の指導のもとにトランスへの入り方、儀礼《セアンス》の仕方などを学習する。この廟を訪ねると、一階事務室で一、二人の女性が瞑目し唱えごとの最中に嘔吐状態になり、奇声をあげるのをよく目にした。この廟は「菲華道教促進会」の後援により経営されており、道教による華人の教化を重視している。同廟の主な生誕祭（慶典）は以下のとおり。元始天尊（正月初一日）、玉皇大帝（正月初九日）、瑤池金母（三月初三日）、玉皇三太子（六月初六日）、梨山老母（八月一五日）、九霄大天尊（九月初九日）。なお一九八六年八月現在、この廟の指導的な童乩はフィリップ楊である。

(17) 一般に「法師《ほうし》」はわが国では仏法を教え導く師、仏道の指導者を意味するが、次第に僧形をした者全般に適用されるにいたったという〔『岩波仏教辞典』一九八九〕。他方、台湾では童乩が師匠を呼ぶのに法師《ファッ・スー》の語を用いる。蘇の「法師」は両者を含意しているもののようだ。

(18) V. V. Wuson, "The Boy from Saturn, The Man from Tondo," *Metro Manila Review*, August, 1977.

(19) 童乩の憑霊とトランスの関係については、A. J. A. Elliott, *Chinese Spirit-Medium Cults in Singapore*, The London School of Economics and Political Science, London, 1955, 安田ひろみ・杉井純一訳『シンガポールのシャーマニズム』春秋社、一九九五、七六〜八〇頁に詳しい。

(20) 比較的新しい憑霊の概念については、拙著『シャーマニズムの人類学』弘文堂、一九八四、一二六〜一二八頁参照。

(21) 註（1）の前掲拙著、一九八〇、五二一〜六二一頁参照。

(22) 好例として大本教の教祖出口なおの場合がある。一八九二年一月一〇日夜、教祖は目に見えない「いきもの」が身体内に入ったような感じになり……教祖と腹のなかの「いきもの（憑きもの）」（神）との間に問答が行なわれたとされる。神「わしは艮之金神であるぞよ」、教祖「そんなことを言うて、あんたわしをだましはるんやおまへんかい」、神「わしは神じゃから嘘は吐かぬわい」、教祖「そんな偉い神様どすかい、狐か狸かがだましてなはるねん御座へんかい」［村上重良『近代民衆宗教史の研究』法蔵館、一九五八、一一七～一一九頁参照］。ここでは神と教祖は第二人称で相手にたいしている。これにたいして霊体が肩に憑依したため肩が凝って重いとか、霊格が胸を締めつけるので苦しいといった例では、人間は霊的憑依を第三人称で表示する。

(23) このことに関しては、拙著『聖と呪力の人類学』講談社、一九九六、二四三～二五三頁（「憑入・憑着・憑感――憑霊の概念」）参照。

(24) この点に関しては、ファースの憑霊の概念、すなわち憑霊（spirit possession）には霊体の侵入（enter）と霊体の影響（affect）の二種類があるとする捉え方から大きな示唆を受けている（次註の文献参照）。

(25) R. Firth, *Rank and Religion in Tikopia: A Study of Polynesian Paganism*, London, 1970, p. 33.

(26) ブウルギニョンとペテェイは憑霊とトランスの発言の仕方にさまざまな種類と程度・レベルがあることを各地の事例の比較検討から明らかにしようとした［E. Bourguignon and L. Pettay, "Spirit Possession, Trance and Cross-Cultural Research," in J. Helm (ed.), *Symposium on New Approaches to the Study of Religion*, Seattlle, 1964］。

(27) I・M・ルイスはトランス状態を「完全もしくは部分的な精神分離（mental dissociation）を含み、しばしば興奮性の幻想・幻覚をともなう」［I. M. Lewis, *Ecstatic Religion: An Anthropological Study of Spirit Possesion and Shamanism*, Penguin Books, Middlesex, 1971, pp. 38-39, 平沼孝之訳『エクスタシーの人類学――憑依とシャーマニズム』法政大学出版局、一九八二］としており、これを佐々木雄司氏は〝意識の例外状態〟と理解する（同氏の教示による）。通常意識では知覚・感覚できない意識野の展開であり、そこに心霊・精霊の侵入と影響を知覚・感覚する状態と捉えられる。

(28) 童乩が憑霊状態で作った神符は効験あらたかで、これを燃やした灰を水に溶かして服用する習慣は各地華人社会に共通に見られる。

(29) 『宇宙経』は土星霊の指示により成ったとされ、毎日曜日のミサに集う依頼者・信者は経文を暗唱できる。それは「宇宙三光天降地　三光旋転日月星　南無浄宿宇宙仏　日夜分明天作主　南極北極各磁栄　南無阿弥陀陀仏　自転公転地本身　好歹分野為人丁　南無宝光自在仏　為非作悪神鬼知　行善救人無人欺　南無善住智慧仏　父生母養共教育　育其子孫好生活　南無光明観世仏……」のように続く。

(30) 彼によれば、独りでに手が動いて文字が書き上がるが、この文字は神字で彼にも分からないものが多く、心霊に訊くことがあるという。

(31) 以上は筆者が蘇から直接得た情報であるが、一九七七年に大千寺を取材したウースン記者も全く同じ内容を紹介している。

(32) K. Sasaki, "Santo Niño and Shun Tian Sheng Mu: An Aspect of the 'Shenism' of the Chinese Community in Manila," in Y. Kikuchi (ed.), *Philippine Kinship and Society*, New Day Publishers, Quezon City, 1989, pp.86-97.

(33) 蘇超夷の次男であるジェミー・蘇が大千寺の後継者と目され、現在助手として父の活動を支えながら修行に励んでいる。世襲制（祭司化）のはじまりとして注目される。

【タイ編】

第一〇章　コン・ソンと童乱

一　はじめに

東南アジア各地（各国）の華人社会には、童乱《タンキー》（Tang-ki）とか乱童《キートン》（Ki-tong）と呼ばれるシャーマニックな宗教者が存在し、重要な宗教的役割を果たしていることはよく知られている。

一九七七年以来、筆者は主にシンガポール、マレーシア、台湾、フィリピン華人社会の童乱についてインテンシブな調査を重ねてきた。すでに先行研究者たちは、童乱と依頼者・信者から成る宗教形態を霊媒カルト（spirit medium cult）または霊媒信仰（spirit mediumship）と名づけ、これをシャーマニズムの一形態として位置づけていた[1]が、筆者の調査の狙いは、従来のシャーマニズム研究の諸成果を踏まえ、比較の視座から各地華人社会の童乱信仰の実態に迫ることにあった。

はじめにシンガポールとマレーシア、ついで台湾とフィリピンの順で童乱信仰をフィールドワークしてきた筆者は、各地の童乱は男性であれ女性であれ明白なトランス（変性意識）状態になり、神霊（守護神）の憑入を得て第一人称で言動する点ではほぼ共通性をもつが、①トランス（＝憑霊）状態の様相、②礼拝対象として祀られている神々の種類、③憑依儀礼の展開次第、④儀礼時の童乱の服装と儀礼具、⑤治病儀礼の進め方、⑥依頼者・信者集団の構成などには、各地華人社会の社会・文化さらには政治的状況により、かなりのヴァリエーションがあることに注目した。

そこで筆者は、各地の童乩信仰に見られるヴァリエーションを当該地域の社会・文化・政治的状況と関連づけて比較考察し、若干の報告を行なってきた[2]。本論ではタイ国華人社会の童乩信仰を取り扱うのであるが、方法的には他地域との比較によるタイ国的ヴァリエーションの抽出を主眼とするので、その作業に入るに先立ち、童乩信仰のバリュアブルズとはいかなるものかについて、筆者の過去の報告から典型的な事例を一、二紹介しておきたい。タイ国的状況がより見えやすくなると考えられるからである。

まずシンガポールとフィリピンの童乩信仰についてである。どうして両者を取りあげるかというと、第一にシンガポールは東・東南アジア各地華人社会の中でも圧倒的に華人人口が多い（約七八％）社会であり、他方フィリピンのそれはきわめて少ない（約一％）社会であるから。第二にシンガポール華人社会で最も人口が多くまた政治・経済的影響力が強いのは福建系華人であり、童乩の数も他の民系に比して福建系が著しく多いとされ、これにたいしてフィリピンでも、華人人口の七〇〜八〇％が福建系であり、童乩も筆者の調査ではすべて福建系であったから。そして第三にシンガポール社会（＝華人社会）の宗教は全面的に華人宗教（一般に仏教と道教その他とのシンクレティズムとされる）であるのにたいして、フィリピン社会のそれは圧倒的にカトリック（約八五％）であり、華人宗教もその強い影響下にあるからである[3]。

こうした両者の社会・文化的対照性は、童乩信仰にどのように表われているのであろうか。まずシンガポールの童乩については、①男性童乩のトランスは一様に激烈である、②礼拝対象は数多いがとくに関帝、斉天大聖、観音が尊崇される、③神霊憑依と離脱の時間が長い、④上半身裸体になり、多くは黄のズボンをはき、剣や針球を用い、身体毀傷を常とする、⑤治病儀礼には血符を用いる、⑥依頼者・信者は血縁・地縁関係者であるなどの特徴が見られる。

つぎにフィリピンの童乩に関しては、①激しいトランスは見られない、②礼拝対象は数が多いものと、少ない場合とがあるが、総じて祭壇にサント・ニーニョ（Santo Niño＝幼きイエス）像を祀っている廟が多く、大千寺という廟ではイエス、聖母マリア、サント・ニーニョ、サント・マーチン、サント・アンソニー、サント・ジュードなどを祀っている、③神霊憑依はごく簡単である、④白のユニフォームやカトリック司祭のような服を着ける、⑤血符の使用は見られない、⑥依頼者・信者は血縁・地縁関係を超えているなどを挙げることができる。

以上の諸特徴から、前者を童乩信仰におけるシンガポール型、後者をフィリピン型と呼ぶとすれば、台湾の童乩信仰は前者の①〜⑥に酷似するという意味でシンガポール型とすることができよう。この型は、東南アジア華人の主要出身地である中国大陸福建省・広東省の童乩の性格・特徴をよく踏襲している観があるので、仮に〝伝統型〟と呼ぶこともできよう[4]。

他方、西マレーシアの都市部において勢力を拡大してきた華人新宗教集団の黄老仙師慈教は、童乩信仰の諸局面に意図的な改変を加えている点でフィリピン型であり、伝統型にたいして〝改変型〟または〝変革型〟と考えることができよう。黄老仙師慈教の童乩信仰は童乩の語に代えて「童身」と称し、①弱いトランス、②三位一体の神、③簡単な憑依、④白のユニフォームの使用、⑤血符使用の禁止、⑥血縁・地縁集団の枠を超えた信者集団の形成などの点で伝統型を大きく離脱している[5]。フィリピン華人社会は圧倒的なカトリックに囲繞されており、他方マレーシア華人社会は強力なイスラムと共存しているという状況が、社会・文化的に共通している。

シンガポールと台湾の華人は社会・宗教的にマジョリティーであるという現実が童乩信仰の伝統型を持続させることを可能にしていると仮説するとすれば、フィリピンとマレーシアの華人がマイノリティーであるがゆえに童乩信仰をマジョリティーの宗教（カトリックとイスラム）を意識しつつ改変せざるを得なかった、と想定することは見当違いとは言えまい。ただし両者において改変の仕方に差がある。フィリピンは伝統的な神々（パンテオン）にカトリックの神や聖人を〝包摂〟する方法を採っているのにたいして、マレーシアではみずからの神々を〝排除・縮小〟する方途

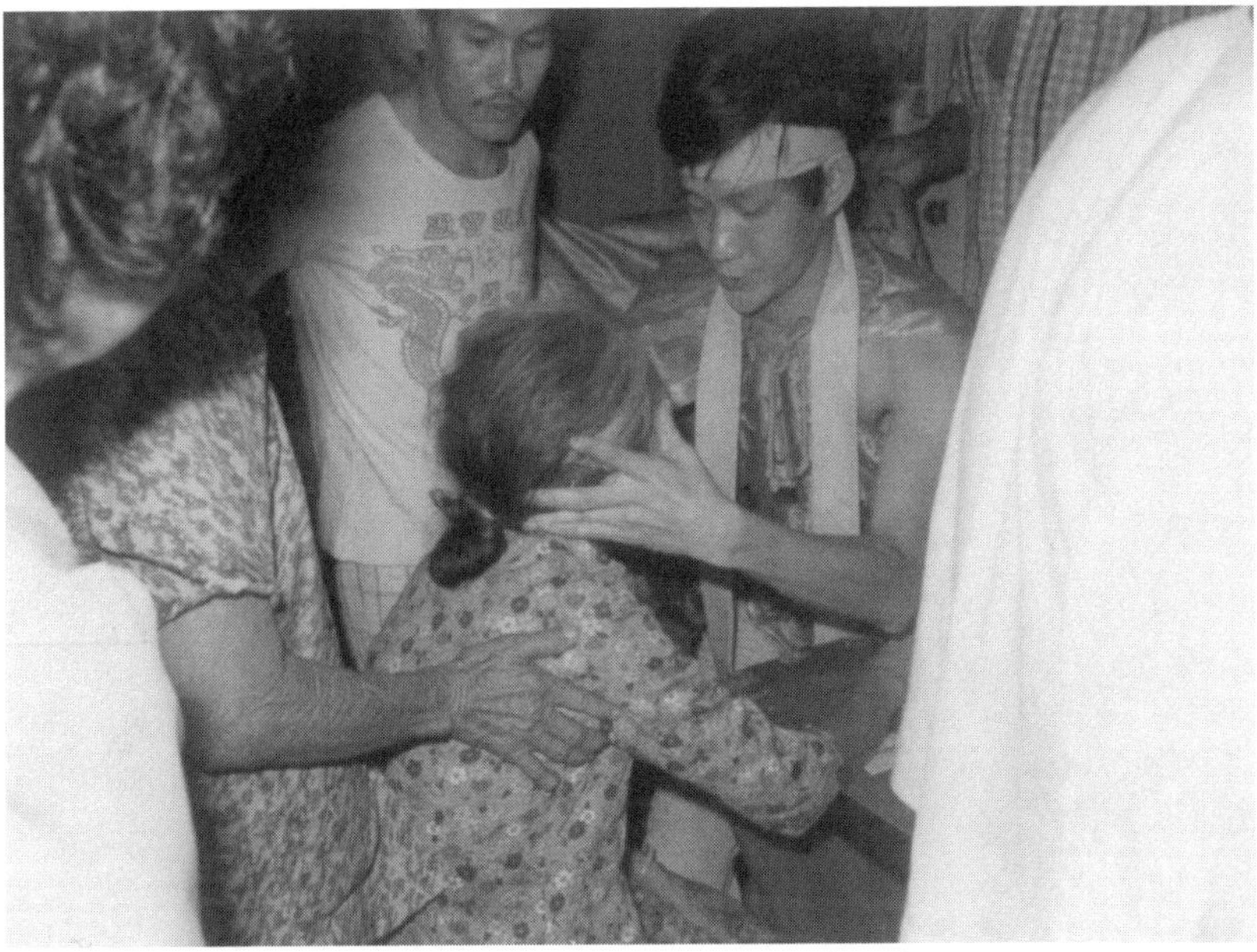
伝統的な童乩の治病儀礼（シンガポール）

を辿ったのである。カトリック＝包摂、イスラム＝排除と短絡することは危険だが、こうしたヴァリエーションの存在は宗教人類学的に注目に価すると言えよう。

以上、シンガポールとフィリピンの華人社会における童乩信仰の諸特徴を比較考察し、さらに台湾と西マレーシアの事例とを関係づけて、それぞれの間のヴァリエーションに触れた。その結果、華人が支配的で宗教形態も酷似しているシンガポールと台湾の童乩信仰は中国大陸の伝統を踏襲しているのにたいして、華人がその移住国においてマイノリティーであり、マジョリティーの大宗教（マレーシアのイスラムとフィリピンのカトリック）の影響下にある地域では、みずからの信仰形態を大きく改変もしくは変革している様相が見てとれた。

こうした比較の視座にたつと、タイ国華人社会の童乩信仰はどのような特徴と性格をもつと見えるのであろうか。南方上座部仏教の強い影響下にあるタイ国華人社会の童乩信仰について、以下ではこれまでのフィールドワークの結果を紹介したい。

二　玉福堂とコン・ソン張輝亮

タイ国のバンコク華人社会では、〝童乩《タンキー》〟とか〝乩童《キートン》〟の語は死語になっているようだ。バンコクの華人街（China-town）はかなり大規模でまとまりのある地区をなしており、他の街区と比較してこの地区一帯は漢字の看板やポスターが目立つ。

しかしシンガポールやマレーシア、フィリピンの華人街では日常語として福建語、広東語、潮州語などが話されているのにたいして、ここでは華人街でもタイ語が使用されている。これはしかし、タイ華人が中国語を使わないのではない。彼らの多くはタイ語と中国語をよくしているのであり、タイ人との付き合いの多い日常生活ではタイ語を用いているのである。タイ華人が他地域の人たちと比べて〝同化〟の度合いが高いとされるゆえんであろう(6)。

バンコク華人街の諸廟で童乩・乩童の所在を訊いても否定的な回答ばかりで弱っていた筆者は、偶然、ある食品店の女主人からタリンチャン（Talingchan）に〝降乩〟を行なう〝コン・ソン（Khon song）〟がおり、彼はバンコク華人社会ではつとに著名な宗教者であるという情報を得た。コン・ソンは「憑依される人物」を意味するタイ語である(7)。ここの華人地区には童乩や乩童は存在しないが、コン・ソンという名の、童乩の役割を果たす人物は数多く存在するという。

その著名なコン・ソンがタリンチャンの新港菜園大聖仏祖玉福堂の主宰者、張輝亮（チャン・クウエィ・リアン）である。彼はみずからの年齢を明かさないが、五〇代後半とおぼしき頑丈にしていかにも精悍な感じのする客家系の華人である。玉福堂は広大な敷地に建っており、その造りは他地域の華人社会の廟の型を踏襲している。「玉福堂」と書かれた扁額を掲げた玄関を入ると、正面に富貴仏の像、その右側と左側にそれぞれ三体ずつの仏像が据えられている。その構成がユニークである。まず右側には中心に等身大の大聖仏祖（斉天大聖）の像があり、その両脇には上座部仏教の釈迦仏の像が脇侍として祀られている。左側には三体の同様の釈迦仏の像が安置されている。(8)

この空間の奥が一般の廟の神殿ホールにあたり、最奥部祭壇上には中心に玉皇上帝、向かって右に観音仏祖、左に大聖仏祖（斉天大聖）の三神の像が安置されている。(9)これら三神の前には大型の机があり、香炉、燭台、供物などが置かれている。三神像を中央に見て右側の壁際には後述する理事（問神）のための受付があり、常時一人か二人の受付係が依頼者や信者の願いに応じている。左壁際には老伯公と関帝その他の像が祀られている。ちなみに張コン・ソンが理事を行なうときに、彼に憑依するのは大聖仏祖（斉天大聖）と老伯公の二神である。

この廟の裏側左右にはコンクリートの階段があり、これを登るとかなり広いコンクリートの庭があり、奥には「慈悲娘娘」の扁額を掲げた二階建て大廟が建っている。

一階ホールは張コン・ソンが憑依状態において理事を行なう場所で、三〇〇名程度を収容できるタイル張りの空間である。正面奥に慈悲娘娘の立像が脇侍とともに祀られており、天井からは「南無阿弥陀仏」と記された黄金色の幡蓋が幾本も吊り下がっている。

神像を背にして大机と椅子があり、理事が行なわれるとき張によって用いられる。机上には緑符、黄符、ピンク色の符、紙銭、これら符を入れる各種の袋、硯と筆などが置かれ、各地童乩廟の童乩の儀礼机を想起させる。二階部分は一階ホールと全く同じ造りであるが、ここは「瑤池金母殿」と呼ばれ、正面奥に瑤池金母の立像と脇侍が安置されている。大祭のときに用いられるという。

張コン・ソンは毎日午後一時頃から七時まで、一階ホールの椅子に慈悲娘娘を背にして坐し、依頼者・信者に対面して〝降乩理事〟を行なう。降乩理事とは、神霊（老伯公）が張に降臨憑依し、張は神霊自身として人びとの質問に答え、神符を作って与え、治病行為をするなどをいう。

理事を行なう張は概して各地の童乩に似ているが、かなり異なる点も目につく。まず一般の童乩廟では廟内の祭壇に何十体もの神仏像が祀られているのにたいして、玉福堂では主神殿に三神、理事を行なうホールに一神など、神像の数が極端に少ないことが挙げられる。祭壇構成は仏教寺院のそれに酷似する。第二に多くの童乩廟では童乩が祭壇の諸神像に対面し、信者・依頼者を背にして坐すのにたいして、張コン・ソンは逆に神を背に、人びとに対面して坐す点である。しかも彼の背面に祀られている神は、彼に憑依する老伯公ではなくて慈悲娘娘である。

第三に童乩に神霊が憑依する際には、童乩は激しいトランスに陥り、その時間も二〇分〜三〇分と長いが、張コン・ソンの場合は突発的に表情が変わり、首の骨がガリガリッと音をたてるだけで神霊に変化する。第四に男性童乩は一般に憑依状態に入るときには上半身裸体になり、黄色のズボンを着け、「龍座」と呼ばれる朱塗りの特製椅子を用いるが、張は白の半袖シャツと黒の長ズボン姿で普通の椅子に坐す。第五に童乩廟の問神（理事）においては、神（童乩）と依頼者・信者との質疑応答は他人に聞こえないように小声で行なわれるのが一般的なのに、ここではコン・ソンの答えがマイクを通してホールにいる人びとすべてに聞こえるようになっている。

こうした特異な廟と儀礼を創りだした張輝亮とは、いかなる人物であろうか。

張の説明によると、彼は中国広東省の客家系農民の子として生まれ、九歳のときに両親とともにタイ国に移住した。家族は同郷人農民の小作人として働いたが、たいへん貧しく、その日の食にもありつけないこともあったという。

彼らが住んでいたタリンチャンには河川が多かったので、彼は川に行ってはエビを採り食の足しにしていた。彼が二五歳の頃、川でエビ採りをしていると、大エビに腕を咬まれた。このエビは神の化身であり、張に川底に金子があることを知らせたのである。というのは、エビに咬まれた腕を川水で洗っていると足下に二五二〇バーツがあったからだ。この金は取っておき、後に廟を造る基金の一部にした。

この頃彼は原因不明の病気になった。食欲がなくなり身体は徐々に痩せ細っていったが、医者は病因を明らかにすることはできなかった。彼は病床に横たわりながらよく夢を見た。夢の中によく現われた斉天大聖は「もしも私がお前に憑依することを認めるなら、お前の病気は治るであろう」と告げた。神の言葉は、張がコン・ソンになって神に仕えるなら健康にしてやるということを意味していた。

しかし張はコン・ソンがしているような仕事は好きでなく、神の求めを断り続けた。病気は悪化し、ついに彼は昏睡状態に陥った。

後で分かったことだが、彼は七日間昏々と眠り続けた。七日目に彼は背中に棒（如意棒）の一突きをくって目が覚めた。一突きしたのは斉天大聖であった。神は張にたいして「私がお前に憑依することを認めよ。認めれば病気は治る」と告げた。張は疲れ果てており、「はい承知しました」と答えた。神は「お前は将来多くの人びとを苦しみや悩みから救うことになるだろう」と告げると、去った。病気は治った。彼はコン・ソンの道を歩みだした[10]。

コン・ソンになって間もなく、斉天大聖の他に老伯公が彼に憑依するようになった。老伯公の化身としての彼は、〝病気が治せるコン・ソン〟として有名になった。多くの人びとが老伯公（張）を訪ね、病気が治癒し、虚弱者が健康になると、神のご利益を他の人びとに伝え、ますます多くの依頼者がやってきた。彼は金持ちになった。

彼は一九六二年に、バンクルアイ川の辺りに土地を借りて小廟玉福堂を建てた。その後一三年間、この廟は彼の理事活動の本拠となった。とはいえ旧廟には、宗教活動上種々の問題があった。土地が狭隘で建物が小さかったこと、所有者は三年契約で土地を貸与したが、宗教治動にはあまり理解がなかったこと、依頼者・信者が増えて理事に支障をきたすにいたったことなどである。

そこで三度目の契約が切れた一九七五年に、現在地に新廟を建設することになった。前の土地の借用期限が切れ、張が適地を物色し始めていた頃、現在地の所有者であった大地主のレオン（Leong）という人物ががんを患い、病院の医者は手の施しようがないという状態になっていた。張の噂を耳にしたレオンの娘は張を訪ね、「老伯公の力で何とか父を救ってください」と懇願した。

張に憑依した老伯公は神剣を手に執ると、いきなりみずからの腹部に突き刺した。大量の血液が助手により容器に受けられた。しばらくすると、容器内の血液はゼリーのように凝結した。老伯公は、驚いて見ているレオンの娘にたいして、「血液の魂を家に持ち帰り、庖丁で薄く切り、父親に食べさせよ」と命じた。

娘が言われたとおりに血液を食べさせると、父親の病状は急に好転し、間もなくがんは消え去った。

このことがあってからレオンは老伯公（張）の篤信者になり、張が新廟建設のための土地を探していることを知ったレオンは、現在地を破格の安い値段で譲渡したという。現在の玉福堂出現には、老伯公の意志が強く働いていると は張の述懐である。

さて張コン・ソンを最初に選び、憑依したのは斉天大聖であったのに、現在理事を行なうとき張に憑依するのは決まって老伯公であるのはどんな理由によるのだろうか。この疑問にたいする張の答えは以下のとおりである。

斉天大聖は強力な神であるが、猿神なのでその行動は迅速かつ乱暴で、語りが速く、神符を作るのも速すぎるので、依頼者・信者はじっくり相談することができず、助手たちも手の施しようがないほどである。

年に一度大聖の生誕大祭には大聖が降臨憑依するが、そのときの張は激しく暴れ回り、足を上げて肩をひっ掻き、釘や刀の付いた龍座に跳び乗り、如意棒を振り回すので危険きわまりない。斉天大聖と比較すると老伯公は強力ではあるが性格が温和で態度が鷹揚であるので、通常の理事では老伯公に憑依してもらうことにしている、と。[11]

老伯公の神像は服装は別として、顔面は斉天大聖そっくりである。老伯公と斉天大聖の出自や性格の差異について張コン・ソンに踏みこんで訊いてみたが、老伯公は〝静〟、斉天大聖は〝動〟の神であるという以上のことは知り得なかった。

毎年一月下旬（旧暦）に行なわれる斉天大聖の生誕祭には、化身した大聖に直接接するために遠方からの依頼者・

信者を含め数万人の人びとが押し寄せ、境内は大混雑する。また毎年一〇月九日に行なわれる菜食祭には、数多くの信者が玉福堂に参集して精進料理を食し、大きな灯籠を川に流す。このときは、張コン・ソンも信者も上下白の式服を身に着けることになっている。

この日に慈悲娘娘殿で行なわれる理事は混雑をきわめる。張は依頼者たちの質疑に応じて運命や病状を判断し、内容を処方箋に記して渡す。薬品が必要なときには薬名を教えて薬店で求めさせる。彼の判断に従い処方を守るとどんな病気もどんどん治ったと、彼は豪語する。

玉福堂の理事にくる人びとは、受付で依頼内容を告げる際に任意の寄附をする。依頼者の話ではだいたい一〇〇バーツ(約四〇〇円)から二〇〇バーツであろうという。一日の理事への参加者を平均五〇名と見、月三〇回の理事があるとすると、毎月の収入は一五万バーツ(約六〇万円)から三〇万バーツ(約一二〇万円)の間ということになる。これに特別寄附などを加えると、廟の収入は相当な額になろう。廟の運営は一二名の理事により行なわれていることになっているが、現実の理事会は張の意志に万事従っているように見える。とはいえ彼は宗教によって私服を肥やすような人物ではなく、このことが彼の人気の要因になっているようだ。

一九九六年三月現在、張は玉福堂の境内地に隣接する土地に鉄筋コンクリート四階建ての〝老人福祉施設〟を建設中である。宗教と医療との提携により弱者を救済することが彼の夢であるという。張は「三年後に自分は死去するだろう」と予言する。現在のところ彼の後継者はいないので、彼の死後に廟と土地と福祉施設はタイ政府の厚生部門に寄附するつもりであるという。

三　玉福堂の理事（問神）

玉福堂では、コン・ソン張輝亮が守護神（霊）老伯公の憑依を得て老伯公自身として依頼者や信者の質問に答え、必要に応じて治病行為をすることを〝理事〟と呼ぶ。シンガポールやマレーシア華人社会における童乩の〝問神〟に相当する。

玉福堂の理事は午後一時頃から七時まで行なわれる。もっともこの六時間は、依頼者や信者が訪ねてきた場合に理事が行なわれるという意味であり、張コン・ソンがこの時間帯に必ず控えているということではない。依頼者・信者がこないからといって、張が四時か五時に自宅に引き揚げていくのを筆者は何度か目にしている。張に神霊が憑依することを降乩と呼ぶが、降乩は理事の前提であるということになろう。降乩の前に張は集まった依頼者・信者に一〇分ほどの説教を行なう。一九九五年八月一九日（火）午後一二時五〇分から始まった張の説教の内容はつぎのようなものであった。

一九九九年までに世界はたいへんな恐怖の状態に陥るであろう。すでにその兆候は現われており、鳥が地に落ちるようにこのところ各地で飛行機事故が続いている。また世界各地で地震が起きている。日本でも一月に大災害が生じたが、自分は早くからこのことを予知していた。これからも各地で大災害が生じるであろう。また新しい病気が流行するだろう。現にエイズが拡まりつつあるが、今後生じるであろう新しい型の病気は薬を使用するといったんは良くなるが、四、五日から六〇日の間に確実に死ぬ。身体中に腫瘍が生じ、口からたえず物を吐き、やがて死にいたる。

この新しい病気の主な原因はイカと翼あるもの、つまり鳥である。したがって恐ろしい病気に罹りたくなければ、イカと翼あるものを食べてはならない。諸君は両親を尊び大切にしなければならない。両親は仏陀の象徴である。両親を敬うことは、すなわち仏陀を敬うことなのだ。

かなり以前から、老伯公はタイの多くの人びとに知られるにいたった。ところが老伯公の名を利用し、他人の善意を欺いて金儲けをしようと企む輩が現われだした。困ったことである。その連中は金のありそうな人の家を訪ね、老伯公（Sanchao Heng Chia）の者ですが、寄附を集めにきましたという。だまされていることを知らない人びとは、多額の金を出し、その金は悪者どもの手に入り、肝心の老伯公には届かない。

この廟は決して人を使って寄附金集めをすることはない。その種の不可解な人物がみなの家に行ったら、直ちに警察に電話しなさい。

二年前には三人が警察に逮捕されている。三人は警察にたいして、病気の母を助けるために金が必要であったと語ったそうだ。そうした状況も理解できたので、老伯公は「今後そのようなことは決してするな。もしもしたら必ず死ぬぞ」と語った。ところがその中の一人は神の言葉を信じないで再び罪を犯し、間もなく死んでしまった。他の二人は死なかった。彼らはみずからの非を悔い、悪事をしなかったからだ。三人は三日間で一〇〇バーツを集めていた。これから先、そのような事件が生じたら、すぐ電話をくれるように。直ちに警察に連絡して逮捕してもらう。

なおそうした悪人どもを届けてくれた人には、一万バーツをお礼としてあげよう。よいか……。

神殿ホールには続々と人びとが集まり、張の説教が終わった頃には一〇〇人を超えていた。

張は助手（卓頭）の一人にマイクのボリュームを上げるように指示し、しばらく瞑目すると、それまでの様子が一変し、上半身をくねらせ、両手でみずからの首と頭部を上下左右に動かすと〝ガリガリッ〟と骨の鳴るような音がマイクを通して殿内に響いた。張の説教中ひそひそ話をしていた人びとの態度が変わり、緊張した面持ちで張を注視した。張に今老伯公が降臨憑依し、彼は老伯公に化したのである。人びとは一斉に合掌した。張の右横に坐していた卓頭が、緊張した面持ちで起立した。理事の開始である。

依頼者・信者は自分の氏名と生年月をあらかじめ受付に届けており、卓頭は受付順に氏名を呼ぶと、呼ばれた者は老伯公（張）の前に進み出て、神に質問する。神と依頼者・信者とのやりとりは、以下のようなものである。

事例一　中年の女性

女「家族の一人が身体を悪くして病院に入院しています。医者に訊いてもどこが悪いのか分からないと答えるばかりです。しかし医者は手術をしました。結果は良くないのです。どうしたらよいでしょうか」。

神「たいへん悪い医者だ。医者が患者のどこが悪いか正確に捉えていなければ、手術をすべきでなかった。吾の見立てでは患者の病状は大したことはない。医者は手術をしてはならなかった。しかし今となっては手術は済んでしまっている。しかも医者は術後患者にどう対処すべきか知っていない。この医者は良くない人間だ。良い人間なら原因も分からずに切開するはずがない。許せない」。

女「老伯公さまが救ってくれるように願うのみです。どうか助けてください」。

神「病院を変えた方が良い。こんな悪い病院では入院していても治らない。患者を早くパウロ病院かトンブリ病院に移しなさい。これら二つの病院には良い医者がいる。〔緑符を三枚渡して〕これを燃やして日に三度服用させなさい」。

事例二　中年の女性

女「家族の一人（男性）が入院しているのですが、彼の運命はどうでしょうか」。

神〔氏名・年齢を記した紙を見ながら〕「この人はたいへん年をとっているな」。

女「何とか助けてください」。

神「助けてあげたいが助けられない。入院中の彼はそう長くないうちに死去するだろう」。

女「どうして医者は病人を手術してくれないのでしょうか」。

神「医者は手術をしても果たして病人が治るかどうか自信がないのだ。たとい医者が手術しても彼は高齢であるから治らない。彼は間もなくこの世を去るだろう」。

女〔大声で泣きだし、連れの人に引かれて去る〕

事例三　中年の母と息子

女「この子は中学三年生です。この子の将来が心配でやってきました。この子は悪い友達と付き合ってから成績が上がっていないのです」。

神〔息子にたいして〕「三年コースを終えたら、その後何を望むのか」。

子「私はテクニカル・スクールに行きたいのです。私は自動車が好きなのです。エンジニアリングの勉強がしたいです」。

神「それはよくない。時代を考えよ。自動車が好きでエンジニアリングを勉強しても不十分である。今はコンピューターの時代だ。

君はテクニカル・スクールで勉強するのではなく、あと三年のコースを終えて大学に入り、より高度の勉強をするべきである。テクニカル・スクールでは十分でないぞ。大学に入って学士の称号をとりなさい」。

事例四　中年の女性

女「お金の蓄えがあるので、今の本宅の隣接地に新しいビルを建ててこれを貸家にして稼ぎたいのですが、いかがなものでしょう」。

神「あなたは新しい家屋を建てるべきではない。その理由は新しい建物は良くない。新しい建物が古い建物（本宅）を推し上げて毀してしまうからだ」。

女「新しい建物を建てるべきか、建てるべきでないか、判断が欲しいのです」。

神「あなたは貸家に手を出すべきではない。タイ国の大部分の人は経済的に貧困だ。建物を建てても借り手がつかない。金があるならその金を銀行に預けて利息で儲けた方がずっと安全ではないか」。

事例五　高齢の女性

女「この頃身体の調子が悪いのですが、どうしてでしょうか」。

神〔女性の脈をとり、搏数を数え、しばらく瞑目してから〕「あなたは甘い物を好むようだが甘い物はできるだけ避けなさい。あなたの血液はコレステロールを多く含んでいるし、心臓の調子も良くない。〔黄符に捺印して渡し〕これを燃やして灰を服用し、また身体を洗いなさい」。

事例六　中年の女性

女「わが家の霊屋を今まであったところから他の場所に移しましたが、それ以来ろくなことがありません。どうしてでしょうか」。

神「霊が怒っているのだ。霊屋を動かす前にどうしてここに相談にこなかったのか。明朝六時に身を清めてから新しい霊屋にいき、どうして移転せざるを得なかったか理由を霊に告げ、その非礼を謝りなさい」〔洗浄用の黄符に捺印して渡す〕。

事例七　中年の男性

男〔老齢の男性をともなってきて〕「この人は私のイトコですが、どこの病院に連れていっても病気が治りません。何とか助けていただけませんか」。

神〔腹部を手で触ってみて〕「この人は胃を患っている。もしもあなたが今日この人をここに連れてこなかったら、この人は向こう四週間以内に死去したであろう。今日ここにきたからには助けてあげよう。〔小さなカプセル入りの薬の箱に祈りをこめて与え〕この薬が一〇箱必要であるから、漢方薬店で九箱購入して服用させなさい。必ず良くなる」。

事例八　高齢の女性

女「糖尿病で悩んでいますが、どうしたらよいでしょうか」。

神〔彼女の脈をとりながら〕「八年前から糖尿病に罹っている。この病気が引き金になって高血圧になり、さらに進んで心臓も悪くしている。あなたの健康はきわめて悪い。〔緑符を与えて〕これで顔を三日間摩擦しなさい」。

女「私の病気は良くなるでしょうか」。

神「必ず良くなる。この紙（紅紙＝誕生日の祝いに使う紙）をあなたの病気を治すために手もとにとっておこう」。

事例九　中年の男性

男「家にいる母は七〇歳ですが、ベッドに寝たきりになっています。助けてください」。

神「この老女は来年死去するであろう。この女性を助けることはできない。寿命がきたのだ。彼女は病気になったのではない。寿命だ」。

事例一〇　中年の女性

女「母が高齢でベッドに寝たきりになっています。私は看病で疲れ果ててしまいました。もうこれ以上母の看病をしたくありません。母ができるだけ早く死去するよう願っています。母はいつ頃死去するのでしょうか」。

神「あなたの母は過去において社会に善くないことをした。今彼女が娘から早く死去するよう願われているのは、彼女が悪い報いを受けているのだ。あなたが母の早死を願うのは、母が過去に行なったことの結果である。

母が早く死去するように手助けすることは可能だ。だがそれはあなたが重大な罪を犯すということであり、それは結果として必ずあなたに振りかかってくるぞ。それでも良いか。あなたが幼くて何もできなかった頃、母は一生懸命あなたを育ててくれたではないか。

どうして今、母にたいして親切ができないのか」。

張コン・ソンへの依頼者・信者の質問とそれにたいする神示がすべて終わると理事の終了となる。助手が理事の終了を合掌しながら張に告げると、張はほどなく全身を小刻みに数秒間震わせ、眠りから醒めたような表情をし、自分で両肩を揉み、起き上がる。老伯公が彼の身体を離脱し、彼は人間に戻ったのである。

四　まとめと課題

コン・ソン張輝亮が主宰する大聖仏祖玉福堂が位置するタリンチャンはバンコク市郊外にあり、一九七〇年代まではトンブリ県（Thonburi Province）に属していた。この地域一帯はメナム・チャオプラヤ下流地域の一部を成し、六〇年代末以降の都市化プログラムに組みこまれて、急速な社会変動の過程を経験してきたとされる。[12] 大通りは高層建築が建ち並び、車輌の混雑が激しいが、一歩横道に入ると広々とした農村風景が展開している。

玉福堂はこのような都市化しつつある農村部の一画を占めるが、この廟から一キロメートルほどの範囲内に、観音菩薩と註生娘娘を祀る照応祠、太上老君を祀る龍寿壇、斉天大聖を奉ずる禅師師公、幼児霊を崇めるサンチャオ・クーマン（Sanchao Khuman）があり、いずれも華人のコン・ソンが主宰するか関わっている廟である。サンチャオ・クーマンを除く他の四廟、玉福堂、照応祠、龍寿壇、禅師師公は廟の名称から言っても、コン・ソンに憑依する祭神から見ても、他地域（他国）の童乱廟と変わらない。廟の造りも見るからに中国式である。廟内の掲示や印刷物、護符類はすべて漢字表記である。しかしここでは〝童乱〟の語は死語であり、代わりにタイ語の〝コン・ソン〟が用いられている。これは、他地域の霊媒型シャーマンがすべて〝童乱〟〝乱童〟〝童身〟などの漢字が使われている現実からすると異様である。また他地域の童乱廟における憑依儀礼（問神）での童乱と依頼者・信者とのやりとりは、すべて中国語で行なわれる。華人社会がマイノリティーであるフィリピンやマレーシアにおいても、童乱は決してタガログ語やマレー語を用いない。

ところがこの地域のコン・ソンは、問神（理事）のやりとりをすべてタイ語で通す。こうした状況は、タイ研究者がよく指摘するタイ国華人の二重生活（double life）、すなわち「タイ社会に同化する一方で中国の文化・伝統・言語を保持しようと努めている」という事実をよく示していると思われる。[13] さて玉福堂の童乱信仰＝コン・ソン信仰の特徴を要約すると、以下のようになろう。

①トランスは実に弱く簡単に憑依状態になる。②礼拝対象の数は少ないが、張コン・ソンの守護神斉天大聖（老伯公）の像の脇侍は上座部仏教の仏陀である。③憑依霊（神）の離脱は実に容易に行なわれる。④白のシャツと黒のズボンを身に着ける。普通の理事では身体毀傷を行なわないが、廟内にはシンガポールや台湾の童乩が使用するような鋭い刃を埋めこんだ龍座があった。⑤治病儀礼では符を多用するも、血符は使用しない。⑥依頼者・信者は広域にわたっており、張によるとその数は数万人であるという。

理事を行なうときのコン・ソンの服装は、廟により異なる。張コン・ソンは白の上着を着けているが、照応祠と禅師師公の男性コン・ソンはシンガポールや台湾のそれのように上半身裸体であり、龍寿壇の男性コン・ソンは道士が着るような紺の式服に冠を着け、そしてサンチャオ・クーマンの女性コン・ソンは鮮やかなピンクのドレスをまとっていた。このように小地域にまとまって存在する華人系コン・ソンが多様な儀礼様式をもっているのは、どうしてであろうか。今後の課題である。

張コン・ソンの理事における神示の特色を見ると、七〇％が病気・健康に関する問題であり、これは各地の場合（病気・健康問題が約八〇％）とほぼ同率である。神示の内容はきわめて積極的かつ断言的である。病気については事例一では医師を強く批判し、病院を変えよと命じ、事例二と事例九では当人が近いうちに死亡することを予告し、事例五・七・八では「助けてあげる」とか「必ず良くなる」と断言している。事例三は息子の教育について、事例四は利殖について、事例六は霊屋の移転についてであるが、それぞれについて積極的な助言をしている。事例一〇は長い間病床にある母がいつ死亡するかを知りたいという深刻な依頼であるが、依頼者の娘にたいして張コン・ソンは、仏教思想に基づくと考えられる〝因果応報〟の理を説いて反省を迫っている。

玉福堂の理事は既述のように、依頼者・信者への神示の内容が楽観、悲観、善悪を問わず集まっている人びとに公開される。人びとは、お互いの抱える人生問題の内容とそれらにたいする神示を、いながらにして学習できるようになっている。張コン・ソンが華人社会の信頼を集めているのは、こうした理事のやり方にも一因があるのかも知れない。

わずか一〇例からタイ華人社会の童乩＝コン・ソン信仰をとやかく論じるのは実に危険であることを知りつつ、まとめとしてあえてその性格・特徴に触れるとすれば、それは既述の意味での〝伝統型〟と〝改変型〟の両者を併有しているということになろうか。ここにはシンガポールや台湾の童乩と同じ型が保持されているとともに、フィリピンやマレーシアの様式も採用されているからである。このような性格・特徴は〝童乱〟を〝コン・ソン〟に変えながらも、実際に行なっていることは各地の童乩に共通する事柄であるという事実と連動しているはずである。この問題をさらに深めるためには、バンコク周辺のタイ人社会において盛行しているChao Phou信仰[14]との比較研究が不可欠になることは言うまでもあるまい。

【註】

（1）A. J. A. Elliott, *Chinese Spirit-Medium Cults in Singapore*, The London School of Economics and Political Sciences, London, 1955, 安田ひろみ・杉井純一訳『シンガポールのシャーマニズム』春秋社、一九九五；Yih-yuan Li, "Shamanism in Taiwan: An Anthropological Inquiry," in W. Lebra (ed.), *Culture-Bound Syndromes, Ethnopsychiatry, and Alternate Therapies*, University Press of Hawaii, Honolulu, 1976.

（2）拙稿「東南アジア華人社会における童乩信仰のヴァリエーション考」直江廣治・窪徳忠（編）『東南アジア華人社会の宗教文化に関する調査研究』南斗書房、一九八七、一〇七〜一三四頁、本書に第二部第一章として収録；同「華人社会の安全弁としての神教——政治—社会的状況との関連において」白鳥芳郎・杉本良男（編）『伝統宗教と社会・政治的統合』南山大学人類学研究所、一九八八、四九〜六九頁、本書に第二部第二章として収録。

（3）拙稿「巫師的祭司（シャーマン・プリースト）について——フィリピン・マニラ華人社会の事例から」脇本平也・田丸徳善（編）『アジアの宗教と精神文化』新曜社、一九九七、三二三〜三四四頁、本書に第一部第九章として収録。

（4）拙稿「東南アジア華人社会のシャーマニズム——「力」（li, la）の観念を中心に」諏訪春雄・川村湊（編）『アジアの霊魂観』雄山閣出版、一九九五、八七〜一一四頁参照。

（5）拙稿「憑霊と道理——マレーシアの黄老仙師慈教再論」杉本良男（編）『伝統宗教と知識』南山大学人類学研究所、一九九一、二五一〜二七六頁、本書に第一部第五章として収録。

（6）G. W. Skinner, *Chinese Society in Thailand: An Analytical History*, Cornell University Press, New York, 1957.

（7）「Khon Song《カミ》または《精霊》が霊威の発現のために取り憑く台座としての人間」を意味するという［森幹男「タイ国 Chao Phou 信仰における儀礼と慣行(1)」『アジア・アフリカ言語文化研究』一五、東京外国語大学アジア・アフリカ言語文化研究所、一九七八］。

（8）玄関部分にタイ式の仏像が何体も廟の守護神のように祀られている。

（9）大聖仏祖は釈迦仏ではなく斉天大聖を意味する。この捉え方は各地の華人民衆の間に根強い。

（10）張の一連の体験は、各地シャーマンのイニシエーションにおけるものに重なる。

（11）しかし斉天大聖像と老伯公像は猿面である点で酷似している。

（12）森幹男「「都市化」と宗教——タイ・ベトナム現地調査報告№1」中村孝志（編）『自由の国：タイ事情』天理教東南アジア研究室、一九七五、一二一〜一五〇頁参照。

（13）"Chinese in Bangkok: Living a Double Life," BANGKOK POST, October 8, 1988.

（14）註（7）の森前掲論文、一一一〜一四二頁、および同「タイ国 Chao Phou 信仰における儀礼と慣行(2)」『アジア・アフリカ言語文化研究』一六、東京外国語大学アジア・アフリカ言語文化研究所、一九七八、九一〜一一九頁参照。

【付記】

本論は文部省科学研究費による海外学術研究「東南アジア諸国における国民国家形成と宗教」（研究代表者　綾部恒雄氏）における研究分担者として筆者が行なったタイ華人社会の民俗宗教に関する現地調査（一九九四年八月、九五年三月、同八月、九六年三月）の成果の一部である。なお本調査においてタイ国タマサート大学大学院学生ニポン・ローハクルウィッチ君と駒沢大学大学院学生神谷泰一郎君の協力を頂いた。記して感謝の意を表する。

【台湾編】

第一一章　神に選ばれし者＝童乩

一　華人社会の霊媒

台湾をはじめとして、各地漢（華）人社会の宗教現象の中でもとりわけ大衆の信仰と関心の対象になっているのが、童乩《タンキー》なる宗教者を中心とする宗教形態である。

童乩の宗教的特徴は、神霊をみずからに憑入させて神霊自身と化し、第一人称で言動し、神霊界と人間界とを直接媒介すると信じられている点にある。彼らが一般に霊媒と称されるゆえんである。

童乩が神霊をみずからに憑入させるときには、多くは激しいトランス（変性意識）状態に陥り、人格が神格に転換する際のいわば聖なる苦悶をいともリアルに示す。そして自身が神霊に化した後には、神霊の威力（呪力）を表わすために、剣や針球、斧などで自分の顔面や背中を傷つけて血だらけになり、また真鍮製の長い棒を両頬に貫通させるなど、他の諸宗教者には見られないような荒々しい行動をとる。彼らのこうした儀礼的奇行もまた大衆の関心をひく理由のひとつであるといえよう。

台湾の霊媒はひとり童乩のみではない。尪姨《アンイー》や扶鸞《フールアン》と呼ばれる宗教者も童乩と類似の宗教的特徴をそなえている。童乩の多くが男性であるのにたいして、尪姨はすべて女性である。一般に童乩が神霊憑依によって役割を果たすのにたいして、尪姨は死霊や祖霊の憑依をことととする点に差異があるとされるが、現実には童乩が死霊の語りを行ない、尪姨が神霊をおろすこともあり、両者の性格と役割は重なり合っていることが多い。

　童乩と尪姨はみずからに直接神霊や死霊を憑依させて神意を伝えるのにたいして、扶鸞は乩筆《キーピツ》というY字形またはT字形の棒を用い、憑依状態になって砂盤（白砂などを敷いた方形の盤）に神意を記す。これを扶乩《フーチー》と呼ぶ。扶鸞には正《チア》鸞《ルアン》と副鸞《フールアン》の二人がおり、二人はコンビになってY字またはT字の乩筆を左右から片手で握り、筆の先端を動かす。この際、憑依状態になるのは正鸞であり、副鸞は正鸞が動かす乩筆に手を添えるという形になる。同一人が童乩と正鸞の両役を果たすこともしばしばある。

童乩が神の威力を示すため自分の身を傷つけるのに用いる針球

　童乩および尪姨と正鸞との差異はしたがって、前者が神意を〝言葉〟によって示すのにたいして、後者は〝文字〟によって表わす点にあるということになる。

二　神意を知る方法

　人びとは日常生活に生起するさまざまな出来事のうち、常識や合理的思考によってはどうしても納得できないことに出くわすと、それが神霊や死霊、祖霊、運気などと関係しているのではないかと捉えようとする。病気の経過がはかばかしくない、商売がうまくいかない、家族が続けて交通事故に遭った、子供が親に反抗する、続けて死者の夢を見た等々、他人と比べてどうして自分（家族）だけがと思われることに振り回されたとき、人びとはその超自然的原因を知ろうとする。

漢（華）人社会の寺廟の多くには、お神籤《みくじ》や筶《ポエ》が用意されている。筶は竹根または木材を半月形に削って作った二個の占具で、二つとも片面は平坦で片面が凸形になっており、平坦な方が陽、凸面が陰とされる。神前で祈願した後、二個を床に投下して陰面と陽面が出ると聖筶《シンポエ》とし、神霊が承認したとされる。この筶などは、人びとの願望に対応する宗教的装置である。

人びとはお神籤や筶の回答で納得することもあり、しないこともある。これらは神意を知る有力な方法ではあるが、しかしこれらでは神霊との直接のやりとりは不可能である。なんとか神霊のじかの声を聞き、質問応答ができないか……。この宗教的ニーズに応じ得るのが、童乩や尫姨のような霊媒であり、扶鸞のような自動書記である。すでに触れたように、童乩、尫姨、扶鸞は相互に関連し重なり合っているのが現実であるが、以下では最も活発に役割を果たしている童乩に焦点を絞り、その宗教的性格と儀礼的特徴について述べてみたい。

三　童乩のイニシエーション

童乩は乩童《キートン》とも呼ばれ、一般に「占いをする（または神意を伝える）童子・若者」を意味する。童乩が憑依状態になり神霊自身として言動する際に、兜仔《トオア》という幼児が用いる胸当てを着すのは、童子を表現しているのだとされる。

なかには八～九歳の子供が訓練により童乩として神意伝達の役割を果たすこともあるが、その多くは二〇歳から三〇歳代の青年である。また五〇代、六〇代になってなお童乩として活動している人もあるが、これは例外というべきで、概して四〇代で引退することが多い。

どのような人物が童乱になるのであろうか。この点に関して、童乱たちはきまって「神に選ばれた」ことを強調する。つまり彼らは自分の意志で童乱になったのではなく、幾多の試練を課され、逃れるすべのないことを悟ってやむを得ずこの道に入ったと述懐するのである。この神の召命（選び）について童乱研究者のA・J・A・エリオットは、「理屈の上では誰でも童乱になり得る。性も年齢も国籍も何ら関係がない。唯一の条件は神により選ばれることである。ひとたび神によって選ばれたら逃れるすべはないという。他方いかに望もうとも、神に選ばれなければその地位に就くことはできない(1)」と述べている。

また童乱に選ばれる人物は、早死する運命に生まれついており、こうした人物は童乱になりトランス＝憑霊状態になっている間だけ寿命を延ばすことができるといわれる。さらにこの種の人物はたえず不幸、災厄に見舞われる運命をもつが、童乱になって人助けを続けるうちに不運を好運に変化させることができるのだともいわれる。神により「選ばれる」ことは、結局当人が「救われる」ことであり、また他人を「救うこと」であるということになる。

神に選ばれたことの証は、多くは病気や事故、災厄の形で現われる。台南市の童乱蔡吉源の童乱化の過程はつぎのようなものである。

蔡は三〇歳のときにヤクザ集団の乱闘に巻き込まれ、重傷を負い出血多量で意識不明の状態に陥ったが、奇跡的に一命を取りとめた。

家族や友人はこれを神の加護と捉えた。彼はそれまでにもしばしば健康を害し、腹部の大手術をしたこともあった。乱闘による重傷が快方に向かっていた頃、彼は「受禁《シユウキン》」の状態になった。受禁とは未来の童乱が神に選ばれたことを示す心身異常である。受禁に陥った人物は日常生活のリズムから逸脱し、放心状態で徘徊し、机の下や部屋の片隅で寝たがり、菜食以外の食物を受けつけず、夢や幻覚において神と直接交流するといった経験をする。その期間は普通四九日間とされ、この間に神に選ばれた者はトランスにおいて神と直接交流・交信できる能力を身につけると考えられている。

この期間に夢や幻覚のうちに現われた神は、未来の童乩に託宣の仕方、神符の作り方、治病の方法、祓霊の進め方などを教授するという。童乩化＝イニシエーションの期間は、四九日間とパターン化されていることもあり、またたんに「長期間」とされたり、「三年八箇月」とされたりで一定していない。受禁の経験を通じて本人は童乩になることの自覚を深め、親族や知人は新しい童乩の誕生を強く望むにいたる。

シャーマン的宗教者の役割が重視されるような社会ではおしなべて、霊能者の出現を人びとが期待していることが多い。「神に選ばれた者」は、当人の宗教的自覚と経験および社会の理解と期待とが絡み合うことにより実現するのだといえよう。

童乩の多くは、その儀礼的行為の仕方を他人から学んだのではなく、彼（彼女）を選んだ神から直接教示されたのだと主張する。このパターン化されたいい方も各地シャーマンのそれに類似する。しかし実際には未来のシャーマンは受禁の前後に先輩童乩を訪ね、儀礼に参加している間に見様見真似によって儀礼の仕方を身につける場合が少なくないようだ。

四　童乩の役割

受禁状態に陥った人物を何神が選んだかは、憑依状態になったときの彼（彼女）の態度と言葉で判定される。玄天上帝に選ばれた人物は右手を挙げ、福州方言を話すというし、斉天大聖に憑依されると、その人物は腰掛けに坐し、右手を挙げ、右足を左太股の上に乗せるという。

新しい童乩の守護神（童乩を選び、儀礼のとき憑依する神）が決まると、その地域や近在の同じ守護神を祀る廟の童乩、依頼者・信者が物・心両面にわたる援助を行ない、童乩が独り立ちできるようにさせる。この際、いくつかの方法が見られる。(1)先任童乩の死去もしくは退任により空廟となったものに所属する、(2)ある廟の祭壇を週二、三度夜間に借りる、(3)自宅の一室に祭壇を設けて守護神を祀る、などである。前に述べた蔡童乩は(3)に相当する。彼の家の応接間に作られた祭壇、神像、儀礼用具などは、地域の諸廟の援助により実現した。新しい童乩の廟と援助してくれた廟との関係は友誼境と呼ばれ、爾後永続的に相互扶助の関係をもつ。

童乩の儀礼は夜間に行なわれることが多い。一般に童乩は昼間は世俗的な職業に就いて生活費を得、夜間にのみ日を定めて「問神《モンシエン》」と称する憑霊儀礼を行なう。「童乩は儀礼の利益で生活してはならない」、なぜなら儀礼は彼（彼女）が神に選ばれ、救われたことにたいする感謝の奉仕であるから、という主張は現在も生きているようだ。

問神の儀礼は、(1)神霊が童乩に憑入する、(2)童乩が神霊自身として言動し始める、(3)神霊が依頼者と対話し、儀礼（治病など）を行なう、(4)神霊が童乩から離脱する、の四段階から成っている。台湾ではそれぞれ附身・起駕・問神・退駕と呼んでいる。附身には強烈なトランスをともなうのが常である。とくに男性童乩の方が激しく、激しい痙攣の中でのたうちまわることが少なくない。神霊が童乩を離脱する際にもトランス状態を示すが、附身時ほど激しくはない。

五　問神の実際

問神はつぎのように行なわれる。

事例一　女性（六二歳）

依頼者「長い間心臓の具合が悪く、背中にはぶつぶつのできものができています。医者にかかっているのですが、さっぱりよくなりません。どうしたらよいでしょうか」。

神霊「心臓もできものも大したことはない。〔神符を用意して〕これを燃やし灰を飲め。同時に燃やした灰を家の周りに撒け」。〔線香の煙を胸部と背中に燻らしながら〕「大したことはない。病院にも通い続けるように」。

事例二　女性（六七歳）

依頼者〔息子の嫁をともなって神の側に立つ〕「息子が車の事故を起こし、車は大破しました。幸い息子は怪我をしませんでしたが、何かあるのでしょうか」。

神霊「この前小さな事故を起こしたとき、一週間以内に大きな事故が生じるから注意せよと忠告し、自動車の前と後ろで神符を燃やすように命じたのに、それを実行しなかった。大事故を起こしたのは神の命を軽んじたがためである」。

依頼者「息子の弟が幼いときに死んでいます。その子が兄に障ったのではないでしょうか」。

神霊「死んだ息子とは関係ない。息子を疑ってはならない。神符を三枚用意するから、燃やして灰を米と一緒に水に入れ、その水を車体にふりかけよ。また家の祭壇の前で紙銭（儀礼用の紙幣）を燃やすように」。

事例三　女性（三七歳）

依頼者〔七歳の女の子を連れてきて〕「この子はいくらいってもいうことを聞かず、いたずらばかりしていて困っています。どうしたらよいでしょうか」。

神霊〔女の子の身体に線香の煙を燻らしながら〕「神符を燃やし、灰を水に溶かして飲ませよ。神の力により、いうことを聞くようになろう」〔神符を作って女性に与える〕。

問神はこのように神霊（童乩）と依頼者とが具体的に質疑応答のやりとりをする点に特色がある。ここでは病気と交通事故と教育の三例を挙げたが、依頼内容は多方面にわたる。筆者が一九八五年一二月に台南市の上玄壇で実見した問神儀礼の一〇例の内訳は、健康問題四、教育問題三、交通事故三であった。

ところがその六年前、つまり一九七九年七月に同じ台南市の保西宮で行なわれた問神では、筆者が実見した一三例中、健康問題が九、建築三、運勢一であった。また同じ廟の管理者が記録した過去三度にわたる問神二三例の内容を見ると、健康問題一六、事業四、建築二、運勢一であった。

これら問神の依頼内容を見ていて気づくのは、どの廟でも最も多い健康問題を除く他の依頼内容に、時の経過にともなって変化が見られることである。つまり七九年時には事業や建築が問題になっていたのにたいして、八五年には教育問題と交通事故がクローズアップされていることである。急激な高度経済成長を遂げた台湾では、他の先進国がたどったのと同様に建築ラッシュと事業拡張の時期を経たのち、車社会となり、青少年の非行が社会問題化した。童乩の問神儀礼には、その時代と社会の主要な問題が強く反映しているといえよう。

さきの問神儀礼において注意すべきは「神符」の意味と役割である。漢（華）人社会のどのような宗教儀礼においても各種の符が用いられるが、童乩の符は格別の意味をもつ。それは神自身が手ずから作成した、神の力を含む符だからだ。ときに童乩はみずからの舌を剣で切りさき、針で指先を突き刺して得た血で神符に神語を記す。この血符はとりわけ霊験あらたかで、これを燃やして灰を飲めばその人の悪しき状況を好転させ、家屋や車体・道具などに撒けば悪しき要素（邪気）を祓除し、これを身に着ければ護身符になり、家の入口などに貼れば攘災の役を果たすとされる。

六　華人の宗教的世界観

童乩の儀礼はカウンセリング的な問神にとどまらず、広く人びとの世界観や運命観に基礎づけられたさまざまな局面に深く関わっている。以下では陽の儀礼と陰の儀礼に触れよう（詳しくは本書、第一部第一三章参照）。

陽の儀礼は、人びとの運が悪くなった際、その原因がこの世に作用する霊的な存在や力または運気に関係があると見なされたときに行なわれる。悪運を好転させるための儀礼であるから、改運とか補運と呼ばれる。この儀礼では童乩や尫姨が祓霊師の役割を果たすことが多い。彼らはトランス状態になって、運の悪い人に障っている霊や力を身替わりの人形（草人）に移し憑け、これを燃やすか川に流す。

他方、陰の儀礼は、ある人物の病気や不運が亡くなった親族・縁者と関わっていると見なされたとき営まれる。死者が地獄に閉じこめられて苦しんでいると、その苦しみが一族の誰かに影響するとされる。この儀礼では主に尫姨が死者をみずから憑依させて死者の語りをし、法師とか紅頭《アンタアウ》と称する宗教者が死霊を地獄から救いだし、改めて霊界に送りだす儀礼を行なう。

二つの儀礼は陽と陰という漢（華）人の宗教的世界観の儀礼（行動）化と捉えることができよう。童乩や他の霊媒たちは人びとの宗教的世界観と人びとの日常生活に生起する出来事とを宗教的・象徴的に結びつけ、出来事を意味づけるとともに、不安や恐怖を取り除く役割を積極的に果たしていると見ることができる。

【註】

（1）A. J. A. Elliott, *Chinese Spirit-Medium Cults in Singapore*, The London School of Economics and Political Science, London, 1955, p. 26, 安田ひろみ・杉井純一訳『シンガポールのシャーマニズム』春秋社、一九九五。

第一二章　問神の儀礼過程と依頼内容

一　はじめに

台湾をはじめ東南アジア各地の華人社会では、人びとが必要に応じて寺廟や家庭の神仏の意志を問うことを、問《モン》神《シェン》または問事と呼んでいる。

問神には個人が神（仏）の前で筶《ポエ》(1)を投じて神意を問う簡単なものから、童乩《タンキー》のようなシャーマニックな職能者の憑霊を通じて神意を得る複雑な営為にいたるまで種々ある。(2)筶は占具を用いての問神であるので、神意はイエスかノーの形でしか示されない。これにたいして童乩は神（仏）自身になり代わって依頼者とかなり詳細にわたる突っ込んだ対話が可能である。しかも童乩による問神は、たんに神意を伝達するだけではなくて、神符を作って与え、治病行為をするなどの一連の儀礼をともなうのが常である。(3)

童乩への問神は、多くは夜間八時すぎから行なわれるが、このとき童乩は激烈なトランスに陥り、斉天大聖、関聖帝君、観音菩薩、玄天上帝などの華人になじみ深い神（仏）の憑依を受け、神自身に変身し、神自身として言動する。依頼者・信者は神自身と対話し、それぞれの問題を解決しようとする。人びとは自己とその身辺に何か起こると直ちに童乩廟(4)を訪れて問神することが多い。

童乩が華人社会の人びとにとっていかに重要な存在であるかは、たとえばシンガポールだけで童乩の関与する廟が数百におよぶとの報告からも知られよう。[5] かつて英国の人類学者A・J・A・エリオットは、シンガポールの童乩を中核とする宗教形態を霊媒信仰（spirit mediumship）と捉え、包括的、組織的な調査研究を行なったが、その著（一九五五）の結論部分において彼は、少なくとも一〇年後（一九六五年）にはシンガポール華人社会に巨大な変化（西洋医学の発達、近代的教育の普及など）が生じ、それにともない霊媒信仰は衰退の一途を辿ることになろうと予言した。[6] ところがエリオットの予想に反してシンガポールの童乩信仰は、同国の急激にして大規模な近代化と社会変化の進行にもかかわらず、むしろ発展の兆しさえ示しているのである。[7]

このように童乩を中核とする信仰形態は、華人大衆の圧倒的な支持を得ている。しかしこうした華人社会の重要な宗教者童乩に関しての従来の調査研究は必ずしも十分ではなかった。華人宗教あるいは中国宗教といえば、儒・仏・道の三教とするのが長い間の定見となっていたからであり、童乩や童乩信仰は低俗な迷信と見なされてきたからである。[8] J・J・M・デ・フロートの浩瀚な古典的著作[9]を除くと、童乩に関する本格的な研究成果は、前記のエリオットのそれを含めて戦後にものされたといってよかろう。

とはいっても華人社会はアジアに限定しても広大な各地に分布するから、童乩信仰の研究が本格化したとはいっても、それぞれの地域・社会に関する研究成果はいまだ寥々たるものにすぎない。本論はこうした童乩研究の現状を踏まえて従来の諸成果にささやかな一知見を提供しようとするものである。筆者はこれまでに、シンガポール、西マレーシア、台湾、フィリピンの各華人社会において童乩信仰の調査研究を行なってきたが、ここでは台湾・台南市の一童乩の問神場面に焦点を置き、その儀礼過程および依頼内容を記述し、他の諸廟の場合との比較考察を試みたい。

なお以下の記述内容の主要部分は、一九八五年一二月二六日台南市海安路の上玄壇において採集したものである。

二　壇主と上玄壇

上玄壇はコンクリート製三階建ての家屋の一階にある。この家屋の持ち主は蔡吉源（三七歳、一九八五年一二月現在）であり、彼が童乩になった一九七八年夏から家屋の一階部分を神殿に改造、上玄壇と名づけ、みずから壇主となった。神殿は間口四メートル、奥行き八メートルほどの空間で、正面奥の祭壇には中央に玄天上帝（大帝公）像[10]、右に二帝公像、左に三帝公像が祀られている。これら三神像はそれぞれ一メートルほどで金色の衣服を身にまとっている。

三像の下には多くの童乩廟で見られるように関帝、斉天大聖、大伯公などの小像が安置されている。祭壇前の前机の上には香炉を中心に数々の果物や菓子類、紙銭が山積みにされており、両端には神符を作るときに用いる筆と朱・黒の墨汁が置かれている。入口を入ってすぐ左側には依頼者・来客用の長椅子があり、右側にはテレビやピアノが置かれている。二階と三階は蔡と家族の住居になっている。ちなみに蔡の家族は妻と息子一人、娘四人の七人よりなる。一階の神殿部分はセアンス（降霊儀礼）が行なわれないときには、一族団欒の場になっている。

一般に童乩は早死する運命に生まれついた者が神の慈慮により選ばれて、神に身を貸し与えることによって命存《なが》らえ得るのだとの信念に立って行動するので、その儀礼行為は徹底して無料奉仕を原則とする。[11]したがって童乩の多くは昼間は世俗的な職業に従事、夜間は神に奉仕するという生活を営むため、自宅から童乩廟に通う場合が多い。蔡のように自宅内に神殿を設ける例は珍しいといえよう。

もっとも蔡も昼間は自宅近くの市営市場に勤務し、豚肉の解体の仕事に従事して生活費を稼ぎだしている。

さて蔡が童乩になる直接の引き金になったのは三〇歳のときに起こったヤクザ・グループとの乱闘であった。このとき彼は全身に深手を負い、出血多量で意識不明の状態に陥ったが、奇跡的に一命を取りとめた。家族や友人はこれを神の加護によるものとした。彼はそれまでにもしばしば健康を害し、腹部の大手術をしたこともあった。重傷が快方に向かっていた頃、彼は「受禁《シュウキン》」の状態に陥った。それは日常普通の生活のリズムからはみ出し、放心状態で徘徊し、机の下や部屋の片隅で寝たがり、菜食以外の食物を受けつけず、夢や幻の中に神の姿を見、神と直接交流するといった状態を意味する。普通、受禁の期間は四九日間とされ、この間に神に選ばれた者は、神と直接交流ができる能力を身につけていくと考えられている。[12] すなわち夢や幻に現われた神が童乩になる人物に託宣の仕方や神符の作り方、治病の方法などを教授するとされる。いわゆる童乩化＝イニシエーションの期間は、四九日間とパターン化されていることもあり、また「長期間」とか「三年八箇月」とかの場合もありまちまちである。[13]

受禁の経験を通じて本人は童乩になることの自覚を深め、親族や縁者は新しい童乩の誕生を強く願望するにいたる。蔡が幼少の頃に病弱であったこと、三〇歳のとき瀕死の重傷を負ったが助かったこと、そして受禁の状態になったこと、これらの諸事実が本人はもとより、家族や知人たちにより有機的に結合されて「童乩になるべき運命をもった人」としてスティグマ化されるにいたるような事例は、他の童乩の場合にもしばしば見いだされる。[14]

蔡を童乩に選んだ神は玄天上帝であった。

受禁の状態になった人物を何神が選んだかは、憑霊状態のときの態度と言葉で判定され、玄天上帝の憑依は憑依された人物が右手を挙げ、福州方言を話すことで分かるという。蔡が玄天上帝を守護神とする童乩になると、台南市内や近郊の玄天上帝を祀るか上帝と関係のあるいろいろな廟の童乩や依頼者・信者が物・心両面の援助を惜しまず、独り立ちできるようにしてくれた。現在の上玄壇の神像、祭壇、儀礼用具などは、こうした援助の賜である。新廟創設に力を貸してくれたこれら諸廟との関係は友誼境と呼ばれ、その後永続的に相互扶助し合うことになる。上玄壇の友誼境は二三を数える。

セアンス（問神）を行ない始めた頃は、友誼境から援助する人びとが上玄壇にやってきたが、セアンスが軌道に乗るにつれて、自前のメンバーで事足りるようになった。セアンスにおいて不可欠な存在は依頼者の問神内容を神＝童乩に取り継ぎ、ついで神意の解釈を行なう卓頭または副手と呼ばれる人物である。卓頭の善し悪しが童乩の評判を決定するとさえいわれる。卓頭は友誼境の関係者や童乩廟によく集まる仲間たちの中から選ばれる。[15]

三　問神の儀礼過程

問神の儀礼は⑴附身（神霊が童乩に憑依する）、⑵起駕（童乩が神自身として行動し始める）、⑶問神（神が依頼者・信者と対話し、儀礼を行なう）、⑷退駕（神霊が童乩を離れる）の四部分から成っている。

⑴附身　午後七時三〇分頃、卓頭がやってきて神殿内を箒で掃き清め、香炉に香を焚き線香を供え、祭壇前の机で黄符を折り始める。折り黄符は火をつけて殿内や儀礼用具を浄化するのに用いられる。祭壇右側に公椅（附身のとき童乩が坐る椅子）を置き、上に八卦の形に黄紙を敷く。八時五分、香炉の煙が殿内に満ち目が痛くなる。殿内を浄化し、邪気を祓うためである。

童乩蔡は祭壇右奥の籐椅子にもたれかかって眠ったような状態になっている。附身の前にはいつも食物をとらず、朦朧たる状態になるという。八時二〇分頃に問神を望む人びとが集まりだす。神殿入口の天公炉[16]にまず線香を捧げて礼拝し、祭壇に線香を供えてのち長椅子に掛けて待つ。

籐椅子にもたれていた蔡が「ウェーッ」と大声をあげる。八時三七分、蔡は籐椅子から立ち上がり、みずから公椅の下に新聞紙を敷き、入口に向かって腰を下ろす。新聞紙はトランスに陥ったとき嘔吐することがあるのであらかじめ用意しておく。蔡の服装は白のスポーツ・シャツに白の長ズボンである。[17]卓頭が公椅の下に香を焚いた香炉を置き、どんどん香を加えていく。

香煙は蔡の全身を包む。彼は両膝に両手をのせ、瞑目してややかがみこんでいる。卓頭は祭壇の横に立ち蔡の様子を凝視する。

八時四一分、セアンスを手伝う少年二人が蔡の背後に立つ。激しいトランスに陥ったときに公椅を押さえるためである。

八時四三分、蔡は「ウェアー・ウッフ・ウッフ・ウッフ」と甲高い奇声を発する。

八時四五分、両腕が小刻みに震えだし、公椅の背後に控える二人は公椅を押さえつける。

震えは両腕から両脚におよぶ。

八時四八分、首を左右に振りだし、振りが大きくなるにつれて、口から「スーッ・スーッ」との音が出る。全身に激しい震えがおよんだとき、あたかもエンジン停止のように全身の動きがはたと止まる。卓頭が筶で祭壇をたたきながら「王爺呪」(神霊降臨をうながす呪文)を唱える。

八時五〇分、蔡は「エイーッ・アッ」と鋭く叫び、再び小刻みに震えだす。「エイーッ・アッ」と叫びつつよだれを流す。左右に激しく首を振り、続いて激しい上下動になり、公椅に坐していられなくなる。蔡はすっくと立ち上がり、顔面を硬直させ、目を閉じたまま右手を挙げて胸にもっていき、左手の人差し指と中指を立てる。三帝公の附身(憑依)である。(18)

卓頭は黄符に火をつけて振りながら仁王立ちした神の前に跪き、大声で「開歩上向堂」と叫ぶ。
(2)起駕　神は同じポーズのまま、火のついた黄符を振る卓頭に追《つ》いて祭壇までノッシ、ノッシと歩む。祭壇前の前机に両手を置いて仁王立ちになると問神の開始である。
(3)問神　神殿内や外で待っていた依頼者たちは順番に神の右側に立って質問する。神の左側には卓頭が立つ。緊張した雰囲気が漂う。

問神① 男性（四二歳）

依頼者「自分の息子が家でぶらぶらしており、注意してもいうことを聞きません。どうしたらよいでしょうか」。

三帝公「間もなく元に戻るであろう。慌てずに時のいたるのを待て。〔紙銭に黒の墨で神語を書き〕これを燃やして灰を家の周りに撒け」。

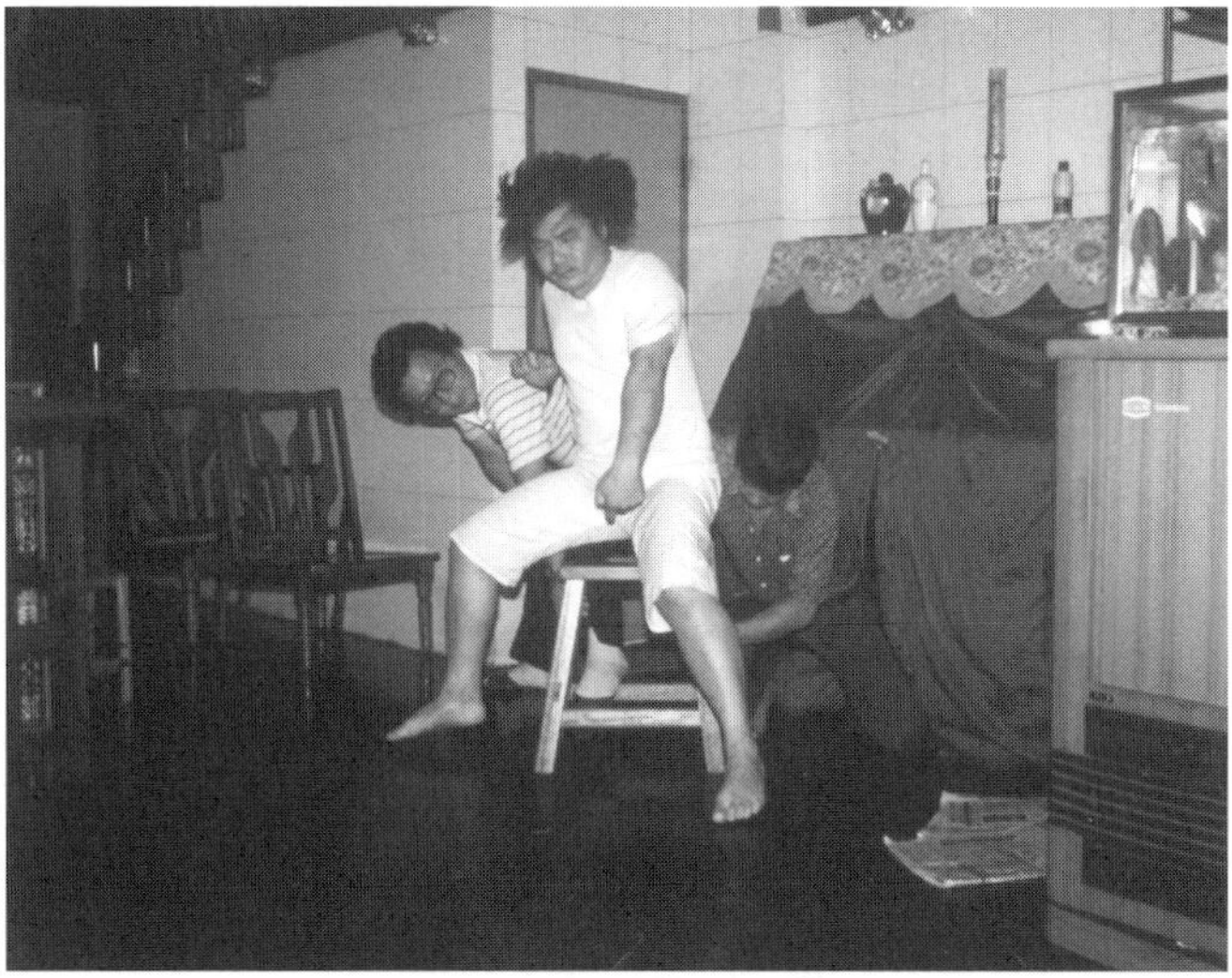

神がかる蔡

問神② 女性（三七歳）

依頼者〔七歳の女の子を連れてきて〕「この子はいくらいってもいうことを聞かず、いたずらばかりしていて困っています。どうしたらよいでしょうか」。

三帝公〔女の子の身体に線香を燻らしながら〕「神符を燃やし、灰を水に溶かして飲ませよ。神の力により、いうことを聞くようになろう」〔神符を作って女性に与える〕。

問神③ 女性（六二歳）

依頼者「長い間心臓の具合が悪く、背中にはぶつぶつのできものができています。医者にかかっているのですが、さっぱりよくなりません。どうしたらよいでしょうか」。

三帝公「心臓もできものも大したことはない。〔神符を用意して〕これを燃やし灰を飲め。同時に燃やした灰を家の周りに撒け」。〔線香の煙を胸部と背中に燻らしながら〕「大したことはない。病院にも通い続けるように」。

問神④　男性（四三歳）

依頼者「娘が男性と付き合っており、かなり深い関係になっているようです。激しく注意しているのですが、いうことを聞かず、だんだんひどくなってきています。どうしたらよいでしょうか」。

三帝公「娘は間もなく元に戻るであろう。心配は要らない。〔神符を用意して〕これを燃やして灰を彼女のベッドの周りに撒け。また灰を水に溶かして彼女に飲ませよ」。

問神⑤　女性（六一歳）

依頼者「孫娘が自動車に撥ねとばされそうになったんです。何か悪い予感がするのですが、どうしたらよいでしょうか」。

三帝公「邪気に当たったせいである。邪気を避けるための呆身符を作ってやるから、お守りとして身に着けさせよ」〔紙銭に神語を書き、これを指を使って人形《ひとがた》に切り、もう一枚の紙銭の上に置き、線香の煙を燻らせる。祖母はその場で赤い布を赤い糸で縫って小袋を作り、人形を中に入れてから再び線香で清めてもらった〕。

問神⑥　女性（六七歳）

依頼者〔息子の嫁をともなって神の側に立つ〕「息子が車の事故を起こし、車は大破しました。幸い息子は怪我をしませんでしたが、何かあるのでしょうか」。

三帝公「この前小さな事故を起こしたとき、一週間以内に大きな事故が生じるから注意せよと忠告し、自動車の前と後ろで神符を燃やすように命じたのに、それを実行しなかった。大事故を起こしたのは神の命を軽んじたがためである」。

依頼者「息子の弟が幼いときに死んでいます。その子が兄に障ったのではないでしょうか」。

三帝公「死んだ息子とは関係ない。息子を疑ってはならない。神符を三枚用意するから、燃やして灰を米と一緒に水に入れ、その水を車体にふりかけよ。また家の祭壇の前で紙銭〔儀礼用の紙幣〕を燃やすように」。

問神⑦　女性（六一歳）

依頼者「心臓が悪く背中が痛くて安眠できません。どうしたらよいでしょうか」。

三帝公「朱で神語を記した符を五枚と黒で記した符を五枚与えよう。朱の符は燃やして灰を服用し、黒い符は身体の周りで燃やせ。ずっと楽になるであろう」。

問神⑧　男性（四六歳）

依頼者「〔乗用車のドライバーとして〕最近小さな事故をしばしば起こして弱っております。何が原因なのか教えてください」。

三帝公「年のめぐり合わせが悪いのだ。この二、三年間は事故が続きがちであるから、注意を怠るな。〔神符を作って〕神符を三枚与えるから、二枚は車の前で燃やし、一枚は後ろ側で燃やすように。最近は神拝みにこないではないか」。

依頼者「仕事が忙しくて失礼しましたが、今後は参上いたします。お赦しください」。

問神⑨　女性（五三歳）

依頼者「二九歳になる息子の健康がすぐれません。医者にも行っておりますが神符をいただきたいのです」。

三帝公〔神符を五枚作って〕「毎日一枚を燃やして灰を水に入れて飲ませよ」。

問神⑩　男性（五八歳）

依頼者〔子宮がんを病んでいる妻と一緒に神殿にきて〕「お蔭さまで妻のがんは転移していないそうです。なお一層神のご加護をいただきたい」。

三帝公「神符一五枚を与えるから、毎日一枚ずつ服用せよ」〔二人は一日と一五日（旧暦）には必ず神参りをして半月分の神符をもらっていくという〕。

(4)退駕　九時五五分、すべての依頼者・信者の問神が終わった。卓頭が箸で前机の上をトントントンとたたき、「退駕呪」（神霊に童乩の身体を離れるよう願う呪文）を一言二言口にしたとたん、祭壇前に仁王立ちしていた蔡は突然後ろにのけぞるように倒れかかった。あらかじめ蔡の背後に控えていた二人の少年が蔡の両腕を抱えるようにして支えた。蔡は苦悶に充ちた表情をし、速く大きな呼吸をした。卓頭が蔡の顔前に線香の煙を燻らすと、蔡は深い眠りから醒めたように目を見開き、みずから立ち上がると目を擦りながら奥に去った。蔡の身体を占拠していた三帝公が身体から去り、蔡は自分（人間）に戻ったのである。
一〇時一〇分、蔡はカラフルなシャツに着替えて微笑を浮かべながら現われ、卓頭や手伝いの少年たちにみずから茶を入れて勧めた。附身中のことは何も記憶していないと言う彼は、雑談中も控え目で口数が少なく、質問にたいしては卓頭が代わって答えることが多かった。

四　考察

以上が上玄壇における問神の儀礼過程の全体である。蔡が公椅に腰を下ろしたとき（八時三七分）から、神霊が退駕したとき（九時五五分）までの時間は一時間一八分を要しており、起駕→問神→退駕の時間は一時間五分になっている。問神の儀礼開始を童乩が附身のために公椅に坐したときとするか、神霊降臨（起駕）のときとするかは問題のあるところだが、筆者は童乩が公椅に坐したときとしたい。それは人間が神に変身するための第一段階と見られるからである。

蔡が公椅に坐して附身するまでの時間は一三分を要したが、筆者がはじめて彼の附身を目にしたとき（一九八四年一二月二七日）には三〇分以上、二度目のとき（同二九日）には二七分を要している。童乩のそのときどきの体調と精神状態によって、附身が容易なときと難渋のときとあるらしい。どうしても附身が困難なときには、問神は中止・延期になる。

公椅に坐した蔡は心に神の来臨を願うわけではなく、ただひたすら無心になるよう努めるという。多くの童乩廟では公椅にあたる腰掛けは龍座[19]と呼ばれ、祭壇に向かって前机の前に置かれるのが普通である。童乩は当然ながら憑依に入るときには神像に向かって坐ることになる。しかるに上玄壇では、公椅は入口に向かって置かれ、蔡は依頼者・信者に対面する形で坐り、附身のときを迎える点、他とは異なっている。附身をうながす要素は卓頭が神前で唱える「王爺呪」と公椅の下でさかんに焚かれる香である。強烈な香りを発する香煙は容赦なく童乩の顔面を被い、これが激しいトランスをもたらす誘発剤になっていることは明らかである。

香のあまりにも強烈な刺激にたまらなくなった依頼者・信者たちは、椅子をもって外に出ることもあるほどである。しかし香は童乩にとってたんなる強烈な刺激剤以上の意味をもっており、童乩廟においては線香や香が神の霊や力を蔵した聖物であると信じられている。[20] たとえば、新しい神像に神魂をこめる際、古い神像に捧げられた線香の灰が神魂として使われ、[21] 童乩が神符を作るとき、墨の代わりに香炉の灰が用いられることがある。

蔡の数分間にわたる猛烈なトランス状態は、自我と神霊とが入れ替わり、人格が神格に変化するドラマを如実に示しているのである。

附身してからの蔡の行動は、典型的な霊媒型シャーマンのそれである。彼は終始一貫、神＝三帝公として第一人称で語りかつふるまったからである。[22]

問神に入ってからの蔡（神）と依頼者の対話は、他の童乩たちのそれと比較するときわめて率直、単純、そして簡単である。童乩によっては相手の状況を詳細に尋ね、相手からの数多くの質問にもいちいち答えていくことがあるが、蔡の場合は相手の質問に単刀直入に回答し、神符を与えて終わりという形をとっている。これは童乩の性格によるのか、それとも附身する神の種類と性格によるのか、なお検討を要する問題である。

さて、この夜のセアンスに問神に訪れた人たちは一〇名であったが、この数は普通であり、多いときには一五名を超えることもあるという。ちなみに上玄壇のセアンスは原則として毎月旧暦の三、六、九、一三、一六、一九、二三、二六、二九日の九回行なわれ、とくに三、六、九日には依頼者・信者の数が多いという。いま問神に訪れた人たちの性別、年齢、依頼内容、童乩（神）の指示内容を整理するとつぎの表のようになる。

この表から明らかなことは、問神の内容が鮮やかに三つの問題から成っていることである。すなわち(a)教育問題（①②④）、(b)健康問題（③⑦⑨⑩）、そして(c)交通事故（⑤⑥⑧）である。童乩のところに持ちこまれる問題は多岐にわたるといわれるが、[23] その中でもとくに多いのは健康（病気）に関するものと見られる。[24]

番号	性別	年齢	依頼内容	神示内容	備考
①	男	42	息子の教育問題	神符の灰を家の周りに撒け	身体に香煙を燻らす
②	女	37	娘の教育問題	神符の灰を飲ませよ	身体に香煙を燻らす
③	女	62	自分の心臓病	神符の灰を飲み、家の周りに撒け	
④	男	43	娘の教育問題	神符の灰をベッドの周りに撒きかつ飲ませよ	
⑤	女	61	孫娘の自動車事故	呆身符を身に着けさせよ	
⑥	女	67	息子の自動車事故	神符の灰を水に溶かし車体にふりかけよ	息子の死んだ弟の障りを疑う
⑦	女	61	自分の心臓病	神符の灰を飲み、身体の周りで燃やせ	
⑧	男	46	自分の自動車事故	神符を車の前後で燃やせ	年のめぐり合わせ悪し
⑨	女	53	息子の健康問題	神符の灰を飲め	
⑩	男	58	妻の健康問題	神符の灰を飲め	

これは各地華人社会における医療施設や技術の不備によるとされるが[25]、それ以上に、健康問題を呪術・宗教的領域と密接に絡めて捉えようとする華人の伝統的思考様式と深く関わっているといえよう。シンガポールにおいてもマレーシアにおいても、病人は病院と童乩廟の両方に通う例が多く、また病院に通うことに否定的な童乩、童乩廟に赴くことを抑止する医師が見られないことからもこの事実は裏付けられよう[26]。

ところが上玄壇の問神においては、健康問題に相伍して教育問題と交通事故の問題が依頼内容になっている。しかも全一〇例に占める比率は決して小さくない。上玄壇だけの事例を踏まえて云々することには慎重でなければならないが、それにしてもこの事実は注目に価する。後述するように各地の童乩廟の問神において、教育問題や交通事故がこのように大きな割合を示すことは異例であり、このことは人びとの問神内容の大きな変化を示すものとも考えられるからである。

各依頼者・信者への童乩の対応の仕方の特徴は、第一に教育と病気の問題については「間もなく元に戻る」①、「いうことを聞くようになる」②、「大したことはない」③、「心配は要らない」④、「ずっと楽になるであろう」⑦などで総じて相手に安心と希望を与え、第二に偶発性（交通事故）の問題については「邪気に当たったせいである」⑤、「神の命を軽んじたがためである」⑥、「年のめぐり合わせが悪い」⑧と原因を明確に指摘し、第三に具体的な解決方法としてすべてに神符の灰の服用または散布を勧めるなどである。

神がみずからものした神符はあらゆる問題の解決に有効であると信じられていることが理解されよう。少しく敷衍すれば神符は華人のあらゆる望ましくない、マイナスの状況（一般に歹運とか壊運と呼ばれる）を望ましい、プラスの状況に好転させる力を秘めていると信じられており、その状況は健康から家庭、職場の人間関係や事業、さらに田畑や天候のありようまで含んでいるのである。

神符自体は華人たちがいろいろな儀礼的機会に何千枚何万枚と燃やす紙銭に、附身中の童乩がみずから筆をとって揮毫したものであり、それゆえに神の力を蔵するとされるのである。神符は灰にして飲めばその人の現状を好転させ、車体や道具に撒けば悪しき要素（邪気）を祓い、これを身に着ければ護身符となり、家の入口などに貼れば攘災の役割を果たす。華人にとって神符は、まさに万能の聖物なのである。

五　まとめに代えて

上玄壇の問神の儀礼過程は大筋においてシンガポールやマレーシアの華人社会におけるそれと共通している。[27] 相当に時間をかけての激しいトランスによる憑霊、霊媒型シャーマンとしての儀礼行為、みずからものする神符の重要性などに関して、両者の間に大差は見られない。

しかし全く差異がないわけではない。附身時に蔡は上下白の服装をしていたが、シンガポールとマレーシアの童乩（男性）はすべて例外なく上半身裸体で黄のズボンをはいている。

もっとも台湾でも他の廟では童乩は同じ型の装いであったから、蔡は例外に属するのかも知れない。[28] トランスに入ろうとするときに蔡は公椅の下に置いた香炉を嗅ぐことによりその状態をもたらしたが、シンガポールとマレーシアではトランス誘発装置は太鼓と鉦を激しく打ち鳴らすことであった。

上玄壇のすぐ近くに位置する保安宮では、童乩は煙草のパイプを燻らしながら激しいトランスに陥ったし、保西宮では黄符を燃やした煙を童乩の鼻先で振ることにより、トランスに導いていた。開基天公廟や嶽帝廟のような大廟では、道士や紅頭《アンタアウ》の儀礼には太鼓や鉦を使用するが、童乩の憑霊は香炉を鼻先にもっていき、香煙を嗅がすことにより実現している。このように見てくると、少なくとも台南市の童乩は総じてトランス誘発剤として〝神煙〟を重視しているということができよう。

つぎに問神における依頼内容についてであるが、既述のように上玄壇のそれは、健康問題が四件、教育問題三件、交通事故三件であった。比較のために一九八五年一二月二三日に台南市の保安宮で行なわれた問神の依頼内容を見ると、健康問題四件、教育問題二件、建築と神棚に関する問題各一件であった。[29]

ちなみに筆者が一九七九年七月一九日に台南市の保西宮において実見した問神の依頼内容は、全体で一三件中健康問題九件、建築三件、運勢一件であった。[30] さらに保西宮の管理者が記録した三度にわたる同宮の問神の依頼内容を見ると、総数二三件中健康問題一六件、事業四件、建築二件、運勢一件であった。

他地域の場合についていては、一九八四年八月二〇日および二一日にシンガポールの楊天宮で行なわれたセアンスの依頼内容一四件を見ると、健康問題九件、事業、運勢、男女関係、神棚、試験各一件となっている。[31]

また一九七七年八月にマレーシアはクアラルンプールの慈忠廟において採集した問神の依頼内容は、五件すべてが健康問題であった[32]。

以上のように童乩への問神の依頼内容を比較してみると、どの廟においても健康問題が最多件数を占めており、この問題への対処法が童乩の主要な役割であることは明らかである。その他の依頼内容のうち「事業」を例にとると、それらがその地域の置かれた状況や時代の情勢を反映していることを示唆していると見られる。たとえばシンガポールの楊天宮におけるセアンスで問題になった事業とは、華人の女性がインドネシア人の男性から輸入陶器の販売会社を共同経営しないかと持ちかけられたことであり、依頼者は諾否を決断するために廟を訪ねたのであった。もう一件は姉妹で貿易を営んでいるが、船便で送ったはずの貨物が中東戦争に巻き込まれてしまい相手に無事渡るかどうか分からず、不安で仕方がないので神断を仰ぎに廟を訪ねている。この二件は国際貿易を国是としているシンガポール社会の状況およびたまたま生じた中東紛争とに直接結びついていることは明らかであろう。

上玄壇における問神の依頼内容

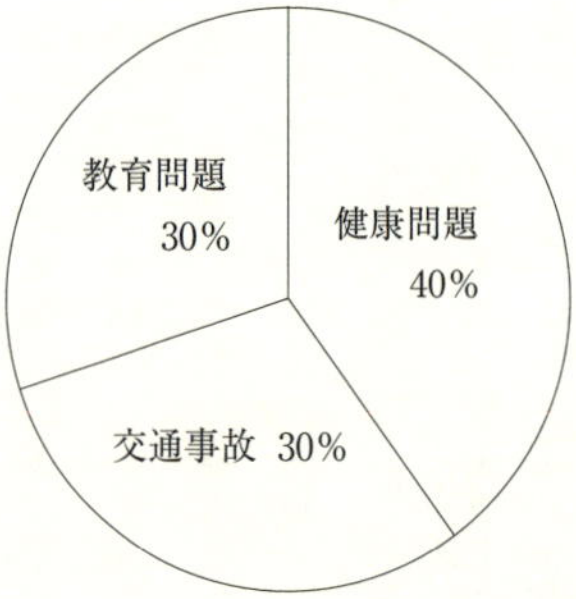

とするならば、どの地域・社会にも共通であるはずの健康問題は別として、他の依頼内容はそのときどきの社会問題との関係において詳細に検討される必要があろう。この点、本論で取りあげた台南市の上玄壇およびその近在の保安宮における問神の依頼内容に「教育問題」と「交通事故」とが決して少なくない比率で現われたのは注目すべき事象といえよう。その六年前に行なわれた保西宮での問神の依頼内容一三件には教育問題と交通事故は全くなかったのである。

しかも私見ではあるが、この五、六年の間に台湾華人の収入は急増し、台南市においても自家用車、営業車ともに増大した。各種新聞は青少年の非行を数々報道している。「自動車に撥ねとばされそうになった孫娘」（⑤）、「車が大破した息子」（⑥）、「家でぶらぶらしている息子」（①）、「男性と深い付き合いをしている娘」（④）などは、激しく変化する社会に随伴する深刻な問題の若干を浮き彫りにしているといえなくはない。

かくしてわれわれは童乩廟における問神の依頼内容を覗き穴にして、華人社会の問題点に迫ることが可能になるであろう。

【註】

（1）筶《ポエ》は片面が平坦、もう片面がふくらみをもった半月形の竹製占具で、二個一組になっている。人びとは神前に供物を供え線香を立てて礼拝ののち、願い事を心に念じつつ二つの筶を前方に投じる。二個とも平面が上なら神の冷笑を、ともに下を向けば神の怒りを意味し、願い事が拒否されたものとされる。一個の平面が上を、他の平面が下を向くと聖《シン》筶《ポエ》とされ、神が願い事を承認したしるしとされる〔窪徳忠『道教の神々』平河出版社、一九八六、二六頁参照〕。

（2）類似職能者に主として死霊・祖霊との直接交流を司る尪姨《アンイー》や、扶乩《フーチー》と称する自動記述を司る扶鸞《フールアン》などがある。扶乩では、憑依状態もしくは神霊の強い影響下にある扶鸞が乩と呼ぶ二叉の木の棒を手に、助手の援けをかりながら板上に敷いた米粉や砂などに神意を示す文字または図形を記す。これを右横に立つ卓頭という解説者が解説する。

（3）童乩の治病儀礼については、拙稿「シンガポールにおける童乩（*Tang-ki*）の治病儀礼について——宗教的統合の問題に関連づけて」白鳥芳郎・倉田勇（編）『宗教的統合の諸相』南山大学人類学研究所、一九八五参照。本書に第一部第二章として収録。

（4）童乩の関与する宗教施設はその規模によって廟、宮、殿、壇（大きい順）などの名称をもつが、ここでは「童乩廟」の語で表示する。

（5）V. Wee, "Buddhism in Singapore," in R. Hassan (ed.), *Singapore: Society in Transition*, Oxford University Press, Kuala Lumpur, 1976, p.173.

（6）A. J. A. Elliott, *Chinese Spirit-Medium Cults in Singapore*, The London School of Economics and Political Science, London, 1955, pp.167–169, 安田ひろみ・杉井純一訳『シンガポールのシャーマニズム』春秋社、一九九五。

（7）拙稿「社会変動と宗教――シンガポール華人社会の事例から」綾部恒雄他（編）『文化人類学』2、アカデミア出版会、一九八五、二四九～二五四頁、並びに本書、第一部第四章参照。

（8）たとえばL. Comber, *Chinese Temples in Singapore*, Eastern University Press, Singapore, 1958, pp.4-6参照。

（9）J. J. M. de Groot, *The Religious Systems of China*, Leyden, 6 vols., 1892–1910, reprinted, Ch'eng Wen Publishing, Co., Taipei, 1972.

（10）玄天上帝は二十八宿の星のうちの北方の玄武すなわち斗・牛・女・虚・危・室・壁の七宿を合わせて神格化したものとされるが、玄武が魔王の変身である亀と蛇を足で踏みつけ地獄に送ったとの伝承から、神像の下に亀蛇を置いたり、蛇の巻きついた亀をそのシンボルとすることがある［註（1）の窪前掲書、一五二～一五四頁参照］。

（11）Elliott, op. cit., p.46；Ju Shi Huey, "Chinese Spirit-Mediums in Singapore: An Ethnographic Study," in J. R. Clammer (ed.), *Studies in Chinese Folk Religion in Singapore and Malaysia*, National University of Singapore, Singapore, 1983, p.5.

（12）シンガポールの童乩の場合にも、いわゆる「巫病＝童乩化」の期間は四九日間とされている［拙著『シャーマニズムの人類学』弘文堂、一九八四、第三部第一章「シンガポールにおける童乩（Tang-ki）のイニシエーション」二八一～三〇〇頁参照］。

（13）註（12）の前掲拙著、一九八四、二九二～二九七頁参照。

（14）拙稿「憑霊と宗教文化覚書――シンガポールの一女性童乩のシャーマン化過程」『馬淵東一先生古稀記念　社会人類

学の諸問題』第一書房、一九八六参照。本書に第一部第三章として収録。

(15) 新しい童乩が誕生すると、童乩の友人、知人が集まって支援集団を作り、セアンスの手伝いをするのが常である。シンガポールではコミュニティーと称し、台南市では協助会と呼んでいる。上玄壇では調査時にはまだ協助会が組織されていなかったが、セアンスのときには数人の若者たちが手伝いにきていた。

(16) 道教の最高神とされる玉皇上帝＝天公に捧げる香炉で、廟の入口（玄関）に据えられたり、天井から吊り下げられる。人びとはまず最高神に礼拝してから、数多くの神々を拝する。

(17) 一般に各地の童乩の憑依時の服装は黄色の長ズボンをはき、上半身は裸である。蔡の服装は常に白シャツと白ズボンである点、他と異なる。

(18) 上玄壇には玄天上帝（大帝公）、二帝公、三帝公が蔡の守護神として祀られているが、どの神が附身したかは態度から判断される。大帝公が附身すると右手を挙げて福州方言で語り、二帝公は右足を挙げて閩南語で語り、三帝公は本文のようなポーズでやはり閩南語を話すとされる。

(19) 大型の腰掛けに肘掛けが付いており、その先端部分に龍の彫刻が施されているところからこの名称がでている。朱と金が塗られた豪華なもので神の座とされ神聖視される。

(20) Elliott, op. cit., p.51.

(21) 「入神」とか「点眼」と呼ばれ、新しい神像の背部または底部に小穴を開け、同一神に捧げた香炉の灰を中に納めて穴を閉じる。

(22) 霊媒型シャーマンは、神霊や精霊を外にしてその影響を受けつつ第二人称、第三人称で語る予言者型シャーマンと区別される存在である［註（12）の前掲拙著、一九八四、序章「シャーマニズム研究の現状と課題」一一～一五頁参照］。

(23) Elliott, op. cit., pp.159-160. エリオットは童乩への依頼内容の主なものとして、(1)身体的苦痛または精神錯乱に由来する問題、⑵超自然的な要素による問題、⑶ギャンブルの予想、⑷家族の問題、⑸死者との交流、⑹遠方の友人や知人の近況、⑺事業への忠告、⑻法廷の訴訟への加護、⑼吉日の選択を挙げている。

(24) 註(12)の前掲拙著、一九八四、第三部第二章「シンガポールにおける童乩(Tang-ki)の依頼者と依頼内容」三〇七〜三一五頁参照。

(25) Elliott, op. cit., p.168.

(26) 本書、第一部第二章参照。

(27) ただしマレーシアにおいて見られる童乩の憑霊に発する新宗教、たとえば黄老仙師慈教においては、パンテオン、儀礼、服装などにおいて、伝統的な童乩のイメージを意識的に変化させようとしている。それは多分にマレーシアの国教イスラム教を意識してのことと考えられる〔拙稿「原郷回帰のシンボリズム――マレーシア華人社会のシャーマン」拙著『憑霊とシャーマン――宗教人類学ノート』東京大学出版会、一九八三〕。本書、第一部第五章・第六章も参照。

(28) 独立した廟における童乩の附身は、台湾においても上半身裸体、下半身黄のズボンで行なう例が多い。蔡の特殊性は自宅を廟=神殿にしていることと関係があるのかも知れない。

(29) 建築というのは華人が家その他を建設する場合、場所(位置)の善し悪し、工事に入る日の決定などについて童乩の判断を求めることを意味する。新築した家には神棚を置くのが通例であり、その際にも安置する場所、日時、祀る神、供物などについて童乩の指示を受けることが多い。

(30) 一年一二箇月の運勢、新規事業についての運勢、長旅の運勢などを童乩の判断に頼ることが多い。

(31) 楊天宮における健康問題への童乩の対処方法については、本書、第一部第二章参照。

(32) 註(12)の前掲拙著、一九八四、第三部第四章「シャーマン的職能者のセアンス(Séance)と託宣内容」三六〇〜三六二頁参照。

第一三章　陰と陽のシンボリズム――台南市の東嶽殿と玉皇宮

一　はじめに

よく知られているように陰（yin）と陽（yang）は中国人の世界観・人生観を大きく規定する重要な思考と行動のカテゴリーである。

一般に陰―陽論（yin-yang theory）が主に主張する事柄はつぎのようなものである。現象界は陰陽間の相互作用の結果であり、陰は陰性（消極性）、月、地、闇、冷、女性、死、偶数を意味するのにたいして、陽は陽性（積極性）、日、天、光、温、男性、生、奇数を指す[1]。漢字の陰と陽とは元来、同じ山の日陰と日向、すなわち同一存在の両面を意味した。

したがってこの視点に立てば、あらゆる物事は二つの側面、二つの相、二つの性、二つの力などをそなえていなければならない。陰と陽は善―悪ではなくて、双方が全体の必要にして不可欠な局面であり、対立的ではあるが敵対的ではない。しかも両者は固定的ではなくたえず変動してやまない。一方が生起すれば他方は退潮し、その逆もまたあり得る。陰と陽のバランスがとれているとき調和が実現するが、アンバランスになると不調和を生む[2]。中国人が調和を好み、事物や現象の認識に際してシンメトリー・対で捉えようとし、また文学表現や建築においても対句や左右対称を重視するのも、こうした陰陽論的思考に由来するといえよう。

このように理論として、また思考形式としては文句なしに首尾一貫している観のある陰と陽が、それでは人びとの社会生活や行動のレベルにおいて、とりわけ宗教儀礼のコンテクストにおいてはどのように表象され、どのような役割を果たすのであろうか。本論はこのテーマの解明を目指してのひとつの試みである。台湾南部の大都市台南において、民俗宗教とくに童乩《タンキー》を中心とする宗教形態に関して、インテンシブな調査を続けてきた筆者は、同市内に「陰の廟（寺）」と「陽の廟（寺）」があり、しかも両廟とも台南市内と近郊はもとより台湾全域から熱心な信者・依頼者を数多く集めていることを知った。

台南市を訪れるたびに両廟を参与観察してみると、明らかにひとつは陰の性格と機能を、もうひとつは陽のそれを具備していることがはっきりしてきた(3)。とはいえ、両廟の沿革、組織、職能者、儀礼、信者・依頼者について相互関連的に調査し、記録を重ねてきてはいるが、まだ全貌の把握にはいたっていない。しかし両廟で行なわれているすこぶる手のこんだ儀礼群を観察していると、ひとつの廟はもっぱら人びとの死後の世界（陰）に関連した役割を有し、もうひとつの廟はひたすら現世（陽）の出来事に結びつく機能を果たしている事実がかなりよく見えてきたので、ここでは両廟で行なわれる重要な儀礼に焦点を置き、それぞれの儀礼に陰と陽の観念がどのようにシンボリカルに反映しているかという、この局面だけに限定して報告し、これからの調査研究の手がかりにしたいと思う。

テクストとしての陰—陽がコンテクストにおいてどう表現されるかという問題を検討するテストケースとして、両廟の儀礼はかなり高い比較論上の資料的価値をもっているのではないかと考えるからである。

二　東嶽殿と玉皇宮

陰の廟は東嶽殿（俗称岳帝廟）と呼ばれ、台南市民権路に位置し、一方、陽の廟は玉皇宮（正式には開基玉皇宮、俗称天公廟）の名をもち、同市佑民街にある。

ちなみに台南市は台湾南西部の主要都市で、同地域の政治、経済、文化の中心地をなし、人口は一九八五年現在で六三万九〇〇〇人を数え、その大部分は中国大陸福建省に出自をもつとされる。台南市は俗に台湾の京都と称されるほど寺廟が多いことで知られる。同市の寺廟および関連施設は、市政府の統計によると、一九八五年現在で六九三を数え、その内訳は仏教寺院三九、道教廟宇一六七、教堂六九、神壇一七六、神明会四三、理教一、祭祀公業一九八となっている。(4)

東嶽殿と玉皇宮が道教廟宇に属していることはいうまでもない。神壇は道教系の諸神を祀る小規模な廟で、童乩や尪姨《アンイー》のような霊媒の依頼者・信者の寄附により建立されたものから、地区が維持管理している小祠、個人が屋敷内に設えている祠殿などを含む。(5)

さて東嶽殿の創業と沿革は市政府の記載によるとつぎのとおりである。「創業年代　明永暦年間、沿革　相伝廟由福建同安籍人、倡建祀東嶽大帝、神像係由鄭成功復台之際、奉持大陸、為本省東嶽帝神位之祖廟」。これにたいして玉皇宮の場合は以下のとおりである。「創建年代　明永暦二十四年（公元一六七〇年）、沿革　由大陸奉香火至台、建廟而祀玉皇上帝、康熙二十七年重修、嘉慶五年地震崩塌、由境修集盗重建、迨光緒十三年再修、民国三十四年毀於戦火、三十五年本省光復後再建」。このように両廟ともに三〇〇年以上も前に創建された由緒ある宗教施設であり、東嶽殿は冥界を支配するとされる東嶽大帝を祀り、かたや玉皇宮は天上にあって宇宙を支配するとされる玉皇上帝を主神としているのである。パンテオンの上では玉皇上帝が宇宙を支配する至高神として、(6)冥界を主宰する東嶽大帝とは上下対極に位置するわけであるが、両廟の役割面から見ると、東嶽殿は「死人超昇」の廟で、冥界において迷い苦しんでいる死者を浮かばせるところであり、これにたいして玉皇宮は「活人補運」の廟とされ、現世において災厄・不運に悩む生者の運を改める場所であると考えられているから、両者はやはり性格的に対極をなすといえよう。

さらに両廟の外観と内部の様相を見ると、東嶽殿は暗黒を基調とし、冥界とこの世との境界であるかの印象を与えるが、玉皇宮は金色を主調にしており、天界とこの世の接合点の趣を濃くしている。また建物の結構からしても、前者は平屋建てで地面に根づき、あたかも地下界を志向する観があるのにたいして、後者は二階建てであり、縦を強調し、天上界を憧憬している風がある。

さて東嶽殿の内部に入ると、正面に地蔵王の像が五体、脇侍として地下界の神である城隍爺とお産を司るとされる註生娘娘の像があり、左右両側には図Ⅰのように、冥界の十王の像が並んでいる。全体としてそれほど広くない空間であり、たえずろうそくと線香がともされているので像も建物自体も煤けてしまい、黒ずんで見える。

内陣左右の空間には、移動可能な長机と腰掛けがあり、これらは儀礼が行なわれるときに自由に使用される。とくに陰の儀礼が行なわれるのは正面に向かって左側にあるホールであり、ここには観世音菩薩の絵図が壁に掛けてある。

他方、玉皇宮の内部は一九八四年に大改築を行ない、金箔を主に極彩色で荘厳したので、なお絢爛たるものがある。一階正面には天・地・水の神である三官大帝像と人間の運命（寿命・富貴・貧賤）に影響するとされる南斗、北斗の星神像が祀られている。ちなみにこの廟の主神である玉皇上帝像は、三官大帝が祀られている一階部分のちょうど真上にあたる二階の奥に安置されてあり、右に四殿下（玉皇の四男であるといわれる）、左に三公主娘（玉皇の三女とされる）の像をともなっている。

陽の儀礼が行なわれるのは、一階の向かって左側にある大ホールである。ホールの正面になる左側の壁には九つの神座があり、金箔塗りの浮彫で飾られた木枠の中には、生命を司る司命灶君、医療の神である天医真人はじめ、人びとのこの世の運命を左右するとされる九神の神像が祀られている。神々の前に並べられた机の上には、依頼者や信者たちが供えた三牲や五牲[7]、果物などが山積みにされている。かなり広いホールのあちこちに木製の机と腰掛けがあり、人びとは行なわれる儀礼の種類によって机を配置しなおし、陽を象徴するさまざまな儀礼装置をつくりだすのである。

図Ⅰ　東嶽殿の内部

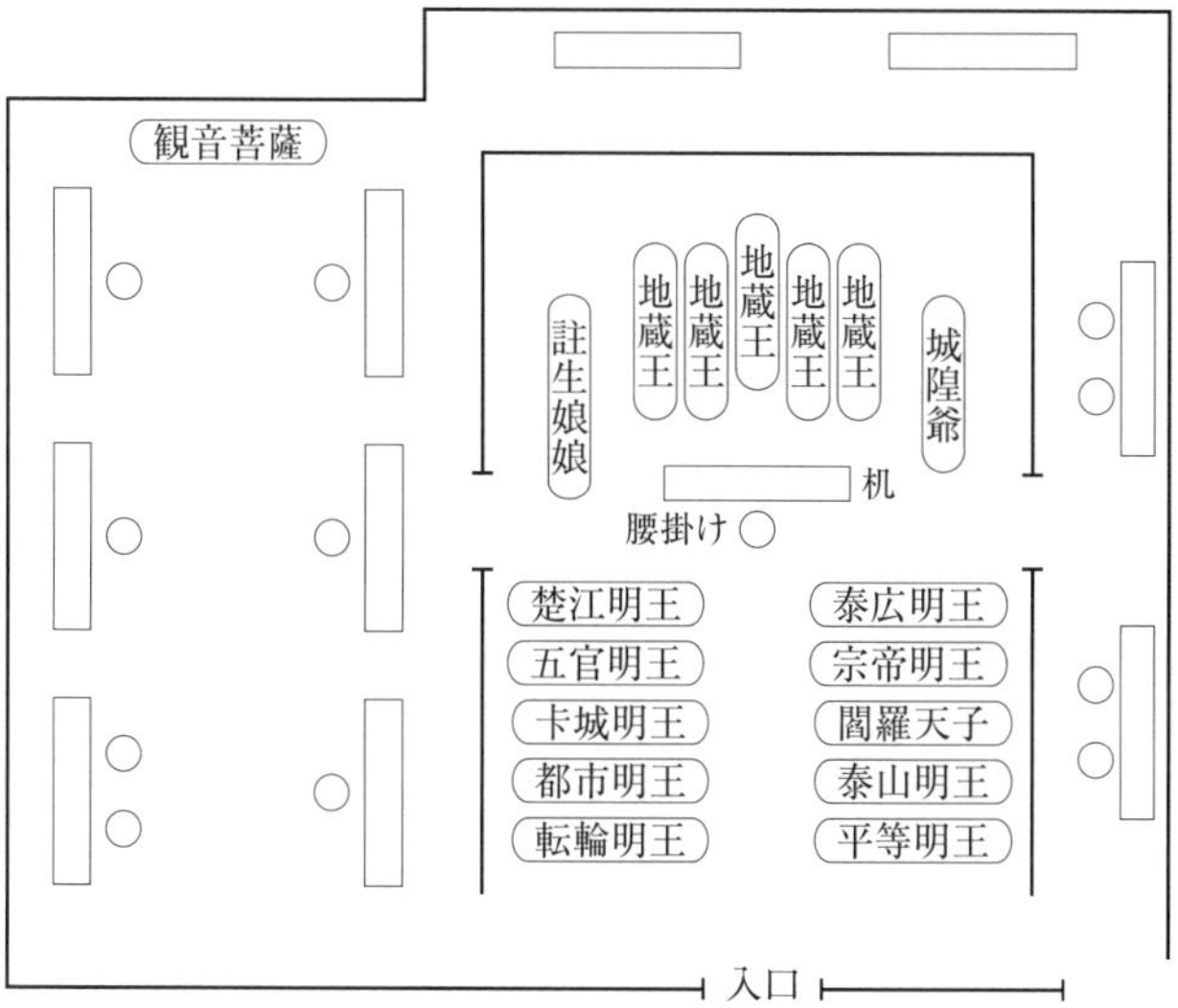

図Ⅱ　玉皇宮一階の内部

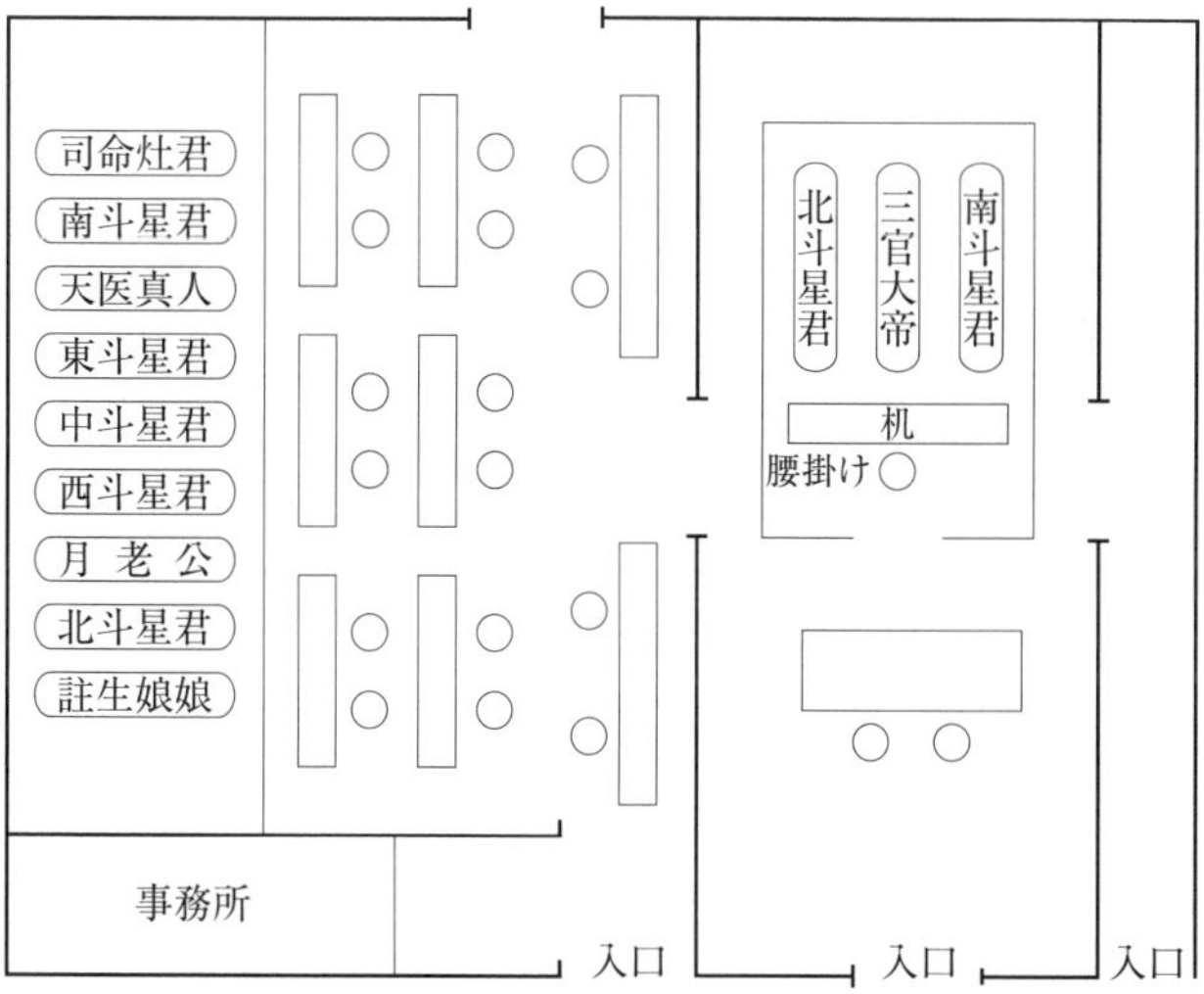

以上、東嶽殿と玉皇宮の陰—陽の儀礼が営まれる空間の状況について概観した。これらの儀礼空間は、神々が寺廟を離れて天に昇るとされる旧暦七月と一二月二四日から正月三日までは閑散としているが、それ以外の日々は、台湾各地から雲集する人びとで大いににぎわう。かたや為死人超昇、かたや為活人補運の儀礼を行なうにもかかわらず、

両者に童乩や尪姨が参加し、鉦と太鼓と角笛の音が喧騒をきわめ、香煙濛々と辺りに立ちこめ、目も開けていられないさまは、両者の差異を忘れさせるのに十分なほどである。

三　死人超昇（陰）の儀礼

東嶽殿において行なわれる主な儀礼は「打城」または「打地獄」と呼ばれるものである。打城や打地獄は福建系華人による名称であり、広東系、潮州系華人はこれを「破地獄」と呼ぶという。[8] この儀礼は既述のように冥界（地獄）で苦しんでいる死者の霊魂を救出し、苦のない、または苦の少ない場所に送りだすことを意図して行なわれている。[9] 打城が必要なのは、事故死、未婚での死、自殺などによる死者、または死後に十分な儀礼・供養が行なわれなかった人たちの霊魂（鬼魂）であるとされる。こうした社会の一般的秩序・ルールから逸脱し、あるいは阻害された者は、あの世で苦しみ、その影響は何らかの形でこの世の生者におよぶと考えられている。一族に病人や事故が続くとか、事業が不振であるとか、死者が夢枕に続けて立ったとかのことが生じると、関係者は卜占師や霊媒に判断を依頼し、もしもその原因が死者の不幸な状態のせいだと分かると、打城・打地獄の開催になるのである。

東嶽殿では男性のための儀礼を打城、女性のためのそれを打盆と呼んでいる。打城・打盆は依頼者の依頼内容や経費の多寡などにより規模に差異があるが、「枉死城」という地獄の城に閉じこめられている死者を、城を破壊して救出する行為を鮮明にシンボライズしている点はいずれも共通する。

以下は一九八五年一二月六日午前に東嶽殿で行なわれた打盆の記録である。[10] 午前九時三〇分に東嶽殿内の向かって左側のホールの一隅に儀礼用祭壇が作られた。備え付けの机の上に竹と紙で作られた枉死城（縦五〇センチメートル、横三〇センチメートルの四角い筒）が安置され、そのすぐ前に若い女性の人形（魂身と呼ぶ）[11] 三体が立ち、さらにその前

図Ⅲ　打盆の儀礼場面

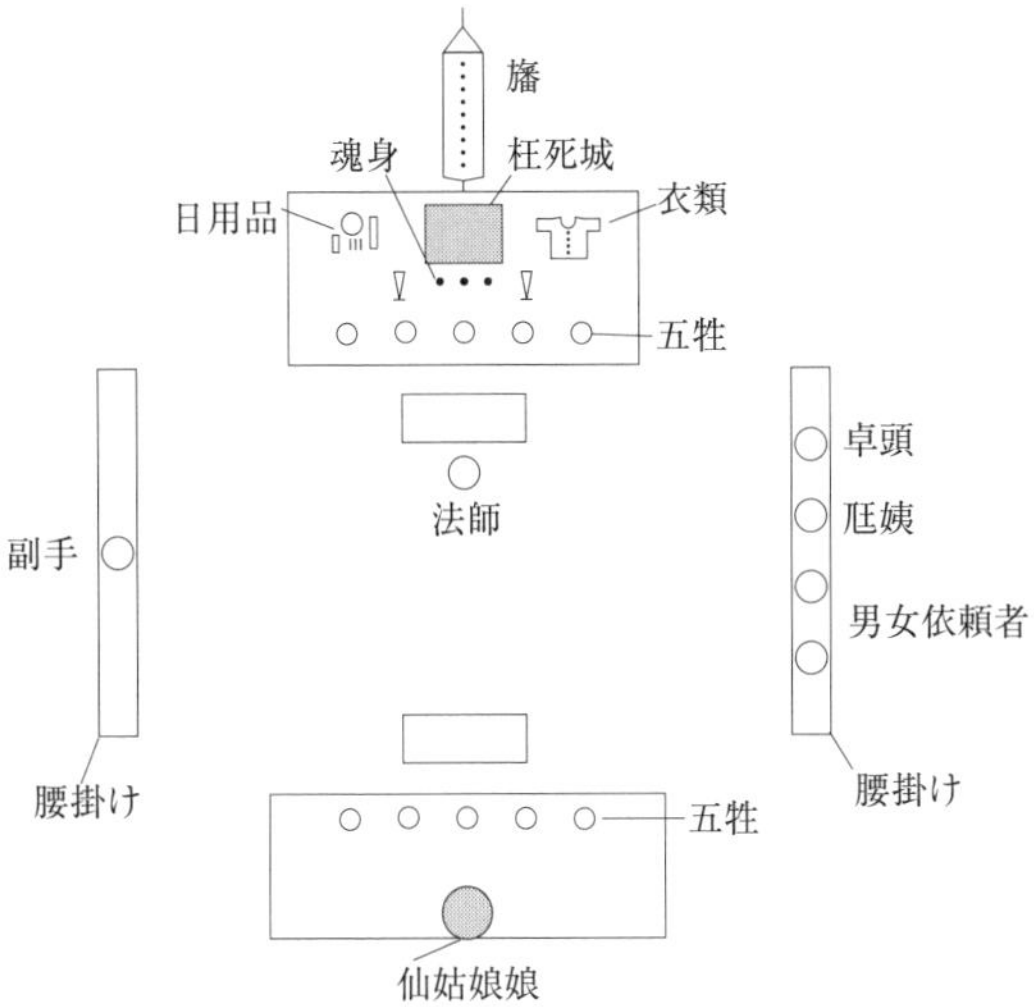

には燭台、香炉と五牲が置かれた。枉死城の後ろには「道旛乙首摂召亡遇故閨女三位魂魄引到東嶽殿打盆領沾功徳庫在往生」の旛が立てられる。儀礼の対象は高雄市の一〇代で死去した三人の未婚女性であった。娘三人が母の夢枕に立ったので、母の依頼をうけた親族二人が打盆を行なうことにしたのだという。

　枉死城の真向かいにやはり机が置かれ、その上には仙姑娘娘の像が安置されている。この女神は童乩や尫姨を通じて、冥界における死者の状態を知らせる役割をもつ。女神の前にも五牲が供えられる。儀礼の準備は卓頭という霊媒の通訳をする男性と、副手と呼ぶ太鼓、鉦、角笛を鳴らす男性とが、主にこれにあたる。準備が整うと、別室に控えていた法師（儀礼の主役を務める道教の祭司）と尫姨（女性霊媒）が依頼者の中年の男女と一緒に入ってくる。依頼者は、死者たちがあの世で着る衣類と日用品をもってきて、枉死城の両横に置いた[12]。

　まず黄色の式服の法師が仙姑の像に経文を唱え、仙姑の助力により冥界から三人の死霊を呼びだし、無事打盆ができるよう祈る。つぎに黄符を何枚も燃やし、すべての儀礼具や祭壇を浄化する。これが終わると枉死城に向かい、約四〇分にわたり死霊を招く。唱えごとをし、角笛を吹き、副手は太鼓と鉦をたたく。ついで法師は黄符を燃やし、これを茶碗の水に浮かべ、その様子から死霊が来臨したか否かを判定する。

　三人の死霊が現前したことを確認すると、法師は線香をともし、ひとつひとつの魂身（人形）の眼耳鼻両手両足後首に線香の先端を当てて点眼（入魂）をする。いまや三人の娘の霊魂を内に蔵するにいたった魂身を、法師はひとつひとつ枉死城の後ろ側から城内に入れる。法師はそれから城に向かってしばらく唱えごとをしてから、刀を振るって枉死城の正面を切り割き、三体の魂身を取り出して元の位置に安置する。いまや三人の娘は開放されて自由の身になったのである。依頼者は三体の魂身に炊きたての一杯飯に箸を二本立てて供え、合掌する。

法師は魂身に唱えごとをしながら黄符を燃やし、容器の聖水を魂身に三度ふりかけて浄化した。この間に尫姨は仙姑像の前に出て激しい憑依状態になり、冥界においても三人の娘が解放されたことを告げる。このことは副手が仙姑の前で筶《ポエ》を投じ、その結果からも追認される。この世の儀礼的出来事は、他界の出来事と同時であると考えられているわけである。

このの ち祭壇の前に紙製の四〇センチメートルほどの橋（奈河橋という）[13]が置かれ、法師を先頭に魂身を捧げた依頼者、憑依状態の尫姨の順で、橋を跳び越えるように時計回りに三度渡る。地獄界を離れて理想世界に赴くことを象徴しているのである。これが終わると人形の一体は蓮に載せられ、他の二体は輿に載せられ、依頼者と副手に運ばれて焼却所で燃やされた。蓮に載せられた人は西方に行き、輿に乗った者は地府に行くと信じられている。この行き先についての情報は、尫姨が仙姑娘娘に訊いて得たものである。

なお打城の費用は儀礼の内容や規模などによりまちまちであるが、平均して、個人で行なうときは二万元（約一〇万円）、集団で行なう（依頼者数人で行なう）場合は各自六〇〇〇元（約三万円）を要するという。

四　活人補運（陽）の儀礼

玉皇宮において行なわれる儀礼の多くは「改運」または「補運」として知られている。これは運（気）の悪い人（呆運とか壊運という）に付着し影響している邪（煞）気を祓除し、運（人生のリズム）を変化させようとして行なう儀礼である。

改運を意図するのは運〔気〕がよくないと判断した人たちで、具体的には健康のすぐれない人、事業に失敗した人、受験に失敗した者、不和に悩む夫婦、災厄（交通事故など）が続く一族、経営がうまくいかない会社の人たちなどである。こうした人たちは、自分たちの不如意の原因が陰—陽いずれにあるかをさまざまな手段で明らかにし、もしも陰に関係があると判断すれば打城を行ない、陽に起因することが明らかであれば改運を行なうのである。

図Ⅳ　七星橋

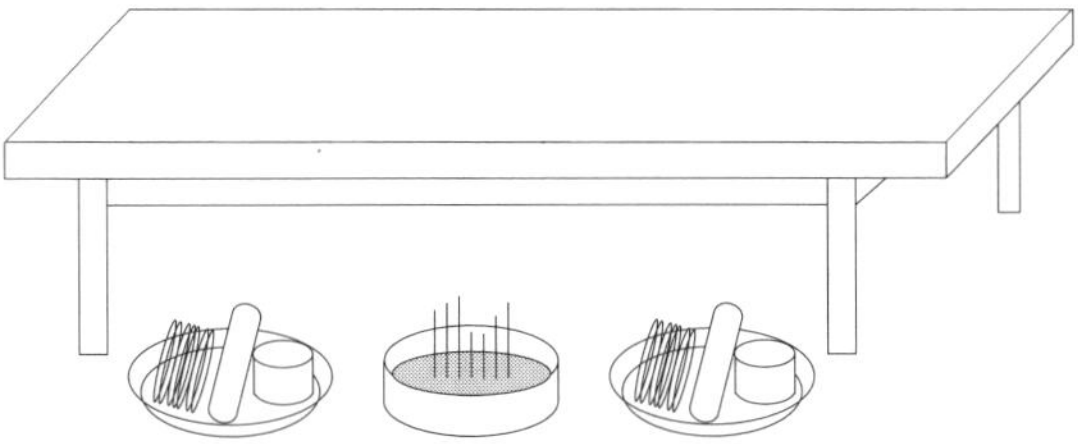

　玉皇宮において行なわれる改運の儀礼は種々あるが、要旨は人間の運命に影響を与えるとされる天上・地上の諸神を招請して供物を捧げて慰撫するとともに、個人または集団を悩ませている悪運や邪気を身替わりに転移させてこれを祓除し去ることにある。

　以下は一九八六年一月三日午前に玉皇宮で行なわれた改運のあらましである。儀礼をリードするのは法師または紅頭《アンタアウ》[14]と呼ばれる道教の祭司と尫姨（女性霊媒）および卓頭または副手（助手）である。祭司と霊媒（シャーマン）がコンビを組んで儀礼を執行する点は、東嶽殿の打城の場合とよく通じている。

　改運の儀礼は廟正面内陣に向かって左側の大ホールで行なわれた。ホール正面の諸神像（二九一頁図Ⅱ参照）に供物を捧げ、その前に臨時の祭壇を設ける。祭壇上には人間の現世の運命を左右する諸星神、邪気の類を象徴する金、紫、緑紙で作られた簡単な神像が祀られ、三牲、五牲、五果[15]が供えられる。また祭壇の手前には「七星橋」（前頁図Ⅳ）が置かれる。

七星橋は文字どおり人間の改運につながる北斗七星（貪狼星、巨文星、禄存星、文曲星、廉貞星、武曲星、破軍星）の上に架けられた橋である。赤のろうそく七本を立ててともすことで七星を表象し、これに供物を供える。橋は廟内に備え付けの腰掛けを用いることが多い。依頼者の予算に応じて標準的な橋から手のこんだものまであるが、改運の人が踏みつけて渡る橋の表面（腰掛け上）には右のような図が描かれることがある。これらの文字からしても、儀礼の意図は明らかであろう。

改運の儀礼において必ず用意しなければならないものに「替身」または「草人」と呼ばれる大きさ三〇センチメートルほどの藁製人形がある。頭部、胴体、両手、両脚からなる人形の顔面部には男女の顔を印刷した紙か十二支の動物の顔絵が貼られている。この人形の胸部に改年経および白虎、煞神、天官の像を印刷した符を添え、依頼者自身の肌着を巻きつけ、これに桃の枝と柳の枝を刺しこむと、依頼者の悪運を一身に引き受ける身替わり＝替身ができあがる。他に「改年紙」を用意することもある。これは縦二〇センチメートル、横一〇センチメートルほどの紙に紙製人形を貼りつけ、これに改年経を巻きつけたもので、表には「如願皆大歓喜」と記されてある。替身は今年ただ今の運を変えるために、そして改年紙は明年の運をよくするために用いられるとされる。

儀礼の諸準備は紅頭と尫姨と卓頭（助手）が行なう[16]。準備が整うと、紅頭が角笛を吹き、卓頭が鉦を鳴らして儀礼の開始を告げる。ついで紅頭は燃やした黄符を振って祭壇を浄化してから、諸神を招請する呪文を唱え、一方、尫姨はトランス状態になって神々の様子を見守る。

諸神の降臨が明らかになると、依頼者（中年の女性）を背後に従えた紅頭が祭壇に向かい、あらかじめ用意した儀礼の目的が記されてある黄紙を読みあげる(17)。そこには依頼者の住所、職業、生年月日、改運を行なう理由が書いてある。依頼者が個人のことも集団のこともあることはいうまでもない。黄紙を読み終えると、紅頭は直ちにこの紙を祭壇上のろうそくの火で燃やしてしまう。ついで紅頭は依頼者に替身の人形を両手にもたせ、七星橋を時計回りに三度渡らせる。終わると依頼者は祭壇と七星橋の間に用意された小さな腰掛けに替身をもったまま祭壇に向かって腰を下ろす。

依頼者に向かって左側に憑依状態の尫姨、右側に紅頭が立ち、尫姨は右手に神剣、左手に線香をもち、紅頭は右手に角笛と鈴、左手に線香をもっている。紅頭は角笛を激しく鳴らし、鈴を振り、ついで龍鞭(18)を右手にとって依頼者の両側に打ちおろす。これを何度も繰り返してから、依頼者の肩に巻くように掛け、つぎに火をつけた黄符と紙銭でしきりに依頼者の身体を祓い、呪文を唱え続ける。他方、尫姨は憑依状態のまま依頼者を脅す風を示し、依頼者の身体に剣を突き立てる仕草をしては「エイーッ、アァーッ」などと高い声をあげる。勢い余って尫姨は七星橋に跳び上がり、依頼者の背後から頭上に神剣を振りおろす。依頼者に障って運命を狂わしている悪星の力や邪気を祓除しているさまがよく分かる。依頼者は替身を胸に抱いたまま静かにしている。隣では一〇代と七〜八歳の子供が改運の座についていたが、紅頭と尫姨に脅されてもいっこうに動じる様子がなかった。パターン化した儀礼過程が民衆に広く知られている証左であろう。

依頼者にたいする祓壊行為が五、六分続いたのち、紅頭に指示された依頼者は替身に三度大きく息を吹きかけた。この人の悪運と邪気はいま身替わり人形に転移したのである。ついで容器に入った聖水（黄符を燃やした灰と芙蓉の葉を浮かべたもの）を紅頭が一口ふくみ、つぎに依頼者が同じく一口ふくんで、紅頭と依頼者の順で替身に吹きかけた。

このとき紅頭は一際高く角笛を吹き鳴らすと依頼者から替身を取りあげ、横の笊に投げ入れた。あとで何人分かをまとめて燃やすことになっている。

最後に依頼者は七星橋の横に用意されたボウルと火鉢を跳び越えるように指示される。ボウルには水が張ってあり、中には燃やした神符、紙の人形、桃の木の葉、柳の葉、芙蓉の花が入っている。火鉢には炭火が勢いよく炎をあげるようにいけられてあり、人が跳び越える際には炭の粉末を加え、火花が激しく散るようにしている。水は水難を、火は火難を象徴しており、改運を行なった人がこれを超えることは、水難、火難を先取り的に克服することを意味するといえよう。

改運の儀礼にはこうした先取り的な事故の解決を象徴する行為が多く含まれている。ある少年が自動車事故に遇うと、両親は子供を玉皇宮に連れていき、子供は型どおりの儀礼を経験したのちに、紙製の精巧にできた車をみずから踏みつぶすという行為を強いられる。つぎに起こるであろう交通事故をシンボリックに作りだし、未来の運を改めてしまおうとしているのである。

改運の儀礼の謝金は五〇〇〇元から六〇〇〇元（約二万五〇〇〇円～三万円）が普通であり、高いものは一万元（約五万円）になるといわれる。謝礼金の取り分は尫姨が半分で他の半分を紅頭、卓頭その他で分けるという[19]。

五　掩劫脱身法

陽の儀礼、すなわち改運のひとつに「掩劫脱身法」という儀礼がある。呆運や壊運の原因をなす悪しき力や気を祓攘し、現実の悪しき状態から身体を脱出させる意図で行なわれる。儀礼全体の手続きと流れは先に紹介した改運の儀礼とほぼ同じであるが、手のこんだ特別の儀礼装置＝象徴を用いるところに特色がある。

以下は一九八八年八月一一日午前から午後にかけて玉皇宮において行なわれた儀礼の要点である。依頼者は五八歳の女性で、改運の理由は家族の度重なる不運であった。特別の祭壇を作り、諸神を象徴する紙製神像を安置し、七星橋を用意するなどは、すでに見た改運の儀礼の場合と共通であるが、「八卦図」なるものを準備する点が普通の改運と大きく異なるところである。それは祭壇前の床に縦二メートル、横一・五メートルの空間を限り、黄色のテープを貼って長方形の空間を作り、その中心に八角形の八卦図を置き、周辺を黄符と紙銭を豊富に用いて飾りたてたものである。八卦図（長方形の空間全体をも意味する）の上下には「天賜財旺陰煞退開丁財両旺福禄無彊」と「福星高照陰煞退散事業進行貴人明現」と記した白紙が貼られ、図の上部には三牲と線香が供えられる。

八卦図の作成は当日の祭司である紅頭とその使用人によりなされた。この儀礼もまた紅頭と尪姨のコンビおよび卓頭が取り仕切った。紅頭らが八卦図を作っている間、尪姨は傍らの腰掛けに坐して依頼者に質問をしている。儀礼装置の準備が完了したところで休憩に入り、午後一時すぎに儀礼は始まった。

まず祭壇に向かって紅頭が「伏以……」で始まる黄紙を読みあげ、儀礼の主旨を述べてからこれを燃やす。つぎに紅頭は八卦図と七星橋の周りを廻りながら、しきりに龍鞭を打ち呪文を唱える。儀礼装置の浄化である。依頼者が家族数人分の肌着を胸前に抱えもち、祭壇の前に跪く。紅頭と尪姨がともに線香をもって依頼者が抱えもつ衣類に煙を燻らす。この間、紅頭と卓頭は角笛を吹き、太鼓と鉦を激しく打つ。それから依頼者は紅頭の先導で七星橋の手前に立ち、紅頭について時計回りに五度橋を渡る。卓頭が鈴を振り鉦をたたく。この間に手伝い人が八卦図の上に七枚の紙銭を置き、その上に七枚の瓦状の板を置く。橋を五度渡った依頼者は、そのまま八卦図上の板を踏みつけるよう言われて、衣類を抱えたままバリバリと板を踏みつける。こわれた板は直ちに取り片づけられた。依頼者はそのまま八卦図の中心、八角形の図の上に立つ。

紅頭と憑依状態の尪姨がそれぞれ右手に剣、左手に線香をもち、これを大袈裟に振りかざしながら威嚇的な大声をあげつつ依頼者の周りを五度廻る。このあと依頼者は紅頭の指示により、衣類を八卦図の中心部に置いて外に出た。手伝い人が衣類の上に黄符を何枚も置いて見えなくしてしまい、さらにその上に「紅絹」と称する赤い大きな紙を載せて覆いつくす。紅絹の上には紙銭が何十枚も置かれる。すると紅頭と尫姨が八卦図の中に入りこみ、覆われた衣類を強く踏みつけ、そのあと二人は八卦図の周りを、それぞれ剣と線香を手にして五度廻る。ときどき角笛を吹き、剣を振り上げ、線香を振りかざし、あたかも外敵を追い払うような行為を見せる。

これが終わると、尫姨が八卦図の中にしゃがみこみ、紅絹その他で覆われた衣類を覆いのまま取りあげ、胸前に抱えるとそのまま猛烈な勢いで廟の外に駆けだした。外には尫姨の手伝い人がいて衣類を受けとり、これを車で川に運んで投げこむのだという。

八卦図は二人の男性によって箒で掃き集められ、傍らの籠に棄てられ、勧請された諸神を象徴する紙製の像と一緒に容赦なく炉の焔の中に投入された。これですべてが終了する。「掩劫脱身法」の経費は平均して一万元から一万五〇〇〇元（約五万円から七万五〇〇〇円）であり、四分の三を尫姨、残りを紅頭その他が得るという。

六　まとめ

陰の廟である東嶽殿において行なわれる打城（打地獄）の儀礼と、陽の廟である玉皇宮において営まれる改運の儀礼について、主に諸象徴（象徴物と象徴行為）のありように注目しながら記述してきた。両儀礼の流れを追う方法を採ってきたが、微細な点の描写を省いた憾みは残るものの、陰—陽論すなわち思考形式としての陰と陽が、現実の行為のレベルでどのように表現されるかという点を追求しようとした当初の目的は、ある程度果たし得たのではないかと考える。個人または家族の呪術・宗教的生活の脈絡において生起した問題が、あの世（冥界）の出来事に関係あると判断されたときは東嶽殿（陰の廟）に行き、この世の事柄に関連すると捉えられた際は玉皇宮（陽の廟）を訪ねるという人びとの行動自体が著しく陰—陽的であるが、両廟で行なわれる主な儀礼の展開は、人びとの陰—陽観（感）をかな

表Ⅴ　陰―陽儀礼の対照表

	陰	陽
廟名	東嶽殿	玉皇宮
祭神	東嶽大帝（冥界の諸神）	玉皇上帝（天界の諸神）
廟の性格・機能	死人超昇	活人補運
職能者	法師・紅頭と童乩・尪姨	左に同じ
主な儀礼	打城（打地獄）	改運（補運）
儀礼の中心	枉死城からの死霊の救済	替身（草人）への悪運の転移
儀礼の目的	自己または一族の平安の実現	左に同じ

り明瞭に表示していたと思われるからである。以下ではこれまで述べてきた事柄について、若干のまとめを行なって問題点を少しく整理してみたい。

両廟で営まれる儀礼に関係する主な事項を対照的に記述すると表Ⅴのようになるであろう。

東嶽殿では死者（人）を地獄の業苦から解放し、安定した地位を保証するための儀礼であることを示すさまざまなシンボルが使用されたし、他方、玉皇宮においては生者（活人）の災厄を祓除するための儀礼であることを表わす種々の儀礼装置が動員された。

死者の救済過程は、枉死城に閉じこめられた魂身（死霊）を、法師が城を破却することにより解放することと、自由になった魂身を奈河橋を渡って彼岸に届けることで示された。また生者の救済過程は、彼（彼女）の災厄の原因である呆運または邪気を身替わりの人形に転移させ、これを焼却または放棄することで表わされた。

さて、あの世（冥界）で苦しむ者の救済とこの世で悩む人の救済とはすこぶる両極的な営為ではあるが、実は儀礼を行なう者にとっては同一の、または表裏の意味をもっていると考えられるのである。天上の星神や地上の邪気がこの世の人びとに影響してその運を悪化させるように、地下の死者の苦はこの世にはね返って人びとに禍厄をもたらすからである[20]。この意味において、陰の廟における打城も陽の廟における改運も、結局はこの世に生きる人びとの「平安」の実現に深く関わっていると見なければなるまい（前頁表V参照）。

人びとが平安に暮らすためには、たえずあの世とこの世の呪術・宗教的局面に留意し、両者のバランスをとる必要があるのだといえよう。かくして「陰と陽とは相互に統御しあい、相互にバランスをとりあう[21]」とのテクスト表現は、儀礼的コンテクストにおいてもほぼ実現していると見ることができよう。このことはまた、同じ祭司（法師・紅頭）とシャーマン（童乩・尫姨）がコンビを組んで陰の廟と陽の廟の両者に関わっていることにも表われているのではなかろうか。いずれにせよ、陰と陽のバランスをとっているのは、平安を求めてしたたかに行動する人びと自身であることはほぼ間違いないところであろう。

【註】

（1）D. K. Jordan, *Gods, Ghosts and Ancestors: The Folk Religion of a Taiwanese Village*, University of California Press, Berkeley, 1972, pp.31–33：K. Yeh, "A Psychotherapeutic Study of Dang-ki Healing (Taiwanese Shamanism)," in *Cross-cultural Implications for Pastoral Counselors*, University Microfilms International, Michigan, 1989, p.18.

（2）M. M. Chiu, *The Tao of Chinese Religion*, University Press of America, New York, 1984, pp.147–149.

（3）台南地域の調査はこれまで五度行なっているが、両廟については一九八四年一二月～八五年一月、一九八五年一二月～八六年一月、一九八八年八月に調査を行なった。

（4）台南市政府民政局資料「寺廟法団及宗教団体」（一九八五）、教堂はキリスト教会、神明会は不詳、理教は新宗教、祭祀公業は冠婚葬祭を担当する会社であるが、みずからも宗教儀礼に関与することがあるらしい。

（5）童乩や尫姨のような霊媒型シャーマンが誕生すると、親類・縁者が支援グループをつくり、寄附を募って小廟を建てて活動を始める場合と、霊媒個人が依頼者・信者の増大にともなって蓄財し、個人で廟を建てる場合とある。地区が維持管理している廟や個人の廟にも、祭祀の際には霊媒が呼ばれて参加することが多い。
(6) 道教のパンテオンは「神相図」によって示されるが、最高神の地位は時代により変化するとされる。窪徳忠氏によると、三、四世紀には太上老君が最高神とされたが、五世紀には無極至尊が、六世紀には元始天尊が、さらに下って一一世紀には玉皇上帝が最高神とされるようになったという〔窪徳忠『道教の世界』学生社、一九八九、七五頁〕。
(7) 中国人が神々に捧げるいけにえで大方種類は決まっており、三牲は豚・鶏・魚、五牲は牛・羊・豚・犬(魚)・鶏とされることが多い。
(8) 鎌田茂雄『中国の仏教儀礼』東京大学東洋文化研究所、一九八六、二二五頁参照。
(9) 打城を行なったのち、ある人は「西方」=浄土に赴き成仏するが、ある者は「地府」=冥界に行き、しかるべき地位を得るとされる。こうした判断は童乩や尪姨(霊媒)により行なわれる。
(10) この日は旧暦一一月一五日なので冥界に関する儀礼は行なわない日とされ、依頼者はほとんどいなかったが、本打盆の依頼者は都合により是非この日にと依頼した由である。
(11) 霊魂の依代であり、高さ一五~二〇センチメートルほどの人形で、性別、年齢により違いがある。普通は紙製であるが、高価なものは布製で、服装も伝統的な中国服から洋服までさまざまある。専門の製作所がある。
(12) 衣服も日用品もミニチュアであるが精巧にできている。衣類はすべて布製、日用品はセルロイドやプラスチック製であり、魂身と同様に専門店で作られる。
(13) 地方や廟によって「西方橋」と呼ばれることがある。マレーシアのクアラルンプールの千仏禅寺で使用される奈河橋には、橋上に人形が二つ置かれ、ひとつには「接引西方」、他方には「極楽世界」と書かれていたという。鎌田、註(8)の前掲書、二二七頁参照。
(14) 儀礼用の冠または頭巾を頭に着けるが、その際に赤い鉢巻を頭に巻きつけることからこの名称がある。

（15）五種類の果物で、李、杏、棗、桃、栗を指す。
（16）改運儀礼に必要な宗教職能者は、依頼者が直接頼んで廟にきてもらう場合と、廟の事務所に頼んで紹介してもらう場合とある。職能者により儀礼の行ない方や謝金に相当の差が出てくるので、依頼者はかなり気を遣うようである。
（17）「降駕指示有犯天狗星、白虎星、五思星、太歳星、七煞星……」などとなっている。
（18）長さ三メートルほどの紐をつけた鞭で、把手が龍の形をしていることから龍鞭と呼ばれる。寺廟で儀礼を行なうに先立って、邪気を祓うために儀礼空間の要所要所で打ち鳴らす。鋭い音を発する。
（19）儀礼を見ると紅頭が中心のように映るが、改運儀礼の中心は尫姨または童乩であり、依頼者が尫姨に依頼すると、彼女が内容を考慮し、予算を勘案して儀礼の種類と規模を決定し、祭司を務める紅頭を誰にするかも彼女が決定するとされる。神霊や邪霊と直接交流の可能なことが、改運儀礼では最重要と見なされているからであろう。
（20）枉死城で苦しむ死霊は夢枕に立つのみではなく、家族や関係者に災厄や不幸をもたらしてその実情を訴えるとされる。東嶽殿にきていた台北の許泉仁氏によれば、祖父が冥界の苦を知らせるために孫の受験を邪魔し、大学入試に失敗させたという。
（21）T. Kaptchuk, *The Web that has no Weaver*, Congdon & Weed, New York, 1983, pp.9-10.

【付記】

本論は一九八八年一〇月五日京都・仏教大学で開催された第四七回日本宗教学会学術大会において発表した同名の発表論旨に加筆したものである。

【中国本土編】

第一四章　現代中国のシャーマニズム

一　はじめに

J・C・クロッカーによると、一九二〇年から四〇年までの間には概して原始宗教または部族宗教の研究が盛んであり、人類学者らによる数多くの発表論文に占めるシャーマニズムの調査・研究のパーセンテージが高かったが、一九四〇年から六〇年にかけてはM・エリアーデの大著を除くとこの分野の研究はきわめて低調であったという(1)。ところが一九六〇年代になると再びシャーマニズムが研究者の関心の対象になったとし、その原因は欧米社会におけるヒッピー（hippie）などによる幻覚性薬物の使用の増加と神秘主義の台頭にあると述べている(2)。

J・B・タウンゼントも、ネオ・シャーマニズムが宗教運動として本格化するのは一九六〇年代から七〇年代にかけてであるが、その起源は北米西海岸地域におけるヒッピーを中心としたニューエイジ世代の新神秘主義運動にあるとしている(3)。

これにたいしてJ・M・アトキンソンは、一九六〇年代に生じたシャーマニズムへの関心の高まりが一層強くなるのは八〇年代になってからであるとし、八〇年代をもって「シャーマニズム研究におけるルネッサンス」と呼ぶR・ノルの主張(4)に同意している(5)。

アトキンソンは、一九六〇年代にC・ギアーツにより「干上がった面白くもない領域[6]」と皮肉られたシャーマニズムという宗教形態が、どうして研究者や世間の関心を集めるにいたったかについて、⑴人間の意識状態への各研究分野からの関心、⑵シャーマニックな治療のメカニズムへの人びとの関心、⑶霊性（spirituality）のさまざまな型への人びとの関心を挙げ、シャーマニズムはもともと人類学においては排除され無視されるべき領域ではなかったのだと述べている[7]。

アトキンソンはシャーマニズムへの関心の高まりを上記三項に絞って述べているが、それぞれについては解説していない。そこでいささか私見を加えてみる。⑴はヒッピーなどの幻覚性薬物の使用によって生じる変性意識状態（trance, ecstasy, dissociation などと呼ばれる）への関心であり、シャーマンも霊的存在との接触・交流の際、同様の意識状態を現出させるところから、シャーマニックな意識状態への注目が集まるにいたった。⑵は、いわゆる癒しの一環としてのシャーマニック・ヒーリングの重視であり、現代医療がもたらした深刻な諸問題との関連において、原初的な治療、とくにシャーマニックなそれが脚光を浴びるにいたった。そして⑶は悪化の一途を辿る地球規模の環境問題にたいして、有効な対処方法を示し得ない近現代の思想や世界宗教の教理への批判的反省から生じた原初的な宗教性（アニミズムやシャーマニズムを含む）の再評価であり、現代的な〝霊性〟の再構築への強い志向と運動（new spirituality movement）の高まりである[8]。

さらにアトキンソンは現代のシャーマニズム研究の特徴として、シャーマニズムに関する一般理論の構築の試みが後退し、概して単一の文化的伝統に焦点を置いた調査・研究が増大するにいたっているとしている。その理由として彼女は、シャーマニズムは古典的形態のホームランドと目されるシベリアや中央アジアにおいてさえ、決して単一の同質的形態として存在しているわけではなく、それはD・ホルンバーグが指摘するように〝多元的な諸シャーマニズム（plurality of shamanisms）[9]〟として存在するのだという。

ところがこれまでの研究者たちは、異なる時と場所に見られる類似の現象や形態の事例を蒐集し整理してシャーマニズムの一般理論を構築しようとしたというわけである。

つまりシャーマニズムはシャーマンが霊界や霊的存在と直接接触・交流することを特色とする宗教形態であるという点では、大方の見解は一致するものの、接触・交流の仕方、神霊観、儀礼内容、シャーマン化の過程、社会的機能などは実に複雑・多様であり、単純な整理や一般理論化は困難であるというのである。

こうした状況から、最近のシャーマニズム研究は、心理人類学やクロス・カルチュアルな調査・研究[10]を除くと、人類学的なアプローチの多くは、個別の社会・文化に生起するシャーマニスティックな現象を掘り下げることに力を置くようになった。

加えて人類学的なシャーマニズム研究の特徴は、ある地域・社会の現象の一般的特徴だけを総体的に追究するのではなくて、たとえば「病気治し（therapy）とシャーマニズム」「政治とシャーマニズム」「シャーマニズムとジェンダー」「シャーマニズムと国家（state）」などのように、当該地域の主要なテーマと関連づけて調査・研究を進める点にあるという[11]。

また最近の研究の傾向として「シャーマニズムは決して孤立的に生起する現象ではなくて、当該社会のより広範な思考と儀礼・慣行の体系に根ざしているという視点に立つ研究者が多くなった[12]」という。これは今さら言わずもがなの指摘のようにも見えるが、その背景には諸研究者のシャーマニズム研究のフィールドが僻遠の地（いわゆる未開社会）から大都市を含むあらゆる地域におよぶようになったという事実があると考える。たとえば東アジアのシャーマニズムを対象とする場合、仏教、儒教、道教、キリスト教、風水、近代科学などを全く考慮せずに〝純粋なシャーマニズム自体〟のみを扱うことはできないからである。

ホルンバーグやアトキンソンが伝統的な「シャーマニズム」の語に加えて「諸シャーマニズム（shamanisms）」と

いう複数形を用いることの意義を強調する理由には、こうした現代の研究傾向が含まれていると言えよう。

欧米の都市部知識人の間に浸透したネオ・シャーマニズム（Neo-shamanism）が一部の人類学者の指導のもとにエリアーデの〝エクスタシー＝シャーマニズム〟説だけに依拠した理論を主張するのにたいして[13]、ホルンバーグらの〝諸シャーマニズム〟論は、エリアーデ説をも含む〝さまざまなシャーマニズム〟を調査・研究の対象としようとする包括的かつ弾力的な視座を提供しようとしているのである。

筆者は現状においては、シャーマニズム現象ないし文化を広い視座において柔軟に捉えようとするホルンバーグらの研究姿勢に同意したい。

以下に述べるように、最近急速に進められている中国のシャーマニズム研究の諸成果を瞥見しただけでも、中国には実に〝さまざまなシャーマニズム〟が展開していることを知り得るからである。

二　現代中国のシャーマニズム――中国人研究者による若干の研究成果から

シャーマニズム研究が長い研究史の流れの中で、シャーマニズムが単一の宗教形態としては捉えきれない複雑・多様な対象であるとの帰結に達し、「シャーマニズム」を「シャーマニズムズ」と表記する方がより有効であるとの主張がなされ、これに同意する研究者が「今日のシャーマニズムズ」なる論文を発表するにいたったことの意味は実に大きい。

それはシャーマニズム研究史の流れから見るとほぼ以下のようになろう。第一にシャーマニズムを北アジア・シベリアに展開する特有の宗教現象とした初期の見方が反省・批判されて、これを汎世界的現象と見る研究が台頭したこと。第二に汎世界的なシャーマニズム現象の普遍的特質または本質を探求して一般理論の構築を目指した研究のあり方が疑問視されて、シャーマニズムの地域性・差異性が強調されるにいたったこと。第三に「さまざまなシャーマニズム」なる枠組みにより、各地のシャーマニズムを改めて調査・研究しなおそうとする最近の研究傾向を生むにいたったこと。

いま概括的に述べた①シャーマニズムを北アジアに限定⇒②シャーマニズムを世界的宗教形態として把握⇒③「さまざまなシャーマニズム」として捉えなおす、という三つのステージは、どこまでも研究史の時系列的な要約であり、現実にはこれら三つの研究動向は多少とも複合的、並列的に見られるだろうことは言うまでもない。

以下では主に③を重視しながら、現代中国のシャーマニズムに関する中国人研究者の業績の若干について概観しよう。よく知られているように、中国では一九五〇年代から、シャーマニズムは人心を惑わす封建的な迷信とされ、三〇余年にわたり、その調査・研究はほとんど行なわれなかった。八〇年代になり政治・経済体制の改革・開放が行なわれるにいたって、シャーマニズムの調査・研究が開始されたが、それは主にシャーマニズムの古型と歴史に向けられていたため、現在各地で活躍しているシャーマンについての調査・研究は少なく、実際の状況も依然として把握されていないという現状にある。[14] こうした状況の中で九〇年代になってから行なわれた中国人研究者による調査・研究の成果は実に貴重である。ここでは王宏剛・関小雲による中国東北部のオロチョン族のシャーマニズム調査、黄強による同じく東北部の漢民族と満州族が雑居する地域のシャーマニズム調査、および応長裕による浙江省奉化市のシャーマニズム調査（この調査の紹介には、筆者の現地調査における若干の成果も加える）の三点を取りあげ、要約的に紹介し、〝さまざまなシャーマニズム〟の問題に言及することとする。

要約の指標としてとりあえず⑴シャーマンの名称、⑵シャーマン化（成巫）の特色、⑶神人交流の特色、⑷守護霊観、⑸役割の五点を挙げたい。

一、オロチョン族の場合

(1)名称：サマン（薩満）。日本語訳の名称はシャーマン。男女あり。

(2)若干の方式がある。

a氏族のシャーマンが年老いると、老シャーマンは一族中の青年男女を集めてオンドルに坐らせ、中央で香を焚く。煙を吸ってトランス状態になった者を後継者に選ぶ。

b氏族シャーマンの死後、一族中で病を患い治らない者が突然トランス状態になり、高山や大河に行き、一定の時間を経て通常意識に戻り、シャーマンになりたいとの願望を述べると、人びとは彼（彼女）を老シャーマンの霊魂が選んだ者と考え、シャーマンとして承認する。

c子供が病になり長期化すると、家長が神霊に保護・佑助を祈り、回復したらシャーマンとして仕えさせると願をかける。治ると氏族の同意を得て、子供は先輩シャーマンのもとに行き、シャーマン化のための学習をし、シャーマンになる。

d容貌端正、弁説さわやか、鋭敏で学を好む者を数人選び、氏族シャーマンのもとで学習させる。学業の優れた者が試験を通ると新シャーマンになる。

(3)大別して二通りある。

aシャーマンの魂が肉体を離れて上界に登るか下界に潜りこむ。これを「魂遊」または「神遊」と呼ぶ。

bシャーマンがいろいろな神霊を招き、祭壇または自身に憑依させる。これを「神附体」または「下神」という。

(4)シャーマンによって異なるが、神像・神偶に象徴される守護神（霊）をもつ。シェクエ神（二つの頭をもつ鷹）、ソラへ神（漢字で狐仙神）がよく知られるが、動物神が多く、一人で七〇以上の神霊をもつシャーマンもおり、神霊の数が多いほど巫術のレベルが高いシャーマンとされる。

(5)最も多い役割は病気治しであり、病人の魂が他界に連れ去られたときは他界に赴いて（脱魂）魂を取り戻し、病人に悪霊が憑いているときは祓攘する。この儀礼を「跳神」と呼ぶ。さらにシャーマンは儀礼を主宰し、福を祈り、未来を予言するなどの役割をもつ。儀礼執行のときには「二神」という助手が従う。[15]

二、中国東北部：漢民族と満州族の雑居地域の場合

(1)名称：大神。民間では大神のことを薩瑪または叉瑪とも呼ぶが、これは満州語に由来すると考えられる。男女あるが女性の方が多いようだ。

(2)一定のプロセスがある。

a重病や心身不調などに陥り、危機的な体験をする「入巫期」。

b成巫儀礼を受け、神がかりの体験によって守護霊を得る「成巫期」。

c霊能を発揮し、シャーマンとして活動する「巫業期」。

一般に病気になっても治らず、夢やトランスを経験した者が大神（シャーマン）を訪ねて見てもらう（a）。シャーマンはその人の病は神霊がその人にシャーマンの仕事をさせるための知らせであると告げ、シャーマン化の儀礼を行なわせる。「出馬」儀礼または「立堂口」儀礼と呼ぶ。ここで当人は憑依体験をし、憑依した神霊が新シャーマンの守護神（霊）となる（b）。出馬式を終えて病が治ると「開馬絆」儀礼を行ない、正式のシャーマンになる。「開馬絆」とは馬の足を縛っていた縄を解く意味で、シャーマンが自由に巫術を行なうことをいう（c）。

(3)神人交流の主な仕方は、守護霊を招き、みずからに憑依させ、第一人称的にふるまうことである。シャーマンに来臨（憑依）した守護霊は依頼者を見ると、すぐ不幸・災厄の原因が分かる。時にはシャーマンの魂が守護霊の力を借りて遠方の地まで行き、依頼者の不幸の原因を調べてくることがある。つまり憑依と脱魂が見られるが、

正確にはこの脱魂は守護霊がシャーマンに憑依した上で行なわれるのであるから、「憑依」と「脱魂」の「併用型」であると考えられる。

(4)神霊観はすこぶる複雑である。守護霊の数が多いほどシャーマンの霊力が高いとされるので、高名なシャーマンのパンテオンは複雑な構成を示す。

Tシャーマン（女性）の祭壇（堂口）は東の部屋と西の部屋に分かれて設けられている。東側には観音と上方仙が祀られている。上方仙は太上老君、牡丹仙師、哪吒太子などで、中国の民間信仰でよく知られる神々である。仏教の観音や上方仙は数十年前から祀られるようになったという。

西側の祭壇はシャーマンの主神と守護霊を祀るところで七段に配列されている。第一段には金花教主、金童玉女、第二段には薬王老爺、薬龍、薬虎、第三段に黄三太通、胡二太通以下八霊、第四段には胡翠平、胡翠蓮以下二二霊、第五段には黄仙峨、黄天楚以下三〇霊、第六段には長月沁、長元嶺以下一三霊、そして第七段には斉韓民以下四霊が祀られている。

金花教主は太上老君の二番目の弟子で、女性シャーマンを司るとされ、祭壇の最上位に置かれる。男性シャーマンを司るのは、太上老君の一番目の弟子の通天教主である。

第三段から第七段までに配列されるのはシャーマンの守護霊であり、すべて動物の精霊である。黄、胡、長の姓が大部分であるが、黄はイタチの霊、胡はキツネの霊、長はヘビの霊である。これらは一般に黄仙、胡仙、長仙と呼ばれ、人に祟る悪霊的な性格と、逆に人を助ける善霊的な側面の二重性格を具するとされている。

(5)主な役割は依頼者の病気治しであり、守護霊たちは仕事を分担してそれぞれの役割を果たす。胡姓の精霊は病因を調べ、黄姓の精霊は外傷や疔瘡などを除去し、第七段に属する青風などはあの世の出来事と野鬼を管理する役割をもつ。二神と呼ばれる助手が手助けする。(16)

三、浙江省奉化市の場合

(1)名称：男性シャーマンは僮聖または僮子、女性シャーマンは渡仙または巫婆と呼ばれる。

(2)僮聖（僮子）と渡仙（巫婆）とでシャーマン化の仕方に若干の差異がある。

a僮聖（男性）の多くは酉歳と巳歳生まれである。鶏とヘビは呪いにかかりやすく、すぐ動けなくなってしまうからともいわれる。酉歳と巳歳の男性は、廟でシャーマニスティックな儀礼が行なわれる際、「催神咒」のような呪文が唱えられると、激しいトランスに陥ることが多い。こうした経験者から僮聖が生じる。以前に長期の心身異常を経験している者が多い。

b渡仙（女性）は呪文によってトランスに陥ることはない。男性シャーマン（僮聖）と共通するのは、三年から七年にわたる大病を患った者が多いことである。大病中に憑依経験をし、先輩僮聖や渡仙に見てもらい、神霊との関係が明らかになると、これを守護霊とするシャーマンになる。

c僮聖も渡仙も、その職能がみずからの希望によるものではなく、また師より伝授されたものでもないという点で一致している。

(3)僮聖は儀礼（講僮と呼ぶ）において「催神咒」が唱えられると激しいトランス状態になり、守護神（霊）が憑依して役割を果たし、終わると「退壇呪」が唱えられ、憑依した神霊が去る。

これにたいして渡仙は儀礼において香を焚き、みずから「某々の神よ、わが身に宿りたまえ」と唱えるだけで神霊が来臨し憑依する。「催神咒」を唱える必要はない。時には香を焚く必要さえなく、口の中で来臨を黙唱しただけでよいとされる。

ここの特徴は、総じて憑依タイプの神人交流で、みずからの魂が他界に行くというモチーフは欠けている。ただしT渡仙によれば、自分の守護神を他所に遣わし知りたいことを調べさせることは行なうという。[17]
(4)T渡仙の守護神は陸娘娘とか陸小姐、あるいは陸小妹と呼ばれる少女神であり、神像も幼女型である。この地域のパンテオンの中にこの少女神がどう位置づけられるか定かでない（応長裕論文にもこの点に関する記述は欠けている）。L僮聖の守護神は張陳雅という四歳の少女で張小姐と呼ばれる。L僮聖に張小姐が憑依すると、少女のような高い声で早口に語る。L僮聖の自宅はさながら仏教寺院のようで、釈迦、阿弥陀、薬師、観音、地蔵、弥勒など諸仏、諸菩薩の像が祀られており、張小姐はその中に伍している。L僮聖は、張小姐は仏菩薩の信者であると述べた。[18] T渡仙は依頼者に観音信仰を勧めているが、[19] 舟山群島の観音信仰センター普陀山が近いせいか、観音または広く仏教への親近性が見られる。
(5)役割の多くは病の加療であり、ついで企業や商売、家族の運勢に関する吉凶の判断である。僮聖や渡仙は人びとから「活き神仙」とか「活き菩薩」と尊称され、依頼者の数は一日平均四〇～五〇人に達するという。二神のような助手・副手はおらず、単独で巫業を行なう。[20]

三　今後の課題――まとめに代えて

以上、中国人研究者による最近の中国シャーマニズムに関するインテンシブな調査・研究の成果三点について概観した。これら三点はいずれも〃神人のトランスによる直接交流の現象〃を「シャーマニズム」と見る視点に立っている点で共通している。

それぞれの内容を筆者は(1)シャーマンの名称、(2)シャーマン化（成巫）の特色、(3)神人交流の特色、(4)守護霊観、(5)役割の五点を指標として概括してみた。中国という広大な地域・社会に展開するシャーマニズムを〃さまざまなシャーマニズム〟の視点に関係づけて捉えようとするとき、どのような問題が浮上してくるかを突きとめたかったからである。

中国人研究者による三点の論文は、もちろん共通の視点・方法を踏まえてものされたものではなかった。したがって筆者が設けた五つの指標のもとに総括しようとすると、論者によって内容に親疎があり、厚薄がでてくることは、むしろ当然といえよう。にもかかわらず、指標に従ってそれぞれの内容を比較してみると、いくつもの重要な問題が示唆されていることが分かる。

まず名称だが、ツングース系のオロチョン族は「薩満（saman）」の語を用いるのは当然として、漢族と満州族の混合地域では「大神」が使われるが、一般人は「薩瑪」や「叉瑪」を用いるという。「薩瑪」「叉瑪」が‘saman’とつながることは言うまでもあるまい。おそらく「大神」は漢族が用い、「薩瑪」は満州族の語であろう。[21]とすると職能者や指導者が「大神」を用い、一般人が「薩瑪」を使うという事実の背景には、両族の〔宗教〕文化の接触と変化の問題があることを見てとることができるのみならず、漢族と少数民族との社会関係が示唆されていると言えよう。

シャーマンの呼称は、南部の浙江省奉化では「幢聖」「幢子」（男性）と「渡仙」「巫婆」（女性）である。この他にわれわれは「仙姑」「仙人」「関亡」「花花」「上身」「契奶」「契爸」「童子」「神姐」「神婆」「霊姑」「先生」「香差」「炉口」「童乩」「乩童」「尪姨」「査棒仏」などが用いられていることを知っている。[22]一体、地域による名称の差異は何を意味するのだろうか。それは名称だけの違いなのだろうか。それとも「シャーマニズム文化」の違いなのだろうか。今後の課題である。

つぎにシャーマン化の特色であるが、オロチョン族の例と他の二地域の例を比較すると、前者が独特な様式であり、後者の二つはいわゆる巫病を経験する召命（divine calling）タイプであるという点で通底している。ただしオロチョン族の例でも巫病を経験するケースも見られる。漢族対少数民族という関係において、シャーマン化の仕方に差異があるかどうか、あるとすればどのような〔宗教〕文化的背景においてそうなのか。〝さまざまなシャーマニズム〟研究を深める上で看過し得ない問題である。

神人交流の様式では、オロチョン族には「魂遊」＝脱魂と「下神」＝憑依の二通りあることが明らかにされている。この場合、黄強論文が述べている漢族と満州族の混合地域の場合の「脱魂はまず精霊の憑依があって可能になるのだから、憑依→脱魂と捉えるべきだ」との解釈とどう関わるのか、検討を要する。もしもこの解釈が正しいとすれば従来の脱魂／憑依論は大きな修正を余儀なくされることになろう。また浙江省の場合は筆者が調査したT渡仙とL僮聖の二例とも憑依が優勢であると見られるが、その一例に自分の魂が他所に赴くのではなく、いわば「使役霊」を操作して遠方の事情を捉えるものがあった。この事例はどの程度見られるものか、検討を要する。

守護霊観はヴァリエーションに富み、種々の問題を示唆している。オロチョン族のシャーマンの守護霊は動物霊（双頭の鷹や狐など）が主で数が多い。守護霊を数多くもつほどシャーマンのレベルが高いとされるのは、漢族と満州族の混合地域の例に酷似する。

この混合地域の特色は、観音や太上老君など漢族のシャーマンの守護神として知られる諸神格が、別格の存在として祀られていることである。しかもこれらの諸神格は数十年前に受容されたばかりの〝新しい神仏〟であるという。漢族の影響であることは言うまでもあるまい。実際にシャーマンに憑依するのはイタチ、キツネ、ヘビなどの動物霊であるが、その上位には、現実にはシャーマンに憑依することのない人格霊（薬王老爺など）が位置し、最上位に太上老君の弟子とされる金花教主が君臨する。南部の漢族社会のシャーマンの守護神（霊）である観音や太上老君が、北部の漢族と満州族雑居地域のシャーマニズムではシャーマンの守護霊（動物霊）の師匠であり、指導者である。これはシャーマンのパンテオンの構成の問題として興味深いだけではなく、シャーマンの〝力〟の背景を考究し、さらにシャーマニズムと道教、仏教などとの関係を考究する上でも見逃し得ないトピックであると言えよう。

最後にシャーマンの役割の主なものは三論文共通して「病気治し」を挙げている。近現代医学が急速に浸透しつつある現代中国各地において、シャーマニック・ヒーリングの特異性は何かという問題は、なお検討の余地を残している。

ここでは五つの指標に沿って解説してきたが、さらに「儀礼の特色」「ヒーリング（治し）の意味」「シャーマン出現の社会・文化的背景」「東アジア宗教におけるシャーマニズムの位置」「近代化とシャーマニズム」など、追求すべき課題は多い。

〝さまざまなシャーマニズム〟のひとつひとつが、〝さまざまな局面〟をそなえ、解明を待っている。この解明が確実に進んだとき、シャーマニズム研究は宗教文化研究の最重要な領野として大きな評価を得るにいたるものと確信している。

【註】

（1）J. C. Crocker, *Vital Souls: Bororo Cosmology, Natural Symbolism, and Shamanism*, University of Arizona Press, Tucson, 1985.

（2）Ibid.

（3）J. B. Townsend, “Neo-Shamanism and the Modern Mystical Movement,” in G. Doore (ed.), *Shaman's Path: Healing, Personal Growth and Empowerment*, Shambhala, Boston and London, 1988.

（4）R. Noll, “Comment on the Individuation and Shamanism,” in *The Journal of Analytical Psychology*, 35 (2), 1990.

（5）J. M. Atkinson, “Shamanisms Today,” in *Annual Review Anthropology*, 21, 1992.

（6）C. Geertz, “Religion as a Cultural System,” in M. Banton (ed.), *Anthropological Approaches to the Study of Religion*, Tavistock, London, 1966.

（7）Atkinson, op. cit.

（8）「新霊性運動」については、島薗進『現代宗教救済論』青弓社、一九九二に詳しい。

（9）D. Holmberg, "Shamanic Soundings: Femaleness in Tamany ritual Structure," in *Journal of women in Culture and Society*, 9 (1), Signs, 1983.

（10）E. Bourguignon, *Possession*, Chandler & Sharp, San Francisco, 1976 ; V. Crapanzano, "Introduction," in *Case Studies in Spirit Possession*, V. Crapanzano and U. Garrison (ed.), John Wiley & Sons, New York, 1977.

（11）Atkinson, op. cit.

（12）Idem, ibid.

（13）Idem, ibid. ; M. Harner, *The Way of the Shaman*, John Brockman Associates Inc., New York, 1980, 吉福伸逸監修・高岡よし子訳『シャーマンへの道――「力」と「癒し」の入門書』平河出版社、一九八九。

（14）黄強「中国東北部の民間におけるシャーマニズム――黒龍江省双城地区の「大神」と呼ばれるシャーマンを中心として」『中部大学国際関係学部紀要』第二三号、一九九九。

（15）王宏剛・関小雲著『オロチョン族のシャーマン』黄強他訳、第一書房、一九九九。

（16）註（14）の黄前掲論文。

（17）筆者がT渡仙に面接したときの情報による。

（18）筆者がL僮聖に面接したときの情報による。

（19）註（17）参照。

（20）応長裕著・原島春雄訳「浙江奉化のシャーマニズム」川村湊他（編）『中国東海の文化と日本：日中文化研究別冊』一、勉誠社、一九九三。

(21) 註(14)の黄前掲論文では、一般人が「薩瑪」の語を用いるのは満州族からの影響であろうとしている。

(22) すべて漢族における名称である。

第一五章　中国の童乩信仰と類似信仰——東南アジアとの比較において

一　はじめに

東南アジア各地の華人（漢人）社会の宗教、とくに民俗宗教において重要な役割を果たしている宗教者が童乩《タンキー》（Tang-ki, Dang-ki または Ki-tong）である。彼らの宗教的特徴は、いわゆるトランス（trance＝変性意識）状態において神霊・精霊など霊的存在と直接交流する点にあるので、研究者の多くは彼らを〝シャーマン〟のカテゴリーに属させてきた[1]。シンガポールの童乩信仰をインテンシブに調査し、好著をものしたエリオットは、童乩を霊媒（spirit medium）と呼び、童乩＝霊媒への人びとの信仰を霊媒信仰（spirit mediumship）と名づけた上で、「これ（霊媒信仰）が、世界的に見いだされるシャーマニズムとして知られる現象の一例であることは容易に知られるだろう[2]」と述べている。エリオットが、霊媒信仰なるものがシャーマニズム現象の一例であると断っておきながら、童乩をシャーマンと呼ばなかったのは、たぶんシャーマニズムを北アジアに特有の宗教現象であるとしてきた英国人類学者たちの見方を踏襲したからであろう[3]。

しかし最近では、童乩はシャーマンの一種として扱われることが一般的になった[4]。童乩と童乩信仰は「シャーマン」と「シャーマニズム」と読み換えられることにより、世界各地のさまざまな形態のシャーマン・シャーマニズムと比較考察することが可能になったのである。

表題の「童乱信仰」の概念について、かつて筆者は「神霊の憑依により儀礼（seance）中はしばしば神自身と見なされる童乱と依頼者・信者とのさまざまな関係よりなるひとつの宗教形態を意味する。そこには童乱に憑依する諸神、予言・卜占・治病行為を中心とする儀礼、依頼者・信者をめぐる組織、神観念・世界観などが含まれる[5]」と記したが、この概念はエリオットの「霊媒信仰」にほぼ相当すると考えている。

筆者は一九七七年以降、台湾、香港、シンガポール、マレーシア、フィリピン、タイにおいて童乱信仰の調査を重ねてきた。その結果、どの地域の童乱信仰も基本型を共有しているが、地域のとくに政治・社会的または宗教・社会的状況に対応して、基本型を修正・変化させたり、新宗教として再構成したりする例が少なくないことが明らかになった。ここで言う基本型（standard type）についてシンガポールの男性童乱の事例から列挙しよう。

㈠童乱廟の祭壇には一〇から二〇体の神像・仏像が安置されており、ことに多い神像として関帝、斉天大聖、観音、玄天上帝、大伯公を挙げることができる。

㈡男性童乱が圧倒的に多く、彼らは通常、儀礼時に黄色のズボンをはき、上半身は裸で龍座に坐し、祭壇に向かって瞑目する。

㈢コミュニティー・メンバー（信仰組織の構成員）が五～六人で童乱を囲み、太鼓と鉦をたたきながら請神咒を歌う。

㈣五～一五分で童乱の身体が小刻みに震えだし、やがて激しいトランスに陥り、頭と身体を猛烈に回す。

㈤トランスが鎮まると卓頭（助手）が童乱に憑依した神名を訊ね、神霊が分かると神名が入った前掛けまたは上着を着けさせる。

㈥神霊にたいして依頼者・信者が質問をし、答えを得、必要があれば治病儀礼を行なってもらい、また神符・霊符を作ってもらう。卓頭が手伝う。

㈦依頼者・信者がいなくなると卓頭が童乱に水を飲ませ、神霊に帰還するように願う。

(八)神霊が童乩の身体を離れるとき、童乩は再び身体を小刻みに震わせ、深い眠りから覚めたような表情を見せ、現の人に戻る。

(九)依頼者・信者は志の金子を紅包に入れて神前に供える。寄附金・布施はコミュニティーの活動や祭り、廟の運営などに当てられる。(6)

数少ない女性童乩の場合は、セアンスの過程は男性童乩に酷似するが、(一)儀礼服を着ける、(二)太鼓や鉦を用いない、(三)トランスが軽い、(四)コミュニティーのような組織をもたず、寄附金や布施は童乩個人の収入になるなどの特色をもつ。シンガポールで見られるような基本的特色は他地域にも存在するが、たとえばイスラムを国教とするマレーシアやカトリック国であるフィリピンでは、イスラムやカトリックを意識し、服装、儀礼やパンテオンにまで変更を加えた童乩が出現し、華人（漢人）たちの評判を呼んでいる。(7)このような時と場の諸状況に応じてダイナミックにみずからを変容させ得る柔軟性と弾力性を内包していると考えられるのもまた童乩信仰の特質であると言えよう。(8)

さて東南アジア各地の華人社会におけるシャーマニックな宗教者が、一般に「童乩」と呼ばれることは明らかになったが、そのルーツは中国大陸のどの地域であるかがつぎの問題であった。すでにデ・フロートは童乩という名の宗教者が活動する地域として福建省厦門を挙げていたので、(9)一九八〇年に広東省を訪ねた際に、童乩とその類似職能者の存在についてできる限り探索したが、全く確認できなかった。幸いにして一九九七年と一九九八年に長い間切望していた福建省厦門の民俗宗教調査の機会を与えられた筆者は佐々木伸一とともに、(一)童乩なる宗教者は厦門とその周辺地域に数多く存在すること、(二)男女存在するが女性童乩がはるかに多いこと、(三)福建省以外の地域では「童乩」という名の宗教者は存在しないらしいことなどを確認することができた。

筆者らは厦門市街地および近郊地域において女性童乩四名、H・S（四八歳）、R・S（四一歳）、K・P（六歳）、S・S（四八歳）、巫病（考乩）中の女性S・K（三六歳）、尫姨《アンイー》（専ら死霊を扱う童乩的職能者）A・S（五四歳）、男性童乱S・M（七二歳）の計七名に面接調査を行なった。以下ではその中で女性童乱H・SとS・Sならびに男性童乱S・Mに限って取りあげ、㈠童乱化（巫病）の状況、㈡守護神、㈢セアンスにおける憑霊場面、㈣依頼者・信者との対話の様子を紹介し、他地域の場合と比較して若干の問題を提示したい。

ついで、童乱と同様に霊的諸存在と直接交流することにより役割を果たす宗教者でありながら、「童乱」とは異なる名称をもつ宗教者とその宗教形態について上海市と浙江省の事例を紹介し、童乱との比較を試みたい。

二　童乱信仰の実態

事例Ⅰ　女性童乱H・S（四八歳）南海観音（廟）[10]

㈠二六歳から三六歳頃まで心身異常が続いた。とくに心臓の調子が悪く、医者の薬を飲んでも効かず、また数種類の病気にかかり、体重三三キロまで痩せた。夢の中に白衣の人が現われ、「あなたの身に入りたい」と迫った。南海観音であった。神が身に入りたがっているのに断り続けると病が治らないから童乱になれ、と勧めてくれたのが友人のA・Z（童乱）であった。童乱になったら健康が回復し、身体が肥えだした。

㈡守護神は南海観音。像は浙江省舟山群島の普陀山普済寺より勧請。

㈢依頼者が訪れると、H・Sは祭壇右横の椅子に坐し、背後の柱にもたれかかり、瞑目して足を組んだり解いたりし続け、ときどき「ハァーッ」と大欠伸をする。突然目を開け、依頼者にたいして天公炉に線香を立てよとか、神前で拝めとか注意し、再び瞑目しては欠伸を繰り返す。この状態が五〜六分続いた後、祭壇真前に置かれた龍座に移り坐した彼女は頬をひきつらせ、両足を小刻みに震わせながら大きく欠伸をすること三度、「ウィアーッ」「ゲーッ」と激しい吐き気の状態になる。

依頼者が横に立つと質問応答の開始である。

㈣

ⓐ男性

依頼者「最近しばしば車の免許を警察に押収されるんです」。

観音「拉参（汚い物）が邪魔をしているからだ」。

依頼者「だから私はすばやく観音さまに頼みにきたのです。私はあまりきたくなかったが……そんな物（鬼）がいるかどうか、心配しているからです」。

観音〔黄紙に朱で記した符を数枚用意し〕「一枚の符は燃やした後、灰を塩米に混ぜて各所に撒きなさい。車のために」。

依頼者「車の内と外に？」

観音「そのとおりだ。もう一枚の符を燃やし、その灰を塩米に混ぜて髪と顔を洗い、少し髪を切って捨てなさい」。

依頼者「私は人から車を借りてから不清不楚（問題が多い）になったことが理解できない」。

観音「一枚の符の灰は身体に塗り、もう一枚は包みにして車頭（運転席）に置きなさい」。

依頼者「……晋江に行きます……」。

観音「晋江まで行くについては貴人や貴星、また大小の仏が助けるので運途がとてもよく、心配することはない。必ず順調だ」。

ⓑ女性

依頼者「うちの末っ子は○○○に住んでいますが、どうして勉強ができないのでしょうか。大観音が巡視してください。助けてください」。

観音「何歳か。どこに住んでいるのか」。

依頼者「寅に属し、一二歳です。〇〇南路の〇〇路四〇三号室。〇〇小学校六年一組です」。

観音「香客よ、それは記憶力が弱いためだ。大観音はあなたを引導しよう。カルシウムを欠いたためだ。ときどきゆで玉子の卵黄を食べさせなさい。卵をゆでるときは少し塩を入れなさい。時には干し牡蠣で作った粥を食べさせなさい。新鮮な魚をもっとよく食べさせなさい。これは子供がよく育っていないからだ。また時には枸杞《くこ》、党参《とうじん》と蜆子肉（しじみ）を長く煮て食べさせなさい。これは記憶力が良くないからだ」。

依頼者「観音さま、是非うちの子供が勉強できるように助けてください」。

観音〔仙薬（漢方薬）を準備して〕「香客よ、四服の仙薬は四回に分けて飲むこと。毎回三片の泡双を入れ、また塩と砂糖を入れて朝飲む。そのほか党参、枸杞と赤身のスープを飲ませなさい。酸っぱいものや辛いものは駄目だ。ゆで玉子をよく食べさせなさい。一回に一個ずつ、卵白を食べたいなら炒めてあげなさい。一本の青葱とトマトを半分入れること。これには道理がある。観音はあなたを保護する」。

事例Ⅱ　女性童乱S・S（四八歳）金王爺（廟）

㈠一九八四年に夫と一緒に厦門にきた。童乱になる最初の契機は、一九八七年二月一五日（旧暦）の夜に訪れた。満月の夜に不思議なものを見た。夫に不思議なものが見えるから空を見てと言ったが、夫は何も見えないと言った。食後に外に出ると三神に出会った。三神とも鬚が長く、服は照り輝いていた。このことがあって後、彼女はしきりに顎鬚を撫でる仕草をし始めた。最初は意味が分からず周囲の人を驚かせたが、間もなくそれが金王爺の来臨であることがはっきりしてきた。この頃、食事を摂ろうとすると吐き気がして食物が喉を通らなくなった。

神が来臨して吐き気を催し、気分がおかしくなることを牽乩と呼ぶが、この状態が一五日間続いた。この後、金王爺が附身し、病気治しや各種の予言ができるようになった。神が憑依するときには、額の汗を拭いて鬚をしごき、煙草を吸ってから仕事を始める。

(二)守護神は金王爺。

(三)依頼者が訪れると、S・Sは金王爺公像を祀ってある祭壇に向かって右側の龍座に腰を掛け、瞑想に入る。彼女の前の大机には依頼者に与える黄符や神語を記すための筆、墨などが置いてある。彼女は煙草を吸い続けているうちに欠伸をしだす。「ハアーッ」という声が時に大声になる。机の上に顔を俯せ、しばらくして顔を上げると欠伸を続ける。そのうちに「ゲーッ」「グワーッ」と吐き気を催し、苦し気な表情になると両足が震えだす。やがて「ウォーッ」と唸るとともに右手を大きく振り上げ、机をドンとたたく。彼女が金王爺に化した証であり、セアンスが開始される。

(四)

ⓐ女性

依頼者「六八年生まれの中年の娘が妊娠しています。その娘が身体の調子が悪いので見てもらいにきました」。

金王爺〔筶を投じながら〕「この娘は耳が悪い。今月初め頃に生まれるであろう」。

依頼者「医者は早く生まれるように注射（ペニシリン）を打ちたがっていますが……」。

金王爺〔黄符に字を書きながら〕「医者はペニシリンを注射しようとしているが、これは駄目だ」。

依頼者「娘は順調に出産できないかも知れません。私は心配でたまりません」。

金王爺「順調に出産するから大丈夫だ。頭痛がするかも知れない。耳の調子が悪いためである。緑豆汁を飲ませるとよい」。

依頼者「棗《なつめ》と○○を飲んでいますが」。

金王爺「それは駄目だ。〔符を折りながら〕お湯に少し塩を入れて飲ませるとよい。この三つの包みを飲めば大丈夫だ。手術は駄目だ」。

依頼者「同安から噂を聞いてやってきました。霊威がある童乩だと聞いたからです」。

ⓑ女性

依頼者〔若い娘を連れてきて〕「一六歳酉年の娘が肝炎だといわれました」。

金王爺「肝炎は大丈夫だ。必ず治してあげよう。〔歌を歌い、煙草を吸い、筶を投じながら〕この人には肝炎がある。急性から慢性になっている。二八階に住んでいる。家のことは大丈夫だ。酉年に属し、八月二八日生まれ。仏に頼まないといけない。〔筶を投じて〕顔色が少し悪い。一日二包みの符を飲まなければならない。〔符に字を書きながら〕朝と夜に三日間飲めば大丈夫だ」。

ⓒ女性

依頼者「関節炎のため脚が痛いのです。六八年一一月生まれです」。

金王爺〔黄と赤の符に文字を書いて〕「この黄符で家の入口のところで身体の痛いところを擦り、赤い一枚の方は身に着けなさい」。

ⓓ女性

依頼者「林さんが私の家の隣に家を建てたため、私の土地が侵され狭くなりました。いつも喧嘩が絶えません。どうしたらよいでしょうか。それにお金が出て行きすぎるのです」。
金王爺「喧嘩をしてはいけない。あなたが四〇歳になるとよい関係になろう。今年は金が流れる年だ。これ以上友人をつくることはやめなさい。四〇歳になると金をどんどん稼げる。今は金が入ってもすぐに出ていく」。

事例Ⅲ　男性童乩S・M（七二歳）震威殿
㈠二一歳から童乩を務めてきた。五一年間の生涯に特別変わったことはなかった。神に選ばれたときは嫌気がさした。跳んだりはねたりする状態が四〜五箇月も続き、その間水は飲めたがご飯はほとんど食べられず、牛乳、狗（犬）肉、牛肉も食べることができず、これらを口にするとすぐ吐き出してしまった。一般に「貴気」の人（神に選ばれた人）は、普通の人と異なると言われている。
㈡守護神は大公子。
㈢S・Mと関係者に依頼し、跳童の儀礼を営んでもらった。廟内は祭壇の手前が上段の間と下段の間に分かれており、上段の間には祭壇前に大机と龍座がある。跳童の儀礼は下段の間にS・Mと数人の営兵と称する儀礼役が前後に並び、手に旗をもち神歌を歌いながら反時計回りに跳び回ることから始まる。これが何度か繰り返された後、一同が上段の間に移動し、営兵の一人がS・Mが坐る龍座の左横に立って符に火をつけ、机上と龍座を三度清める。すると龍座の右横に立っていたS・Mの表情が硬直し始めた。二人の営兵が急ぎS・Mを龍座に坐らせる。S・Mは激しく首を振り、身体を激動させ、吐き気を催し、ひどく苦し気な表情をし続けた。その後机上をたたきだし、突如龍座の上に跳び上がり、猛烈に動く。営兵たちが押しとどめるが渾身の力で何度も龍座に跳び上がる。まさに「跳童」の面目躍如たるものがある。いまや大公子が附身した彼を営兵が三人がかりで龍座につかせ、落ち着かせた。

(四)依頼者（卓頭役か?）「清涼寺建設の日は何日がよいでしょうか」。大公子「八月一三日の日以外なら何日でもよろしい。今日は日本から香客がこの廟を訪ねてきてくれて嬉しい。日本人たちに感謝するぞよ」。

三　類似信仰の実態

つぎに一九九九年三月に行なった調査から上海市宝山区に住む女性関亡[11]S・K（四〇歳）と、同年八月に調査した浙江省奉化市桐照鎮の巫婆T・T（四六歳）について、既述の童乩の場合と同様、(一)巫病（関亡化・巫婆化）の状況、(二)守護神（霊）、(三)セアンスにおける憑霊場面、(四)依頼者・信者との対話の様子の四項について紹介し、童乩との比較において目立つ点に言及したい。

事例Ⅰ　女性関亡S・K（四〇歳）南海観音（廟）

(一)一九九六年三六歳のときから関亡の仕事をしている。それまでは市内のゴム工場の労働者であった。ある日工場で作業中に突然倒れ、意識不明の状態になった。倒れる三日前には激しい腹痛に襲われ、大量の血便が出た。それ以外に特別の病気は経験したことがない。意識不明から立ち直ってからは南海観音が憑依するようになり、関亡や病気治しができるようになった。セアンス時には早口で真言を唱えると死霊が憑依するが、真言や憑依の方法は他人に学んだのではなく観音の教示によるという。彼女の夫の説明では、大量の出血は凡人の血液と菩薩の血液とが入れ替わったことを意味するという。

(二)守護神は南海観音。上海市内で購入。

(三)S・Kの祭壇にはさまざまな観音像のほか釈迦像、阿弥陀像がガラス・ケースの中に安置されている。依頼者がくると香炉に線香を立て祭壇横の椅子に坐して瞑目する。しばらくすると「ゲーッ、ゲーッ」と激しい嘔吐を催し、顔面をひきつらせ苦悶の表情になる。依頼者が関亡の背中をたたいて鎮めようとするが、彼女は口を大きく開け、よだれをしたたらせ、涙を流し、身をよじらす。横に立つ夫によると、観音の力によって死霊が彼女の身体に憑入したのだという。彼女は死霊として語りだす。

(四)

(a)女性

依頼者「自分の息子の遺骨を長い間家に置いてあります。もうこのあたりで墓に埋葬したいのですが、息子の気持ちを知りたいと思ってここにきました」。

死霊(息子)「自分はまだ家に住んでいたい。少なくともあと三年は家に置いておいてください。それに清明祭は観音菩薩の誕生日にもあたるので観音さまとともにいたい。埋葬されたくない。お願いだから家に残しておいてほしい」(涙を流し、切ない表情で母に訴える)。

依頼者(涙を流しながら)「よく分かった。もうお前を家から出さないから安心していて」(依頼者は晴れ晴れとした表情で帰っていった)。

(b)女性

依頼者「もう一箇月間も咳が止まりません。薬を飲んでも全く効かないのです。どうしてでしょうか」。

死霊「先祖を祭る日に供え物の食物を料理し、先祖に供える前にあなたは口にした」。

依頼者「はい、仏壇に供える前にたしかに食物を口にしました」。

死霊「先祖に上げる前に自分が口にしたため罰があたったのだ。先祖だから軽くて済んだが、他人であったら軽くは済まない。ここでよく謝りなさい」。

〔依頼者は祭壇に向かって何度も拝礼を繰り返し、S・Kの夫から指圧を受けて帰った〕

S・Kは祭壇前の香炉に線香を立てると観音の声が聞こえてきて、そばにいる依頼者の過去・現在・未来がすべて分かると述懐する。また病人が訪ねてくると、その人の悪いところが自分の身に表われる。心臓が悪い人がくると自分の胸部が締めつけられるし、胃の悪い人の場合は胃部が苦しくなるという。

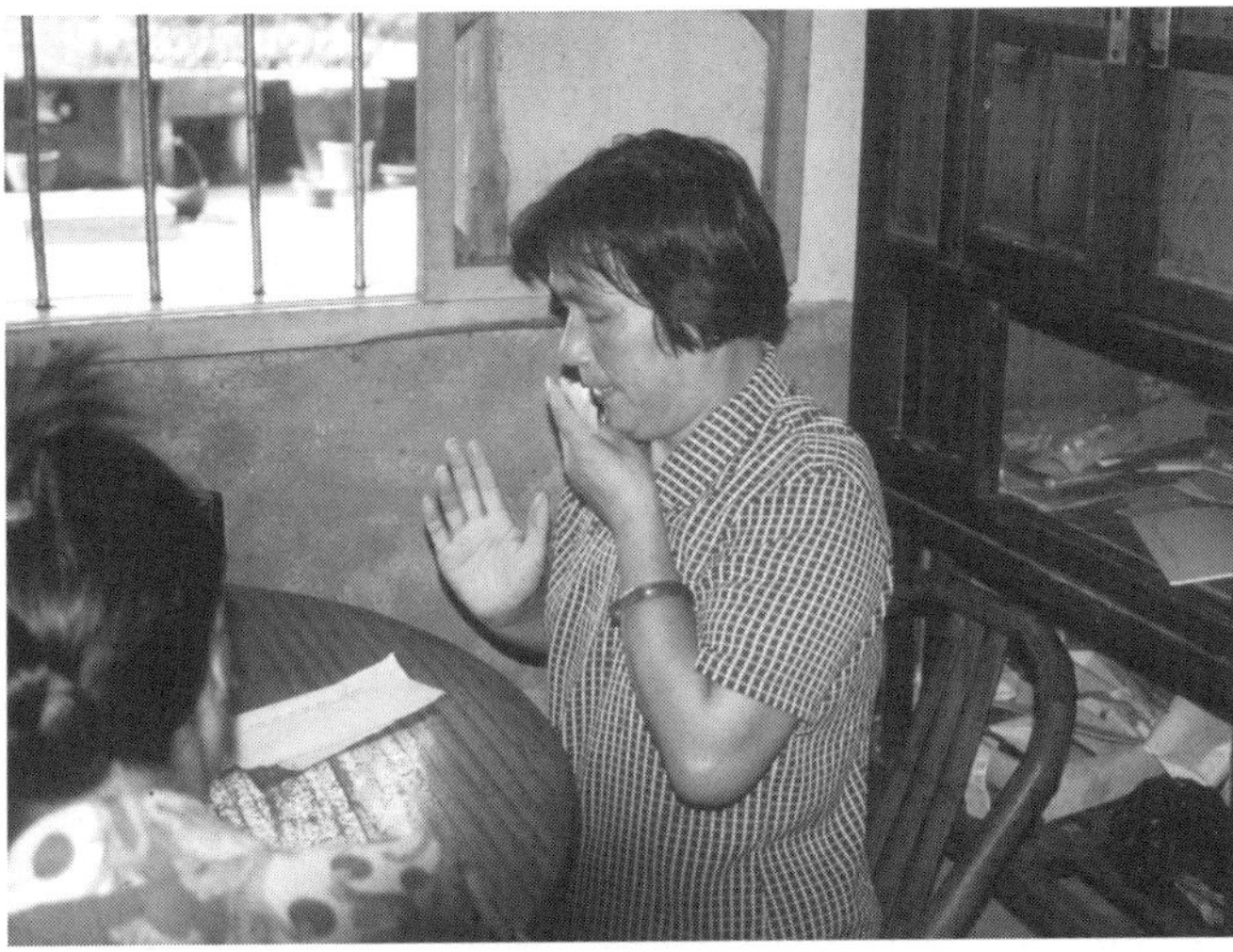
セアンスの様子

事例Ⅱ　巫婆T・T（四六歳）
㈠聴取することができなかった（来客多く時間不足）。
㈡守護神は陸小姐。
㈢家の二階に守護神（霊）陸小姐その他の女神像を祀っているが、セアンスは一階の八畳間ほどの部屋で行なわれる。入口を入ってすぐ左側にテーブルがあり、奥にT・Tが坐し、テーブルの周りに依頼者用の椅子が三脚。また壁際にも折畳み式の椅子が並んでいる。

依頼者が彼女の前に坐ると、彼女は両手を卓上に置き、瞑目して俯すこと数分、頭から震えだし、震えは全身におよぶ。彼女は瞑目したまま「シーッ、シーッ」という音を発する。陸小姐が憑依したのである。そのことを知っている依頼者は「シーッ、シーッ」を聞くと質問を始める。

(四)

ⓐ二〇代の女性と女性の夫の母

依頼者〔生後一箇月の男子を抱いて〕「この子の肥立ちが悪いので病院に行きましたが、医者はこの病気は治らないと言っています。死ぬかも知れないとも言いました。それでまたここにきました。お腹が悪いのではないでしょうか」。

陸小姐〔シーッ、シーッと息を吐きながら〕「お腹は悪くない。乳を飲んで太っている」〔子供に息を吹きかけ、五センチメートルほどの針にも息を吹きかけてから、子供の頭部に数箇所、腹部にも数箇所軽く針を刺す。子供は泣きだした〕。

依頼者「熱があるみたいです」。

陸小姐「大したことはない。髪の毛がたくさんある」。

依頼者「病院に行って一〇〇〇元ほど使いましたが少しも良くなりません。この前ここにきたら良くなったようなのでまたきました」。

陸小姐「この子は三歳までは病弱であるが、三歳を越すと落ち着く。〔黄符を折りながら〕この符の灰をミルクに混ぜて飲ませなさい」。

ⓑ中年の女性

依頼者「五年前から身体の調子が悪いのです。どうしたらよいでしょう」。

陸小姐〔脈をしばらくとってから〕「大したことはない。神符と薬の処方箋を出すからしばらく服用してみなさい」〔小型の黄符一〇枚に筆で文字を書き、右手のひらに自分の息を吹きかけ、黄符一枚一枚に押印するように手のひらを印し、漢方薬名を記した紙とともに与えた〕。

ⓒ中年の女性

依頼者「現在姉が病院に入院しているので、病状についてうかがいたいのですが」。

陸小姐〔瞑目し両手を重ねて卓上に置き、二分間ほどそのままの姿勢。この間に守護霊の陸小姐を上海の病院まで遣わし、病状を調べさせているのだという〕「姉の顔は太っており丸顔で、少し顎がたるんでいるね。これは突発的な病で内臓に疾患がある。病は身体の右側にある。正しいか」。

依頼者「そのとおりです」。

陸小姐「この病気は一時的なものだ。この人は精神的にも不安定だ。しかし病気は一時的なものであるから心配は要らない」。

依頼者「いつ頃治りますか」。

陸小姐「かなり時間がかかる。頭痛があり、これがひどくなると病気も治りにくくなる怖れがある。観音菩薩に願う必要がある」。

依頼者「私自身の健康についてはいかがでしょうか」。

陸小姐〔身体に右手で触れながら〕「これは長くかかる病気である。胃が良くない。ときどき痛むであろう。胆道も良くない。しかし重い病気ではない」。

ⓓ中年の女性

陸小姐「何の願いがあってここにきたのか」。

依頼者「病気治しの件できました」。

陸小姐〔腹部に右手を当て、あちこち押しながら〕「内臓の病気ではない」。

依頼者「腰が痛いのですが」。

陸小姐「腰の右側が悪い。それに婦人病もある。ひどい病気ではないし、悪い病気でもない」〔黄符を数枚与える〕。

ⓔ三〇代の女性

依頼者「遠くからやってきました。病気についてうかがいたいのですが」。

陸小姐〔しばらく瞑目している間にみずから依頼者の家まで調べに行ってきて〕「あなたは遠方の古い家に住んでいる。あなたは新しい家をもっているのに古い建物に住んでいる」。

依頼者「そのとおりです」。

陸小姐「古い建物の前に道があり、道の向かい側に新しい家がある」。

依頼者「そのとおりです」。

陸小姐「あなたの病気は祟りによる。毎日イライラしている。イライラしていると子供にあたり、殴ったりしている」。

依頼者〔大きくうなづく〕

陸小姐「あなたは常に不安の状態にある。ときどき頭が痛むだろう。しきりに食物を欲しがる」。

依頼者「そのとおりです。夜もろくろく眠れません。寝ても眠れないのです」。

陸小姐「これは祟りからきている。毎日観音菩薩に祈ることが必要である」（黄符を数枚作って与える）。

四　比較と課題

厦門の女性童乩H・SとS・Sおよび男性童乩S・Mについて、童乩信仰という視点から主要な局面を記述した。以下では「まとめ」を兼ねて厦門の事例を東南アジアの場合と比較しながら彼我の特徴点を列挙し、併せて現時点における疑問点と今後の課題に言及したい。

①すでに触れたように、東南アジアの各地の童乩は圧倒的に男性が多いのにたいして、厦門では女性が多い。中国の人類学者たちもこの地域では女性が多いという。その理由は現時点では不明であり、今後の課題である。私見としては、男性童乩に比して女性童乩は容易にトランス＝憑霊状態に入り得ることが、弾圧後の復活を可能にしたのではないかと推察する。男性童乩の場合S・Mの例に見られたように、トランス＝憑霊の実現に幾人もの援助が必要であり、儀礼が喧騒をきわめ、童乩の動作が激しい。そのため女性に比し男性が問題視されやすい。

②女性童乩が憑霊時に欠伸をし、奇声をあげる点は、他地域の事例に類似するが、東南アジア各地と台湾において儀礼に随伴する卓頭（助手・副手）が欠けている。元来の型には存在したものが、復活時に脱落したかどうか調査する余地がある。

③六名の女性童乩（うち一名は尫姨）中三名の守護神が観音で、他は金王爺、池王爺、および三姑娘娘であった。厦門以外の地域のシャーマン的女性職能者の守護神も観音が多かった。東南アジアの女性童乩の守護神も多くは観音であり、童乩信仰におけるパンテオンに占める観音の位置と役割を明らかにすることは今後の課題である。

④どの女性童乩も童乩化の特色は召命型であり、後にみずからの守護神になる神に選ばれ、神になじみ神の乗り物(12)

となるまでにある年月の心身異常（巫病）を経験している。これも東南アジアの例に酷似する。

巫病に苦しんでいる状態を「考乩」、考乩を体験した後、神に童乩として承認されることを「領命」、先輩童乩などの指導により儀礼（セアンス）ができるようになることを「開口」、依頼者・信者の状況に応じて処方箋を出すことを「坐壇」とそれぞれ呼ぶとされる。[13] 東南アジアの童乩信仰では「開口」の語は使用されるが、成巫過程の各ステージを示す語は脱落している観がある。

⑤成巫過程および成巫後の役割において、童乩たちは普陀山や九華山のような著名な宗教センターに直接間接の関係をもち、みずからの力の充電と権威づけを図る例が見られる。東南アジアの童乩も守護神・仏のセンター（ほとんど中国本土にある）への参詣願望が強いが、果たせない場合は台湾のサブ・センターで間に合わせたり、儀礼において象徴的な源郷帰りを実現させたりする。[14]

⑥童乩の役割は多岐にわたるも、主なものは病気の意味づけと治癒方法の提示である。

多くは黄符・紅符などに朱で神語を記し、これを燃やした灰を服用させるか、溶かした水を居所に散布させ、もしくは符を携帯させる。この符にたいする強い信仰は、東南アジアの各地の場合に著しく共通する。

⑦儀礼を行なう際、シンガポールやマレーシア、タイの女性童乩は灰色、白、黄の式服を用いるが、厦門の童乩は平常着を用いる。基本型の改変かどうか検討を必要とする。[15]

以上のように、一九八〇年以降復活または顕在化したとされる厦門の童乩信仰[16]は、女性童乩に関する限り、各地の場合との比較において、それほど根本的な変化ないし改変があったとは考えられない。

⑧童乩信仰と類似の信仰の事例として、上海市の女性関亡S・Kと奉化市の巫婆T・Tの場合を取りあげた。童乩と比較して関亡と巫婆にはどのような特徴があるのだろうか。わずか二例から特徴を論じるのは危険であるが、しかし指摘しないでは済まされない特徴があることも事実である。厦門においても東南アジアにおいても、死霊

と直接交流できる女性宗教者は「尫姨」と呼ばれており「関亡」の呼称は用いられていない観がある。ところが本土においては、関亡には男女あることが明らかになった。(17)「尫姨」と「関亡」、並びに「童乩」と「巫婆」のさらなる比較検討は、東南アジアに広く見られる童乩と尫姨がそのルーツを福建省厦門地域に有するかどうかの検討とともに、今後の課題である。

⑨奉化市の巫婆T・Tは病気を治す宗教者として広く知られており、依頼者は遠方からも含めて実に多い。その特徴は陸小姐なる守護神（霊）兼使役霊を遣わして遠方の状況を知る点にある。陸小姐は神像を見る限り美少女である。T・Tも話すときには甲高い少女の声になっていた。一般に使役霊を駆使するシャーマニックな宗教者は、まず強力な守護霊を有し、その力を借りて使役霊を操作することが多い。T・Tの場合にはトランス状態において陸小姐をみずからに憑依させ、必要に応じて陸小姐を外に遣わし、陸小姐が外で調べている間、T・Tは瞑目して帰還を待ち、陸小姐が帰ると陸小姐自身として調べた結果を語る。この事例についてはさらに深める必要がある。

⑩童乩の多くは観音と関係をもっているが、関亡や巫婆も観音と強いつながりをもっている。S・Kの守護神は南海観音であり、T・Tは依頼者に観音に願うよう勧めている。T・Tの守護神、陸小姐は観音菩薩の眷属である可能性もある。中国シャーマニズムにおける観音の地位と役割は、中国仏教／民俗宗教の視点からも重要な研究対象であると言えよう。

【註】

（1）A. J. A. Elliott, *Chinese Spirit-Medium Cults in Singapore*, The London School of Economics and Political Science, London, 1995, 安田ひろみ・杉井純一訳『シンガポールのシャーマニズム』春秋社、一九九五：A. Kleinman, *Patients and Healers in the Context of Culture: An Exploration of the Borderland between Anthropology, Medicine, and Psychiatry,* University of California Press, Berkeley, 1980, 大橋英寿他訳『臨床人類学——文化のなかの病者と治療者』弘文堂、一九八五など。

（2）エリオット、前掲訳書、第一章の序章参照。

（3）たとえばR・ファースはトランス状態において役割を果たす人物を霊媒（medium）と予言者（prophet）に区分し、前者は神霊自身として行動するのにたいして、後者は神霊の意志の代弁者として行動すると性格づける［R. Firth, *Rank and Religion in Tikopia: A Study of Polynesian Paganism and Converism to Christianity,* Beacon Press, Boston, 1970］。他方「シャーマン」「シャーマニズム」の語は北アジアの宗教者と宗教形態に限定して用いるとしている［R. Firth, "Problems and Assumption in an Anthropological Study of Religion," in *Journal of the Royal Anthropological Institute of Great Britain and Ireland,* 89 (2), 1959］。

（4）A. Kleinman, op. cit.；J. M. Atkinson, "Shamanisms Today," in *Annual Review Anthropology,* 21 1992 など参照。

（5）拙稿「東南アジア華人社会における童乩信仰のヴァリエーション考」直江廣治・窪徳忠（編）『東南アジア華人社会の宗教文化に関する調査研究』南斗書房、一九八七、本書に第二部第一章として収録。

（6）本書、三四八頁参照。

（7）この点については、拙稿「シャーマニスティックな新宗教集団の構造と機能——マレーシアの〝黄老仙師慈教〟について」拙著『シャーマニズムの人類学』弘文堂、一九八四、並びに本書、第一部第五章、および「巫師的祭司（シャーマン・プリースト）について——フィリピン・マニラ華人社会の事例から」脇本平也・田丸徳善（編）『アジアの宗教と精神文化』新曜社、一九九七（本書に第一部第九章として収録）参照。

（8）この点については、拙稿「神と力——童乩（*Tang-ki*）信仰の弾力性について」杉本良男（編）『宗教・民族・伝統

——イデオロギー論的考察』南山大学人類学研究所、一九九五（本書に第二部第三章として収録）参照。

（9）J. J. M. de Groot, *The Religion of the Chinese*, 5 vols., MacMillan, New York, 1912.

（10）一般に童乩が主宰する宗教施設は、○○廟、宮、殿、壇などと呼ばれるが、自宅の一室を神殿として使用している場合、童乩に憑依する守護神名、たとえば「南海観音」を掲げて施設名にしていることが多い。ここでは施設名であることを表示するため（廟）を用いる。

（11）死霊との直接交流を主な役割とする宗教者。みずからに死霊を憑依させて意思を伝える例が多いが、死者の住む他界までみずから行って死者と対話したり、さらに他界から死者をこの世に連れてきて話をさせ、終わると他界に送るという例もある。

（12）神霊の召命に承服し、その乗り物（spiritual vehicle）になるまで苦しみ抜くという事例は、召命型シャーマニズムの特色として広く知られている［I. M. Lewis, *Ecstatic Religion: An Anthropological Study of Spirit Possesion and Shamanism*, Penguin Books, Middlesex, 1971, 平沼孝之訳『エクスタシーの人類学——憑依とシャーマニズム』法政大学出版局、一九八二］。

（13）この用語は一インフォーマントの教示によるので、広く使用されているかどうかについては、なお検討を要する。

（14）拙稿「源郷回帰のシンボリズム——マレーシア華人社会のシャーマン」拙著『シャーマニズムの世界』講談社、一九九二参照。

（15）以上、厦門の童乩信仰をめぐる七項目については、「中国本土の童乩信仰——東南アジア各地の事例との比較において」と題して第五七回日本宗教学会学術大会において発表。要旨は『宗教研究』第七二巻第四輯、№三一九、日本宗教学会、一九九九参照。

（16）厦門の民俗研究家、鄭夢星氏の教示による。

(17) 一九九八年八月、佐々木伸一と筆者は江蘇省武進市村前鎮において、男性関亡G・S(八四歳)の儀礼を実見した。彼は馬に乗り他界を訪問し死霊を探しだしてこの世に連れてきて、この死霊をみずからに憑依させて依頼者と会話し、終わると再び馬で死霊を他界に届ける様子を儀礼的に表現した。

【追記】

以上に報告した面接調査実施に際し、厦門の童乩については潘宏立氏、上海市の女性関亡については曹建南氏、そして奉化市の巫婆に関しては黄強氏の協力をいただいた。各氏にたいし心から謝意を表する。

第二部　童乱信仰の多様性の底にある普遍性

第一章　東南アジア華人社会における童乱信仰のヴァリエーション考

一　はじめに

世界各地に居住する華人の総数は定かでないが、約二〇〇〇万人から二二〇〇万人と推定されており、そのうち東南アジア各地に一八〇〇万人、島嶼部（インドネシア、マレーシア、シンガポール、フィリピン）に一一二〇万人が存在すると推定されている(1)。

筆者が一九七七、一九七九、一九八四年に調査を行なったシンガポールとマレーシアについて見ると、前者の華人人口は約一九〇万人で総人口の七七%、後者のそれは約三六〇万人（西マレーシア）で総人口の三五%を占める。さらに一九八六年に調査を行なったフィリピンの華人人口は約六〇万人で総人口の一%にすぎない。このように東南アジア各国に居住する華人の人口には著しいバラツキが見られるが、人口の多寡にかかわらず、彼らが各国において占める地位と果たす役割は重要であり、とくに彼らの経済的地位と役割を無視して東南アジアの経済と政治を論じることはできないとさえ言われる(2)。故郷を離れ、異国に職を求めた華人は大部分が「苦力」と呼ばれる貧困な層であり、移住地においては例外なく各種の肉体労働に従事し、想像を絶するような労苦を経て「華商」として知られるにいたるが(3)、こうした華人の刻苦節倹による蓄財に関しては少なからず報告があるのに比して(4)、彼らの苦難多き生活を内面から支えたはずの宗教や価値観に関してはまとまった成果がほとんどないのはどうしたことであろうか(5)。

華人の日常生活における宗教への関わり方の強さから考えると、不思議な思いさえするのである。彼らはどの地域においても同郷者集団（しばしば民系と呼ばれる）「幇」ごとに寺廟を建立し、郷土の神仏を勧請して祀り、寺廟名も郷土のそれを継承することが多い。労苦を重ねて一家を成し、老齢にいたって第一線を退くと、寄附を募り、みずからも多額の寄附をして、郷土の寺廟を摸した新寺廟を建立し、子孫に残そうとする。

華人の宗教は理念的には儒・仏・道三教とされるが、大衆の宗教的現実はこれら三教に民俗宗教的な諸伝統や諸要素が付加されて成ったシンクレティックな「神教（shenism）」として存在する[6]。この「神教」は大宗教との対比においては「民俗宗教（folk religion）」とされ[7]、宗教形態としては中国的「シャーマニズム」と見られているが[8]、その特質は「一個の空っぽな容器であり、時と場合によって、仏教、道教、儒教のような制度的諸宗教の内容や中国的な混交宗教、さらにキリスト教やヒンドゥー教によってさえ満たされることができる。これら諸宗教の内容は再解釈され、〈中国宗教〉の象徴体系に独自な様式において利用される[9]」とされている。必要な時と場において、さまざまな呪術・宗教的要素を自由自在に利用しつつ独自の宗教形態として存続する神教の特徴を「空っぽな容器（an empty bowl）」であるとしたのは比喩としては面白いが、研究上の用語としては少なからず問題がある。

そこでV・ウィーの論文を検討してみると、彼女の言う神教は霊媒と霊媒廟と依頼者・信者と独自の儀礼から成っていることが明らかになる。彼女は「真の神教廟（Shenist temple）を認知する基準は、神教の霊媒が実際にまたは潜在的に廟にいるかどうかにある。なぜならば上座部や大乗仏教の寺はその境内において霊媒信仰（spirit mediumship）が行なわれることを認めないがゆえに、神教者（Shenists）は霊媒信仰の目的達成のために霊媒廟を建てる必要があるからだ[10]」と述べている。

かくしてウィーが「空っぽな容器」と述べたのは霊媒信仰のことであり、さまざまな宗教や神仏を動員し包含（廟の中や儀礼過程に）させる役割を果たすのは霊媒たちであるということになる。なお霊媒信仰はシャーマニズムと同一視されるから[11]「空っぽな容器」は華人社会のシャーマニズムと言い換えることができよう。

華人の霊媒は「童乱《タンキー》（Tang-ki）」「乩童《キートン》（Ki-tong）」「童身《タンシエン》（Tang-shen）」などと呼ばれるが、各地を通して広く用いられる語は童乩なので、ここでは霊媒の代わりに童乩の語を、霊媒信仰に代えて童乩信仰の語を使用することにする。

ここで「童乩信仰」と呼ぶのは、神霊の憑依により儀礼（seance）中はしばしば神自身と見なされる童乩と依頼者・信者とのさまざまな関係よりなるひとつの宗教形態を意味する。そこには童乩に憑依する諸神、予言・卜占・治病行為を中心とする儀礼、依頼者・信者をめぐる組織、神観念・世界観などが含まれることはいうまでもない。

以下においてはシンガポール、マレーシア、フィリピンにおける童乩信仰を取りあげ、三つの童乩信仰の間に著しい差異があることを指摘し、その差異性の生じた理由・背景に関して、三国の華人社会が置かれた文化・社会的状況に関連づけながら、若干の問題を提起したい。童乩はウィーの指摘するように、必要に応じて種々の宗教や諸神をみずからに導入・包含させるが、決して相手を受容するだけではない。場合や状況によっては逆に多神を排除し、パンテオンを単純化し、一神教に近い宗教形態を創始するにいたることもある。童乩と童乩廟は華人社会の他の宗教職能者と宗教施設に比較して、はるかに重要な存在であることは、これらを訪ねる人びとの数の多さからも明らかである。したがって童乩信仰を明らかにすることは、華人の宗教生活と華人社会の実態解明に直接間接につながると考えられる。童乩のシャーマナイゼーション過程や儀礼については、すでに報告してある[12]ので簡単に触れるにとどめたい。

二　シンガポールの童乩信仰

童乩には男女あるが、役割を果たすときの特徴は「霊媒（medium）」である。ここで言う霊媒とは神霊・精霊が彼

（彼女）に憑依するとき必ず彼（彼女）の人格が神格や霊格に変わり、神自身または霊自身として第一人称で語りかつふるまうような人物を意味する。したがって神霊や精霊を自分の外側に見、声を聞き話し合いつつその意志を人びとに第二人称、第三人称で伝える予言者とは区別される存在である[13]。

一般にシャーマニズムが行なわれている地域には霊媒と並んで予言者や見者[14]（seer）が存在するのであるが、筆者の見た限りどの華人社会にも神霊・精霊と直接交流が可能な人物はフィリピンの例を除いて霊媒のみであった。これは注目すべき事実であると言えよう。

さて童乩は宗教的職能者であるから、理論上は誰でもなり得るわけであるが、実際にはそうはいかない。童乩になれる唯一の条件は「神に選ばれること」であり、ひとたび選ばれたら逃れるすべはないとされる。逆にその人物がいかに〔童乩になることを〕望もうとも神に選ばれなければその地位に就くことはできない[15]。すなわちすべての童乩はM・エリアーデの言う召命型であって修行型ではないということになる[16]。

シンガポールの童乩のライフ・ヒストリーの特徴は以下のようになろう。(1)貧困家庭の出身[17]（下層階級に属する）、(2)低学歴、(3)若い頃に苦労辛酸を嘗めた経験の持ち主、(4)身心異常が長く続き悩む、(5)家庭や職場の人間関係に深刻な問題をもつ、(6)華人が一般に重視する誕生の年、月、日、時に由来する運が悪い。以上のような特徴を有する者がすべて童乩になるわけではないが、童乩になった者の過去の経歴には以上のすべてまたは多くが看取される。

神の選びの対象になった者は四九日間身心異常になり、飲まず食わずの状態でさまざまなレベルのトランス（trance）を経験し、神霊と直接交流できるようになる。一族にこの種の人物が出ると、親兄弟は言うまでもなく縁者・知人が大きな関心を示し、先輩童乩も駆けつけて彼（彼女）の状態を見守る。そして当人が悪霊憑依や死霊その他の祟りではなく神霊に選ばれたことが明確になると、童乩として独り立ちするための援助をする。華人宗教に属する数多くの神々のうちどの神が彼（彼女）を選んだかはトランス中の態度で分かると言われる。この間に先輩童乩たちによる教育・訓練が行なわれると考えられるが、彼らにこのことを尋ねると必ずきっぱりと否定する。神霊が四九日の間に夢やトランスの中ですべてを教示したという答えが型のように返ってくる。

一人の童乩が誕生すると民系（方言集団）の青年層が動きだし、寄附を募り、童乩が活動できるようにあらゆる準備を整える。近くに童乩がいない廟があればその廟を利用し、廟がなければ新たに廟を建て、神像や神壇、童乩の式服、神具その他一式を整えてやり、「コミュニティー」と称する組織を作り、このコミュニティー・メンバーと絶えず連絡をとりつつ活動を開始する。廟の名称は童乩を選んだ神名を冠して「斉天宮」（斉天大聖を祀る）、「関帝廟」（関帝を祀る）、「上玄壇」（玄天上帝を祀る）のようにされることが多い。

童乩の儀礼はほとんど夜間（八時～一一時）に行なわれる。童乩の多くは昼は労務者として仕事に従事し、夜間にのみ神に仕える時間をもつからである。童乩は英語で〝divining youth〟と表現されるように一七～八歳から三五歳前後の者が多い。四〇歳以上の童乩もいないわけではないが、シンガポールでは少ない。中年になって体力が衰えると神霊が憑依しなくなるという。勢いコミュニティー・メンバーも少年や青年が中心となる。儀礼（seance）が行なわれるときには、若いメンバーたちが早くから廟にきて内外を清掃し、儀礼の準備をする。八時をすぎると依頼者たちがやってくる。多くは同一民系内の人たちである。すなわち福建系、広東系、客家系、海南系、潮州系と区分される同郷＝方言集団がそれぞれいくつもの童乩廟をもち、相互に競争しながら人びとの童乩信仰に対応するわけである。

シンガポールの男性童乩の儀礼的特徴は以下のごとくである。⑴廟の中央神壇には一五から二〇体の神像・仏像が安置されている。ラングーン・ロードにあった斉天宮の神壇には、法祖、太上老君、斉公活仏、斉天大聖、観音菩薩、大聖仏祖、玄天上帝、蔡俯王爺、善財童子、蓮華太子、達茅先師、感天上帝、関聖帝君、城隍公、二哥爺、包大人、大哥爺の尊像が安置されていた。⑵童乩は黄色のズボンをはき上半身裸体で龍座に坐し、神壇に向かって瞑目する。⑶コミュニティー・メンバーが五～七人でドラと太鼓をたたきつつ神霊の降臨を願う神歌を歌う。⑷一〇～一五分で童乩の身体は小刻みに震えだし、やがて激しいトランスに陥り、頭と身体を猛烈に廻す。(5)トランスが鎮まると童乩に憑依した神名を神に訊ね、神が分かるとその神の名が入った前掛けまたは上衣を着けさせる。(6)神霊にたいして依頼者が質問し、答えを得、治病儀礼を施してもらう、(7)神霊の言葉は卓頭または副手と呼ばれる助手が解説する。卓頭・副手は童乩を退いた者、または未来の童乩と目されている人物であることが多い。(8)依頼者がいなくなると、卓頭が童乩に水を飲ませ、神霊に帰るよう願う。(9)童乩は再び身体を小刻みに震わせ、深い眠りから覚めたような表情で現の人となる。

童乩の名が知れ、多くの依頼者が集まるようになると、廟は改築されたり新築されたりする。依頼者は志の金子を紅包に入れて神前に供える。こうした寄附金はコミュニティーにより保管され、コミュニティーの活動や民系の慈善事業に当てられる。童乩の誕生は民系にとっても神霊の賜であると言えよう。シンガポールの童乩廟は数百あるとされるから[18]、以て童乩信仰の盛行ぶりが理解されよう。男性童乩に比して女性童乩の数は少なく、性格や活動にも差異がある。女性童乩は自家営業的であり、コミュニティーにより運営されることは少ないようである。式服はグレーで上衣とズボンから成り、トランスもきわめて軽い。女性童乩が男性童乩に比してかなり高齢になってもセアンスが可能なのは、憑霊の際のトランスの軽さと関係しているように考えられる[19]。

シンガポールの童乩信仰の概要は以上のようなものである。童乩廟が民系別に営まれていること、童乩の服装やセアンスの行ない方には一定の型があることなどが、その特徴と見なせよう。ただ現在進行中の大規模な社会変化の過程において、童乩信仰にも変化の兆しが見られることも否めない。ジャラン・テンテランのニュータウンに出現した九楼拿督公廟はその例と言えよう。この廟にはイスラム教徒の崇拝するダトゥ（Datu）、ヒンドゥーのカーリー女神（Kali）、それに華人シエニストの諸神が空間を三等分した形で祀られている。この廟の専任童乩ロバート・リーは三つの異なる神々をみずからに憑依させて、神自身として役割を果たしている。この種の廟は他に見られないと聞いたが、ニュータウンに華人、マレー人、インド人が大挙して移動し、神教・イスラム教・ヒンドゥー教の信者群が同居せざるを得ないという社会的状況に対応して生じた現象と見ることができよう。[20]

シンガポールの急激な社会変化にともない、童乩廟も他地区への移転やアパートの一室を借りての継続など変動が著しいが、上述の九楼拿督公廟のような例はあるにしても、童乩の儀礼やパンテオンに今のところ大きな変化は見られないし、依頼者もいまだに民系中心である。シンクレティックなパンテオン、激しいトランス、上半身裸体、黄色のズボン、血で符に神語を記した血符などは、童乩信仰の古い形態の伝承と見なされる[21]から、シンガポールにおいて現在見られる形態は、少なくとも男性童乩のものに関する限りスタンダードを示していると考えることができよう。

三　マレーシアの童乩信仰

シンガポールの童乩信仰と比較すると、隣国マレーシアのそれはかなり位相を異にしていることが目につく。まず小都市やその周辺地域の華人社会における童乩は、シンガポールの場合とほぼ同じライフ・ヒストリー、パンテオン、儀礼様式を有している。ただしペナンにおいては童乩廟は市の周辺地域とでも言うべきカッツ街（Leboh Katz）の一区画に四つ並んで建っていた。青南宮、天済壇、富義壇、青霊宮がそれである。青南宮の童乩は広東系、天済壇と富義壇のは福建系であるとされるが、青霊宮については不明である。

神壇の神々は天済壇が斉天大聖、観音、三聖将軍（二体）、玄天上帝、関聖帝君、広澤尊王、大伯公であり、他の廟も六〜七体の神像を安置してあり、シンガポールに比べて数が少ない。天済壇の童乩、林亜成（二八歳。以下、年齢は筆者面接時のもの）のセアンスを見たが、守護神が斉天大聖であり、激しいトランス、服装、予言と治病行為などシンガポールの例に類似する。

バタワースの萬仙壇も郊外の海辺の華人集落にある。童乩の駱栄川（三二歳）は広東系の人であり、セアンスはドラや太鼓入りでスタンダードに属する。西マレーシアの童乩廟はシンガポールのようにどこにでも存在するのではなく、イスラムのモスク群を取り巻くようにして周縁に位置しているように見える。

こうしたスタンダード型の童乩信仰に一種の異変が生じたのは、バハウに出現した黄老仙師慈教の拡大・発展による。この慈教は伝道性をもっているので新宗教と見なすことができるが、発端は客家系の一人物の憑霊にあるので、華人社会の童乩信仰のヴァリエーションと考えることができよう。この宗教集団については比較的詳しく報告したことがあるので[22]、ここでは一般の童乩信仰と比較して目立つ点だけを要約的に述べるにとどめたい。

①一九四七年か四八年頃ネグリ・スンビラン州バハウにおいて、一呪術師が黒呪術を行使し、人びとを悩ませていた。宗教的に混乱状態にあった一九五一年、タンピンで客家系の人、廖俊が神がかりになり、件の人物を批判し、道理にかなった教えを説いた。

②廖俊に憑依した神はみずからを「黄老仙師」であると公言した。最初はこの新しい童乩のもとに若干の客家系の人たちが集まったくらいで、大きな影響をもつとは考えられていなかった。間もなく数人の重病人が廖俊の仙医[23]によって全快したとの噂が広まり、これを契機に多くの客家系の人びとが彼のもとに集まりだした。

③黄老仙師への依頼者は日を追って増加し、客家の枠を超えて各民系の人びとが集まりだした[24]。

④一九五八年頃、廖俊の篤信者であった朱順と李有晋が中心になって廖俊の「道理にかなった教え」を「黄老仙師慈教」と名づけ、その神観を明確にして『黄老仙師道理書』なる教義書を編んだ。本書はわずか一四頁の小冊子であり、その内容は慈忠信義礼倫節孝廉徳など中国の伝統的な徳目の解説と信者の守るべき規定より成っている。

⑤信仰対象は黄老仙師、斉天大聖、太上老君の三神であり、慈教では黄老仙師は儒教、斉天大聖は仏教、太上老君は道教の象徴であるとし、したがって儒・仏・道三教一体の宗教であると主張する。

⑥童乱にあたる人物は「童身」と呼ばれ、宗教活動の中心になっている。童身は信者の中から憑霊状態になった者を選び、器量を見て決められる。
⑦神が童身を通じてしかじかの地に教えを弘めよと託宣すると、新しい童身がその地に赴いて布教を行ない廟を建立し、教えの拡大を図る。かくして教線はバハウからマラッカへ、さらにサランバン、クアラルンプール、ヨンピン、イポー、タイピンなど西マレーシアの主要都市に拡大し、シンガポールにも弘まった。
⑧最初は客家系の人びとに信奉されたが、急速に福建、広東、潮州、海南の人びとを巻き込み、今日ではシンガポールの童乱信仰とは大きく異なる超民系的宗教集団に成長するにいたった。
⑨慈教に集まる人びとは一般の依頼者と入門式を経て正式に信者になった者との二つから成る。入門式は過法堂と呼ばれ、一箇月おきに月末に行なわれる。信者の志願者は試験を受け、合格すると一定の規則を守らなければならない。(25)
⑩各廟には信者の互選による役員（理事）会と役員会選出の執行委員会が置かれ、廟の運営にあたる。執行委員会は主席、総務、秘書、財政、査賬などの職務を分担し、常勤職員は総務のもとに位置づけられる。童身は総務のもとにあり月給を受ける。
⑪儀礼の形式は童乱の場合とは大きく異なる。すなわち黄色のズボン、上半身裸体というスタンダード型は姿を消し、代わって純白詰襟の上下服を着ける。神霊憑依のときもドラや太鼓はなく、ただ三神に合掌瞑目するのみで軽いトランスとなり、直ちに役割行為に入る。
⑫信者・依頼者が廟に寄附した金銭は執行委員会により管理され、信者や華人一般の福祉のために支出される。主な支出はつぎのとおりである。(a)信者の結婚式の祝金、(b)信者が死亡したときの弔慰金、(c)信者・非信者を問わず貧困者への贈与、(d)養老院、孤児院などの施設への寄附、(e)毎月一日（旧暦）に行なわれる渡法などの儀礼経

費、(f)三神の生誕祭の経費、(g)廟開創記念日の祝賀会経費。

各廟の信者数の総計は不明であるが、クアラルンプールの郊外ユレック・ハイツに一九六三年建立された慈徳廟の場合、一九七九年現在で信者（会員）数約九〇〇、入門式を行なっていない依頼者数約二〇〇〇となっている。廟開創記念日（旧暦一〇月一日）の祝賀会（全員に精進料理が出される）には三〇〇〇から四〇〇〇名の華人が集まるという。

古型を踏まえた民系中心の童乩信仰と慈教とがどのように関わっており、両者の関係が将来どのようになっていくかについては不明である。しかしクアラルンプールの慈徳廟や慈忠廟の状態を見る限り、超民系的な宗教結合の方がマレーシア華人にとって有利であるとの認識が彼らの共通認識になりつつあるように思われる。この点に関しては後に再述することになる。

いずれにせよ周辺部には伝統的な童乩信仰が生きており、中心部の都会では伝統的な型を脱皮した新しい形態が発展しつつあると見ることができよう。

四　フィリピンの童乩信仰

フィリピンの各地華人社会のうち最多人口を有するのは首都マニラのパッシグ川北辺に位置するビノンド（Binondo）、トンド（Tondo）地区である。ここには四キロメートル平方ほどの「華人街」に二〇万人とも二五万人とも言われる住民が存在する。

この地の童乩信仰は、シンガポールとマレーシアの場合と比較すると、かなり独自な位相をもっていることが見えてくる。まず華人の大部分が福建系とされているので、民系別の童乩信仰はここには存在しない。またシンガポールのように男性童乩は黄のズボンで上半身裸体、女性童乩はグレーの儀礼服といった一定の型は見られない。

マニラの童乩廟はこれを三種類くらいに区分できるように思われる。⑴童乩が多くの信者を獲得し、個人で大型の廟を建立して儀礼を行なっているもの、⑵童乩または扶鸞《フールアン》が有名な道観に日を決めて招かれ、セアンスを行なうもの、⑶童乩が個人の家の一間を廟とし、依頼者の求めに応じてセアンスを行なうもの。トランス状態になった扶鸞が乩と呼ばれる木製の神具を手にし、米粉や砂などを敷いた板に神意を記すという形式をとるものが「扶乩《フーチー》」（Fu chi）で、必ず助手（副鸞《フールアン》）が付く。男女童乩とも服装も儀礼過程も自由であり、思い思いに行なっているという観が強い。（正鸞《チアルアン》）

童乩の数も決して多くはないようである。神と直接交流に入る際にはトランスに陥ることは言うまでもないが、トランスは決して激しいものではなく、ドラや太鼓を使用することも少ない。特記すべきは童乩廟のパンテオンの中にカトリック教徒が熱心に信仰するサント・ニーニョ（Santo Niño）の像が入っていることである。仏教寺院や道教の道観の須弥壇や神壇にはサント・ニーニョ像は祀られていないから、神壇にこの像を祀るのは童乩信仰＝shenism の特色であると見ることができよう。

その典型的な事例を二、三紹介しよう。

ビノンドのイラン・イラン街にある清水金沙寺は仏・道混交の寺院であり、アパートの二階に設けられた「仏殿」には、釈迦牟尼仏を中心に阿弥陀仏、薬師仏、観音、金童、玉女、土地公、福徳正神、斉天大聖、済公、関帝、仙姑、李鉄拐、清水祖師の尊像が祀られている。これら神仏像は二五〜三〇センチメートルほどの大きさである。これらの尊像の右側には、一メートルを超すサント・ニーニョの像が安置してある。ここの女性童乩は霊慧姑という名で年齢五四。三年前に福建省厦門から移住してきたという。彼女に憑依するのは主に観音であるというが、カトリック信者が訪ねてくると、サント・ニーニョが憑依して神示するとされる。

観音の生誕日の大祭には、仏教寺院から尼僧を六名招き、観音経を読誦して仏教式の儀礼が行なわれた。しかしその後には霊慧姑が観音をみずからに憑依させてのセアンスが行なわれた。この種の寺院はウィーの言う「霊媒寺院

（spirit medium temple）」に属するものであることは言うまでもない。[26]

マラカニアン宮殿にほど近いサン・ミゲルにある順天聖母殿は道教的童乩廟である。殿主は女性童乩の蘇秀容（四三歳）である。彼女に憑依する守護神は二位順天聖母、臨水夫人、三位順天聖母である。その他に彼女の自宅の一間に設えられた神壇には、舎人仙童、観音（三体）、財神爺、弥勒、周王府、土地公、それにサント・ニーニョが祀られている。彼女はカトリックの洗礼を受け、結婚式もカトリック教会で挙げたが、一九八〇年頃に身心異常に陥り、病院に通ってもよくならないので、友人の勧めにより南部ルソンのサント・ニーニョの神殿を訪ね、そこの霊媒に病状を占ってもらった。「中国の神々があなたを求めている。意を決して神々に仕える霊媒になれ」との神示であった。

彼女は最初は熱心になれなかったが、夫の勧めにより童乩の道を歩むことになる。依頼者がくるようになったのは一九八三年からである。童乩になると健康が回復し性格も明るくなったという。

彼女は容易にトランスに入る。はじめは全身が激しく動揺し、跳び上がったりしたが、現在では神に降臨を願うと直ちに憑依状態になる。顔面は紅潮し、両眼を大きく開き、甲高い声で話す。トランスから覚めると話したことを全く憶えていないという。

霊慧姑も蘇秀容もセアンスのときの服装は平常着である。

つぎにトンドのモルガ街に位置する大千寺は有名な霊媒寺廟である。この寺廟には名称が三つある。すなわち大千寺（仏教）、広澤尊王廟（道教）、そしてエキュメニカル・チャーチ（キリスト教）である。つまり仏・道・キの三教混在の宗教施設なのである。祭司の名は蘇超夷（男性、六五歳）。彼は福建系の人であるが、九歳のときに土星霊（Saturnian spirit）の憑依を得て以来、土星霊を守護霊とする霊媒となり、その示唆と指導によって大千寺を建立したという。彼のことを人びとは霊媒（medium＝童乩）と呼ぶが、筆者は彼は霊媒であるとともに予言者・見者であると考えている。A・J・A・エリオットやA・クラインマンも主張するように童乩は霊媒である。しかし蘇超夷は霊媒的霊能の他に予言者的霊能をも併せそなえている童乩である。彼は神霊によって完全に操作されているのみではなく、神霊と対話できる能力の持ち主である。他の童乩はトランスから覚めると、みずからの言動を何も記憶していないとされるのにたいして、彼は神霊との対話内容を記憶していることができる。彼は例外的童乩であると言えよう。

一般に霊媒を中心とする宗教集団が大きく発展するのには、霊媒の示す神意を実行する組織者または補助者が必要である。ところが予言者はみずからが神意の実行者たり得るから、原則的には他人の助力を必要としない。蘇が童乩の通常の性格と異なる性格をそなえるにいたった背景には、フィリピンの特殊な事情が伏在すると見なければなるまい。

彼がこの地に大千寺を建立したのは一九七七年である。寺院の建物は土星の形をした吹き抜けの二階をもつ広壮なものである。正面には六五体の神仏の像が一体ずつ大理石の円柱上に安置されている。その中には釈迦尊仏、阿弥陀仏、観世音菩薩あり、元始天尊、広澤尊王、関聖帝君あり、さらにイエス・キリスト、聖母マリア、サント・ニーニョ、聖マーチン、聖アンソニーあり、その上アッラー（偶像がないので名称のみ）まで祀られている。こうした神々の混交について蘇は「本来神に名称はない。宗教にも名称はない。名称を作ったのは人間である。生まれたばかりの赤子に名前がないのと同じである。しかるに道教徒は四七〇〇年前に彼らの信仰を道教と名づけた。カトリック教徒は一九九〇年前に彼らの宗教をカトリシズムと名づけた。この寺は本来の立場に還ってあらゆる宗教を統合させようとしているのだ」と述べる。彼の寺、廟、教会、モスクはそれゆえ、すべての宗教信者の祈りの場であり和合の場であるという。ここには華人もフィリピン人もアメリカ人や日本人もくると蘇は言う。

しかし日曜日の朝八時と一〇時に行なわれる礼拝には四〇〇人ほどの人びとが集まるが、フィリピン人の姿はごく少数であり、日本人やアメリカ人は見られなかった。

蘇の意表を突いた教会の建設は、フィリピン華人の間で大評判になり、フィリピンの主な新聞や雑誌に取りあげられた。人びとは彼のことをフィリピンで最も著名な童乩であると述べる。かつてマルコス大統領も彼を訪ねて運命の相談をしたという噂が、まことしやかに語られている。

日曜礼拝のとき、彼は白の上下服の上にビロードのコスチュームを羽織るが、このコスチュームはカトリック司祭の式服に酷似する。コスチュームは三着あり、色は緋（赤）、橙（黄）、青（緑）である。緋は福、橙は禄、青は寿を表象するとされる。彼は毎週コスチュームを替えて司式する。礼拝式の詳細は他の機会に譲り、ここでは主な事柄のみを述べる。

①式の前後にコンサルテーション・アワーというのがあり、蘇は白の上下服を身に着けて本殿右側の椅子に坐る。あらかじめ相談のためにきていた人たちは列を成して一人ずつ彼のもとに進み質問をする。多くは燃やしてその灰を飲む神符をもらうためと、[27]計画実施に適した吉日・吉時を教えてもらうため、そして病人の診断と治療のためである。深刻なやりとりは本殿裏手のコンサルテーション・ルームで行なわれる。

②本殿が人びとで埋まった頃、儀礼服に着替えた蘇は二人の弟子を従えて登殿する。まず二階の弥勒仏とサント・ニーニョに線香を上げ礼拝してから一階の神・仏壇の前に立ち、神仏に礼拝の後、人びとに向かって一五～二〇分ほどの説教をする。内容は福・禄・寿と人生の意味、平和の重要性、時局に関するコメントなどで福建語で話す。

③説教が終わると人びとに油灯が配られ、新しい信者には『宇宙経』が手渡される。儀礼は仏教式に鐘と木魚をたたいて始まる。人びとは油灯を捧げもち経文を唱える。経文は「宇宙三光天降地　三光旋転日月星　南無浄宿宇宙仏　日夜分明天作主　南極北極各磁栄　南無阿弥陀陀仏　自転公転地本身　好歹分野為人丁……」のように始まり「燃灯仏　燃灯仏　……燃灯祝福家年安　燃灯祝福夫子全　燃灯祝福父母健　燃灯祝福寿長運……」のように続き「南無八千燃灯仏　南無八千燃灯仏　南無八千燃灯仏」で終わる。時間約三〇分。

④油灯を元に戻した後、列を作って聖体を拝受する。「聖体」は直径一・五センチメートルの円形せんべい様のもので表面に福・禄・寿の文字が印されている。人びとは家族の分までもらって帰途につく。

⑤蘇はそのまま椅子に腰掛け、人びとに祝福を与える。右手で肩や額に触れ、子供は全身に手を触れてやる。

以上の儀礼過程において注目すべきは、経文読誦中、蘇は右手に線香をもってスピーディーに宙に文字を書くが、人びとの声が高まりクライマックスに達した頃トランス状態になり、式壇上をよろけながら駈け廻ることである。後の説明によると、神が彼に憑依し、神みずから人びとを聖化し浄化しているのだという。蘇のトランス行動に合わせるかのごとくに信者たちも掲げもつ油灯を激しく上下させ身体をくねらせ、あたかも集団トランスに入ったかのような状態になる。

子供に祝福を与える蘇

五　若干のまとめ

これまでシンガポール、マレーシア、フィリピンの華人社会における童乩信仰の主要な局面について述べ、若干の特徴点を三者比較の視座に立って挙げてみた。これを再びまとめると以下のようになろう。

(1)シンガポールの童乩信仰は、童乩の性格と儀礼に童乩信仰の伝統的な型を残していると考えられる。それは香港、台湾のものとも共通しているので、われわれはこれを一応童乩信仰の標準型と見なすことにした。信者・依頼者は一部の例外を除くと「民系別」になっているのが特徴的である。

(2)マレーシアでは地方の小都市や、大都市の周辺部において童乩信仰の標準型が見られるが、大都市ではスタンダードをかなり逸脱した黄老仙師慈教の浸透が著しい。その変異性はパンテオン、儀礼、信者構成の面に見られ、とくに民系別の枠を否定し、超民系的な宗教集団を目指している点に特徴がある。

(3)フィリピンの童乩信仰は形態的にも組織的にも、スタンダード型のかなりの修正と変化を示している。個人の私宅に廟をもつものが目立ち、儀礼もそれぞれ独自性をもつ。大千寺に見られる童乩信仰は新しい型の出現を意味する。三者の諸特徴を比較論的に示すと次頁の表のようになろう。

六　問題提起

シンガポール、マレーシア、フィリピンの華人社会において篤く信奉されている童乩信仰間に、少なからずヴァリエーションが見られることが一応明らかになったかと思う。ひとくちに童乩信仰と言っても複雑な要素から成る宗教複合[28]（religious complex）として現存するが、ここではその特徴的なものについてのみ比較論的に取りあげた。童乩信仰は霊媒中心の信仰形態であるから、童乩信仰が成立するためには、神霊・精霊が憑依することと、憑依の条件としてのトランスが見られなければならない。こうした性格・条件は三つの信仰形態に通底しており、その限りにおいて相互間のヴァリエーションにもかかわらず、童乩信仰の基底は三者に共通していると言える。

すでに触れたように、本論におけるヴァリエーションの意味は、シンガポールの童乩信仰を伝統的な型と一応見なした上で、これと比較して見えてきたマレーシア、フィリピンの差異性に関わっている。そこでヴァリエーションの問題は当然、それを生じさせた要因や背景は何かというきわめて困難な問題へと延長されるはずである。童乩信仰が華人社会の宗教文化の重要部分を構成している以上、そこに見られる差異は社会・文化の状況や性格と深く結びつい

童乩信仰の比較

国名／特徴	シンガポール	マレーシア	フィリピン
呼　称	童乩・乩童	童乩／童身	童乩
種　別	霊　媒	霊　媒	霊媒（予言者）
トランス	激しい	激しい／激しくない	激しくない
神　界	多神的	多神的／少神的	多神的（カトリシズム、イスラムを含む）
教理・教典	な　し	なし／あり	なし／あり
役　割	神示、祓霊、入魂、 治病その他	同　じ	同　じ
服　装	男：黄のズボン、上半身裸体 女：グレーのユニフォーム	男：上半身裸体 女：　？　／白の式服	廟により差異、裸身なし
依頼者	民系中心的	民系中心的／超民系的	超民系・超民族的
社会活動	慈善事業	同　じ	同じ／弱し
その他	伝統的	伝統的／イスラムを意識	カトリシズムを意識

ていると考えられるからである。信仰上のヴァリエーションの究明は逆に、その社会・文化の全体的理解に資するところ小さくはあるまい。

ひるがえってその作業は、華人社会の宗教史の検討、他の宗教諸形態との比較、世俗化過程の分析などさまざまな問題の解明とつながり、またそれを前提とするものであろう。

当面その種の課題解決は不可能なので、以下では筆者が蒐集した資料に基づき、信仰形態のヴァリエーションの要因や背景の解明に関わると考えられる問題を若干提示するにとどめたい。

第一に気づくのは三地域における華人社会の位置に見られる差異である。すなわちシンガポールの人口構成を見ると、一九七九年現在で総人口二四七万一八〇〇人中、華人一八九万六七〇〇人（七六・七％）、マレー人三六万二四〇〇人（一四・七％）、インド人一五万八三〇〇人（六・四％）、その他五万四四〇〇人（二・二％）となっている。華人の民系別パーセンテージは、福建系四〇％、潮州系二二％、広東系一九％、海南系七％、客家系六％、その他六％となっている。つまり多民族国家シンガポールは華人優位の国であり、華人社会は政治・文化の中心に位置する。宗教において本国の伝統を民系単位で生かし得ているのは、こうした華人社会の国内における地位と関わっているのではなかろうか。

つぎに西マレーシアについて見ると、人口一〇二七万人（総人口一二二三万人）中、マレー人五四四万三〇〇〇人（五三％）、華人三五九万五〇〇〇人（三五％）、インド人一一三万人（一一％）、その他一〇万二七〇〇人（一％）となっている。人口構成から見ると、マレー人五三％にたいする華人の三五％は決して少ない人数ではない。にもかかわらず、シンガポール型の童乩信仰を踏襲し得ないのはどうしてであろうか。華人の民系別パーセンテージを見ると、福建系三〇％、客家系二五％、広東系二〇％、潮州系一〇％、海南系五％、その他一〇％である。マレーシア華人社会で台頭し大発展を遂げている黄老仙師慈教の開祖が客家人で、最初客家系の人たちを信者に抱え、やがて他に拡がる勢いを示すにいたった事実は、マレーシアにおける客家系集団の地位と関係するであろう。他の華人社会に比してマレーシアの客家系住民の数はすこぶる多い。

最後にフィリピンの華人社会について見ると、総人口は一九八六年現在約五四〇〇万人で、うち華人人口は五五万人から六〇万人（一％）と見積られている。[29] 民系別統計はないのではっきりしないが、フィリピン華僑総会秘書室長ジュリオ・タンによると七〇～八〇％が福建系であるというから、民系的には福建人の優位は動かないところと言えよう。いずれにしても総人口にたいして一％の華人社会は他地域のそれと比較して特異な地位にあると言えよう。

第二に三国における宗教文化の状況が問題となろう。シンガポールは華人優位の国家であり、華人社会は儒・仏・道三教のさまざまな形態と神教（shenism）の種々の形態を展開してきた。異宗教を意識しなくて済むのであるから、その形態が郷土の型に従って形成されるのはけだし当然と言えよう。童乩信仰の民系別展開が主になっているのも、それぞれが本国の様式を規模を小さくして異国で生かしているのだと見ることができよう。シンガポールにもいわゆる新宗教タイプの宗教集団がある。それは一定の教義に基づく集団で、真空教、先天大道、三一教、黄老仙師慈教などがそれである。[30] 最後の慈教はマレーシアの慈教の教化施設である。これらの諸宗教はそれぞれ教義に依拠する活動をしているが、その勢力が童乩信仰にとって脅威となることは少ないであろう。黄老仙師慈教は霊媒中心の教団であり、童乩信仰と本質的に変わらないからであり、霊媒がいない教団も童乩信仰を意図的に批判することはないからである。

かくして近代化にともない、童乩廟は移転を余儀なくされても、童乩信仰は若干の例外を除き、上半身裸体、激しいトランス、ドラや太鼓の喧騒な音を継承し続け得るのであろう。

隣国マレーシアの童乩信仰は全く異なる状況下にある。国教としてイスラム教を奉じる国家内の異民族の宗教として存在しなければならないからである。政治的にもブミプトラ（Bumiputera）政策により華人の権益は大きく制限されているという環境下にある。イスラム教徒のモスクは国費の支出を得て増加しているのに比して、華人の宗教は、とくに多神教的・呪的性格は異端視される。童乩廟には豚肉が供えられるのが通例であるが、豚肉はイスラム教徒にとって最大のタブーのひとつである。イスラムの礼拝に鐘や太鼓は用いられず、裸体もタブーである。白衣を着けてモスクにひれ伏すのが慣例である。

こうした状況を見ると、黄老仙師慈教の行なっている事柄やそれが急速に華人間に弘まった理由の一端が理解できよう。神の数を極端に減らし（三体）、超民系を呼びかけ、童身は白衣を用い、ドラも太鼓も激しいトランスもなく、信者には試験を課し、廟での食事は菜食主義を徹底させ、神への供物は果物に限り、慈善事業による相互扶助を強調する。いずれもイスラムを強く意識した適応行動であると言えまいか。イスラム的環境を乱すことなく童乩信仰を守り、超民系的な結合を図っていくという図式は、華人社会の宗教にとって有利な選択であると見られるのである。しかも神霊憑依の型は頑なに遵守されている。

フィリピンの華人社会は前の二者に比して極端に小規模である。総人口の一％にすぎない華人が総人口の九〇％をカトリック教徒が占める国に存在する。華人の中でも二世、三世になると、ほとんどがカトリックの洗礼を受け、結婚式もカトリック式で行なう者が増えている。小・中学校も大学も有名校はカトリック系であり、華人の子弟もそれらの学園に学ぶことが多い。英語をマスターするためにはカトリックの学校でないと駄目とも言われる。

こうした圧倒的なカトリック的環境下にありながら、しかし華人は伝統的宗教への関わりを放棄しようとはしない。彼らはカトリック教会に通い、家庭にサント・ニーニョの神像を祀っている。しかし同じ彼らが同時に寺廟で合掌し、童乩を訪ねて占ってもらう。宗教は？と訊かれると臆せずに〝mixed religion〟と答える。フィリピン人と結婚した華人が大過なく過ごせるのも、彼らのこのような shenist 的態度、すなわち必要に応じていかなる宗教的伝統や要素をも包摂する態度によるのではなかろうか。彼らは福建語、英語、タガログ語を使いこなし、家庭の神仏壇には仏・道の諸神と聖母マリア像、イエス像を同居させている。蘇超夷の大千寺のありようは、こうした華人社会の宗教生活の現状を知ると、奇異な存在とは思われなくなるであろう。

彼は華人のフィリピンにおける宗教生活の特質を見抜き、これを大千寺に拡大再生産させたと見ることができよう。大千寺にはフィリピン人の結婚相手を華人が連れてくることの可能な装置がそなえられているわけである。彼が霊媒の役割とともに予言者の役割をも果たし得るのは、他の童乩に比して例外であるが、フィリピンの宗教事情がそのような変化を促したと見る視点も必要であろう。各地に存在する信仰治療師（faith-healer）はすべて予言者型であり、神霊と交流しつつ患者にたいする。[31] 蘇はフィリピン人治療師とも親交がある以上、神との交流の形式も「必要に応じて取り入れる」ことは可能であったはずである。

三国に展開する華人の童乩信仰のヴァリエーションは、かくしてそれぞれの国家・社会の政治・文化・社会的状況にしたたかに適応していく彼らの弾力的にして柔軟な適応様式を象徴しているると言えるのではなかろうか。

【註】

（1）日本経済新聞社が一九八一年に各種統計に基づいて作成した人口表、日本経済新聞社（編）『華僑』一六頁を、シンガポール政府発行の *Singapore '80* やマレーシア政府発行の *Information Malaysia, Incorporating Malaysia Yearbook 78/79* の資料により修正した結果、シンガポール一九〇万人、フィリピン六〇万人、インドネシア四二〇万人、マレーシア四五〇万人と推定。

（2）日本経済新聞社（編）『華僑』日本経済新聞社、一九八一、一六〜一七頁；須山卓・日比野丈夫・蔵居良造『華僑改訂版』日本放送出版協会、一九八四、五二〜八九頁；Goh-chok Tong, "Industrial Growth, 1959-1966," in Jin-bee Ooi and Hai-ding Chiang (eds.), *Modern Singapore*, University of Singapore, Singapore, 1968, pp.127-130.

（3）須山他前掲書、五二〜六〇頁参照。

（4）V. Purcell, *The Chinese in Southeast Asia*, Oxford University Press, Oxford, 1964；L. Suryadinata, *Political Thinking of the Indonesian Chinese*, Singapore University Press, Singapore, 1979；J. Amyot, *The Manila Cinese: Familism in the Philippine Environment*, Institute of Philippine Culture, Ateneo de Manila University, Quezon City, 1973；戴國煇（編）『東南アジア華人社会の研究』（上・下）アジア経済研究所、一九七四。

（5）華人の経済や政治・社会を取り扱った文献には宗教はほとんど出てこず、若干出てきても「生活の支えとしての宗教」の側面は無視されていることが多い。逆に宗教を扱った文献は、観念や儀礼の記述に多くを費やし、社会・政治的側面には全く触れていないものが多い。

（6）A. J. A. Elliott, *Chinese Spirit-Medium Cults in Singapore*, The London School of Economics and Political Sciences, London, 1955, pp. 26-29, 安田ひろみ・杉井純一訳『シンガポールのシャーマニズム』春秋社、一九九五；V. Wee, "Buddhism in Singapore," in R. Hassan (ed.), *Singapore: Society in Transition*, Oxford University Press, Kuala Lumpur, 1976, p.171.

（7）Elliott, op. cit., pp.26–27.

（8）Elliott, op. cit., pp.15, 17；A. Kleinman, *Patients and Healers in the Context of Culture: An Exploration of the Borderland between Anthropology, Medicine, and Psychiatry*, University of California Press, Berkeley, 1980, pp.210–211. 大橋英寿他訳『臨床人類学――文化のなかの病者と治療者』弘文堂、一九八五。

（9）Wee, op. cit., p.171.

（10）Wee, op. cit., p.173.

（11）Elliott, op. cit., p.15.

（12）拙稿「原郷回帰のシンボリズム――マレーシア華人社会のシャーマン」拙著『憑霊とシャーマン――宗教人類学ノート』東京大学出版会、一九八三、並びに本書、第一部第五章・第六章：同『シャーマニズムの人類学』弘文堂、一九八四：同「シンガポールにおける童乩（*Tang-ki*）の治病儀礼について――宗教的統合の問題に関連づけて」白鳥芳郎・倉田勇（編）『宗教的統合の諸相』南山大学人類学研究所、一九八五、本書に第一部第二章として収録。

（13）G. K. Nelson, *Spiritualism and Society*, Routledge & Kegan Paul, London, 1969, pp.247–250.

（14）予言者と見者を区分しないこともあるが、日本のようにさまざまな型のシャーマンが存在するところでは、両者を区分しておく方が理解しやすい。予言者も見者も霊的存在を自己の外側に見ている点では同じ性格をもつが、予言者が神霊・精霊と語り合ったり、直接接触の度合いが高いのに比して、見者は神霊・精霊の意志や願いを心に浮かばせてもらうなど、その度合いが低い。日本ではシャーマンが年齢に応じて霊媒→予言者→見者と変化していくことがある［註（12）の前掲拙著、一九八四、一五二頁］。

（15）Elliott, op. cit., p.26.

（16）M. Eliade, *Birth and Rebirth: The Religious Meaning of Initiation in Human Culture*, Harper & Brothers, New York, 1958,

堀一郎訳『生と再生——イニシエーションの宗教的意義』東京大学出版会、一九七一、一八一頁参照。
(17) Elliott, op. cit., p.66.
(18) Wee, op. cit., p.173.
(19) 拙稿「シンガポールの女性シャーマン的職能者について」『宗教研究』第五二巻第三輯、№二三八、日本宗教学会、一九七九、二七八〜二八〇頁参照。
(20) 拙稿「社会変動と宗教——シンガポール華人社会の事例から」綾部恒雄他（編）『文化人類学』2、アカデミア出版会、一九八五、二四九〜二五四頁：同「急激な社会変化と宗教」『宗教研究』第五九巻第四輯、№二六七、日本宗教学会、一九八六、三三三〜三三四頁：第一部第四章参照。
(21) J. J. M. de Groot, *The Religion of the Chinese*, 5 vols., MacMillan, New York, 1912.
(22) 註（12）の前掲拙著、一九八三、一四二〜一六六頁、同一九八四、三二四〜三二八頁、並びに本書、第一部第五章・第六章参照。
(23)「仙医」は慈教独自の病気診断と信仰治療である。憑依状態の童身（童乩）が依頼者の病状を聞いてしかるべき対処法を教示することで、多くは神符を与え、燃やしてその灰を飲むように勧める。
(24) ある童乩の予言が当たるとか、病気治しがすぐれているとかの評判が広がると、民系の枠を超えて人びとが集まりだす傾向は、シンガポールでも見られる。
(25) 註（12）の前掲拙著、一九八四、三三八〜三四二頁、並びに本書、第一部第五章参照。
(26) Wee, op. cit., p.163.
(27) 神符の作成と授与は童乩の主要な役割である。神の手になる神符は燃やしてその灰を飲み、身に着けて守護とし、門に貼って魔除けとする。

（28） D. G. Mandelbaum, "Introduction and Structure in South Asian Religion", in E. B. Harper (ed.), *Religion in South Asia*, University of Washington, Seattle, 1964, pp.10–11.

（29） フィリピンの華人人口は公的機関においても定かでなく推定数である。ひとつにはフィリピン人との混血が進み、アイデンティティーのはっきりしない住民があり、他方で入国・出国する者が多く人口は流動的であるからと言われる（華僑総会秘書室長談）。一％の華人とはみずから文化的に華人たることを認知している層の推定である。

（30） Wee, op. cit., p.170.

（31） J. T. Licauco, *The Magicians of God: The Amazing Stories of Philippine Faith Healers*, National Book Store, Manila, 1981.

第二章　華人社会の安全弁としての神教

一　はじめに

「神教（shenism）」の語を各地華人社会における宗教現象の重要局面を理解するためのキータームのひとつとしてはじめて使用したのは、人類学者のA・J・A・エリオットである。彼はシンガポールの宗教調査を通じて、華人の宗教に現存する最も強い観念として、⑴人間の運命は総じて神（shen）によってコントロールされ、とくにより強力な神々を慰撫することによって良い方向にすることが可能であること、⑵多くの悪霊がこの世で活動し、不幸・災厄を惹き起こしているが、この悪霊に有効に対処し得る唯一の力ある存在は神であること、⑶神々が人びとによって直接懇願・祈願されるのは、神々が童乩《タンキー》（霊媒）に憑依したときであることを挙げ、こうした宗教的伝統を総体として〝shenism〟と名づけた[1]。

このエリオットの神教の概念は、同じく人類学者のV・ウィーによって、「〔神教は〕一個の空っぽな容器であり、時と場合によって、仏教、道教、儒教のような制度的諸宗教の内容や中国的な混交宗教、さらにキリスト教やヒンドゥー教によってさえ満たされることができる[2]」と捉えなおされている。

二人の所説を少しく敷衍すれば、エリオットは霊媒信仰[3]との関連において華人社会の神観念の特徴に注目したのにたいして、ウィーはその機能的側面を強調したと言うことができよう。

もっともウィーの見解は決して珍しいものではない。華人の宗教についてのとくに欧米の研究者の見方には、ウィーのそれに類するものが従来にも決して少なくなかったからである。たとえば華人社会と文化の研究で高名なV・パーセルはこう述べている。「華人は常に宗教問題に関して最も寛容であると見なされてきた。彼らはイスラム教徒のように食物についての制限をもたず、ヒンドゥーのようなカーストも有していないことをわれわれは知っている。彼らはその寺廟への出入りに関して何ら特別の規制をもたず、しばしば自由かつ容易に寺廟を開放する。そして彼らは仏教・道教・儒教のいずれかの信者であっても、彼らが所属していない諸宗教（宗派）にたいして寛容であり、しばしばこれら三つの宗教を同時に承認しさえする。多くの華人は、ある神または英雄が、一体仏教の仏か道教の神かを告げることに困難を覚えるだろうし、仏教徒は数多くの神々を彼らのパンテオンに受容する」[4]と。

中国宗教の研究で知られる華人学者W・T・チャンもまた、「〔華人の大多数は〕仏教、道教、古代カルトという三つの個別に並存する対立的宗教を同時に信奉するのではなくて、古代カルトをその基盤にし、仏教と道教の諸要素を第二次的特性として包含するシンクレティックな宗教を信奉するのである」[5]と述べている。

このように華人社会の宗教の特徴は、異質の要素の「充満（fill）」（ウィー）であり、「受容・承認（admit）」（パーセル）、「包含（embrace）」（チャン）にあるとする見方はすでに定説化している観さえある[6]。

たしかに筆者の華人宗教に関する若干の調査経験からしても、華人は知識人であると大衆であるとを問わず、異質の宗教文化を時と場合に応じて容易に、しかも積極的にみずからの宗教・信仰の枠内に受容・包含することは明らかである[7]。とくに神教の実質的な担い手である童乩信仰においてその傾向が強い。ここでいう童乩信仰とは、童乩（Tang-ki）と称する霊媒型シャーマン[8]を中心とする呪術・宗教的形態を意味する。そして童乩信仰に支えられた宗教観、儀礼、依頼者・信者の総体が神教であると見ることができる。

ウィーが「真の神教廟（Shenist temple）を認知する基準は、神教の霊媒が実際にまたは潜在的に廟にいるかどうかにある」[9]と述べていることは、この事実を裏書きすると言えよう。さて童乩がシャーマンであるとすれば、童乩信仰に担われる神教は、これを華人社会のシャーマニズムと言い換えることが可能であろう。[10]とすれば自宗教以外のさまざまな宗教的諸要素を自在に包容していく神教の特徴は、とりもなおさず華人社会のシャーマニズムの特徴であるということになる。

ところで神教は常に一貫して異質の文化や文物を包含・同化するだけであろうか。時と場合によって包含・同化とは逆に放出・排除などの現象を示すことは決して見られないのであろうか。

筆者の調査結果から見る限り、答えは否と言わざるを得ない。神教はその国のとくに政治・社会的状況に対応して、いろいろな様相を示し、ある場合にはみずからの多神教的パンテオンにさらに他民族の神々を加えて礼拝・信仰し、あるときはパンテオンの神々の数を激減させ、食物タブーを厳守し、またある状況にあっては中国的パンテオンを全面的に否定して、キリスト教に酷似した一神教的神観を提示するなどの例を見せているからである。まさに時と場合により神教は包含と排除、導入と放出を弾力的に行なっていると言える。そしてこうした動きこそシャーマニズムの機能上の特色ではなかったか。

周知のごとく、シャーマニズム研究にエポックを画したS・M・シロコゴロフは、ツングース族のシャーマニズムの機能上の特色を「安全弁（safety valve）」と名づけた。[11]

一般に安全弁はボイラー内の圧力が規定以上になると、自動的に弁が開いて蒸気を放出し、蒸気圧力を規定以下に保つように工夫された装置であるが、この語は比喩的に「ある危険や破滅を防ぐのに役立つもの」を意味することに用いられる［岩波書店『広辞苑』一九八二］。

シロコゴロフはツングース族のシャーマンが「有害な敵対的諸精霊をコントロールし、それらをみずからの中に導入することによって、氏族メンバーや村人たち、さらにみずからが属する社会単位のメンバーたちを諸精霊の影響力から解放するのだ」とし、「このような機能は安全弁のそれに比較できよう」[12]と述べている。シャーマンはツングース族の社会を安全に保つために、絶えず諸精霊を統御し続けなければならない。シャーマンの健康状態が思わしくなかったり、統御力が低下したりすると、それまで彼を援けていた精霊まで彼に敵対し、命令に従わず、ために社会が大混乱に陥ってしまうことがある。ツングース族のシャーマンの使命は、外部から絶えず侵入する精霊を訓化して守護霊とし、これを使役して他の諸精霊をコントロールすることであり、シロコゴロフはこのシャーマンの役割を安全弁と呼んだわけである。[13]

華人社会の童乩とツングース族のシャーマンとでは置かれた状況も、それぞれの宗教の特色も著しく異なる。しかし両者はシャーマンであるという点で共通の基盤に立っており、ツングース族のシャーマンが氏族の枠外の諸精霊に取り囲まれているように、童乩もまた華人社会外の異民族の神々に取り巻かれ、絶えず異教・異神に敏感でなければならない。[14]

シャーマンが社会・文化の変化に鋭敏に反応し、社会に新しい神々を導入する一方、伝統的な神々を放棄するにいたるような例はよく知られている。[15] 華人社会の神教の特質が既述のようにシャーマニズムであり、その活動の中心がシャーマン（童乩）であるとすれば、神教には時代・社会の現況に応じて弾力的・革新的に機能する側面がそなわっていることがむしろ当然であると言えよう。以下においては、筆者が現地調査を行なった西マレーシアとフィリピンの神教を取りあげ、(1)パンテオン、儀礼、組織の特徴、(2)政治・社会的背景、(3)他地域の神教との差異の三点について記述・考察し、比較の視座から従来の神教についての所説の欠を補ってみたい。

二　神教の諸相

まず西マレーシアとフィリピンの神教の展開の様相がいかに特異であるかを示すために、シンガポールの神教の一般的特徴について触れよう。シンガポールの神教は、台湾、香港の場合とともにより伝統的な性格・形態を維持していると考えられるからである[16]。

(a)パンテオン　童乩廟の祭壇（神壇）には通常一五体から二〇体の神像が祀られている。神の数が多いほど廟内は神気・力に満ちているとの観念があるからである[17]。シンガポールはラングーン・ロードの斉天宮には、法祖、太上老君、斉公活仏、斉天大聖、観音菩薩、大聖仏祖、玄天上帝、蔡俯王爺、善財童子、蓮華太子、達芽先師、感天上帝、関聖帝君、城隍公、大哥爺、二哥爺、包大人の一七神が祀られている。

これらのうち観音菩薩、大聖仏祖、善財童子は明らかに仏教出自であるが、同廟においては神（shen）として崇拝されている。

このようにパンテオンが豊富なのは、ウィーが神教廟（Shenist temple）と呼んだ宗教施設の特色であり、「何でも包含・吸収する」とされる性格をよく物語っている。

(b)儀礼　セアンス（降霊儀礼）の形をとり、童乩は必ず激しいトランスに入って特定の神の憑依を受ける。儀礼にはコミュニティー・メンバー（後述）の若者たちが参加し、ドラ、太鼓を喧しくかき鳴らし、童乩のトランスを誘う。儀礼中の喧騒さは相当のものであるが、周囲からの批判はまずない。人びとはセアンスにともなう異常な雰囲気を承認しているのである[18]。

(c)組織　一般に方言・同郷集団のメンバーにより、各童乩廟の組織は作られる。福建系の童乩は福建系メンバーが、広東系の童乩は広東系メンバーが金品を出し合って、「コミュニティー」[19]なる支援組織を構成し、廟の経営、セアンス、祭儀、慈善事業などはすべて組織の役員の責任において行なう。役員会は董事会または理事会と称し、顧問や理事長には同一集団内の有力者が選ばれる。方言・同郷集団間には童乩の資質、名声、廟の規模や祭りの豪華さを互いに競う風が見られる。この意味では、神教は民系集団（大きくは福建、広東、潮州、客家、海南の五集団）の統合の機能をもつと見ることができよう。

以上のシンガポールに見られる神教の特徴との対比において、まず西マレーシアの場合について見よう。ここで取りあげるのは一九三七年または一九五一年に創設された黄老仙師慈教と一九七六年に開教の拝天公である。二つとも新宗教教団であり、前者は西マレーシアの主要都市はもとよりシンガポールにも教線を拡張しつつあり、後者はその大胆な教理によって知識人層に浸透中である。西マレーシアにももちろんシンガポール型の伝統的な神教は存在する。しかし私見によればこの伝統的な型はペナンのような華人が多数を占める地域において活発であり、クアラルンプールをはじめ大都市では周辺的存在になっている。これにたいして黄老仙師慈教と拝天公は主として都市在住華人に支持されている観があり、その教理や主張は時代・社会の状況に機敏に反応し適応しようとする神教の性格を如実に示していると思われるのである。

（1） 黄老仙師慈教

本教についてはすでに何度か報告しているので[20]、ここでは本論の主旨に関わる事項のみを取りあげることにする。慈教はネグリ・スンビラン州のバハウにおいて客家系の人廖俊により創唱された。廖俊に憑依した神はみずからを「黄老仙師」と称した。爾後廖俊は黄老仙師を守護神（霊）とする霊媒型シャーマンとして主に客家系華人のためにセアンスを行なった。間もなく数名の重病人が彼の呪法により全快したとの噂が広まり、これを契機に客家系の枠を超えて各方言集団の人びとが彼のもとに集まり始めた。一九五八、九年頃、廖俊の篤信者であり、やはり童乩であった朱順と李有晋の二人が中心となって、廖俊の教えを「黄老仙師慈教」と名づけ、その神観を明確にして『黄老仙師道理書』なる教義書を編んだ。慈教は客家系の人びとから福建、広東、潮州、海南と各民系に拡大し、各地には伝統型の童乩廟とは比較にならない広壮華麗な廟が建立されるにいたった。(21)一九七九年現在では廟は西マレーシアに一七、シンガポールに二を数えるにいたっている。

(a)慈教のパンテオンと教義

慈教の祭壇には中央に斉天大聖、右に太上老君、左に黄老仙師を祀っている。斉天大聖は仏教を、太上老君は道教を、黄老仙師は儒教をそれぞれ代表しており、したがって慈教は儒・仏・道三教合一の宗教であると説く。『黄老仙師道理書』はわずか一四頁の小冊子であり、その内容は慈忠信義礼倫節孝廉徳など中国の伝統的な徳目の解説と信者の遵守すべき事項より成っている。信者になるためには、入門式において童身《タンシエン》(慈教では霊媒を童乩と呼ばず童身と呼ぶ)の信仰問答に正しく答え、信者として宣誓し、『道理書』の規定を守らねばならない。

その規定は①信者は入門第一年目には童身が憑霊状態で作成した黄色と緑色の神符を毎日各一枚燃やし灰を水に溶かして飲むこと、②生涯にわたり牛肉と狗(犬)肉を口にしないこと、(22)③三神の生誕日の祝祭や特別儀礼には必ず参加すること、④毎月一マレーシア・ドルを献金することなどから成る。

(b)慈教の儀礼

慈教の儀礼は仙医、渡法、過法堂の三つが主である。仙医は一般の童乩廟における問事や問神に相当し、依頼者が憑霊中の童身に質問し、問題への回答を得るための儀礼である。ただし童身は上下白の服を身に着け、簡単にトランスに入って依頼者の求めに応じる点が一般の童乩とは大きく異なる。(23)依頼内容は病気五〇%、家族関係三〇%、事業その他二〇%であるという。

渡法は信者・依頼者が毎月一日(旧暦)神前において憑霊中の童身から聖化された水を受けて飲み、さらに祝福を受ける式である。渡法は早朝と晩刻とに行なわれる。早朝四時頃から五〇〇人を超える人びとが集まり、聖水と祝福を受けてから職場や学校に行く。晩刻の渡法は午後七時半頃より始まり、早朝のそれにも増して多くの人びとが参加する。

過法堂は通常一箇月おきに月の最後の水曜日に行なわれる入門式である。式は午後七時半から始まり、童身が入門志望者のために慈教の意義や人間の正しい道、遵守事項、三神の性格などについて説く。その際強調されるのは、世間には数多くの宗教があるが究極的には宗教はひとつであり、それが慈教であるという点である。この後「なぜあなたは慈教に入門しようとするのか」といった試問がある。この説教や試問は客家語で語られることが多く、その場合は通訳が広東語と福建語に訳す。こうした方法自体慈教が超民系的活動を行なっている証左であると言えよう。

(c) 組織

慈教に入門した人たちは(a)に記した規定を遵守するとともに相互扶助を生活目標にしている。信者はみな慈教の神符の入った錫製のカプセル様ペンダントを胸に下げており、これを所持している者の頼みは喜んで受け入れ実行するという。[24] 慈教における人間関係が機縁となり、民系内縁組から民系間縁組に婚姻関係が変化している事実は注目に価しよう。[25] 各民系の枠を超えた超民系的宗教集団の形成こそ慈教の最大目標であると言えよう。

(2) 拝天公 (Pray to the Heavenly Father)

拝天公は一九七六年に西マレーシアの首都クアラルンプールにおいて、華人関天明により創唱されたシャーマニスティックな新宗教集団である。[26] 関は一九三六年イポーに生まれた。一九四二年日本軍がシンガポールに進軍中に母を失い、その後父は再婚したが、彼の幼少時代は真の愛情を知らぬ暗い日々の連続であった。唯一の頼りは小学校長の妻（ヨーロッパ人）であり、彼女は恵まれない関に同情し贈り物を与え、キリスト教会に連れていってくれた。幼少時代主に世話になった父方の伯母はメソジストであり、彼は彼女からキリストの教えを学んだ。彼の父方の祖母は女性童乩であったので、彼は早くから霊界に関心をもち、すでに幼少時に幻想や奇跡を経験していた。二三歳のとき彼は忘れ得ぬ経験をした。

ベッドに寝て窓から空を見上げていると、明るい星が彼に接近してくるのを見た。星は美女に姿を変え、ベッドの傍らに跪いて彼の額にキスをした。彼女は全身白衣をまとっており、寝室のドアを開けて立ち去った[27]。関は現在でもこの幻視体験に触れるときは、あの美女は自分の現在の役割を自分に知らせ約束をさせるために神が遣わした天使であったと主張する[28]。彼は長じて英語教育コースに進み、師範学校と四年制大学を卒業、地方の学校教師に採用されたが、ある会社から勧誘されてマネジメント・コンサルタントとして勤務した。しかし経営陣との意見不一致のため一年で同社を退社し、教師に戻ろうとしたが失敗し挫折感を味わった。彼が幻覚を通して神と直接交流し、新宗教を創設する覚悟を決めたのは、こうした挫折のときであった。

ある日関は幻覚を体験した。彼は「いろいろな寺廟を破壊せよ」との声を耳にした。彼は自分にはそのような力がないと断ると、汝の両腕を見よとの声がした。両腕を見ると眩い光線が放射されていた。これを見て彼は神が自分に偶像破壊の聖なる使命を与えたものと悟った。

彼は〔幻覚の中で〕パイロットのいない飛行機に乗って、中国の寺廟やヒンドゥー寺院が建っている土地に赴き、それらをレーザー光線で徹底的に破壊しつくした[29]。彼の使命が終わったとき、再び声がして「汝の労を多とする。汝は神の弟子。あらゆる不浄霊の救い主だ」と述べるのを耳にした。就職問題で挫折したときに体験したこの幻覚は、彼に強い衝撃を与えた。彼はマレーシアの華人たちを邪悪な多神教から救いだし、彼らに一神教的崇拝を導入することが自分の使命だと固く信じた。関は英語教育を受けたため、中国語の読み書きはできず、広東語の会話ができるといった人物である。

彼は新宗教を作るにあたり、まず種々の華人童乩と祭儀集団を集めて彼の力の優位を彼らに示威しようとした。最初は成功しなかったが、彼の瞑想集会（meditation sessions）[30]の噂は華人間に弘まりだし、間もなく好奇心に富む華人大衆が彼の集会に集まり、彼の神的メッセージを聞き、瞑想法を学び、奇跡的病気治療を見るにいたった。

関と童乩たちとの間には互いに力を競い合う場面が繰り返されたが、最後に童乩たちは関の力量を承認し、失礼を謝罪した。この出来事は急速に華人社会に弘まり、関の霊的指導者としての地位は華人間で承認されることになった。彼はみずからを仙神（Xian-shen）と呼ぶことにした。初期には華人社会の仏教徒、道教者、童乩の信者たちを攻撃対象にしていたが、教団が発展するにつれてキリスト教徒を信者にしようと目論むにいたった。信者数は一九八二年現在で二〇〇〇人以上を数え、その構成内容は大部分が華人勤労者クラスであり、少数の英語教育を受けた中流クラスの華人が上層部を形成していると見られている。(31)

(a) 拝天公の神観と教義

拝天公の崇拝対象は真鍮製の香炉に線香を四本立てたものである。

関は偶像崇拝は精神的に有害であるとする。なぜなら偶像を祈拝するとき、その人物の力が偶像に転移してしまうからである。香炉に立てる四本の線香のうち最長のものは天公を表象し、短い三本はキリスト教とイスラム教と拝天公を象徴するという。(32) この真鍮製香炉は信者の祭壇にも安置することが義務づけられる。信者は日に少なくとも二度天公を拝さなければならない。朝起きたときと就寝時にである。

拝天公では救済を実現するためには五原則を実現しなければならないとする。五原則とは①良心の実現、②自己の実現、③霊魂の実現、④天国と地獄の実現、⑤創造者の実現である。これら五原則の理解は人間の霊的自覚を高め、死後により高い生存の段階を約束するとされる。これら五原則の実現はただ瞑想の実践を通じてのみ可能となるとされる。

(b) 儀礼

儀礼の中心は瞑想である。香炉を拝した後瞑想に入るが、この際初心者は跪いて合掌し、顔を天に向けて神への服従を誓う。ついで坐禅の姿をとり、眼を閉じて両手を太股の上に乗せ手のひらを上に向ける。瞑想の間にその霊魂は身体を離脱して天界に旅すると信じられている[33]。

しかし関は信者たちに彼がいないときには瞑想に入らないよう忠告している。彼の注意に従わないと、人びとは憑霊状態になりやすいからである。瞑想中は自己の霊魂が離脱するので、浮遊中の精霊が身体に憑入しやすいのである。関は直接経験による救済の実現を強調する。彼が瞑想を重視するのは、それによって人びとを天界に旅行させ、地獄の苦悶と天国の静寂さを目撃させ、選ばれた救済者としての彼の役割を信者たちに認知させるためである。関は瞑想によって天界を旅行する体験を得た人にたいしてその祭壇から偶像を排除するよう勧める。霊魂の旅行を体験した人は自信をもって偶像を除去するという[34]。

(c) 組織と運動

関は異なる諸宗教の信者をも改宗させて拝天公を拡大させようとしてきた。彼は組織作りのために二人の代理人を任命し「ボタン所持者」と名づけた。二人は金ボタンを身に着け、教団の精神的問題を担当した。また実行委員会が組織され、財政と組織を担当することとなった。関との意見対立から信者が脱退したり、その私生活が発《あば》かれて教団が動揺したりしたが、彼は長老たちを役員に推戴し組織を強化して危機を乗り切った。

一九七七から七九年の間、彼は週に一度使用されていない廟で説教を行ない、病気治療をし、大量トランス（mass trance）を実施した。一九八〇年彼はクアラルンプールの華人新居住地の近くに土地を獲得、現在この土地は二週間に一度の説教会場として使用されている。彼は自由な時間を割いて西マレーシア中を旅し、伝道に励んでいる。教団は現に拡大中であり、関は海外在住華人にも伝道することを願っている。彼はシンガポールにもすでに支部を設けて活動中である[35]。

以上、西マレーシア華人社会の神教を代表する宗教形態として、黄老仙師慈教および拝天公を取りあげ、その性格と活動状況について概観した。両者ともシャーマン的人物が主宰している点において基盤を共有するが、神観念の構成や儀礼に差異が見られる。しかしシンガポールの神教と比較すると両者は多くの共通項を有することが明瞭になってくる。そしてこの共通項はフィリピンの神教と比較することによって一層その特異性を顕にするはずである。

(3) フィリピンの神教

フィリピン華人社会のうち最大の集団が居住するマニラのパッシグ川北岸地帯の神教廟は大別して三つに分類できる。(1)祭壇にシンガポールにおけるのと同様に伝統的な神々を数多く祀っているもの（白衣大将軍真霊殿、霊星庵無極聖母など）、(2)祭壇に伝統的な神々とともにカトリック教徒により崇拝されているサント・ニーニョ（Santo Niño＝幼きイエス）像を祀っているもの（清水金沙寺、順天聖母殿など）、(3)祭壇に伝統的諸神に加えてカトリックの諸偶像からイスラムの信仰対象まで祀っているもの（大千寺）。これらのうち、私見によれば(2)のタイプが最も多いようである。ここでは華人間で現在最も有名な大千寺を神教廟の新しい型の代表として取りあげる。

大千寺には名称が三つある。大千寺（仏教）、広澤尊王廟（道教）、エキュメニカル・チャーチ（キリスト教）である。本廟の主管者は蘇超夷で福建系華人である。彼は九歳のときに土星霊（Saturnian）と直接交流する経験をもって以来、土星霊を守護霊とする童乩になり、とくに運勢判断、家屋や間取りの方位決定の専門家として名を成し[36]、一九七七年現在地（トンドのモルガ・ストリート）に土星霊の指示により新廟を建設した。廟は土星の形をした吹き抜けの二階をもつコンクリート製の広壮なものである。以下これまでの例に従い順に説明したい。

(a) パンテオン

大千寺の正面祭壇には六五体の神仏の像が大理石の円柱上に安置されている。その中には阿弥陀仏、釈迦尊仏、観世音菩薩、燃灯古仏、地蔵王菩薩あり、広澤尊王、関聖帝君、元始天尊、福徳正神、玉皇三太子あり、イエス・キリスト、ブラック・ナザレン、サント・ニーニョ、聖母マリア、聖マーチンあり、さらにイスラミズムと記した偶像なしの神座がある。蘇は「本来神に名称はない。宗教にも名称はない。名称を作ったのは人間である。生まれたばかりの赤子に名前がないのと同じである。しかるに道教徒は四七〇〇年前に彼らの信仰を道教と名づけた。カトリック教徒は一九九〇年前に彼らの宗教をカトリシズムと名づけた。この寺は本来の立場に還ってあらゆる宗教を統合させようとしているのだ」と主張する。[37] 彼が編んだ『宇宙経』や『宇宙奉禄真経讃』には「燃灯仏　燃灯仏　燃灯賜吾財多厚　燃灯賜吾子満堂　燃灯賜吾寿永添　燃灯祝福家年安　燃灯祝福夫子全　燃灯祝福父母健　燃灯祝福寿長連」のような句が連なっており、利財、多産、家安、長寿などを祈念する内容になっている。『宇宙経』の末尾には Lord's Prayer が付してある。

(b)儀礼

大千寺の儀礼は①問事と②日曜礼拝から成る。問事は日曜日以外はいつでも行なわれる。個人または家族が蘇を訪ねて、病気、運勢、方位などについて彼の判断を求める。問事において彼がトランス＝憑霊の状態になることはない。普通の状態で主に関係文献にあたりながら判断を示す。この点、他の童乩の問神における仕方と大きく異なる。

日曜礼拝は通常朝八時と一〇時の二度行なわれる。一度に二〇〇〜二五〇人ほど参加する。このとき蘇は白の上下服にビロードのマント様コスチュームを着け、カトリックの司祭のような姿で現われる。コスチュームは緋（赤）、橙（黄）、青（緑）の三種でそれぞれ福、禄、寿を表象するという。彼は信者が廟を埋めつくした頃二人の弟子とともに現われ、まず二階の弥勒仏に線香を供えて礼拝、ついで隣のサント・ニーニョ像を礼拝してから一階に降り、六五体の神仏に礼拝の後、人びとに向かって一五〜二〇分程度の説教を福建語で行なう。内容は福・禄・寿と人生の意味、平和の重要性、時局に関する解説と批判などである。[38] 説教が終わると参会者に油灯（燃灯）が配られる。新来の信者には『宇宙経』が手渡される。儀礼は仏教式に鐘をたたき木魚を打って行なわれる。人びとは油灯を上下させながら読経するが、この間信者を背にして祭壇に向かって立つ蘇は、右手に長大な線香をもち宙に文字を書き始める。読経の声が高まり鐘と木魚の音が大きくなるにつれて、彼の身体は震えだし、手にもった線香が激しく動く。やがて激しいトランスに陥った蘇は線香で宙に文字を書きながら祭壇前の空間を右に左に駈けだす。ついで信者の方に向きを変え、トランス状態で線香を激しく振る。参加者全員に神の祝福を与えるのだという[39]。この間参会者の中にも油灯を激しく上下させながらトランス＝法悦にひたっている者も見られる。読経が終わると油灯を前机に戻し、行列を作って聖体を拝受する。聖体は直径一・五センチメートルの円形せんべいで表面に福・禄・寿の文字が印してある。人びとは家族の分までもらって帰る。

蘇は祭壇脇の椅子に腰掛けて人びとに祝福を与える。病人や老人の肩に手を触れてやり、子供には全身に手を触れてやる[40]。

(c)組織

蘇は大千寺を建てる前から知られた童乩であった。以前にも董事会を中心とする組織があったが、一九七七年大千寺建立とともに組織を充実させることに意を注いだ。事業家や政治家を役員に推戴し、董事長を頂点に総務、外交、財政、宣伝、福利、法務の職掌を置き、みずからは法務主任となって信仰・儀礼を統轄している。また彼は二〇歳前後の青年を弟子にして儀礼を補佐させているが、数人の者がトランスに入りやすい性格を有し、将来童乩になると噂されている。信者は登録制になっていないので正確な数は不明であるが、足しげく廟に通う人たちが三〇〇〇名、何かの機会に動員できる人数は一万人を超えるという。

「蘇氏は一〇年前はマニラの華人の中で最も有名な一人であったが、その全盛期はすぎた」と語る人もいた[41]。蘇は福建語と英語をよくするが、日曜礼拝にはフィリピン人はごく少数であり、彼の説教も福建語で行なわれた。

三　分析と整理

これまで西マレーシアとフィリピン（マニラ）の華人社会に展開する神教の代表的または典型的な形態を取りあげ、その特徴的な側面について述べてきた。ここで代表的・典型的という意味は、西マレーシアにもフィリピンにも、シンガポールに展開するような神教（伝統型）が存在しないわけではないが、ここで取りあげた神教の方が時代と社会の動向にたいしてより敏感に反応し、廟単位の信者数としてはより多くの人びとの宗教的関心を集めていることを指している。逆にシンガポールにもいわゆる新宗教集団がないわけではないが、これに比して伝統的な形態の方が依然として信仰的にも組織面でも大衆の心を捉えているという意味で代表的であると言えよう。

ここで再びこれまでの三国における華人社会の神教の展開状況に注目し、分析的整理を試みたい。

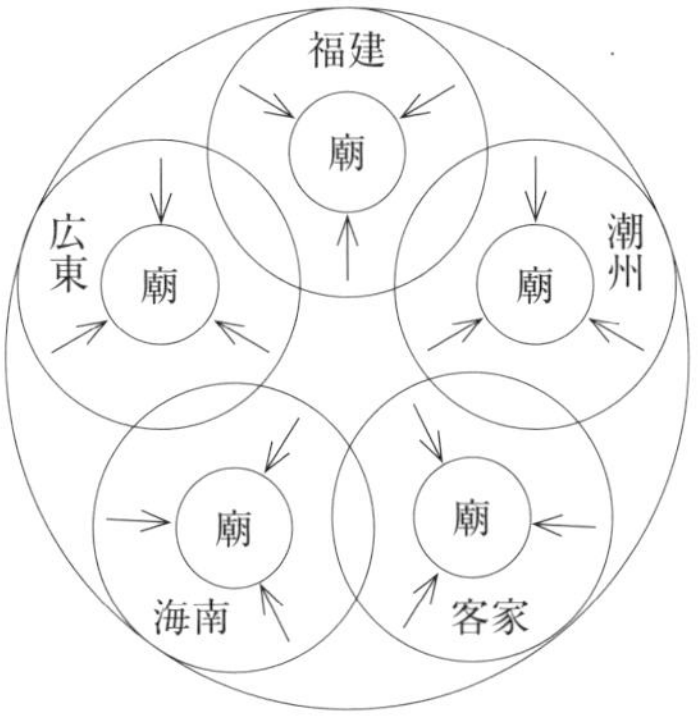

シンガポールの神教概念図

まずシンガポールにおける神教の特徴は宗教的結集の単位が各民系、同一方言・同郷集団であるという点にある。神教の廟に祀られている神々は民系的特異性をもち、彼らの大陸の出身地に直接結合している。また童乩も依頼者・信者との対話には共通の方言を使用し、親近性の増大に資している。ある民系に童乩が誕生すると民系人はこぞってこれを支援し、廟の建立、セアンスの準備、大祭の実行、慈善事業にいたるまで全面的に関わる。このように各民系が競合しつつ神教を支えているので、そこにヒンドゥー教やイスラム教の入る余地は原則としてない。

ジャラン・テンテランのニュータウンに出現した九楼拿督公廟は同一廟内にイスラムの崇拝対象とヒンドゥーのカーリー女神と神教の諸神を祀ってお

西マレーシアの神教概念図

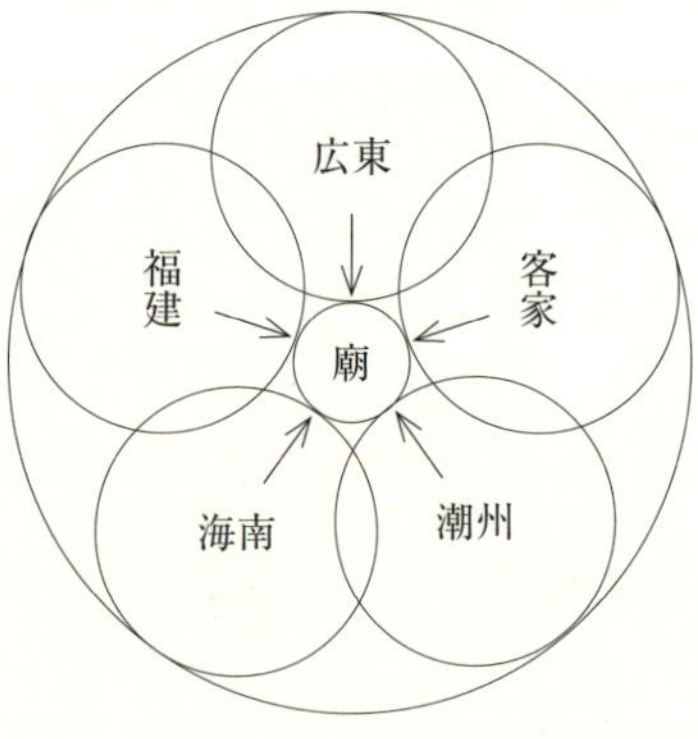

り、新しい型の廟である点が注目に価するが、大勢は依然として民系中心の同郷志向的宗教集団の並存である[42]。

シンガポールと比較すると、西マレーシアのとくに都市部を中心とした神教には少なからず特異性が見られる。伝統的な神教廟が存在するにもかかわらず、人びとの志向性は新しい型の廟にあると見られるからである。

黄老仙師慈教の特徴は、伝統的な神教廟において一五〜二〇を数える多神から成るパンテオンを思いきって縮少したことであろう。神像は斉天大聖、太上老君、黄老仙師の三神であり、これら三神は儒・仏・道三教を表現し、しかも三は一に帰すと説く。信者・依頼者は民系・方言集団を超えて同一華人として扱われる。実際には慈教の童乩は開祖が客家人であった関係上客家人が多く、他の民系の人びとには通訳を通して意志が伝えられるが、こうした言語上の不便にもかかわらず民系を超えての集結力をもつにいたっている事実の意味は重い。しかもシンガポールの童乩廟では考えられないような過法堂（入門式）や、早朝と晩刻に聖水をいただき祝福を受ける渡法が人びとの関心を集めている。

ここでは華人は超民系的に結集しなければならず、超民系的に協力し合わなければならないとの華人社会の思想・心情が宗教的に表現されている観がある。説教や仙医に通訳を現に必要としていること自体、依然として民系・方言集団の存在の強さを物語っているが、この宗教が過去四〇年の間に主要な都市に伝播し廟を建立し得たことは、華人の神教の大きな変化と見ることができよう。

慈教と比較すると拝天公教団はより著しい特異性をもつ。ここでは一切の偶像と多神教とが否定され、代わって天公なる唯一神が信仰対象とされるが、それは線香によって表象される[43]。神教は時と場合によって多神教にも一神教にもなり得る性格をもつことの証であると言えよう。黄老仙師慈教が神々を三神に限定したのにたいして拝天公はこれを全面的に認めず、キリスト教・イスラム教の神に等しい神観念を構想したのである。

そしてこうした展開の背景には、創唱者関のライフ・ヒストリーがあると考えられる。彼は幼時からキリスト教の影響を受けていること、英語教育により成人したこと、父方の祖母が童乩であったこと、これらの要素が失職して挫折感に満ちていた彼の内面において結合し、神との直接交流という形で表現を得たと考えることもできるからである。つまり彼は神との直接交流により力能を得たのだからまぎれもなく神教者であるのだが、シンガポール型とは大きくかけ離れた存在なのである。しかも彼は神との直接接触の方法を憑霊ではなく脱魂（瞑想を通じての）・他界飛翔に置く点で、形式的に類似している慈教とも異なっている。一九七六年に創唱されたこの宗教はまだ一〇年の歴史しかもたず、今後の可能性を予想することはすこぶる困難である。

マニラ大千寺の神教概念図

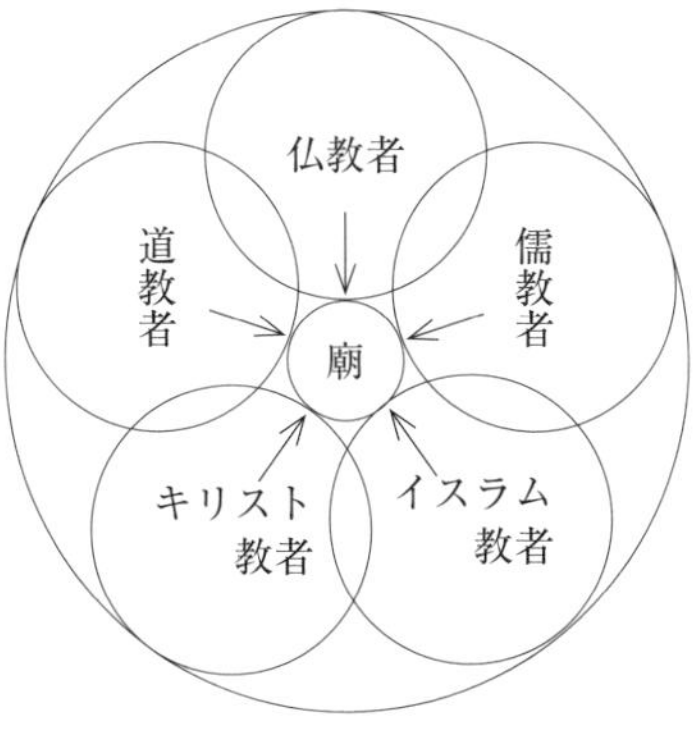

いずれにせよ、慈教も拝天公もマレーシア的コンテクストにおける神教の一形態であることは明白である。

シンガポールの神教が伝統的な多神の花園を形成し、西マレーシアの神教がこれとは逆に伝統的な神々の多くを締め出すか全面的に否認・排除しているのにたいして、フィリピンの代表的な神教廟である大千寺はシンガポールと同様に多神を祀り、さらにこれに加えてカトリックの主な信仰対象を数々祀り、あまつさえイスラム教の礼拝対象をもパンテオンに加えるにいたっている。他の神教廟もサント・ニーニョ像を祀り、カトリックとの親近性を示しているが、大千寺は大幅に門戸を解放して異質の大宗教を包摂しているところが特異である。

フィリピン華人社会は民系的には福建系がほとんどで、総数も他の国の華人社会に比してははなはだ少ない（総人口の一％）。したがってここには神教の民系別競合はない。大千寺神教の姿勢は、儒・仏・道三教とカトリック、イスラム教との共存共栄の実現にあると見られる。そこにはフィリピンの神教は決して異教を拒まず、むしろ歓迎するとの態度が読みとれる。

以上、同じ華人社会の神教でありながら国ごとに著しい差異を示していることがほぼ明らかになったと思う。シンガポールにおける伝統的神々の祭祀と民系別の統合、西マレーシアにおける一神教的志向と超民系的な統合の追求、そしてフィリピンにおける異質の宗教の承認・受容と華人社会の存続志向、こうした神教に見られるさまざまな様相は一体何を意味するのであろうか。以下ではこの課題を三国の置かれた政治・社会的状況と関連させて考察してみよう。

四　政治・社会的背景

「シンガポールは今日の東南アジアにおいてユニークな地位を占めている。この地域における最小の国であり、最も濃密な人口を擁しているにもかかわらず、その国民は当該地域最高の生活水準を享受しており、経済力と安定した成長率とは、この地位が予測し得る将来まで続くだろうことを示している」と一九六八年に記したのは社会学者オーイ・ジン＝ビー[44]であったが、このときから二〇年を経過した現在のシンガポールが、オーイの予測から大きく外れているとは思えない。シンガポールは今日においても、東南アジアで最も安定した国である。

とかく内紛を惹き起こしがちな多民族国家のひとつではあるが、人口構成から見ると、一九七九年現在で総人口二四七万一八〇〇人中、華人一八九万六七〇〇人（七六・七％）、マレー人三六万二四〇〇人（一四・七％）、インド人一五万八三〇〇人（六・四％）、その他五万四四〇〇人（二・二％）であり、実質的に華人の支配的な国家なのである。

政治的にはリー・クァン・ユー（李光耀）の率いる人民行動党が唯一の政党であり、リーは一九六五年以来、異例の長期政権を保っている。政府はつとに民族別、民系別の集団形成を排し、「シンガポール人（Singaporean）」としてのアイデンティティー形成を目論んできた。

今日、全住民の七〇％が公営住宅団地に住むにいたっているが、これも同一民族、同一民系の地域集中を解消しようとする政策を実施した結果である。かくしてシンガポール社会に大変動が生じ、[45]神教廟も移転を余儀なくされたものが少なくなかった。既述の九楼拿督公廟などは、こうした社会変化に対応しての神教の変わり身の速さを示していると言えよう。[46]しかしシンガポールの神教廟の大勢は、少なくとも一九七九年および一九八四年の調査時においては、依然として民系中心志向であった。これは政府の超民系的国家形成の政策実施にもかかわらず、安定の中にある華人は今なお伝統的な生活の型を維持し続けていることを意味しよう。そして時勢に敏感に反応するはずの神教がなお旧型を保持していること自体、当分こうした状態が持続することを示唆していると考えられるのである。

シンガポールが華人優位の国家であるのにたいして、隣国マレーシアは華人社会の不安定な国家である。同じように多民族国家であるが、その事情は著しく異なる。西マレーシアの人口一〇二七万人（総人口一二二三万人）中、マレー人五四四万三〇〇〇人（五三％）、華人三五九万五〇〇〇人（三五％）、インド人一一三万人（一一％）、その他一〇万二七〇〇人（一％）である。この五三％（マレー人）対三五％（華人）という人口構成が同国の政治、経済、文化、宗教などの諸局面において不安定要因となっている。ちなみに相互交流・往来の激しい隣国シンガポールの華人人口数一八九万六七〇〇人を加えると、両国の華人数は西マレーシアのマレー人の人口を超えることになる。経済的には華人が明らかに優位に立ち、政治的にも華人の潜在力はあなどりがたく、しかも文化・宗教的にはイスラム教対華人宗教という対照・対立的な状況があるとすれば、両者の関係が不安定になることはむしろ当然とも言えよう。

もちろんマレーシア政府は諸民族協調の基本方針に基づいて議会政治を貫こうとする姿勢を示してきているが、しかしこの姿勢の奥にあって政治行動の現実を支えかつ導いているのは、マレー民族優位への志向であるとの見方は定説化している観がある。そのマレー民族優位とは、主権者としてのスルタンはマレー人でなければならないこと、マレー人には他の非マレー人にはない特権が与えられ、スルタンはこれを保護しなければならないこと、マレー人の宗教であるイスラム教を国教とし、マレー語のみを公用語とすることなどの憲法の規定である。

マレーシア政府はこのマレー民族優位の規定によってナショナル・アイデンティティーの形成を企図したが、これは伝統や文化、価値を異にする華人にとって容易に受け入れられるものではなかった。人口比において大差なく、経済的に優位に立つとの認識をもつ華人は、したがってさまざまな場面においてマレー人と対立した。一九六九年五月一三日に勃発したマレー人と華人の大暴動は、この潜在的な対立が顕在化した事例とされる。[47]五・一三事件の後、政府は一九七一年三月の再開国会（五・一三事件後二二箇月間にわたり国会は閉会されていた）において、マレー人の特権（公務員の採用、教育への機会、一定のライセンス取得などにおけるマレー人の優先権）、国語としてのマレー語、スルタンの地位、非マレー人の市民権およびその言語の使用という四つの事項に関する公開討論を禁止する憲法改正を行なった。マレーシアの憲法は一方では国民に平等の公民権を保証しながら、他方ではBumiputera（土地の子）としてのマレー人に有利な特権を与えるという矛盾を内包しており、[48]このことがマレー人の主張するナショナル・アイデンティティーと華人の抱くエスニック・アイデンティティーの対立を強める結果を生んでいるとも言えよう。

こうした状況において華人社会がエスニック・アイデンティティーを再確認し全体としての統合を実現するためには、同一方言・同郷集団＝民系内の相互扶助や通婚による結合を超克する必要が当然生じてこよう。戦後間もなく創唱された黄老仙師慈教が、イスラム教に近い神観や脱童乩的儀礼を案出し、超民系的統合を目指しつつ全国に拡大した時期が、マレーシア政府によるBumiputera政策の展開の時期に重なっているのは、決して偶然の一致ではあるまい。弾力的にして柔軟な神教がすばやくマレーシアの政治・社会的状況に対応した動きを示したものと考えられよう。

慈教と比較して関天明の開創になる拝天公は、より一層一九六九年五月一三日事件の重大性を表象している。このことについてS・E・アッカーマンとL・M・リー・レイモンドが「マレーシア最大の民族集団であるマレー人は、選挙人の多数と政府の官僚と政策および軍事の掌握によって政治を支配している。経済的に強力ではあるが華人社会は一九六九年以来、徐々にその政治的影響力を失った。過去一〇年間における攻撃的なマレー人びいき（pro-Malay）の政策の採用は華人を政治的に弱体化させ、さらにその経済的地位への脅威を生みだした。華人社会の政治的細分化がこれらの政策への有効な抵抗を阻害した。挫折感と非道徳化が華人社会に蔓延している。マレーシアの大部分の華人は彼らが《第二階級の公民権（second class citizenship）》と見なす政治的従属を強く悔やんでいる[49]」と述べる内容は真実を穿っている。

拝天公教団が華人社会の従属的な政治的地位を華人社会の偶像崇拝と天公を崇拝しない事実にたいする神罰に帰し、華人の民俗宗教の放棄と一神崇拝を強調した[50]のは、まさしく民系別に多神教崇拝を事とする伝統的な型の否定と全華人社会の統合のための強力な一神教的シンボルの提示を意味するであろう。その神観はすこぶるキリスト教・イスラム教寄りである。イスラム的一神教を奉じるマレー人に対抗するためには、みずからも一神教を奉じるに及《し》くはなしとの発想はいかにも短絡的に見えるが、民族の危機に対処する神教の一面であることは明白である。

黄老仙師慈教の信者たちが超民系的に結合し、廟での人間関係を通じて民系間の通婚が促進されるにいたったこと[51]は、マレーシア華人社会の政治・宗教的関係のひとつの表現であると見ることができよう。

シンガポール、西マレーシアと比較すると、フィリピンの華人社会の位置はユニークである。フィリピンは一九八六年現在で総人口約五四〇〇万人中、華人人口は五五万人から六〇万人と見られており、全体の一％を占めるにすぎない。民系別の正確な数は不明であるが、フィリピン華僑総会秘書室長ジュリオ・タン（Julio Tan）によれば、七〇～八〇％が福建系であるとされるから、華人社会は福建系優位の社会である。宗教的にはフィリピン人の八五％がローマ・カトリック教会の信徒とされ、これに三％のプロテスタント諸派とフィリピン独立教会の信徒四％、反カトリックのイグレシア・ニ・クリストの信徒一％を加えると、キリスト教系の信者数は実に九三％になる。

ちなみにこの国のイスラム教徒は四％、仏教徒一％、原始宗教二％とされている。この一％の仏教徒はフィリピン在住華人の人口比率に等しい。総人口五五万人から六〇万人の華人のうち約五〇％がマニラ首都圏に住み、マニラを含むルソン島に住む華人は七五％に達すると推定されている(52)。

フィリピンの華人もまた他地域の例に洩れず、弾圧と追放の歴史を経験している。スペイン統治時代、スペイン人の官吏や守備隊、商人は、華人の商人、職人、労働者の移住を歓迎した。勤勉な外国人労働者として華人は増大し、やがて数的にスペイン人を凌ぎ、彼らを恐怖と不安に落とし入れるにいたった。一六〇三年、一六三九年、一六六二年、および英国の侵入後の一七六二年から一七六四年にかけて、数千人の華人が殺害され、集団追放令の対象となった。しかし迫害が繰り返されてもその都度、華人は不可欠とされ、絶えず本国から呼びだされた(53)。アメリカの統治以降、厳しい移民制限が行なわれたため、東南アジア諸国の中で最も華人の少ない国を結果することになった。

現在の華人の多くは三世から四世にあたるが、国籍取得者にせよ未登録者にせよ、華人としての自覚を失わずに単一の集団（福建系が大部分）を構成している。政治活動は禁止されており、国籍取得者でも、大統領と国会議員の選挙権はもつが被選挙権は与えられていない。しかし経済的地位はすこぶる高く、その投下資本額は全フィリピン産業の三六％を占めている(54)。

かくしてフィリピン在住華人は政治的に不満はあるにせよ、絶対数の少なさもあり、西マレーシア的展開を示さず、比較的安定した社会を形成している。彼らの宗教もこのような状況と無関係ではない。大千寺のような宗教施設はまさにシンクレティズムの標本のような存在であるが、それは現代の華人社会や家族の宗教的ありようを強く反映している。

華人の家族に信奉する宗教を尋ねると、祖父母は仏教と道教、父母は仏教と道教、そしてなかにはキリスト教（カトリック）と答える者があり、子供になるとほとんどが仏教＋道教＋カトリックと答える。なかにはカトリック以外の宗教を信じないとする若い華人もいるが、総じてカトリックの洗礼を受けても仏教と道教に関わっている例が多い。彼らは教会のミサに出席し、寺廟に詣で、必要なときには童乩を訪ねる。

この点について社会学者のJ・アムヨットは「フィリピン華人のキリスト教現象は混合的である。しかしその評価は難しい。というのは、多くの華人の心の中ではキリスト教の宗教的内容は放棄され、この基本的にキリスト教的な環境の中で、その社会的意味と便宜のゆえにのみ入信が求められるからである[55]」と述べている。このことは「華人は洋服はフィリピン人の服を着、フィリピン訛りの英語を話し、アメリカの映画や音楽を楽しんでも、所詮は華人であることをやめない[56]」という認識と表裏を成すと言えよう。

とすると大千寺の手のこんだシンクレティックなパンテオンや儀礼は、アジア唯一のカトリック国における華人のあるべき姿を指示しているのであろうか。そうならば神教はここでもそのしたたかな性格をむきだしにしていると言わねばなるまい。

五　結語

華人社会の神教は、それが置かれた政治・社会的状況に対応して、きわめて鋭敏かつ弾力的に反応し、ある場合には強く伝統に固執し、時によっては神観や儀礼を大胆に変革し、またある状況下では異質の伝統や文化要素を積極的に包摂するなど、さまざまな動態を示していることについて述べてきた。これを再び要約すると、以下のようになるであろう。

(1)華人人口が他民族に比して圧倒的に多く、政治・経済的にも長期の安定を示すシンガポールにおいては、神教は民系集団統合の役割を果たし、民系競合による全体社会の活性化に資している観がある。

(2)マレー人優先政策により、華人がいろいろな面において制限を受けている西マレーシアにおいては、神教は伝統的な型を脱し、一神教に近い神観念と独特な儀礼を案出し、華人社会を超民系的に統合させる方向に働いている観がある。

(3)華人が総人口のわずか一%を占めるにすぎず、圧倒的なローマ・カトリックの影響下にあるフィリピン(マニラ)においては、仏教・道教に加えてカトリックを奉ずる華人の増加にともない、神教は従来の伝統にカトリック的要素を積極的に加えつつある観がある。

以上のように神教は、従来指摘されてきたような〝包含〟や〝受容〟のみを特色とする宗教形態ではなく、さまざまな状況、とりわけ政治・社会的状況に対応して、伝統的な型を〝維持〟し、あるいは逆にこれを〝排除〟するとともに新しい型を〝創成〟し、さらに異質の諸要素を〝受容〟するなど、多様な展開を示している。したがってそれは、シャーマニズムが比喩的にツングース族の安全弁とされたように、華人社会においてもまた〝呪術・宗教的安全弁〟の役割を果たしていると考えることができよう。

【註】

(1) エリオットによれば神教(shenism)は、通俗的・変形的道教に儒教と仏教およびより重要性をもつ古代民俗宗教の影響が付加されて成ったものであるという[A. J. A. Elliott, *Chinese Spirit-Medium Cults in Singapore*, The London School of Economics and Political Science, London, 1955, pp. 28-29, 安田ひろみ・杉井純一訳『シンガポールのシャーマニズム』春秋社、一九九五]。

（2）V. Wee, "Buddhism in Singapore," in R. Hassan (ed.), *Singapore: Society in Transition*, Oxford University Press, Kuala Lumpur, 1976, p.171.

（3）ここで霊媒信仰とは spirit mediumship の訳語であるが、この際霊媒とは童乩およびその類似職能者を指すので、童乩信仰と言い換えることもできる〔拙稿「東南アジア華人社会における童乩信仰のヴァリエーション考」直江廣治・窪徳忠（編）『東南アジア華人社会の宗教文化に関する調査研究』南斗書房、一九八七、本書に第二部第一章として収録〕。

（4）V. Purcell, *The Chinese in Malaya*, Oxford University Press, Kuala Lumpur, 1967, p.119.

（5）Wing-tsit Chan, *Religous Trends in Modern China*, Columbia University Press, New York, 1953, p.141.

（6）フィリピンの華人宗教に関してもアムヨットは、「大部分のマニラ在住華人は宗教にたいして実用的かつ折衷的アプローチをする。彼らは他のいかなる宗教にたいしても排他的ではなく、またいかなる儀礼・慣行も効果をもつ限り、その根源は何であれ採用されるべきだと考えている」と述べている〔J. Amyot, *The Manila Chinese: Familism in the Philippine Environment*, Institute of Philippine Culture, Atheneo de Manila University, Quezon City, 1973, p.80〕。

（7）拙稿「シンクレティズムの概念と問題点」綾部恒雄他（編）『文化人類学』3、アカデミア出版会、一九八六、六〜一九頁参照。

（8）シャーマンが神霊・精霊の憑依によって人格が霊格に転換し、第一人称的にふるまうタイプを言う。これにたいして、人格が霊格に変化することなく、神霊・精霊を外側にして交流するタイプを予言者型という〔拙稿「シャーマニスティックな新宗教教団の構造と機能――マレーシアの黄老仙師慈教について」拙著『シャーマニズムの人類学』弘文堂、一九八四、一三〜一五頁、並びに本書、第一部第五章参照〕。

（9）Wee, op. cit., p.173.

（10）本書、第二部第一章参照。

(11) S. M. Shirokogoroff, *Social Organization of the Northern Tungus with Introductory Chapters concerning Geographical Distribution and History of the Groups*, The Commercial Press, Shanghai, 1929 ; *Psychomental Complex of the Tungus*, Kegan Paul, Trench, Trubner & Co. Ltd., London, 1935.

(12) Idem, 1935, p.267.

(13) Ibid., p.369.

(14) シロコゴロフが「安全弁」の語を「もしアナロジーが許されるならば……」[Shirokogoroff, op. cit., 1929, p.365] と断って比喩的に使用しているように、本論においてもこの語を比喩的に用いている。童乱は絶えず異教の神々に鋭敏であり、華人が置かれた状況に応じて、その宗教形態を変化させるからである。

(15) G. Berreman, "Brahmins and Shamans in Pahari Religion," in E. B. Harper (ed.), *Religion in South Asia*, University of Washington Press, Seattle, 1964, p.59.

(16) 本書、第二部第一章参照。

(17) 童乱廟はとくにそうであるが、祭壇上に多くの神像が祀られている。神像は作られたときに入神（入魂）の儀式を行ない聖化するので、神気・力を発散する存在と信じられ、数が多いほど神気・力が増大し、廟内に入る人びとに影響すると考えられている。一般家庭で神像を祀るときにも、廟に持参し、神像群の間に一〇日とか一箇月置くことが多い。その間に新しい神像に他の諸神像の神気・力が伝達するものとされる。

(18) 台湾の台南市では、住宅街の廟の場合、ドラや太鼓の音が近隣に迷惑をかけると判断されるときには、それらの代わりに強烈な香煙を用い、これを吸わせることにより童乱のトランスを誘うこともある。

(19) community という名称は、シンガポールにおいて多用される名称であり、これは同国の多数の華人が英語を使用することと関係している。意味的には台湾で用いられる「協助会」に近いと言えよう。

（20）拙稿「原郷回帰のシンボリズム――マレーシア華人社会のシャーマン」拙著『憑霊とシャーマン――宗教人類学ノート』東京大学出版会、一九八三、並びに註（8）の前掲拙稿、本書、第一部第五章・第六章、第二部第一章参照。

（21）一般の童乩廟は掘っ建て小屋風の建物で、依頼者が一〇人も入ると一杯になるが、慈教の廟は壮大な道観に似ており、数百名を収容できる神殿や食堂、宿泊施設をそなえている。

（22）斉天大聖、太上老君、黄老仙師の三神の生誕日には、信者はすべて菜食精進食のみをとり、この食物規制は厳重に守られる。信者はレストランにおいても、出された食物に牛肉と狗肉（犬肉）が入っていないかどうかにきわめて神経質である。

（23）本書、三五七～三五八頁参照。

（24）とくに一九六九年五月一三日のマレー人と華人間の暴動以来、慈教信者相互間の助け合いはますます強調されるにいたった。困ったときや緊急事態の際のみではなく、職場や旅行などにおいても信者同士は特別な関係にあることを自覚するよう指導されている。

（25）註（8）の前掲拙著、一九八四、三四四～三四五頁参照。

（26）拝天公については、筆者は一九七九年と一九八四年にクアラルンプールで調査中に耳にしていたが、実際に調査をしてはいない。ここで紹介する教団の内容は、ほとんどアッカーマンとレイモンドの一九八二年の論文［S. E. Ackerman and L. M. Lee Raymond "Pray to the Heavenly Father: A Chines New Religion in Malaysia," in *Numen*, 29 (Fasc.1)］に依拠している。

（27）幻覚や夢の中で、神霊や精霊と見なされる存在と直接交流する経験は、多くの童乩がイニシエーションの過程や幼少時においてもっている。もっともこうした経験は、彼または彼女が童乩になる決心をする際に、過去においてもしかじかの神との交流があったという形で、説明の根拠に使われることが多い［拙稿「憑霊と宗教文化覚書――シンガポールの一女性童乩のシャーマン化過程」『馬淵東一先生古稀記念 社会人類学の諸問題』第一書房、一九八六、本書に第一部第三章として収録]。

(28) Ackerman and Raymond, op cit., pp.66-67.

(29) 幻覚の中での神との交流および関が行なったことには、飛行機やレーザー光線など、映画やテレビに出てくる素材が強く反映している。ここにも時代と状況に敏感なシャーマンの一面が現われていると言えよう。

(30) 瞑想 (meditation) によって神人交流を実現するという方法は黄老仙師慈教の童身の場合に類似する。ドラや太鼓を用いず、香煙で燻すこともなしにトランスに入り得る第三の方法とも言えよう。

(31) Ackerman and Raymond, op. cit., pp.63-64.

(32) キリスト教とイスラム教と拝天公(華人宗教)とが一体となって天公として表象されるとの観念は、黄老仙師慈教における儒・仏・道三教一体の宗教という考え方に通じるが、慈教が華人の宗教的伝統を踏襲している意味でナショナリスティックであるのに比して、拝天公はインターナショナリスティックであると言える。

(33) 一般の童乩もイニシエーションの過程において脱魂 (ecstasy)・他界飛翔 (mystic flight) を経験することがあるが、セアンスにおいてこれを行なうとされる例は少ない。多くの場合セアンスにおいて、童乩に来臨した神霊に憑入され、霊媒として役割を果たすからである。脱魂を主とするセアンスは、一般の童乩と異なることを意図的に示しているのかも知れない。

(34) 憑霊を中心とする童乩は、神霊が宿っている偶像を祀る必要があるが、みずから天空の神のもとに旅行できる人にとっては、偶像は必要でなくなる。その場合、神は人間に降臨するのではなく、人間が神に会いに上昇するのである。

(35) Ackerman and Raymond, op. cit., pp.66-70.

(36) 蘇はサターニアンその他の諸神仏と直接交流できる上に、易学や風水説の知識を駆使して家屋の位置、玄関、台所、便所、寝室などの向きと家族の幸・不幸との深い関係を熱心に説き、これが建築ブームの華人社会に迎えられてひっぱりだこになった。たとえば彼は、寝室のベッドの位置は夫婦の富と健康を左右するとし、ベッドの頭板は西または北に向けるべきであるが、主人が一九一二、一九二四、一九三六、一九四八、一九六〇、一九七二年の生まれならば頭板を決して北向きにしてはならないと説く。また一九〇三、一九一五、一九二七、一九三九、一九五一、一九六三、一九七三年生まれの人は決して頭板を西に向けてはならないとする。このような具体的な指摘が説得力をもったことは言うまでもない。

(37) 本書、三五四頁参照。

(38) 毎週日曜礼拝にきている学生によると、蘇はテレビや新聞の時事解説をよく見ており、これを説教に活用しているが、テーマは道徳や生活の問題に限られ、政治問題を取りあげることはほとんどないという。

(39) 蘇が線香をもって宙に文字を書く間に彼に憑依する神は定かではない。しかし信者たちはトランス状態に陥った彼のもつ線香の灰や煙を進んでわが身に受けようとしている点から見ると、灰や煙には神の力がこもっていると感じているのではなかろうか。

(40) これは明らかに接触・伝染呪術(contagious magic)の意味をもつものと言えよう。

(41) 彼のところにマルコス前大統領が相談に訪れたとの噂がマニラ中に拡まり、彼を一躍有名にしたという。このことを彼に直接尋ねると、彼は微笑するのみで否定も肯定もしなかった。彼のことがマニラの英字紙に何度も掲載されたことは事実である。

(42) 本書、三四八~三四九頁参照。

(43) 線香はまぎれもなくキリスト教、イスラム教、華人宗教を示すシンボルではあるが、燃え尽きれば消滅する点で決して偶像ではない。

(44) Jin-bee Ooi, "Singapore: The Balance-sheet," in Jin-bee Ooi and Hai-ding Chiang (eds.), *Modern Singapore*, University of

Singapore, Singapore, 1968, p.1.
(45) 拙稿「社会変化と宗教——シンガポール華人社会の事例から」『宗教学論集』13、駒沢宗教学研究会、一九八六、一七九〜一八九頁、並びに本書、第一部第四章参照。
(46) 本書、三四八〜三四九頁参照。
(47) 築島謙三「マレー人における自治の心理——五・一三暴動に関連して」『東洋文化研究所紀要』第五一冊、東京大学東洋文化研究所、一九七〇、一〜二四頁参照。
(48) 阿部利夫「マレーシア華人社会の構造」『アジア経済』一二(二)、アジア経済研究所、一九七一、四頁参照。
(49) Ackerman and Raymond, op. cit., p.76.
(50) Idem, ibid., p.71.
(51) 註(8)の前掲拙著、一九八四、三四五〜三四六頁参照。
(52) A. Kolb, *Die Chinesen, Japaner and Inder auf den Philippinen*, Otto Harraswitz, Wiesbaden, 1974, pp.23-26.
(53) Ibid., pp.16-19.
(54) 須山卓・日比野丈夫・蔵居良造『華僑 改訂版』日本放送出版協会、一九八四、一五七頁参照。
(55) Amyot, op. cit., p.78.
(56) Amyot, ibid.

【付記】

本論中フィリピンの神教に関する記述は、昭和六一年度文部省科学研究費による海外学術調査「フィリピン複合民族国家における宗教観と国民形成」(研究代表 菊地靖早稲田大学教授)の成果の一部である。

第三章　〈神〉という形に宿る〈力〉——童乱信仰の特質について

一　はじめに

童乱《タンキー》は各地華人社会の民俗宗教において、きわめて強い影響力をもつシャーマニックな職能者である。ということは、童乱が華人社会の他の諸宗教職能者に比して、華人大衆の圧倒的支持を得ていることを意味しよう。シンガポールには童乱が関わる寺廟だけで数百もあると推定されている。(1) この数からも彼らがいかに重要視されているかが分かろうというものである。

各地の民俗社会がそうであるように、アジアの華人諸社会もとくにこの数十年間に激しい近代化の波に洗われ、経済・社会・文化的に著しい変化を余儀なくされた。童乱を中心とする宗教形態——これをここでは〈童乱信仰〉と呼ぶことにする——もまた例外ではなかった。ことに社会変動が著しいシンガポールにおいては、童乱信仰が蒙った影響は実に大きかった。(2) とはいえ、そうした激しい社会変動、文化変化の中にあっても、童乱信仰はみずからも適応的に改変あるいは再構築を試みつつ、根強く、したたかに持続している。

童乱は尫姨《アンイー》（Ang-i）や問暒婆（Man Seng Poh）とともに欧米の研究者により〈霊媒（spirit medium）〉と呼ばれることが多かった。とくにシンガポールの童乱に関して組織的かつパイオニア的な調査研究を行なったA・J・A・エリオットの著書刊行(3)以来、童乱を霊媒と記述する研究者・著者が多くなった。

他方、シャーマンおよびシャーマニズムの研究が世界的規模において行なわれるにいたってから、霊媒をシャーマンと同一視する研究者や霊媒をシャーマンの一種と見なす学者もでてきた。[5] もっともエリオット自身、霊媒（童乩）をシャーマンの一種と考えていたようである。[4] 彼はその著書において「華人の霊媒信仰（spirit mediumship）は、世界的規模において見いだされるシャーマニズムなる現象のひとつの例である」[6] と述べているからである。台湾の童乩に詳しいA・クラインマンは「台湾においてシャーマンに相当する語はTang-kiであり、この語は《卜占する若者》を意味する」[7] として童乩＝シャーマンと理解している。

霊媒を神霊界（異界）と人間界との霊的媒介者（spiritual intermediary）と捉えるとすれば、霊媒とシャーマンとの概念上の差異はなくなる。シャーマンは特質的にも役割上も〈霊的媒介者〉にほかならないからである。すべての宗教的職能者は神と人間との間に立つという意味で霊的媒介者であるといえるが、シャーマンがすぐれて霊的媒介者であるのは、諸研究者の指摘するように、媒介における〈直接性（directness）〉にある。その直接性とは、神霊その他の霊的存在をおのが身に憑入させ、また神霊その他を目で見、声を聞き、肌で感じ（憑感）、さらにみずから神霊界に赴き得ることを意味する。[8]

これを諸研究者が直接的関係（direct relation）、直接的交通（direct communication）、直接的接触（direct contact）などと称してきたことはよく知られている。[9] シャーマンが神霊その他と直接的に接する際には、通常トランス（trance）状態になるので、このトランスの有無をもってシャーマンと他の宗教者とを識別する指標と考える傾向もあるが、今日ではトランスよりも〈直接性〉を重視する傾向がより強くなっているように思われる。[10] 直接接触や直接関係にはトランスが前提になっていると考える研究者が増えてきているのである。

こうした理解に立つとき、童乩の〈直接性〉はどのように見られるのであろうか。

まずエリオットは童乩の性格的特徴について「華人の霊媒（童乩）信仰における基本的な考え方は、厖大にして漠然たる力を有する霊的存在がその〔霊媒の〕身体に憑依し、……彼〔霊媒〕に神智をもって語らせ、崇拝者たちに忠告を与え、かつ彼らの病気を治癒させるということである」[11]と述べている。またL・コンバーは「霊媒たちは一般に諸神（または霊鬼）の崇拝を通じてトランス状態に陥ると信じられている。その間に彼らの守護神が彼らに憑依する。この状態にある間、彼らは当該神の化身と見なされ、その言動はきわめて重大視される」[12]としている。

エリオットとコンバーでは童乩の特徴についての見方に若干の差異があるので、改めて整理すると以下のようになろう。(1)童乩が守護神にたいしてみずからに憑依するように懇願（崇拝）する、(2)守護神が来臨して童乩に憑依するが、このとき童乩はトランス状態に陥っている、(3)童乩は守護神憑依の間は神自身（化身）と見なされる、(4)厖大で漠然たる力をもつとされる守護神は、童乩を通じて人びとに託宣し、予言し、治病行為をする、(5)憑霊中、童乩（神）の言動はすこぶる重視される。[13]以上五つの童乩の特徴点は、われわれが問題にした神人関係（神霊―童乩―依頼者関係）における〈直接性〉をよく示している。童乩が守護神にみずからに直接憑依するよう懇願すると、神は願いに応じて来臨し、童乩に憑依するのである。研究者により直接交流または直接接触とされる場面である。ついで神自身になった童乩が依頼者にたいして直接に話しかけ、直接に儀礼行為にでるのである。

このように童乩が神と人との直接媒介者（＝シャーマン）であることが明らかになったと考えるので、以下では童乩が人間・社会との間に立って直接媒介する神とは、華人社会の宗教文化的諸コンテクストにおいていかなる性格や特質を有すると捉えられるべきかという問題にアプローチしてみよう。

二　童乩信仰における力について

〈はじめに〉において筆者は、童乩〔という人物〕を中心とする宗教形態を〈童乩信仰〉と呼ぶと記したが、この点の吟味から始めたい。童乩が常在するか関与している寺廟には、彼（または彼女）に憑依する神が祀られており、この神は多くの場合神像の形をとっている。通常童乩廟には、童乩に憑依する神の他に数体もしくは数十体の神像が祀られている。もちろんこれら数多くの神々がすべて童乩に憑依するわけではない。憑依するのは諸神の中の一神または数神であり、他の諸神は童乩や依頼者・信者の信仰、礼拝対象ではあるが、憑依とは直接関係がない。

童乩の憑依に関係がないのに、どうして童乩廟には数多くの神像が祀られているのであろうか。この問題は本論の重要部分を占めるので、後に改めて述べることにしたい。

童乩に憑依する神は、みずからの意志で童乩を選んだとされることが多いので[14]、世界各地のシャーマニズム文化によく見られるシャーマンの守護神（霊）に相当すると考えることができる[15]。童乩の守護神は、理論上は華人宗教のパンテオンに位置するどの神でもよいわけだが、現実には例外を除いて特定の神々に限られていることが多い。それらの諸神は華人大衆にも親しまれており、若干例示すると関帝、斉天大聖、玄天上帝、感天上帝、観音仏祖などが目につく。これらの諸神が霊験あらたかであると信じられていることはいうまでもない。

これにたいして、童乩に憑依する神々の周辺に位置する数体または数十体の神々に関しては、その性格や役割はもとよりのこと、その名称についてさえ、童乩も知らないことがある[16]。こうした神々の氏名や素性について、信者や依頼者が知識を欠いていることはいうまでもない。童乩が神の直接媒介者となって役割を果たす憑依（降神）儀礼は〈問神〉とか〈求神〉と呼ばれる。問神も求神も文字どおり、人びとが神に直接問い、神を求めることを意味するから、このとき童乩は神に憑依されて神自身と見なされていることが前提となる。

童乩の憑依儀礼（研究者はこれをセアンス〈seance〉＝降神・交霊儀礼と呼ぶことが多い）の中心は、廟の祭壇に祀られている神像にたいして、儀礼に直接関わる人たち[17]が神の童乩への降臨を請い願い、神が求めに応じて宿り場（像）を離れ、童乩に〈附身（憑依）〉することである。このとき童乩は自己転換を行ない、神格化する。まず祭壇上の神像に対面して龍座に坐し、自分に憑依する守護神に附身するように願い、両手を組むか合掌して瞑目する。儀礼に関わる者は童乩の両側に立ち、ドラや太鼓を激しくたたきながら〈請神咒（神歌）〉を高らかに唱えるのが一般的である[18]。その咒の中に「弟子一心　専拝請　〇〇上帝　親降臨」というのがある。通常、弟子たちの心からの拝請に応じ、特定の神が降臨して童乩に附身するのに、短いときで五～六分、長いときは数十分を要する[19]。童乩に憑依する神の中でも威力ある神とされる武神の関聖帝君が附身するときには、童乩は激烈なトランスに入り、激しく首を振り、大薙刀を振り回し、跳躍し、のたうちまわって神威を誇示する。人格が神格に変わるための、げにドラマティックな状態である。

白虎と化した童乩

この激動が鎮静したとき、童乩は神に変身したと見なされ、龍座に坐し、神自身として異言《グロツソレーリア》で語ることが多い。

信者や依頼者は神に合掌し、問神する。この場面では、人びとが敬虔にたいしているのは某々童乩ではなく、まさに神そのものである。神の言葉と行為は慎重に受けとられる。神が憑依していないときと、しているときとでは、卓頭（助手）その他の関係者の態度が大きく異なる。ことに問神が終了して、神が童乩の身体を離脱し、祭壇上の神像に戻る際には、再びトランスに陥り、やがて後ろに仰向けに倒れるか、前机に俯せになってしばらく眠ったような状態になる。関係者は緊張し、神経質になる。このとき童乩は神の意識から人間の意識へと転化し、神から人間へと戻るのである。[20] この時間は非常に危機的であるといわれている。数刻して彼〈彼女〉は深い眠りから覚めたような表情で常態に戻る。憑依中の自分の言動は全く、あるいはほとんど記憶していないという。友人・知人は彼を普通の人として扱う。神霊憑依中とそうでないときとで、童乩にたいする人びとの態度に著しい落差があること、これが〈童乩信仰〉の大きな特徴であるといえよう。童乩は神の乗り物（vehicle）ではあっても神自身ではないとの見方がなされるのは理由なきことではない。

とするならば、童乩は信仰の対象そのものではない（神が信仰対象）のだから、本論で使用している〈童乩信仰〉という表現の仕方は矛盾ではないかといわれるかも知れない。そのように指摘する論者は、〈童乩信仰〉の語に換えて〈某々神信仰〉と記述すべきであると主張するかも知れない。

ところが童乩の憑依儀礼、というよりも〈シャーマン〉が関与する儀礼においては、〈某々神信仰〉という表現は正鵠を射ていないといわなければならない。というのは、シャーマニズムなる宗教形態においては、神が〈直接〉に出現し、顕現するところに最大の特色があり、信仰されるのは〈憑依〉において姿を顕にした神であるからである。一般の神信仰ならば、祭壇上の神像を礼拝し、神像が印刷された護符類を信仰すれば足りるであろう。

現に諸童乩廟においても、憑依儀礼とは別に、人びとは祭壇上の神々に供物を捧げて熱心に祈願しているではないか。この形の信仰においても、神人関係は十分に成立していることはいうまでもない。童乩廟以外の諸寺廟における儀礼は、すべて諸神像にたいする読経、祈願、礼拝を骨子としているとさえいえよう。

ところがこうした儀礼において完全に欠如しているのが、神と人間間の〈直接接触〉であり、〈直接交流〉である。人びとは神に切実な願いを訴えても、神からの直接的回答を得ることができず、神の行動を目にすることも、その声を聞くこともできない。祈願や訴えは常に人間の一方的な営みにとどまる。これにたいして童乩の憑依儀礼では、神が童乩の身体を借り、その声や行動を通じて直接人間に相対するのである。そこでの神は第一人称でみずからを表現するからである。そこでは神は童乩であり、童乩は神自身である。
かくしてつぎのようなことが明らかになろう。神像は人びとにより信仰・礼拝の対象とされるが、実は神像は神の容れ物であって神自身ではない。童乩がトランスに陥ったときに彼（彼女）に憑依するのは神像ではなくて、それに宿る神霊（divine spirit）である。ところが神霊はそれ自体不可視の存在であるから容れ物すなわち神像が必要になるのだ。さらにいえば、神像を介してしか人間は神をイメージできないのである。

まさにこれと同様に神と人間とが直接的に交流するためには、神は人間の容れ物を必要とする。シャーマン、シャーマニズムはかくして、神霊が人間と現実に交流するために不可欠の宗教文化的装置であるということになろう。童乩もまた例外ではない。われわれは憑依状態になった童乩を通して、はじめて不可視の神を認知でき、神との直接交流が可能になるのである。つまり〈直接性〉を重視する宗教的コンテクストにおいては、〈神信仰〉は〈童乩信仰〉の形においてのみ実現するということになろう[21]。

つぎに童乩を介してみずからを示現する〈神〉の性格または特質について考えてみたい。

華人社会の神観念について、エリオットは主にシンガポールの調査を踏まえてつぎのように述べている。「神（shen）という語を説明するのは難しい。それは人間の福利を護るために崇拝しなければならない強力にして恐ろしい霊的存在の主要なカテゴリーを示すものである[22]」。また「神と鬼（kuei）とは、究極的な霊的な力であり、それぞれ陽的、陰的で霊魂の二つの構成要素の基礎となるものである[23]」。そして「華人の霊媒（童乩）信仰における基本的な考え方は、厖大にして漠然たる力を有する霊的存在がその〔霊媒の〕身体に憑依し、……彼（霊媒）に神智をもって語らせ、崇拝者たちに忠告を与え、かつ彼らの病気を治癒させるということである[24]」。さらに「数多くの悪霊どもがこの世に跳梁し、災厄や不幸の原因となっているが、彼らを効果的に制御できる唯一の力は神である[25]」。

以上のエリオットの指摘は、さまざまな宗教的コンテクストにおいてなされたものだが、彼の〈神〉についての考え方を知るのに見逃し得ない内容を含んでいる。その考え方のエッセンス部分を抽出すると、〈神は力ある霊である〉、〈神は霊的な力である〉、〈霊的な力は神である〉となり、結局〈神＝霊的な力〉という捉え方にいたる。

エリオットはその著書の中で、とくに〈力（li, la）〉について論じているわけではないが、彼が〈神〉の性格や役割について触れている箇所では、上述のように〈神＝力〉という捉え方がしばしば出現する。おそらく童乩の憑依儀礼における種々の役割行為および信者・依頼者の童乩にたいする態度を観察している間に、神は霊的な力であると解釈せざるを得なくなったのであろう。

筆者は、童乩信仰における〈力〉の観念と役割を仔細に検討してみることは、ひとり童乩信仰の実態究明にとって重要であるのみならず、しばしば指摘される華人宗教の〈弾力性〉や〈包容性〉の問題解明のためにも必要不可欠であると考えている。その理由ないし根拠については後述することにしたい。

従来のシャーマニズム研究においても、霊的な力（spiritual power）の問題が取りあげられなかったわけではない。しかし研究の主な関心は、憑霊と脱魂、憑依儀礼の過程、治癒儀礼の医療的意味、宗教的世界観と社会構造との関係などに注がれ、神の特質や〈神＝力〉の問題を正面から扱うような試みはほとんど見られなかった[26]。このことは華人社会のシャーマニズムについても同様であり、C・K・トンの業績[27]を除くと〈神＝力〉をめぐる論考は、管見する限り皆無に近い。なるほど宗教的〈力〉を問題にしようとしても、対象が抽象的かつ漠然としすぎてその理解がすこぶる困難であるとの見方には、それなりの妥当性があろう。

こうした見方にたいしては、つぎのような指摘が可能であろう。第一に宗教信仰の現場（宗教的対象と民衆との接点）においては、家内安全、災難防止、病気平癒、商売繁盛などの営為は、性格的にも機能的にも〈力〉への志向であること、第二に仏教やキリスト教など教理体系をもつ宗教は、とくに教理レベルにおいて知的整合性を保持するために、しばしば呪術と結びつく〈力〉に批判的であるが、にもかかわらず信仰の現場では、諸仏は超人間的存在と見なされ[28]、イエスはその存在自体が〈力〉であったとされていること、[29] 第三にシャーマン、シャーマニズムの儀礼においては、しばしば精霊の統御（control of spirits）とか精霊の駆使者（master of spirits）などの表現が用いられるが、これら精霊の統御や駆使は、多くの場合〈力の統御〉〈力の駆使〉と読み換えた方が、実情理解により資すると考えられること。〈力の統御〉〈力の駆使〉という視座を踏まえると、童乩信仰の実態はどのように整理されるのであろうか。実例を挙げながらこの問題に迫ってみよう。

(1) 拝神

エリオットは、華人たちがどのような宗教を信じているかと尋ねられると、たぶん困惑するだろうと述べ、彼らにとって必要なのは宗教の種類ではなくて〈拝神（Pai shen）〉なのだと述べ、さらに〈拜〉という語は「崇高で強力な何ものかにたいする畏敬の態度である」としている。[30] 鋭い着眼である。華人の多くにとって、また童乩にとっても宗教的に重要なのは神の属性や教理的な背景などではなくて〈崇高で強力な何ものか〉であるという事実は、とくに童乩の寺廟では普通に見られる。一九七〇年代にシンガポールのラングーン・ロードにあった斉天宮は掘っ建て小屋風の童乩廟であったが、そこの童乩は病気治しが評判で、依頼者が多かった。斉天宮の内部祭壇には最上段に太上老君、法祖が、二段目に玄天上帝、大聖仏祖、観音菩薩、斉天大聖、斉公活仏が、そして三段目には関聖帝君、感天上帝、達茅先師、蓮華太子、善財童子、蔡俯王爺などが神像の形で祀られていた。[31]

これらのうち大聖仏祖と観音菩薩、善財童子は明らかに仏教出自と見なされるが、ここの童乩と依頼者にとっては、出自の詮索や分類はどうでもよいことであり、すべてが〈神〉であった。筆者は当時三〇代の童乩に神像の名称をひとつひとつ訊いたが、彼が答えられたのは自分の守護神で儀礼において憑依する斉天大聖だけであり、他の神々については、いちいち卓頭（通訳・解説者）を務める当時七九歳の父親に尋ねては教えてくれた。

〈神＝力〉の概念には当然神と力の二つの意味が含まれるが、宗教文化によっては〈神〉の性格や出自が強調される場合と、反対に〈力〉の有効性や機能が重視される型とがあると考えられる。華人の〈拝神〉では、神の氏素性よりも力が崇拝されているといわなければなるまい。

童乩信仰における拝神は〈問神〉に典型的に示される。すでに触れたように問神は、童乩に憑依した神に人びとが直接訊き、答えを得る儀礼（セアンス）である。

童乩の憑依儀礼で目立つのは、〈力〉の誇示である。激しく跳躍し、のたうちまわるトランス、憑霊状態の童乩は、刀剣や針球（spiked ball）などを振り回してみずからの裸身を傷つけて血だらけになり、さらに舌を切り割き、煮立った油に両手を漬けるなど、数々のデモンストレーションをする。ちなみに守護神のための大祭には、童乩は両頬を長大な真鍮製の棒で貫通させ、そのままの姿で行列の中心として数時間も練り歩く。すべては神の威力を示すものとされる。

童乩は〈占いする若者〉を意味する。[32] なかには例外もあるが、童乩の活動年代は総じて一〇代後半から四〇代前半までであると見られる。[33] 童乩の特徴は呼称からも知られるように〈童＝若さ〉にあり、換言すれば〈体力〉にあると考えられる。エリオットは「ひとたび神によって選ばれたら逃れるすべはないという。他方いかに望もうとも、神に選ばれなければその地位に就くことはできない」[34]と述べている。しかも神の選択の基準が〈若さ〉にあるということは、若く体力ある者にしてはじめて神の〈力〉を十分に発揮できることを意味しよう。童乩の激しいトランスと激しい動作は神の威力をよく示すが、それは若い体力と結びついてはじめて可能になるといえよう。

一般に童乩は四〇代で退任するが、それは肉体が衰えれば神の〈力〉に耐え得ないことを示している。もしも童乩信仰が〈力〉ではなく〈神霊〉にのみ結びついているのならば、童乩の憑霊に老若の差は関係ないはずである。童乩が老齢化して激しい行動ができなくなると神が憑依しなくなるという事実は、童乩の条件が〈若さ＝力〉と〈神＝力〉とのただならぬ関係を物語っているのではないか。[35] この意味で〈拝神〉は〈拝力〉であるといいなおすことが可能であろう。

⑵神符

各地の童乩の憑依儀礼は、かなりのヴァリエーションを示す。トランスの強弱、儀礼コスチュームの差異、祭壇上の神像数の多少、読誦教典の有無、問神の仕方の差異など、地域により変化が著しい[36]。ところがそうした地域的ヴァリエーションにもかかわらず、地域を超えた共通点が見られる。儀礼における〈神符〉の使用である。神符は童乩が神に変身し、神として手ずから作成するもので、神の〈力〉を含むすこぶる霊験あらたかな聖物と見なされている。

符にもさまざまな種類があるが、童乩が一般に用いるのは、縦三五～四〇センチメートル、横一〇センチメートルほどの長方形の黄紙または緑紙であるか、縦一二センチメートル、横一五センチメートルくらいの矩形で、中央部に金や朱の神印が捺された白紙である。長方形の黄紙または緑紙には、廟名や神像があらかじめ印刷されているものと、何も印されていないものとがある。これらの他に特別な儀礼で用いられる大判の金紙、銀紙の符もある。またハンカチーフ大の黄布が符として用いられることもある。通常、符は童乩廟の祭壇前に置かれた前机上に何百枚も積み上げられている。

童乩に神が憑依すると、彼（彼女）は依頼者・信者の質問に神として答えるが、両者の対話の間に必ず童乩が行なうのが神符作りである。彼は卓頭（助手）が差しだした黄符や緑符に多くは朱の墨で筆を使って神語を記す。運筆が速いので、記された文字は華人にも読めないことが多い。符に神語を記した後、童乩はその上に神印を捺す。依頼者が重病であるとか重大な状態にあるときには、童乩はみずからの舌先を神剣で切り割き、得た血液で符に神語を書く。この血符はきわめて〈強力〉であるとして珍重される。

通常、神符は燃やして灰にし、これを水に溶かして飲むと、病気を治し、邪気を駆除し、悪運を祓うと信じられている。またお守りとして身に着けると、その人を守護し幸運を呼ぶといわれる。

童乩が神符を作り、依頼者に与える場面を実例によって示そう。

事例一

依頼者「チァオ・ヨン・チァオです。年は五五歳で四月二八日生まれです。娘は熱がでて吐き気がしているし、妻は妊娠しているし……」。

童乩〔左手の指を折って数えながら〕「娘の病気はそう重くはないから心配することはない。〔神符を数枚書きながら〕吐き気がするそうだが、頭痛もするのか」。

依頼者「はい、そうです」。

副手（助手）「神符を燃やし、灰をミルクに混ぜて娘に飲ませなさい」。

依頼者「有難うございました」。

事例二

依頼者〔二〇代の母が幼女を抱いてくる〕「この子は夜眠れなくてむずかって困るんです。何かを怖がっているのでしょうか。食欲もないんです」。
童乩〔黙って神符を用意する〕
副手「黄色のは燃やして飲ませなさい。青いのは身体に貼りつけなさい」。
童乩「毎日二枚ずつだ」。

事例三

副手「チェン・ルー・モンさん。三九歳、四月一九日生まれ。どうぞ」。

童乩「あなたの運勢はあまり良くない。いつでも頭痛がするのではないか。来年はよくなる。胸も苦しいのではないか」。

依頼者「非常に衰弱しているんです」。

童乩「あなたの運勢が良くないのだ。疲れやすいし苦しいだろう。あまり無理して働かないようにしなさい。去年も同じような症状であったな」。

依頼者「はい。これまでずっと続けて調子が悪いんです」。

童乩〈黄と緑の神符を用意しながら〉「こちら（緑）の方は身体を洗うのに用いなさい。こちら（黄）は飲みなさい。熟睡できず、食欲がないから痩せてくるんだ。以前はたいへんな食欲の持ち主であったな」。

依頼者「はい。たくさん食べていました」。

童乩〈副手に漢方薬の名を挙げ、処方箋に記入させる〉(37)

事例四

依頼者「息子の試験が始まりますので、神符をいただきにまいりました」。

童乩「五枚用意するから、毎日一枚ずつ服用するようにさせなさい」。

依頼者「有難うございました」。

事例五

依頼者「女友達との交際についてお伺いいたします。この頃二人の交際がうまくいかないのですが、結果はどうなるでしょうか」。

童乩〈しばらく瞑目して〉「この女友達にはすでに新しい恋人ができている。彼女はあなたとの関係が決裂することを願っている。諦めたらどうか。人生の明るい面に目を向けて生きなさい」。

依頼者「このような惨めな思いを早く忘れたいのです。このような辛い一撃から立ち直れるように、神符を何枚か恵んでください」[38]。

これら五事例の内訳は、〈病気・健康〉に関するもの三件、〈受験〉と〈男女交際〉が各一件である。どの童乩廟においても最も多い問神の内容は病気と健康問題であり、その他の依頼内容は、事業、人間関係、田畑の作柄、家畜、教育、交通事故など、人生に生起する万般の問題にわたる。

各事例からも、神符が病気や健康保持によく効き、思わしくない状況を望ましい状況に変化させる〈力〉を有すると認められていることが明らかであろう[39]。

台湾の童乩と依頼者との関係を臨床人類学的に調査・研究したクラインマンも、その事例紹介の中で、病気治しには医者の力と童乩が与える〈お守り〉の力が必要であると信じられていると述べている[40]。

神符の性格を知る上で重要な例として、時折行なわれる神符の〈取替〉がある。童乩から得た神符を布袋などに入れて身に着けている依頼者は、一箇月とか半年経つと童乩廟を訪ね、新しい神符と取り替える。神符を服用する場合も、できるだけ早く服用しないと効き目が減じると考えられており、人びとはできるだけ早く灰にして飲む。この行為の基礎には、神符の力が発揮され続けると徐々に効力が喪失し、役に立たなくなるとの観念があると考えられる。この宗教的な〈力の更新〉を示す例として開光と進香がある。

(3)開光

〈開光〉とは、華人が家庭に守護神を祀ろうとする際、神像を寺廟に持参して像に神霊をこめてもらうことをいう。開眼とか入魂とか呼ばれることもある。開光は仏教や道教の寺廟でも行なわれるが、ここでは童乩廟の場合に限定して記述する。

華人が新しい家屋を造ると、家屋内に守護神像を祀り、丁重に拝神するのが常である。童乩廟の祭壇下部には、真新しい神像が何体も並べられているのを目にするが、これらが、各家庭が開光を童乩に依頼した神像である。廟の諸神と一緒に置くと、新しい神像は諸神の神気を受け、香煙に薫じられて聖化するという。一～二箇月の間聖化された後、聖日を選び童乩による開光が行なわれる。

童乩は憑依状態になってから、神自身としてみずからの舌を切り、あるいは指先を針で刺し、得た血液を指先でまたは線香の先に付けて神像の両眼、口、両耳、両手などに付着させる。神像で多いのは大伯公、土地公、関聖帝君、観音菩薩などであるが、地域により神の種類に差がある。

開光儀礼において興味深いのは、童乩に憑依する神と開光される神（像）とが必ずしも同一ではないことである。理論上は、開光される神（像）は、開光する（〈神＝力〉を付与する）神と同一でなければ、神霊（力）の伝達はなりたたないはずである。ところが現場ではこの原則が守られないことがしばしばある。たとえば斉天大聖が憑依した童乩が観世音菩薩（像）にみずからの血液を付着させ、関聖帝君の化身（童乩）が大伯公（像）の開光を行なうことがある。こうした事例からも筆者は、華人宗教において重要なのは、神の属性や背景ではなくて、神のもつ〈力〉ではないかと考えている。

(4) 進香

華人宗教の〈神＝力〉を考える上で、〈開光〉との関連において見逃し得ないのが、台湾で広く行なわれている〈進香〉なる行事である。進香とは、一年ないし数年に一度、ある寺廟が進香団（巡礼団）を組織し、廟に祀ってある神像（もしくは香火炉）[41]を携えて他の寺廟に参詣し、そこで神像を香火（＝霊力の源）にかざし、あるいは新たな香火を分けてもらう（割火）ことにより、霊力を更新することをいう。[42]

より詳しく述べると、新しい廟を建てるとき、あるいは新しい神像を廟に祀るときには、人びとは古くからある有名廟に赴いて神像に神霊を入れ（開光）てもらい、さらに神前の香火炉に焚かれた香火の上に神像をかざし、新しい神像に霊力を分与してもらう。これを〈分霊〉とか〈分香〉と呼び、霊力が分与された神像を〈分神〉とか〈分身〉と呼ぶ。このような分霊・分香により分かれた寺廟（子廟）が分神を携えて定期的に祖廟（母廟）を訪ね、分神像を祖廟の霊力溢れる香火にかざすことにより、あるいは新しい香火を分けてもらうことにより、衰えた霊力を充塡・再強化することが〈進香〉の理由である。[43]

進香は〈神＝力〉であることをよく例証しているといえよう。進香団には童乩が同行し、先頭に立って悪霊・邪気を祓い、廟では憑依状態になって儀礼の進行を指示する。[44]

以上、童乩信仰における〈力〉がどのように統御され、かつ駆使されるかを検討し、その実態に迫るために、童乩が直接関わる(1)拝神、(2)神符、(3)開光、(4)進香の四つの儀礼場面について見てきた。これらの事例から明らかになったことは、童乩信仰の内容は〈神＝力〉の獲得と保持、その駆使、そしてその更新から成っていると考えられることである。童乩自身が尊崇されるのは〈神＝力〉の容れ物としてであり、神符が珍重されるのは〈力〉を蔵するからであり、神像が崇拝されるのは、童乩同様にそれが〈力〉を包蔵するからであり、大規模な進香が繰り返されるのは、減少した〈力〉の更新を意図するからである。

このことは、童乩は儀礼が長引いたりすると元気がなくなることがあり、このとき周囲の助手たちが神を迎える請神咒を唱えると童乩は元気を回復し、また老化あるいは病弱のために、身体が〈力〉の容器として役に立たなくなると引退せざるを得ない事実によって裏付けられるであろう。童乩信仰はかくして〈神〉という形に宿る〈力〉への信仰であると帰結されるであろう。

このように見てくると、童乩が関与する儀礼や聖物に象徴される神霊は、どうも神格（喜怒哀楽の心をもつ神的主体）

であるというよりも、威力とか呪力と表現する方がより相応しいような性格を有するのではないかと考えられる。童乩信仰における神霊は儀礼的コンテクストにおいて捉えられる限り、きわめて物理的・物質的側面を強く覗かせるからである。

三　華人宗教の弾力性

華人社会の宗教の特色や性格を論じる人たちは、ほぼ異句同音にその著しい寛容性、包含性、習合性（syncretism）について指摘する。いわく「〔華人の大多数は〕仏教、道教、古代カルトという三つの個別に並存する対立的宗教を同時に信奉するのではなくて、古代カルトをその基盤にし、仏教と道教の諸要素を第二次的特性として包含するシンクレティックな宗教を信奉する」[45]（W・T・チャン）。この中の「古代カルト」についてチャンは必ずしも詳述していないが、これを「シャーマニズム」あるいは「童乩信仰」と読み換えることは可能であろう。いわく「〔神教は〕一個の空っぽな容器であり、時と場合によって、仏教、道教、儒教のような制度的諸宗教の内容や中国的な混交宗教、さらにキリスト教やヒンドゥー教によってさえ満たされることができる」[47]（V・ウィー）。またいわく「〔華人たちは〕仏教・道教・儒教のいずれかの信者であっても、彼らが所属していない諸宗教（宗派）にたいして寛容であり、しばしばこれら三つの宗教を同時に承認しさえする。多くの華人は、ある神または英雄が、一体仏教の仏か道教の神かを告げることに困難を覚えるだろうし、仏教徒は数多くの神々を彼らのパンテオンに受容する」[48]（V・パーセル）。さらに「華人たちは宗教にたいして非常に寛容な態度をとる。一家内に二つないし三つの異なる宗教の神像が平和裡に共存しているのを見いだすことは、実にしばしばある」[49]（J・アムヨット）。加えて「伝統的な中国宗教の複雑さは、華人の崇拝様式にもよく現われている。観音は中国神化されたインドの神、大伯公は東南アジアで正統化された中国の土着神、関聖帝君は道教神である。この意味で伝統的中国宗教は、仏教、道教、儒教その他の民俗的伝統をひとつのシンクレティックな宗教体系に統合しているのである」[50]（C・K・トン）。ちなみにチャン（Chan）は中国史の、ウィー（Wee）とトン（Tong）はシンガポール華人の、パーセル（Purcell）はマレーシア華人の、そしてアムヨット（Amyot）はフィリピン華人のそれぞれ研究者である。

以上、研究者たちの見解は「華人は異なる諸宗教にたいしてすこぶる寛容であり、常に諸宗教の神々をみずからの祭壇（パンテオン）に包含し、平気で信仰・崇拝する」という点にほぼ集約されるであろう。これらの見解のうち、仏教、道教、儒教、諸神を包含させるとの見方は、日本人さらにはアジア諸民族にとってはさほど特異なものではないのではないか[51]。それは日本の神仏習合に近い宗教現象であるといえるからだ。

仏教、道教、儒教の習合・混交は、長い時間をかけて実現したのにたいして、ウィーが指摘した華人宗教のパンテオンへのキリスト教やヒンドゥー教の諸神の包含は、長時間を経ずして行なわれた点に特異性があるとはいえよう。多神教であるヒンドゥー教はともかくとして、唯一神を信奉するキリスト教は原則として他の多神を認め得ない。ところがヒンドゥー教もしくはキリスト教、イスラム教の諸神を伝統的な中国的諸神に付加したパンテオンを積極的に創りあげる例が童乩信仰には実際に見られる。ウィーの事例も童乩廟からのものであった。

以下では筆者が実見した事例を紹介しよう。

(1)伝統的な祭壇構成

すでに第二節の(1)「拝神」において例示したように、伝統的な童乩廟の祭壇は、分析上、仏教、道教、儒教に出自をもつ諸神像が一五体から二〇体祭祀されているのが一般的である。

こうした祭壇構成は華人社会が比較的安定している状態において見られる[52]。

(2)超伝統的な祭壇構成

諸研究者が「キリスト教やヒンドゥー教をも包含する」と指摘するような例で、仏・道・儒三教のカテゴリーを〈超えた〉諸神の導入という意味で〈超伝統的〉なる用語を用いたい。この型にはいくつかの亜型がある。

(a)多神包含型

伝統的な三教の諸神像とキリスト教、イスラム教、ヒンドゥー教などの神像または象徴物が呉越同舟的に祀られる型をいう。シンガポール郊外、ジャラン・テンテランのニュータウンに出現した〈九楼拿督公廟〉には、マレー人イスラム教徒の信仰対象であるダトゥ（Datu）神（石灰質巨石）を中心に、右側にヒンドゥーのカーリー女神、ガネーシャその他、左側に観音、関帝、大伯公など華人の伝統的な諸神が祀られていた。この廟の童乩ロバート・リーは、三つの異なる宗教的伝統に属する諸神をみずからに憑依させて、役割を果たすことが可能であった[53]。この廟の出現は、シンガポール社会の急激な変化と強く関係している。政府の国土再開発により旧華人街、インド人街、マレー人街は廃止・撤去され、ニュータウンのアパート群に移住させられた。この結果、同一アパート（または同一地区）に華人各民系、マレー人、インド人、その他が雑居することになった。宗教的には仏・道・儒とイスラム教、ヒンドゥー教の同居を意味する。拿督公廟はこうした宗教・社会的状態に適応した宗教形態であると見ることができよう[54]。

フィリピン・マニラ市の華人地区に接するトンドにある童乩廟〈大千寺〉は、三つの名称をもつ。大千寺（仏教）、広澤尊王廟（道教）、エキュメニカル・チャーチ（キリスト教）である。この廟の祭壇には六五体の諸神像が大理石製円柱上に安置されている。若干列挙すると、釈迦尊仏、阿弥陀仏、観世音菩薩あり、玉皇大帝、元始天尊、広澤尊王、関聖帝君あり、イエス・キリスト、聖母マリア、サント・ニーニョ、聖マーチン、聖アンソニー、聖ジュード、ブラック・ナザレンあり、さらにアッラーの聖座（神像の代わり）が置かれている（二二一頁表参照）。また廟内の二階には右にイエス・キリスト、左に聖母マリアの等身大像が安置され、廟の守護神として一階部分を見下ろしている。

同じ二階には弥勒菩薩、観音菩薩などの像も祀られている。

この廟の主管、蘇超夷は元童乩であるが[55]、みずからを〈法師〉と称し、信者は彼をドクター・蘇と呼ぶ。彼は廟の祭壇上の〈諸神混交〉について「本来神に名称はない。宗教にも名称はない。名称を作ったのは人間である。生まれたばかりの赤子に名前がないのと同じである。しかるに道教徒は四七〇〇年前に彼らの信仰を道教と名づけた。カトリック教徒は一九九〇年前に彼らの宗教をカトリシズムと名づけた。この寺は本来の立場に還ってあらゆる宗教を統合させようとしているのだ」と述べる。

この廟の儀礼もまた諸宗教包含的・混交的である。日曜礼拝のときの蘇の服装はカトリック司祭の式服に似たビロードのコスチュームであり、数人の助手のそれもカトリック神父の長衣に似る。儀礼中の経文は『宇宙経』で内容は仏・道混交的である[56]。

読経中の鳴らし物は仏教寺院で用いられるのと同じ鐘と木魚であり、読経中に蘇はトランス状態に陥り、壇上を走り回りながら右手にもつ線香で宙に文字を書く。その際信者の中にもトランス状態になる人がいる。

儀礼の終わりに、〈聖体〉という小さな円形せんべい様のものが参会者に渡される。儀礼後、彼は専用の腰掛けに坐して信者の身体に手を触れてやる。これを〈祝福〉と呼んでいる[57]。

このような諸教包含的な廟の出現は、フィリピン在住華人の宗教・社会的環境と強く連動しているように考えられる。よく知られているように、フィリピン総人口（約六〇〇〇万人）の八五％がカトリック教徒である。総人口の約一％を占める華人の中にも、若者を中心にカトリック教の信者が増大している。興味深いのは、華人がカトリック信者になったからといって、伝統的な仏教、道教を放棄するわけではないという事実である。彼らはカトリック教会のミサに通い、仏教寺院に詣でて読経し、道観を訪ねて祈りを捧げるのである[58]。また華人とフィリピン人との通婚も年を追って増加している。大千寺の諸神包含的なパンテオンと諸教混交的な宗教儀礼は、こうした状況下において形成されたのである。

以上記したシンガポールの九楼拿督公廟とマニラの大千寺に見られる祭壇構成は、諸研究者が指摘する華人宗教の〈寛容性〉と〈包含性〉を典型的に示す事例といえよう。その基盤ないし背景には、みずからが置かれた宗教・社会的状況・環境にすばやく適応しようとする〈宗教的したたかさ〉が見てとれる。

それでは華人宗教は何処においても常に他宗教にたいして寛容で、他神をつぎつぎにおのがパンテオンに包含していくかとなると、必ずしもそうではない。強力な唯一神を信奉する一神教社会においては、童乩信仰は決して〈多神包含的〉ではなくて、逆に〈多神排除的〉態度に転換するのである。

(b)多神排除型

西マレーシアで一九三七年(一九五一年との説もある)に一人の童乩により創唱された黄老仙師慈教は、主に大都市に住む各民系華人の信仰を集め、各地に新廟を建立し続け、シンガポールにも教線を拡げている新宗教である。その特色は第一に、一般の童乩廟に見られるような多神的パンテオンを廃止して、信仰対象を黄老仙師、斉天大聖、太上老君の三神とし、〈儒・仏・道三教一体〉の宗教を唱導していること、第二に一般の童乩信仰が福建系とか広東系、客家系といった民系方言集団によって支えられているのにたいして、その枠をはずし、超民系的に華人全体を宗教的に統合しようとの意図をもっていること、第三に憑依儀礼をばイスラム教を意識して大幅に改変したこと[59]、第四に普通の童乩廟には存在しない〈教理〉を創りだしたこと、第五に入門式を行ない正式に信者として登録すること、などの点にある。ここでは廟の祭壇上の神像は、中心が斉天大聖、左が黄老仙師、右が太上老君と定められており、〈三教一体〉が強調される[60]。

同じく西マレーシアのクアラルンプールで一九七六年に創唱された〈拜天公〉教団は、華人社会の多神教を徹底的に排除し、〈一神教的崇拝〉を確立しようとする宗教運動であった。創唱者関天明は幻覚体験の中で「いろいろな寺廟を破壊せよ」との神の声を耳にし、自分の使命はマレーシア在住の華人たちを邪悪な多神教から救いだし、彼らに一神教を導入することだと確信するにいたった。

関は新宗教を創るにあたり、まず従来の憑依の型を踏襲している数多くの童乩たちを集め、彼の力の優位を示そうとした。最初は成功しなかったが、やがて彼の瞑想集会の噂は華人間に弘まり、華人大衆が集まりだす。信者数は一九八二年現在で二〇〇〇人を数えるにいたった。

拝天公の崇拝対象は真鍮製の香炉に四本の線香を立てたもので、最長の線香は天公を、[61] 短い三本はキリスト教、イスラム教、拝天公をそれぞれ象徴するとした。この形式の香炉は信者の家の祭壇にも安置するよう義務づけられた。拝天公は救済実現のためにまず実現しなければならない五原則を信者に課す。①良心の実現、②自己の実現、③霊魂の実現、④天国と地獄の実現、⑤創造者の実現がそれである。これら五原則の実現はただ瞑想の実践を通じてのみ可能となるとされる。[62]

以上見てきたように拝天公は偶像崇拝を徹底排除するが、しかし思想・教義的には天公（玉皇上帝）一神のもとにキリスト教、イスラム教、および自教（拝天公）を統合しようとの意図がうかがえる。

黄老仙師慈教にせよ拝天公にせよ、童乩または童乩的人物（関天明）の創唱になる宗教集団の神観念が、他地域の場合と比較して際立った差異を示していることは、大いに注目されてよい。その背景にマレーシアの華人社会の政治・社会・文化的状況が伏在することについては、以前に考察したことがある。[63]

これまで筆者は、華人社会の宗教の研究者たちがその特色として挙げた〈寛容性〉〈包容性〉〈習合性〉に関して、〈童乩信仰〉を例としてその実態に迫ろうとしてきた。そして童乩廟の祭壇に祀られる諸神像（パンテオン）構成のヴァリエーションを検討した結果、〈祭壇構成〉には⑴伝統的な型と⑵超伝統的な型とがあり、⑵はさらにⓐ多神包含型とⓑ多神排除型に分類できることを見てきた。

かくしてわれわれは、華人宗教の特色は童乩廟の信仰対象に関する限り、たんに〈寛容〉〈包容〉〈習合〉のみにあるのではなくて、逆に〈排除〉とか〈縮少〉とでも表現すべき傾向をも併有する点にあるといいなおすことが必要であろう。より適切には、華人宗教の特色はその〈弾力性〉にあるというべきであろう。ある場合にはきわめて多神教的になり、またある状況下では著しく一神教的になるという華人宗教の自在な変身は、すぐれて弾力的（flexible）であるといえるからである。問題は〈弾力性〉の宗教的意味をいかに解釈するかである。諸研究者はつとに華人宗教の寛容性、包含性、習合性を強調してきたが、管見によれば、その宗教文化的理由や根拠に関しては言及していない。

最近においても、シンガポールの華人社会の宗教に詳しいJ・クラマーは、〈中国（華人）宗教〉という用語は大乗仏教、道教、儒教および多大な童乩（霊媒）信仰から成る非常に特異な混合体（amalgam）に関係づけて考えられているが、この定義は、漢民族の信仰体系にしばしば侵入するキリスト教、上座部仏教、日本仏教、ヒンドゥー教などの諸要素を除外していると述べている。[64]

そしてクラマーは、こうした宗教の多様性は少なくとも(1)華人の宗教的伝統と他の民族集団との共存、(2)国家レベルの宗教的抑圧および世俗化の影響、(3)〈華人宗教〉と他の諸宗教との双方内における内的展開、(4)宗教集団の選択に際して、しばしば新たな原動力となる社会変化の四つに関連するとしている。

筆者もまたほとんど同じ視点から、華人宗教の〈多様性〉について考察したことがある。[65]しかし多様性や包含性を他民族との関係、政治的抑圧、急激な社会変化などの諸局面と関連づけて考察しても、問題はなお残る。端的にいうと、ある他の民族や社会に同じような政治・社会・文化的状況ないし条件が生じればその宗教は華人社会におけるような〈弾力性〉を示すかということである。華人宗教のすぐれて弾力的な性格は何に基づくか。諸研究者が意図的か否かを問わず避けてきたかに見えるこの難渋な問題にたいして、これまでの論述と絡めてひとつの仮説的見通しを提示することをもって「若干のまとめ」としたい。

四　若干のまとめ

みずからの廟の中央祭壇に仏教、道教、儒教に関連する諸神像とイエス・キリスト、聖母マリア、諸聖人の像、さらにイスラム教の神の座を加え、総数六五体の神像群を礼拝対象にしているフィリピン・マニラ市の大千寺主管、蘇超夷は、「本来神に名称はない。宗教にも名称はない。名称を作ったのは人間である」と強調した。そして彼は自分の寺廟に諸宗教の別を超えて六五体もの神像を祀ったのは「本来の立場に還ってあらゆる宗教を統合させようとしているのだ」と説く。

それでは名称をもつ以前の神とは、一体何であろうか。蘇は直接にこの問いに答えていない。しかし「神や宗教に本来名称はない」という彼の主張と、彼の寺廟の祭壇に祀られる〈超宗教的神像群〉を見れば、彼の考え方の骨子はおおよそ見当がつくのではないか。

その答えをわれわれはすでに第二節の「童乩信仰における力について」において用意していた。それは〈神＝力〉という考え方である。少なくとも童乩信仰における神は、童乩の憑依儀礼とその役割、依頼者・信者の信仰内容と行為などから見ても、〈力〉と捉えるのが最も妥当である。

この捉え方はエリオットの「神とは霊的な力」、「厖大にして漠然たる力を有する霊的存在」、「〔悪霊を〕効果的に制御できる唯一の力は神」といった考え方に強く関わっている。われわれは童乩廟に祀られている諸神像の属性や出自について童乩自身が必ずしも詳しくないことや、童乩が神自身として作成する神符は強い効用性をもつが、時間の経過につれてそれが蔵する〈力〉が減少すると信じられている点に注目した。また台湾の事例から、各廟の神像は時とともに霊〈神〉力を喪失していくので、時を定めて本廟に赴き、神像を本廟の香火にかざして〈力〉の更新を図ることについて述べた。ということは、力の抜けてしまった神像は拝むに価しないただの木塊または金属塊にすぎず、また神語が書かれた神符も力がなくなると単なる紙片や布片にすぎなくなるということである。そのように解釈せざるを得ないことを儀礼がよく示している。

同様に〈力〉が離脱した童乩はただの人であるということになろう。童乩に憑依する神霊は神像に宿っており、願いに応じて童乩に憑入するが、その神像がときどき力の充塡が必要であるということは、神像に宿る神霊は実は〈力〉であることを意味するといえよう。

これらの事例から筆者は、童乩信仰における神・神像への信念・観念はすなわち〈力〉へのそれであると帰結せざるを得なかろうとした。

この帰結を踏まえれば、先に記した「本来神に名称はない。宗教にも名称はない」という主張における〈神〉と〈宗教〉なる名称の奥に在るものが見えてくる。諸神や諸宗教は〈力〉に付された名称であり、〈力〉に名称を付与することにより、神は類別され、宗教は分類の対象になる。かくして〈神＝力〉であるとすれば、〈力〉を増大・増強させようとする際、勢い神（像）を増加させることが必要になろう。〈力〉に焦点を置く限り、神の出自や属性や意味づけ（教理）は問題にならない。

〈神〉の特性がその出自や属性や教理的意味づけに限定されない〈力〉であるとすれば、逆に〈力〉の表象である〈神〉像は、状況と場合により増減可能という〈弾力性（flexibility）〉を獲得したことになる。そして〈神＝力〉の増減を可能にさせるのに最適な人物が、霊的存在（力）を統御し駆使することを主な役割とする童乩であることはいうまでもあるまい。

大千寺のように諸宗教とその神（像）を一箇所に動員できるのも、黄老仙師慈教のように神を三体に限定して三位一体と説くのも、さらに拝天公のように偶像崇拝を廃し唯一神を主張するのも、童乩信仰における〈弾力性〉の然らしむるところであり、その基盤・根拠は〈神＝力〉の観念・思想にあるといえよう。

諸研究者がつとに主張する華人宗教の〈寛容性〉〈包容性〉〈習合性〉、さらに筆者が指摘した〈排除性〉などの諸性格が、童乩信仰（華人大衆の宗教）における〈神＝力〉の観念・思想と強く連動していることはいうまでもあるまい。〈力〉は無個性、無性格であるがゆえに、逆にいかようにも個性化され、表象化されることを、華人宗教とくに童乩信仰は如実に体現していると考えられるのである。

〈力〉が個別神として確立し、時がたっても弱まることなく神像または象徴体に常在し、他の神々に強力な個性を発揮するようになったら、これまで見てきたような華人宗教の「シンクレティズム」は実現しなかったといえよう。

【註】

（1）V. Wee, "Buddhism in Singapore," in R. Hassan (ed.), *Singapore: Society in Transition*, Oxford University Press, Kuala Lumpur, 1976, p.173.

（2）拙稿「社会変化と童乩（Tang-ki）信仰——シンガポール華人社会の事例から」『文化』一四、駒沢大学文化学教室、一九九一、本書に第一部第四章として収録。

（3）A. J. A. Elliott, *Chinese Spirit-Medium Cults in Singapore*, The London School of Economics and Political Science, London, 1955, 安田ひろみ・杉井純一訳『シンガポールのシャーマニズム』春秋社、一九九五。

（4）R. I. Heinze, *Trance and Healing in Southeast Asia Today*, White Lotus Co., Bangkok, 1988.

（5）G. K. Nelson, *Spiritualism and Society*, Routledge & Kegan Paul, London, 1969, pp. 246-247. ネルソンはシャーマンを基本的に霊媒であると見た上で、シャーマンの語をその地位と権威を天与の霊的能力もしくは才能の所有から引きだすあらゆるタイプの職能者を含む総称的名称として用いる。かくして「神秘家」「予言者」「霊媒」「治癒師」「呪術師」はシャーマンのカテゴリーに含まれることになる。

（6）Elliott, op. cit., p.15.

（7）A. Kleinman, *Patients and Healers in the Context of Culture: An Exploration of the Borderland between Anthropology, Medicine, and Psychiatry*, University of California Press, Berkeley, 1980, 大橋英寿他訳『臨床人類学――文化のなかの病者と治療者』弘文堂、一九八五、二二六〜二二七頁参照。

（8）拙著『シャーマニズム――エクスタシーと憑霊の文化』、中央公論社、一九八〇、二二一〜四一頁参照。

（9）註（8）の前掲拙著、一九八〇、二七頁参照。

（10）trance は変性意識または通常意識の例外状態とされる。これには身体痙攣や跳躍などをともなう激しいものから通常と何ら異ならない状態まで種々の位相がある。他方、直接的関係や接触は、憑依であれ脱魂であれ通常意識では生じ得ない現象である。つまり霊的存在との直接関係には、強弱の差はあれ trance が前提されているのである。

（11）Elliott, op. cit., p.15.

（12）L. Comber, *Chinese Temples in Singapore*, Eastern University Press, Singapore, 1958, pp. 6-7.

（13）以上の童乩の特徴は、エリオットとコンバーの見方に、筆者自身がシンガポール、西マレーシア、フィリピン、台湾において実見した知見を加えて再構成したものである。

（14）Elliott, op. cit., p. 44.

（15）拙著『シャーマニズムの世界』講談社、一九九二、二五〇〜二五九頁参照。

（16）新しく童乩になった者が請われて通ってきているような場合、とくに神像が数多い際、童乩は神々についての知識を欠いている。彼らは神名について訊かれると「古い神」とか「強い神」などと答えることが少なくない。

（17）降神儀礼の際、童乩の通訳を務める卓頭（tu tao）をはじめ廟の儀礼係五〜六人が降神を手伝う。童乩の友人や依頼者・信者の息子たちであることが多く、こうした人たちは儀礼を手伝うことが彼らに好運をもたらすと信じている。

(18) シンガポールのデポー・ロードの斉天壇で唱えられる〈兌咒〉は以下のようなものである。「謹請当中太乙君　蓮台七星抱火輪　手抗鳳毛七星剣　斬断阻間不正神　永時千妖多万鬼　霊吾符水不停流　一点東方甲乙水　清河清水清木陽　二点南方丙丁火　拾虎将軍紊金瓶　三点西方庚辛金　日日時時親降臨　四点北方壬発水　排兵破陣斬妖邪　王点中央戊己土　天門関開地戸戸　弟子一心専拝請　玄天上帝親降臨……」。

(19) 拙稿「東南アジア華人社会における童乱信仰のヴァリエーション考」直江廣治・窪徳忠（編）『東南アジア華人社会の宗教文化に関する調査研究』南斗書房、一九八七、本書に第二部第一章として収録。本書、三四七～三四八頁参照。

(20) 神の帰還に際しても、咒が唱えられ、神（童乱）の額に聖水が注がれる。軽いトランスに入り身体を震わせた童乱は、突然後ろにのけぞり数刻の間無意識状態を呈する。彼（彼女）自身の意識を取り戻したとき、童乱は深い眠りから醒めたような態度になる。

(21) このことは、他のシャーマニックな〈信仰〉についてもいえよう。〈シャーマン〉はエヴェンキ（ツングース）語のšamanに由来するとされるが、šamanは宗教者を示す名詞であって神名ではない。したがって〈シャーマン信仰〉という表現は、シャーマンに憑依した神信仰と同義になる。同様のことは、わが国北辺のシャーマンとして知られるイタコやゴミソが人びとと関わり合う場面が、しばしば〈イタコ信仰〉とか〈ゴミソ信仰〉と表現されることにも通じている。

(22) Elliott, op. cit., p.29.

(23) Idem, ibid.

(24) Idem, ibid., p.15.

(25) Idem, ibid., p.30.

(26) 一九八九年に刊行されたシャーマニズムに関する国際学会の報告論文集においても、シャーマニズムに関わる〈power〉を取りあげた論文は皆無である［M. Hoppál and O. von Sadovszky (eds.), *Shamanism: Past and Present*, Ethnographic

Institute, Budapest, 1989］。本論文集の内容はアジア内陸部、シベリアに焦点が置かれ、憑依儀礼と世界観の研究が多数を占めている。

（27）C. K. Tong, "Child Diviners: Religious knowledge and Power among the Chinese in Singapore," in J. R. Clammer (ed.), *Contrilution to Southeast Asian Ethnography*, No. 2, 1983.

（28）M. Spiro, "Religion: Problems of Definition and Exploration," in M. Banton (ed.), *Anthropological Approaches to the Study of Religion*, Tavistock Publications, London, 1966, pp. 94–95.

（29）山形は「超能力は、イエスの言葉や行為だけに限られない。イエスの眼も、イエスの手も、イエスの名も、時にはイエスの衣さえも、おどろくべき〈力〉の証明であった」と述べている［山形孝夫「イエスのカリスマ性」『季刊現代宗教』I、春秋社、一九七九、一六頁］。

（30）Elliott, op. cit., p. 28.

（31）斉天宮は政府の区画整理で一九八〇年代にジャラン・テンテランのブロック一〇に移転し、さらにその地の区画整理で一九九一年頃に他の地に移転した。

（32）英語では divining youth とか young diviner と表記されることが多い［J. K. Jordan, *Gods, Ghosts and Ancestors: The Folk Religion of A Taiwanese Village*, University of California Press, Berkeley, 1972, p. 62］。

（33）筆者が一九七七年に調査したシンガポールの例では、九人の童乩の年齢は七〇歳一人、四〇代一人、三〇代二人、二〇代五人であった［拙著『シャーマニズムの人類学』弘文堂、一九八四、二九三頁］。

（34）Elliott, op. cit., p. 26.

（35）最近シンガポールでは、若い童乩に加えて五〇代の〈老乩〉が増加している。これは童乩になる若者が少なくなったために、やむを得ず年輩の童乩が人びとのニーズに応えているのだといわれる。この童乩信仰の変化の背景については、さらなる調査を必要とする。
(36) 本書、第二部第一章参照。
(37) 以上の事例は、マレーシア、クアラルンプールの黄老仙師慈教慈忠廟で蒐集したものである。この廟では童乩のことを〈童身(Tang-shen)〉と呼ぶが、紛らわしいので〈童乩〉と表記することにした[註(33)の前掲拙著、一九八四、三六〇~三六二頁]。
(38) これらの事例は、シンガポール、アッパー・トムソン・ロードのスプリング・リーフ・ウォークにあった楊天宮で蒐集した。この廟は廟主の死去により他に移転した[拙稿「シンガポールにおける童乩(*Tang-ki*)の治病儀礼について――宗教的統合の問題に関連づけて」白鳥芳郎・倉田勇(編)『宗教的統合の諸相』南山大学人類学研究所、一九八五、並びに本書、八二、八三頁参照]。
(39) 筆者が台湾は台南市の上玄壇で蒐集した事例では、問題解決のために神符は以下のように使用するよう勧められていた。教育問題では「神符の灰を家の周りに撒け」など、心臓病については「神符の灰を飲み、家の周りに撒け」など、自動車事故には「神符の灰を水に溶かし車体にふりかけよ」、または「神符を車の前後で燃やせ」などである[拙稿「問神の儀礼過程と依頼内容――台湾・台南市の一童乩の場合」吉田禎吾・宮家準(編)『コスモスと社会――宗教人類学の諸相』慶応通信、一九八八、並びに本書、二七九頁の表参照。
(40) クラインマン、註(7)の前掲訳書、九六頁参照。
(41) 香火炉は祭壇の神像前に置かれた香炉で、その灰(香火)は霊力をもつとされる。新たに廟を創るときは灰を分けてもらって(割火)祀る。台湾は台南市の開基玉皇宮の沿革に「由大陸奉香火至台、建廟而祀玉皇上帝」とある。香火が先で神像は後に祀られている。
(42) 高橋晋一「巡礼のネットワーク――台湾の「進香」を事例として」『月刊しにか――巡礼の生態学』大修館書店、

一九九三、三四頁参照。
（43）註（42）の高橋前掲論文、三五頁参照。
（44）加藤敬『童乱――台湾のシャーマニズム』平河出版社、一九九〇、五〇～五七頁参照。
（45）Wing-tsit Chan, *Religious Trends in Modern China*, Columbia University Press, New York, 1953, p.141.
（46）「神教（Shenism）」は、エリオットにより①人間の運命は総じて神（shen）によってコントロールされ、とくにより強力な神々を慰撫することによって良い方向にすることが可能であること、②多くの悪霊がこの世で活動し、不幸・災厄を惹き起こしているが、この悪霊に有効に対処し得る唯一の力ある存在は神であること、③神々が人びとによって直接懇願・祈願されるのは、神々が童乱（霊媒）に憑依したときであること、と枠づけされた［Elliott, op. cit., p.29］。この〈神教〉の概念は、われわれの〈童乱信仰〉の概念に近い。
（47）Wee, op. cit., p.171.
（48）V. Purcell, *The Chinese in Malaya*, Oxford University Press, Kuala Lumpur, 1967, p.119.
（49）J. Amyot, *The Manila Chinese: Familism in the Philippine Environment*, Institute of Philippin Culture, Ateneo de Manila University Press, Quezon City, 1973, p.79.
（50）C. K. Tong and others, "Traditional Chinese Customs in Modern Singapore," in M. C. Yong (ed.), *Asian Traditions and Modernization*, National University of Singapore, Singapore, 1992, p.26.
（51）仏教、道教、儒教の三教の習合が特異な宗教現象として問題になるのは、強靭な一神教を信奉するユダヤ・キリスト・イスラム的視点に立つからであって、多神教やアニミズムと深く関わっている上での三教の習合は、むしろ自然のなりゆきであると考えることができよう。
（52）童乱廟が福建系とか広東系とか呼ばれる方言集団によって支えられ、政治・社会的にも変化が少ないような状況においては、童乩信仰の形態に著しい変化が生じないように思われる。

（53）ダトゥは巨石であり、偶像を認めないイスラムの教理に矛盾するが、この地ではマレー人入植者（イスラム教徒）が神として崇拝していた。フォーク・イスラムの象徴物と見なすことができよう。

（54）拙稿「急激な社会変化と宗教」『宗教研究』第五九巻第四輯、№二六七、日本宗教学会、一九八六、三三三頁、並びに本書、第一部第四章参照。

（55）蘇超夷は福建系華人であり、九歳のときに土星霊（Saturnian spirit）に憑依されてから霊感が強くなり、土星霊を守護霊とする童乩として知られるようになった。繊維関係の会社に勤めていた間に依頼者・信者が集まりだし、小廟から出発したが、信者が増大し、一九七七年トンドに土星をかたどった円形の二階建て廟を建立した。すこぶる知的な人物で風水説に詳しく、このことも依頼者増加の理由になっている。マルコス政権時代、故大統領が廟を訪れてから、彼の名は一躍知られるにいたったという。

（56）『宇宙経』は「宇宙三光天降地　三光旋転日月星　南無浄宿宇宙仏　日夜分明天作主　南極北極各磁栄　南無阿弥陀陀仏　自転公転地本身　好歹分野為人丁……」のように続く。

（57）本書、三五四～三五五頁参照。

（58）筆者が調査したマニラ華人社会の陳《タン》家では、七人家族中兄弟三人が信仰する宗教を訊かれて「仏教、道教プラスカトリック」と答えている。上図参照。

Religious Beliefs of the Tan Family

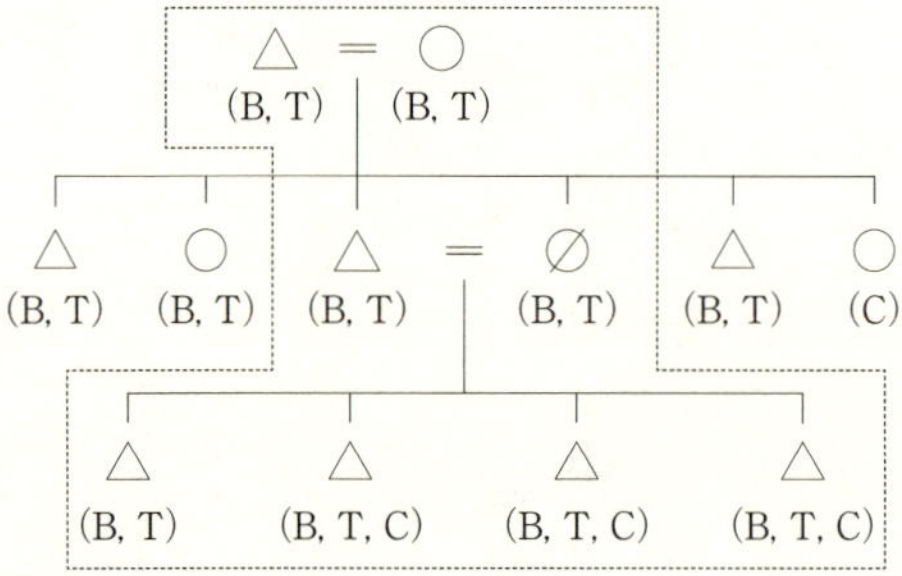

B… Buddhism　△→男
T… Taoism　○→女
C… Catholicism　∅→故人

(K. Sasaki, 1989)

（59）童乱を〈童身〉と呼び、白長袖のユニフォームを身に着け、憑依状態になる際にドラや太鼓を用いず、トランスは軽く目立たない。信者は毎月の集団儀礼に参加し、タブーを遵守しなければならない。

（60）拙稿「華人社会の安全弁としての神教――政治―社会的状況との関連において」白鳥芳郎・杉本良男（編）『伝統宗教と社会・政治的統合』南山大学人類学研究所、一九八八、本書に第二部第二章として収録。本書、三七二～三七四頁参照。

（61）天公は玉皇上帝の別名で、道教の最高神と考えられている。天公という名称の他に玉皇、上帝、天帝、玉天大帝などと呼ばれ、元始天尊と同一神視されたりもする［窪徳忠『道教の神々』平河出版社、一九八六、一二九頁］。華人社会の寺廟の入口には必ず〈天公炉〉が置かれており、人びとは寺廟の神々を礼拝する前に、まず天公炉に線香を立てて礼拝するのが常である。

（62）S. E. Ackerman and L. M. Lee Raymond, "Pray to the Heavenly Father: A Chinese New Religion in Malaysia," in *Numen*, 29 (Fasc. 1), 1982, pp. 63-70：本書、三七四～三七七頁参照。

（63）拙稿「憑霊と道理――マレーシアの黄老仙師慈教再論」杉本良男（編）『伝統宗教と知識』南山大学人類学研究所、一九九一、本書に第一部第五章として収録。本書、一五〇～一五六頁参照。

（64）クラマーは華人宗教が諸宗教の混合体であるという従来の説を引き継いだ上で、キリスト教、上座部仏教、日本仏教、ヒンドゥー教などの諸要素の侵入（impinge upon）の事実が除外されているとしているが、童乱信仰においては既述のようにこうした事実は既定されている。その場合、これらの要素は〈侵入〉したのではなくて、〈導入〉されたと捉えるのが正確であろう［J. Clammer, "Religious Pluralism and Chinese Beliefs in Singapore," in Cheu Hock Tong (ed.), *Chinese Beliefs and Practices in Southeast Asia*, Pelanduk Publications, Petaling Jaya, 1993, p. 199］。

（65）前註（2）（19）（60）の拙稿参照。

【引用文献】

K. Sasaki, "Santo Niño and Shun Tian Sheng Mu: An aspect of the 'Shenism' of the Chinese Community in Manila," in Y. Kikuchi (ed.), *Philippine Kinship and Society*, New Day Publishers, Quezon City, 1989.

初出一覧

序章　華人社会の宗教：　華人社会の宗教（戴國煇 編『もっと知りたい華僑』弘文堂、一九九一年七月）

第一部　国別に見る華人社会の庶民宗教

【シンガポール編】

第一章　中国〔的〕宗教とは何か：　宗教と世界観（綾部恒雄・石井米雄 編『もっと知りたいシンガポール【第二版】』弘文堂、一九九四年一一月）

第二章　童乩の治病儀礼：　シンガポールにおける童乩（*Tang-ki*）の治病儀礼について——宗教的統合の問題に関連づけて（白鳥芳郎・倉田勇 編『宗教的統合の諸相』南山大学人類学研究所叢書Ⅱ、一九八五年三月）

第三章　童乩のシャーマン化過程：　憑霊と宗教文化覚書——シンガポールの一女性童乩のシャーマン化過程（『馬淵東一先生古稀記念　社会人類学の諸問題』第一書房、一九八六年一月）

第四章　社会変化と童乩信仰：　社会変化と童乩（Tang-ki）信仰——シンガポール華人社会の事例から（駒沢大学文学部文化学教室 編『駒沢大学 文化』第一四号、一九九一年三月）

【マレーシア編】

第五章　童乩信仰から生まれた新宗教＝黄老仙師慈教：　憑霊と道理——マレーシアの黄老仙師慈教再論（杉本良男 編

『伝統宗教と知識』南山大学人類学研究所叢書Ⅳ、一九九一年六月）
第六章　黄老仙師慈教の明暗：　黄老仙師慈教の明暗――シャーマニスティックな新宗教集団の特質について（駒沢宗教学研究会 編『宗教学論集』第一九輯、一九九六年七月）
【フィリピン編】
第七章　サント・ニーニョと順天聖母：　サント・ニーニョと順天聖母――マニラ華人社会の「神教」の一位相（宮田登・松園万亀雄 責任編集『文化人類学4：特集＝性と文化表象』アカデミア出版会、一九八七年一〇月）
第八章　もう一つの神人直接交流＝扶乩：　扶乩について――フィリピン・マニラ華人社会の事例から（桜井徳太郎 編『日本民俗の伝統と創造』弘文堂、一九八八年一一月）
第九章　巫師的祭司について：　巫師的祭司について――フィリピン・マニラ華人社会の事例から（脇本平也・田丸徳善 編『アジアの宗教と精神文化』新曜社、一九九七年四月）
【タイ編】
第一〇章　コン・ソンと童乩：　タイ国華人社会のコン・ソンについて――童乩との比較において（『村武精一教授古稀記念論文集　社会と象徴――人類学的アプローチ』岩田書院、一九九八年五月）
【台湾編】
第一一章　神に選ばれし者＝童乩：　民間の宗教者　神に選ばれた者、童乩（笠原政治・植野弘子 編『アジア読本　台湾』河出書房新社、一九九五年八月）
第一二章　問神の儀礼過程と依頼内容：　問神の儀礼過程と依頼内容――台湾・台南市の一童乩の場合（吉田禎吾・宮家準 編『コスモスと社会――宗教人類学の諸相』慶応通信、一九八八年六月）
第一三章　陰と陽のシンボリズム――台南市の東嶽殿と玉皇宮：　陰と陽のシンボリズム――台湾・台南市の東嶽殿と玉皇宮の事例から（駒沢大学文学部文化学教室 編『駒沢大学 文化』第一三号、一九九〇年三月）
【中国本土編】

第一四章　現代中国のシャーマニズム：　シャーマニズム研究の現状と現代中国のシャーマニズム（佐々木宏幹 編『東アジアにおけるシャーマニズム文化の構造と変容に関する文化人類学的研究』文部省科学研究費補助金（国際学術研究）研究成果報告書、一九九九年三月）

第一五章　中国の童乩信仰と類似信仰――東南アジアとの比較において：　中国の童乩信仰と類似信仰――東南アジアの事例との比較において（駒沢宗教学研究会 編『宗教学論集』第二一輯、二〇〇二年三月）

第二部　童乩信仰の多様性の底にある普遍性

第一章　東南アジア華人社会における童乩信仰のヴァリエーション考：　東南アジア華人社会における童乩信仰のヴァリエーション考（直江廣治・窪徳忠 編『東南アジア華人社会の宗教文化に関する調査研究』南斗書房、一九八七年四月）

第二章　華人社会の安全弁としての神教：　華人社会の安全弁としての神教――政治―社会的状況との関連において（白鳥芳郎・杉本良男 編『伝統宗教と社会・政治的統合』南山大学人類学研究所叢書Ⅲ、一九八八年三月）

第三章　〈神〉という形に宿る〈力〉――童乩信仰の特質について：　神と力――童乩（*Tang-ki*）信仰の弾力性について（杉本良男 編『宗教・民族・伝統――イデオロギー論的考察』南山大学人類学研究所叢書Ⅴ、一九九五年三月）

[著者紹介]

佐々木宏幹（ささき こうかん）

1930年宮城県生まれ。東京都立大学（現・首都大学東京）大学院博士課程修了。現在、駒沢大学名誉教授、文学博士。専門は宗教人類学・宗教文化論。主著に『シャーマニズムの人類学』（弘文堂）、『憑霊とシャーマン』（東京大学出版会）、『宗教人類学』（講談社）、『仏と霊の人類学』（春秋社）、『〈ほとけ〉と力』（吉川弘文館）等がある。

スピリチュアル・チャイナ

現代華人社会の庶民宗教

2019年5月15日　第1刷発行

著　　者　佐々木宏幹
発 行 者　石原大道
発 行 所　大蔵出版株式会社
〒150-0011 東京都渋谷区東2-5-36 大泉ビル2F
TEL.03-6419-7073　FAX.03-5466-1408
http://www.daizoshuppan.jp/
装　　幀　CRAFT大友
印 刷 所　亜細亜印刷株式会社
製 本 所　東京美術紙工協業組合

ISBN 978-4-8043-0596-7　C3014